Informatik-Fachberichte

Herausgegeben von W. Brauer
im Auftrag der Gesellschaft für Informatik (GI)

30

Textverarbeitung und Informatik

Fachtagung der GI
Bayreuth, 28. – 30. Mai 1980

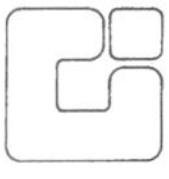

Herausgegeben von Peter R. Wossidlo

Springer-Verlag
Berlin Heidelberg New York 1980

Herausgeber
Prof. Dr. Peter Rütger Wossidlo
Lehrstuhl für Betriebswirtschaftslehre I
(Finanzwirtschaft und Organisation)
Universität Bayreuth
Luitpoldplatz 3
8580 Bayreuth

AMS Subject Classifications (1979):
CR Subject Classifications (1974): 3.70, 3.30

CIP-Kurztitelaufnahme der Deutschen Bibliothek
Textverarbeitung und Informatik : Fachtagung d. GI, Bayreuth, 28.-30. Mai 1980 / hrsg. von Peter R. Wossidlo. - Berlin, Heidelberg, New York : Springer, 1980.
(Informatik-Fachberichte; 30)

ISBN-13: 978-3-540-10148-2 e-ISBN-13: 978-3-642-67700-7

DOI: 10.1007/978-3-642-67700-7

NE: Wossidlo, Peter Rütger [Hrsg.]; Gesellschaft für Informatik

VORWORT

In der Öffentlichkeit werden die Bestrebungen zur Automation in der Druckereiwirtschaft lebhaft - häufig genug recht einseitig - diskutiert. Um einen umfassenden Überblick über Stand und Tendenzen dieser wissenschaftlichen Entwicklung zu vermitteln, beschloß die "Gesellschaft für Informatik", auf Anregung ihres Fachausschusses 8 (Methoden der Informatik für spezielle Anwendungen) eine Tagung zum Thema "Methoden der Informatik im Druckereiwesen" zu veranstalten. Da die Gestaltung und Einführung der neuen Techniken hohe Anforderungen an die betriebliche Organisation stellt, wurde ich von Herrn W. Händler, dem Sprecher des Fachausschusses 8, gebeten, die Tagung an der Universität Bayreuth auszurichten und zu betreuen.

Schon die ersten vorbereitenden Schritte, insbesondere die Diskussionen mit Anwendern, Entwicklern und Herstellern der neuen Technik legten es nahe, das Tagungsthema zu erweitern. Da das Druckereiwesen nur einen Ausschnitt eines umfassenderen Problembereiches, der Textverarbeitung, darstellt, erhielt die Tagung das endgültige Thema "TEXTVERARBEITUNG UND INFORMATIK".

Allerdings bereitet schon die Definition des Begriffes "Textverarbeitung" erhebliche Schwierigkeiten, da sich bisher noch keine terminologischen Konventionen eingestellt haben. Die Textverarbeitung wurde für diese Tagung als der neben der Datenverarbeitung wesentlichste Zweig der Informationsverarbeitung und des Informationstransfers innerhalb und zwischen Organisationen und Institutionen angesehen. Mit dieser beileibe nicht trennscharfen Definition wird über die in der Bürowirtschaft verwandte Definition hinausgegangen. Hier versteht man unter Textverarbeitung die "Tätigkeit, die das Konzipieren, Formulieren, Diktieren, Schreiben, Reproduzieren, Transportieren und Archivieren von Texten einschließlich der entsprechenden Vordruckgestaltung sowie das Organisieren dieser Aufgaben umfaßt".[1)]

---

1) Informationshandbuch Textverarbeitung '76. Herausgegeben vom Ausschuß für wirtschaftliche Verwaltung in Wirtschaft und öffentlicher Hand e. V. (AWV). Verband für Textverarbeitung (VTV) e. V. im AWV.

Der vorliegende Tagungsband enthält Beiträge zur Theorie der Textverarbeitung, zu ihren Anwendungsbereichen und zu den organisatorischen Erkenntnissen beim Einbau der neuen Systeme. Für die Durchführung der Tagung waren insgesamt die folgenden Gründe ausschlaggebend:

1. Im Gegensatz zur Informatik existiert für den Bereich der Textverarbeitung noch keine befriedigende theoretische Basis.

2. Es fehlt ein Überblick über die laufenden und intendierten Anwendungsbereiche für eine computergestützte Textverarbeitung.

3. Die organisatorischen Schwierigkeiten, die sich bei der Einführung von Textverarbeitungssystemen ergeben, sind noch weitgehend ungelöst. Vor allem fehlt es an der Antizipation organisatorischer Schwierigkeiten bei der Gestaltung der Systeme selbst.

Ausgehend von diesen Überlegungen wählte der Programmausschuß die in diesem Tagungsband erfaßten Referate aus einer Vielzahl von Vortragsanmeldungen aus. Für die Auswahl waren folgende Kriterien maßgeblich:

1. Innovationscharakter des Beitrages bezüglich der Informatik.

2. Innovationscharakter des Beitrages bezüglich der Anwendung.

3. Innovationscharakter des Beitrages zur theoretischen Fundierung.

4. Innovationscharakter des Beitrages bezüglich der Integration von Text- und Datenverarbeitung.

Um auch Nichtspezialisten und zukünftigen Anwendern von Textverarbeitungssystemen ein Forum zu bieten, wurde die Fachtagung mit einem Tutorial unter dem Motto "Grundlegende Aspekte der Textverarbeitung" eröffnet. In dieser Einführungsveranstaltung wurde vorwiegend auf die Anwendung der Textverarbeitung im Büro- und Verwaltungsbereich eingegangen. Dem Ziel, einen Überblick über den Stand der Textverarbeitungssysteme und der Anwendungsgebiete zu erwerben, diente ein die wissenschaftliche Tagung begleitendes umfangreiches Industrieprogramm. Im Rahmen dieser Veranstaltungsreihe präsentierten nahezu alle einschlägigen Hersteller von Textverarbeitungssystemen ihre Produkte. Erfreulich war auch die Bereitschaft von einigen Anwendern, über ihre Erfahrungen mit bestimmten Systemen zu referieren.

Mein Dank gilt allen Mitgliedern des Programmausschusses, die stets darauf bedacht waren, zügig, mit Sachverstand und hohem Verantwortungsbewußtsein die anstehenden Aufgaben zu lösen, insbesondere die Abgrenzung des Themenbereiches und die Auswahl der vorgelegten Referate zu besorgen. Wir alle stehen in hoher Schuld bei Herrn H. Busch, der mit beispielhaftem persönlichen Engagement und großer Initiative die organisatorischen Arbeiten, die mit der Vorlage dieses Bandes und der wissenschaftlichen Tagung selbst verbunden waren, übernahm. Ebenso danke ich den Herren des Organisationsausschusses, die tatkräftig bei den Vorbereitungen und der Durchführung dieser Veranstaltung mitwirkten.

Peter Rütger Wossidlo

Programmausschuß

H. Billing
Max-Planck-Institut für Physik und Astrophysik, Garching

R. Gnatz
Technische Universität München

E. Grochla
BIFOA, Universität Köln

O. Grün
Wirtschaftsuniversität Wien

W. Händler
Universität Erlangen-Nürnberg

H. Heitele
Nixdorf AG, Paderborn

E. Lindemann
Hell GmbH, Kiel

A. Mund
Volkswagenwerk AG, Wolfsburg

W. Preisberg
ICS GmbH, Kulmbach

L. Straßer
Daimler-Benz AG, Stuttgart

N. Szyperski
BIFOA, Universität Bayreuth

Organisationsausschuß

H. Busch
Universität Bayreuth

N. Eimer
Universität Bayreuth

J. Kettler
Universität Bayreuth

W. Preisberg
ICS GmbH, Kulmbach

J. Schumacher
Fremdenverkehrsverein Bayreuth

P. Wossidlo
Universität Bayreuth (Vorsitz)

INHALTSVERZEICHNIS

EINFÜHRUNG

TEXTKOMMUNIKATION

* Dieser Beitrag konnte aus Termingründen nicht mehr in den Band aufgenommen werden.

Textverarbeitung und Informatik

von Paul Schmitz, Universität zu Köln

Zusammenfassung

Die Textverarbeitung ist in erster Linie ein Teil der Bürokommunikation. Sowohl nach funktionellen als auch nach konstruktiven Gesichtspunkten betrachtet, zeigt sich eine Entsprechung von Textverarbeitung und Datenverarbeitung. Es bestehen lediglich graduelle Unterschiede, die auf der abweichenden Entstehungsgeschichte, auf der unterschiedlichen Herkunft der Gerätehersteller beruhen. Entsprechend orientiert sich die technische Entwicklung auf dem Gebiet der Automatisierten Textverarbeitung (ATV) an der der Automatisierten Datenverarbeitung (ADV). Probleme entstehen durch das Zusammenwachsen der Textverarbeitung mit Datenverarbeitung und Nachrichtenvermittlung zu einem integrierten informationstechnologischen System.

Die offenen Fragen im Zusammenhang mit der Textverarbeitung sind vielfältig, und es sind viele Disziplinen aufgerufen, an einer Lösung mitzuwirken. Die Informatik kann ihren Beitrag leisten durch das Entwickeln und Bereitstellen von Methoden und Hilfen für die Konzipierung, die Implementierung und den Betrieb von wirkungsvollen Textverarbeitungssystemen sowie durch das Erarbeiten von Schnittstellen und Standards.

Gliederung:

1. Begriffe und Abgrenzung

2. Entwicklung der Textverarbeitung

3. Methoden der Informatik für die Textverarbeitung

1. Begriff und Abgrenzung

o Der Begriff Text wird in vielen Bereichen und in sehr unterschiedlicher Bedeutung verwendet: Z. B. als der Wortlaut eines Schriftwerks, als die einer Predigt zugrundeliegende Bibelstelle, als alphanumerische Konstante in einem Programm, innerhalb der Nachrichtenübermittlung als die Information zwischen den Steuersignalen. Für den hier interessierenden Zusammenhang findet sich in der Literatur keine explizite Definition. In Publikationen für den Bereich der Bürokommunikation wird Text gelegentlich implizit als Zeichenfolge (Gegensatzpaar Text = Zeichen-, Daten = Ziffernfolge) interpretiert. Eine für unsere Zwecke brauchbare Bestimmung dürfte - in Anlehnung an die DIN-Begriffe Daten und Nachricht /1/ - die folgende sein:

Text = Darstellung von Information zum Zwecke der Verarbeitung oder der Weitergabe.

o Eine solch weite Definition von Text läßt eine entsprechend weite Bestimmung von Textverarbeitung zu. Im Zusammenhang mit Informatik wird der Begriff Textverarbeitung in zweierlei Weise verwendet; in erster Linie ist die Textverarbeitung als ein Teil der Bürokommunikation gemeint. Hier wird für Textverarbeitung üblicherweise eine Umfangsbestimmung gegeben, in der die einzelnen Funktionen, die die Textverarbeitung ausmachen, aufgezählt werden, z. B. Konzipieren, Formulieren, Diktieren, Eingeben, Transformieren, Reproduzieren, Archivieren und Ausgeben von Texten einschließlich der entsprechenden Vordruckgestaltung.

Wenn man diese Funktionen loslöst von dem engeren Einsatzbereich Bürokommunikation, dann wird hiermit auch der zweite Objektbereich der Informatik, in dem der Begriff Textverarbeitung verwendet wird, abgedeckt, nämlich Textverarbeitung bei der Sprachübersetzung. Dieser zweite Bereich wird auch mit dem Begriff Zeichenkettenverarbeitung beschrieben.

Bei entsprechender Auslegung der oben genannten Funktionen der Textverarbeitung wird damit die gesamte Datenverarbeitung erfaßt. Von daher bleibt also festzuhalten:

Textverarbeitung ist Datenverarbeitung.

o Innerhalb des Bürobereiches gibt es für die Geräte, die zur automatischen Textverarbeitung eingesetzt werden, eine Vielzahl von Benennungen, je nach den Funktionen, die durch den betreffenden Automaten abgedeckt werden, z. B. /2/:

- Schreibautomaten
- Korrespondenzautomaten
- Textbearbeitungsautomaten
- Organisationsautomaten
- Textverarbeitungsanlagen

Eine derartige Einteilung muß vor dem Hintergrund der heutigen Technik als Anachronismus angesehen werden: Die softwaregesteuerten Systeme vermögen in der Regel alle Teilfunktionen wirtschaftlich abzuwickeln.

Eine sinnvolle Bestimmung für Textverarbeitungsgeräte gibt der Entwurf DIN 002140. Hier wird Textautomat definiert als

"Büromaschine für die Ein- und Ausgabe von Texten und die Textverarbeitung, wie Zusammenstellen und Redigieren von Texten, die mindestens folgende Einrichtungen hat:
- eine Eingabeeinrichtung,
- eine Zentraleinheit, die mit Hilfe des Maschinenprogramms die Textverarbeitung im Umfang von mehr als einer Seite (A4) in einem Arbeitsgang durchführen kann
- Textträger zur Speicherung von Texten von insgesamt mehr als einer Seite (A4) und
- eine Einrichtung zur automatisch gesteuerten Ausgabe" /3/.

Der DIN-Entwurf legt dann weiter fest, daß Textautomaten durch eine Reihe von Merkmalen unterschieden werden können, verzichtet aber darauf, für die verschiedenen Ausprägungen von Textautomaten eigene Benennungen zu vergeben.

Analysiert man den Textautomaten nach seinem konstruktiven und funktionellen Aufbau, so ist - wie nicht anders zu erwarten - festzustellen:

Ein Textautomat ist eine ADV-Anlage bzw. ein ADV-System.

o Wegen der abweichenden Einsatzschwerpunkte ist es sinnvoll, exemplarisch nach tendenziellen Unterschieden zwischen der Textverarbeitung und der Datenverarbeitung zu suchen, da die Systeme in der Praxis oft noch isoliert existieren. Hierbei handelt es sich jedoch nur um graduelle Unterschiede; die Ausprägungen ATV und ADV sind oft Pole auf den Skalen der betreffenden Merkmale:

Unterscheidungsmerkmale	ATV	ADV
Lebensdauer der Einzelaufgaben	gering	hoch
Komplexität der Einzelaufgaben	gering	hoch
Integrationsgrad der Einzelaufgaben	gering	hoch
Art der Daten	digital	digital, analog
Redundanz der Daten	hoch	gering
Zeichenvorrat	sehr groß	klein
Umfang der Dateien	gering	hoch
Anzahl der Dateien	gering	hoch
Struktur der Dateien	einfach	komplex
Kompetenz für die Definition der Einzelaufgaben	Sachbearbeiter	höhere Instanz
I/O-Intensität	gering	hoch
Speicherintensität	gering	hoch
Rechenintensität	gering	hoch
Betriebsformen	Dialog	Dialog, Stapel
Einschätzung der Anforderungen an Bedienung	falsch	richtig
Funktionelle Trennung in Phasen	nicht möglich	möglich

2. Die Entwicklung der Textverarbeitung

2.1 Entwicklung des Anbietermarktes

Auf dem Markt für Systeme der ATV treten Hersteller unterschiedlicher Provenienz auf. Zu unterscheiden sind gegenwärtig vier Gruppen:

- Hersteller, die zunächst konventionelle Schreibmaschinen produziert und diese unter Verwendung von fest eingebauten und zumeist auch auswechselbaren Speichern und schnellen Typendruckwerken weiterentwickelt haben (z. B. IBM, Olivetti, Olympia, Triumph-Adler); die Anschaffungspreise für diese Produkte liegen heute zwischen 7 und 25 TDM.

- Hersteller, die ADV-Systeme produzierten und die (kleineren) Produkte ihrer Palette mit spezieller Basissoftware und teils auch mit besonderen Hardware-Einrichtungen auf die Aufgaben der ATV zugeschnitten haben (z. B. Diehl, IBM, Nixdorf, Siemens, Wang). Diese Produkte sind durchweg mit Bildschirmen ausgestattet und kosten wenigstens 25 TDM.

- Eine weitere Gruppe bilden Großkonzerne, die auf dem Weg der Konzerndiversifizierung in den Markt eintreten (z. B. Exxon, GM), doch entsprechen ihre Produkte in der Konzeption weitgehend denen der vorgenannten Gruppe.

- Daneben gewinnt in jüngster Zeit eine vierte Gruppe an Bedeutung: Auf dem Markt der sog. personal computer oder home computer, die in Massenproduktion hergestellt und zu Kostenpreisen über den Einzelhandel angeboten werden, sind rapide steigende Umsätze zu vermerken. Anbieter, die mit Textautomaten auf der Basis dieser Technologie in den Markt eintreten, könnten das Preisgefüge in Bewegung bringen. Voraussetzung für eine solche Entwicklung ist allerdings, daß die noch vorherrschenden Schwachstellen dieser Systeme (geringer Bedienungskomfort, Leistungsschwächen, Dokumentationsmängel) beseitigt werden.

2.2 Technische Entwicklung

Textverarbeitung ist - wie oben konstatiert - Datenverarbeitung, deshalb wird die zukünftige technische Entwicklung der Textautomaten wie die der ADV-Systeme verlaufen. Wegen der oben skizzierten aufgabenbedingten Abweichungen liegt der Schwerpunkt für die Textverarbeitung auf den Speichern:

- o Die Zentralspeicher werden größer werden. Als Technologie kommen FET-Halbleiter, bei geringen Zeitanforderungen als preisgünstige Alternative auch Ladungstransportspeicher (CCD) in Betracht.
- o Neben den vertrauten adreßorganisierten Speichern werden auch Assoziativspeicher zum Einsatz kommen. Mit einer vereinfachten Vergleichslogik (Semionics) /4/ betragen die Kosten heute nur mehr 1 % dessen, was man noch vor wenigen Jahren für assoziative Speicher veranschlagen mußte. Die besondere Bedeutung der assozitativen Speicher für die Textverarbeitung liegt darin begründet, daß für den Sachbearbeiter, der im allgemeinen 'Nicht-Datenverarbeiter' ist, die Probleme, die ansonsten beim Aufbau einer Datenbasis auftreten, weitgehend entfallen.
- o Als periphere Speicher werden die flexiblen Magnetplatten (Floppy Disks) wegen ihrer leichten Handhabung weiterhin eingesetzt. Daneben gibt es inzwischen auch sehr preiswerte Festplattenspeicher mit großer Kapazität und großer Robustheit, was für den Büroarbeitsplatz besonders wichtig ist. /5/

  Neue Medien für periphere Speicher werden weniger Mechanik aufweisen und daher einfacher und preisgünstiger zu fertigen sein als die zuvor Genannten. Wichtige Technologien sind hier Ladungstransport- und Magnetblasenspeicher.

2.3 Integration der Textverarbeitung mit der Datenverarbeitung

Datenverarbeitung, Textverarbeitung und Nachrichtenvermittlung sind die drei Informationssystemkomponenten, die heute noch vielfach isoliert in der Anwendung eingesetzt werden.

Genauso wie das Textverarbeitungssystem ist auch das Nachrichtenvermittlungssystem konstruktiv und funktionell wie ein ADV-System aufgebaut.

Insbesondere bei den Großanwendern setzt sich zunehmend die Erkenntnis durch, daß es notwendig ist, diese drei Informationssystemkomponenten zu integrieren /6/.

Damit ist nicht in erster Linie das gerätetechnische Zusammenwachsen gemeint, sondern die anwendungsbezogene Koordination dieser Komponenten: Es handelt sich um eine führungstechnische Aufgabe, die in der Regel wichtige aufbau- und ablauforganisatorische Umstellungen erforderlich macht /7/.

Dies trifft übrigens in ähnlichem Maße auch für die Anbieter zu: Es ist bemerkenswert, daß bei Anbietern, die z. B. Textautomaten und ADV-Systeme vertreiben, eine Konkurrenz zwischen den Vertriebsabteilungen für Textverarbeitung und Datenverarbeitung besteht /8/. Auch wird durch Preisgestaltung und Beratungsaktivitäten eher die Anschaffung isolierter Textautomaten als die Einrichtung von integrierten Konzepten gefördert.

Über die Koordinierungsfunktion hinaus zeichnet sich bereits heute eine Vielzahl von technischen Integrationsfeldern ab:

Abb. 1 zeigt das informationstechnologische Dreieck aus Textverarbeitung, Datenverarbeitung und Nachrichtenvermittlung /9/ mit den Integrationsfeldern zur Textverarbeitung:

- o Isolierte Textverarbeitung wird mit Textautomaten betrieben.
- o Ein Integrationsfeld zwischen Textverarbeitung und Datenverarbeitung füllt die Rechnergestützte Textverarbeitung aus /10/.
- o Der unter der internationalen Bezeichnung Teletex von der Bundespost vorbereitete Fernmeldedienst 'Büroferschreiben' /11/ und ein Verbund von Textautomaten stellen Integrationsformen von Textverarbeitung und Nachrichtenvermittlung dar.

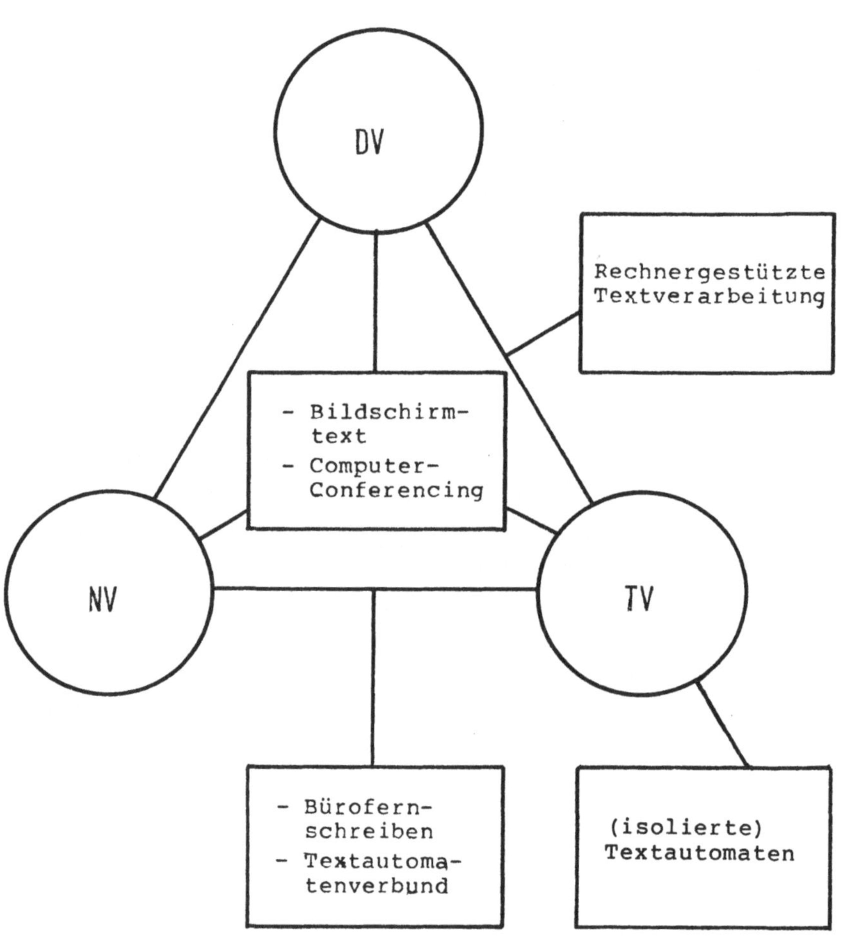

Abb. 1: Informationstechnologisches Dreieck mit Beispielen von Integrationsfeldern zur Textverarbeitung

o Alle drei Informationssystemkomponenten gemeinsam werden integriert in den Kommunikationsformen Bildschirmtext /12/ und Computer-Conferencing /13/.

Für die Textverarbeitung ist u. a. die Frage der Integration mit der automatisierten Datenverarbeitung von besonderer Bedeutung. Hierzu einige Detailausführungen:

o Aufgrund der hohen Aufwendungen für die Datenfernübertragung soll eine solche Integration nur dann erwogen werden, wenn wenigstens eine der folgenden Voraussetzungen vorliegt (V1 - V5):

- Zur Textverarbeitung werden Datenbestände hinzugezogen, die

  * so umfangreich sind, daß sie die Kapazität der peripheren Speicher übersteigen, V1

  * oder eine komplexe Struktur aufweisen V2

  * oder als Ergebnis von Datenverarbeitungsprozessen ohnehin auf einer ADV-Anlage vorliegen. V3

- Im Rahmen der Textverarbeitung fallen so umfangreiche logische und/oder arithmetische Operationen an, daß sie auf den spezialisierten Textautomaten nicht wirtschaftlich abgewickelt werden können. V4

- Mehrere dezentrale Textautomaten verwenden identische Texte oder Datenbestände. V5

o Die Zahl der denkbaren Integrationskonzepte soll auf drei verbreitete Typen eingeengt werden:

- Isolation: Textverarbeitung auf isolierten Textautomaten I

- Anschluß: Integration zwischen Textautomaten und einer ADVA durch Realisierung eines Anschlusses A

- Zentrale Lösung: Integration durch Abwicklung der Textverarbeitung ausschließlich durch ein zentrales, universelles ADV-System mit Bildschirmgeräten und Spezialdruckern Z

o Zur Beurteilung dieser Konzepte sind im Einzelfall viele Kriterien zu berücksichtigen, z. B.:
- Kosten
- Leistung
- Sicherungsaufwand
- Verfügbarkeit
- Kompatibilität
- Manipulationsaufwand am Arbeitsplatz
- psychologische Aspekte

o Exemplarisch werden hier einige Aspekte zum Kriterium "Kosten" angeführt, die man zur Abwägung zwischen den Konzepten Isolation (I), Anschluß (A) und Zentrale Lösung (Z) berücksichtigen wird:

- Isolation:

  * Besonders umfangreiche Datenbestände (V1) erfordern größere periphere Speicher.
  * Falls die Datenbestände eine komplexe Struktur aufweisen (V2), müssen sie umsortiert werden.
  * Auch wenn Daten für die Textverarbeitung bereits auf der ADV-Anlage vorliegen (V3), ist eine manuelle Eingabe in den Textautomaten unumgänglich.
  * Logische und arithmetische Operationen (V4) sind entweder unwirtschaftlich auf den Textautomaten oder auf dem Umweg über zweimalige manuelle Eingabe auf der ADV-Anlage durchzuführen.
  * Identische Daten für mehrere dezentrale Textautomaten (V5) müssen mehrfach gespeichert werden.

- Anschluß (A):

  * Schnittstellen, Prozeduren und Anwendungsprogramme müssen erstellt werden.
  * Leitungs- und Übertragungskosten fallen an.
  * Ggf. ist ein Ausbau der ADV-Anlage unumgänglich, damit negative Auswirkungen auf andere Anwendungen vermieden werden.

- Zentrale Lösung (Z):
  * Bildschirmgeräte und Spezialdrucker sind grundsätzlich preisgünstiger als komfortable Textautomaten.
  * Negativ fallen einige der unter A genannten Aspekte ins Gewicht.

3. Methoden der Informatik für die Textverarbeitung

Insbesondere die Textverarbeitung als Teilgebiet der Bürokommunikation bedarf der Unterstützung durch Methoden und Hilfsmittel für die Gestaltung und den Betrieb von wirkungsvollen Textverarbeitungssystemen. Das ist deshalb so besonders wichtig, weil die Systemgestalter und -benutzer durchweg Sachbearbeiter sind und im Gegensatz zu den Spezialisten, die ADV-Systeme entwickeln, nicht über Systemwissen verfügen und daher methodisch entsprechend noch stärker unterstützt werden müssen /14/.

Die Probleme, die im Zusammenhang mit der Textverarbeitung auftreten, sind vielfältiger Natur. Folglich werden an ihrer Lösung verschiedene Disziplinen partizipieren. Die Informatik kann hier einen wichtigen Beitrag leisten durch die Bereitstellung von Hilfen, die bereits mit Erfolg in anderen Anwendungsbereichen eingesetzt werden, sowie durch die Entwicklung neuer Hilfen.

Gegenstandsbereiche für solche Methoden und Hilfen sind im Zusammenhang mit der Textverarbeitung:

- o Systemkonzipierung
- o Systemimplementierung
- o Systembetrieb
- o Schnittstellen und Standards

Zu diesen Bereichen werden jeweils einige wichtige Methoden und Hilfen genannt:

- o Die Systemkonzipierung wird unterstützt durch:
  - Methoden des Requirement Engineering /15/
  - Maßnahmen zur organisatorischen Anpassung, z. B. der Aufgabenträger (Mensch, Maschine), des Informationsprozesses und der Aufbaustruktur der betroffenen Bereiche /16/

- Feldstudien, in denen die Kräfte, die sich hemmend oder fördernd auf Systementwicklungsprojekte auswirken, analysiert werden; in einem zweiten Schritt können dann hemmende Kräfte ausgeräumt bzw. fördernde verstärkt werden /17/
- Modelle für die Entscheidungsfindung bei der Auswahl von Systemen und Systemkomponenten, wie Nutzwertanalyse /18/ oder Kölner Verfahren /19/
- Sicherungsmaßnahmen u. a.

o Für die Systemimplementierung sind etwa folgende Hilfen zu nennen:

- Methoden des Software Engineering /20/
- einfache Sprachen für die Datenbeschreibung

o Der Systembetrieb wird u. a. unterstützt durch:

- Organisatorische und technische Einsatzoptimierung
- einfache Abfragesprachen

o Daneben gehört es zu den Aufgaben der Informatik, Schnittstellen festzulegen und Standards zu definieren.

- Beispiele für die Schnittstellenfestlegung finden sich insbesondere im gerätetechnischen Bereich, hier ist inzwischen eine Vielzahl von Normen bereits verabschiedet.
- Zur Definition von Standards zählen z. B. die Vereinbarung von Schrifttypen und von Formaten für Umbrüche, Regeln für die Indexierung und die Fußnotenbehandlung, ferner Fragen der Bedienung usw.

Literatur:

/1/ Vgl. DIN 44300 Informationsverarbeitung, Begriffe. Berlin - Köln März 1972

/2/ Vgl. Kiesel, G. H.: Textverarbeitung Lexikon. Bremen 1976

/3/ Entwurf DIN 002140 Büro- und Datentechnik, Textautomaten - Begriff und Klassifikation. Berlin - Köln November 1979, S. 2

/4/ Vgl. Lamb, S. M.; Vanderslice, R.: Recognition Memory - Low Cost Content-addressable Parallel Processor for Speech Data Manipulation. Paper presented at the Acoustical Society of America and Acoustical Society of Japan Joint Meeting, Honolulu, 29 November 1978

/5/ BASF hat Festplattenspeicher ankündigt mit einer MTBF (mean time between failure) von 25000 Stunden; vgl. hierzu: BASF mit neuem Festplattenspeicher - Ende der Diskette? In: bit Nr. 10, 1979, S. 47

/6/ Vgl. Szyperski, N.: Realisierung von Informationssystemen in deutschen Unternehmungen. In: H. Müller-Merbach (Hrsg.): Quantitative Ansätze in der Betriebswirtschaftslehre. München 1978, S. 67 - 86, hier S. 72 f.

/7/ Vgl. Szyperski, N.: Zentrales Management für Datenverarbeitung, Textverarbeitung und Kommunikation - eine führungstechnische Konsequenz? In: Computerwoche Nr. 17, 21.04.77, S. 6

/8/ Vgl. Szyperski, N.; Grochla, E.; Höring, K.; Schmitz, P.: Bürosysteme in der Entwicklung - Studien zur Typologie und zur Gestaltung von Büroarbeitsplätzen. Schriftenreihe zur Angewandten Informatik, Veröffentlichung in Vorbereitung

/9/ Vgl. Szyperski, N.: Realisierung von ..., a. a. O., S. 73

/10/ Vgl. Grochla, E.: Textverarbeitung und Organisation. In: O. Grün, J. Rössl (Hrsg.): Computergestützte Textverarbeitung. Fachberichte und Referate 10. München - Wien 1979, S. 199 - 224, hier S. 212 f.

/11/ Vgl. Kommission für den Ausbau des technischen Kommunikationssystems -KtK- : Telekommunikationsbericht 1975, Anlagenband 4. Bonn 1976, S. 33 ff.

/12/ Vgl. ebenda, S. 140 f.
Vgl. Witte, E.: Kommunikationssysteme wachsen zusammen - am Beispiel Bildschirmtext. In: bit Nr. 9, 1978, S. 58 - 67

/13/ Vgl. Szyperski, N.: Computer-Conferencing - Einsatzformen und organisatorische Auswirkungen. In: O. Grün, J. Rössl (Hrsg.): a. a. O., S. 151 - 174

/14/ Vgl. Mokler, A.: Zur Realisierung eigenintelligenter und integrierter Büroinformationssysteme. In: Angewandte Informatik 1979, S. 542 - 549

/15/ Vgl. etwa Griese, J.; Österle, H.: Requirements Engineering. In: Angewandte Informatik 1978, S. 150 - 157

/16/ Vgl. Grochla, E.: Organisatorische Anpassungsprobleme im Büro. In: Bürotechnik Nr. 12, 1971, S. 61 - 66

/17/ Vgl. Lemke, K.-D.: Die Kraftfeld-Analyse. In: Computer Magazin Nr. 12, 1978, S. 12 - 15.
Vgl. auch Kerzner, H.: Project Management. New York 1979, S. 269 ff.
Beide Autoren beziehen sich auf die Arbeit von Lewin, K.: Field Theory in Social Science. New York 1951

/18/ Vgl. Zangemeister, Ch.: Nutzwertanalyse in der Systemtechnik. 3. Aufl., München 1973.

/19/ Vgl. Schmitz, P.; Schwichtenberg, G.; Sodeur, W.: Ein Kombinationsverfahren für Rangfolgeentscheidungen unter besonderer Berücksichtigung der Auswahlproblematik bei Rechnersystemen. Schriftenreihe des Rechenzentrums der Universität zu Köln, Nr. 23, Köln 1975

/20/ Vgl. etwa Gewald, K.; Haake, G.; Pfadler, W.: Software Engineering. München - Wien 1977

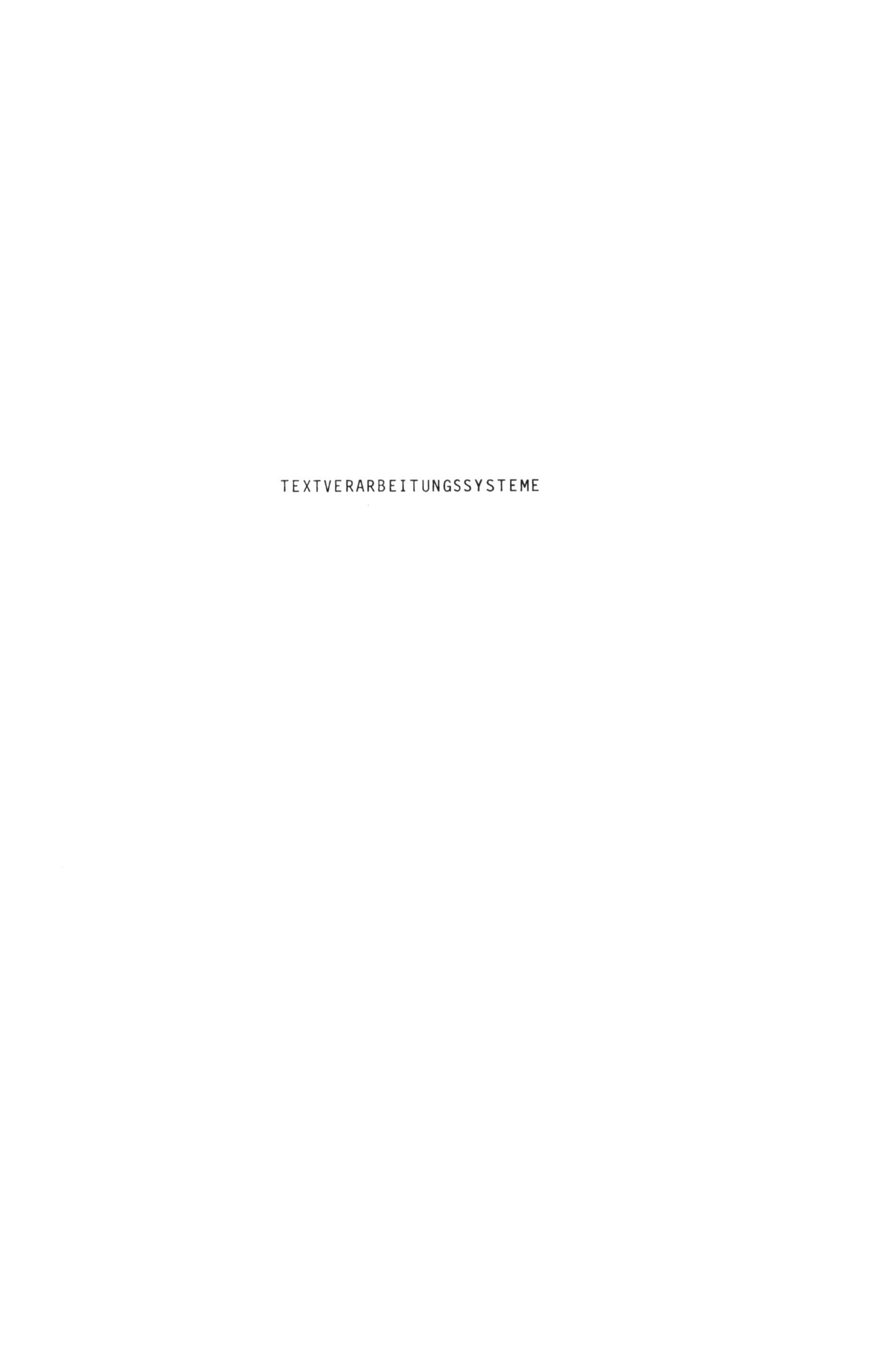

TEXTVERARBEITUNGSSYSTEME

Cognitive dimensions of information manipulation systems

Gerhard Fischer
Institut fuer Informatik
Universitaet Stuttgart

Abstract

The personal computer of the future will offer its owner an **information manipulation system.** It will be a totally integrated system being able to manipulate text (prose or programs), graphical objects, sound and other information structures.

An information manipulation system will be an important step towards achieving the goal that we can do all our work **on-line** -- placing in computer store all of our specifications, plans, designs, programs, docu mentation, reports, memos, bibliography and reference notes and doing all of our scratch work, planning, designing, debugging and most of our intercommunication via the consoles.

In this paper we consider specifically **text processing systems** and how they can support the creative act of writing (a problem solving task) as well as the routine skill of editing a manuscript (ie to make the extension and modification of text a less painful task for a human being). We argue that they should be integrated with programming systems because the cognitive processes underlying programming are quite similar to those which are necessary for writing and we believe that text processing systems can be an important bridge to the learning of programming for the non-expert user.

Contents

1. The structure of an information manipulation system

Diagram 1 illustrates the structure and function of an information manipulation system:

Diagram 1: The structure of an information manipulation system

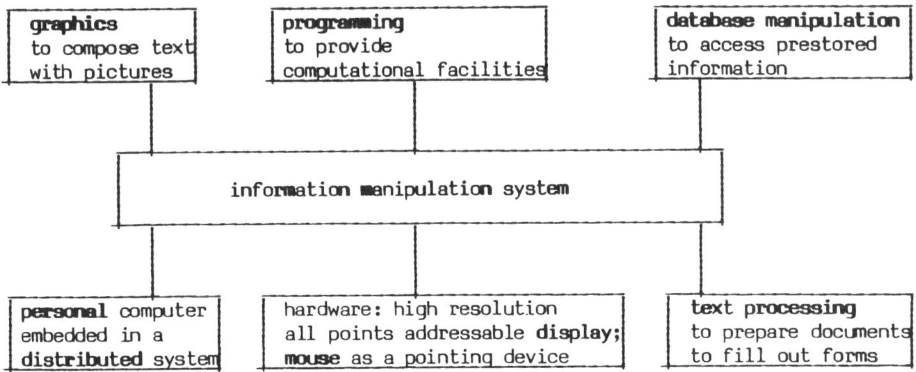

Systems of this sort will be used for many applications: as office systems, as home computers, as research tools etc.

We are convinced from our previous work that integrated systems are needed, like the following examples demonstrate:

1) to write a paper for a conference, we need
   - graphics (to include diagrams and pictures)
   - database (to retrieve the references)
   - programming (to sort the references, to include test runs, etc)

2) to manipulate texts (program or prose) we should have a real-time display oriented editor, which takes advantage of the special syntactic form of the structures to be edited, eg it should be possible to change every occurence of X as an identifier in a program without inadvertently changing all the other X's and we should be able to refer to the natural entities of our texts (eg a symbolic expression in LISP or a sentence in prose)

3) to support the development and modification of programs, we need an interactive program development system (FISCHER and LAUBSCH, 1980), including all the helpful features of the INTERLISP system (TEITELMAN 1978) like "Do what I mean (DWIM)", Programmer's assistant, UNDO and History facilities

Information manipulation system satisfy the need for homogeneous, unified systems and therefore **reduce the cognitive burden** of a user to learn and to use a computer. Our past, current and future research is centered around the goal to learn the principles by which interactive computer aids can augment our intellectual activities (eg by providing an extension which is superior to pencil and paper to overcome the limitations of our short term memory).

2. Experiences with existing systems

The author has had opportunities to work intensively with several advanced systems during the last few years. These systems form the background for the ideas expressed in this paper; they are the currently existing systems (known to the author) which come closest to our idea of an information manipulation system.

2.1 EMACS and MACLISP

EMACS (STALLMAN 1979) is a real-time display oriented editor, which can be **extended by the user.** This allows users to make extensions that fit the editor better to their own diverse applications, to experiment with alternative command languages and to share extensions which are generally useful. It runs on large timesharing machines (eg PDP-10) and large personal computers (eg LISP machine; WEINREB and MOON, 1979). It contains special subsystems ("modes"; see Diagram 2) to take advantage of the structures which occur in the systems to be edited. EMACS is a single key-stroke system, which puts a heavy demand on our recall memory. For these reasons, it is specifically suited for the expert user.

Diagram 2: Extensibility and Uniformity in EMACS (extensibility means that arbitrary modes can be implemented and uniformity implies that the user does not need to learn a seperate editor for each system)

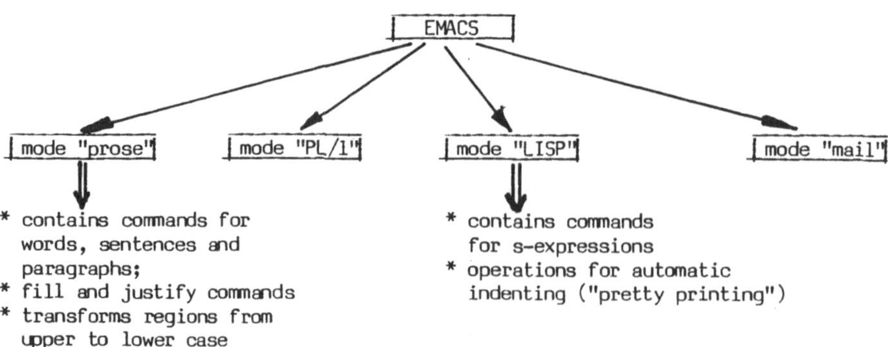

EMACS is well interfaced with the MACLISP programming system. EMACS and MACLISP are kept in the machine as parallel jobs which is a necessary requirement to switch back and forth with a few keystrokes. This is quite different from the editing philosophy of the INTERLISP system (TEITELMAN 1978) where the editor is an integral part of the INTERLISP system itself. The advantages and disadvantages of these two approaches ("source-file" versus "residential" systems) are thoroughly discussed in SANDEWALL (1978).

Powerful **personal computer systems** (like the LISP machine) contribute to the extensibility and modifiability of an information manipulation system because they make the entire software system interactively extensible by writing it in a higher level language (eg LISP) and allowing the user to redefine the functions composing the innards of the system.

2.2 BRAVO, SMALLTALK and DLISP

BRAVO, **SMALLTALK** (KAY 1977) and **DLISP** (TEITELMAN 1977) are systems at Xerox Palo Alto Research Center, which rely heavily on a high resolution bit map display, a mouse as a pointing device and excellent software, which supports multiple windows with associated menues and multiple fonts (see Diagram 3 for an example); through their iconic representations and their menues they only requires the recognition of commands (ie no recall). These environments provide prototypes for man-machine interfaces which are heavily based on graphics. The problem of not having enough space on the screen is solved by allowing the windows to overlap. The resulting configuration considerably increases the user's effective work space and it contributes to the illusion that the user is viewing a desk top containing a number of sheets of paper which he can manipulate in various ways.

Abilities like suspending an operation, performing other operations (eg to answer quickly to an urgent request received through the mail system) and then return without loss of context have turned out to be essential for many problem solving activities. The technique of using different windows for different tasks does make this switching of contexts easy and painless.

These systems combine the best features of display and hardcopy terminals. A standard complaint with conventional display terminals is that material that the user wants to refer to repeatedly (eg the text of a function, the trace of a program execution) is displaced by subsequent, incidental interactions with the system. In a situation like this when using a hard copy terminal the user tears off the part he is interested in. The equivalent action in a window system is to freeze the relevant portion of the interaction in a seperate window (eg like the "WORK AREA" window in Diagram 3) whose content will not be affected by the following interactions (see TEITELMAN, 1977).

Diagram 3: The DLISP display facilities
(from Teitelman 1977)

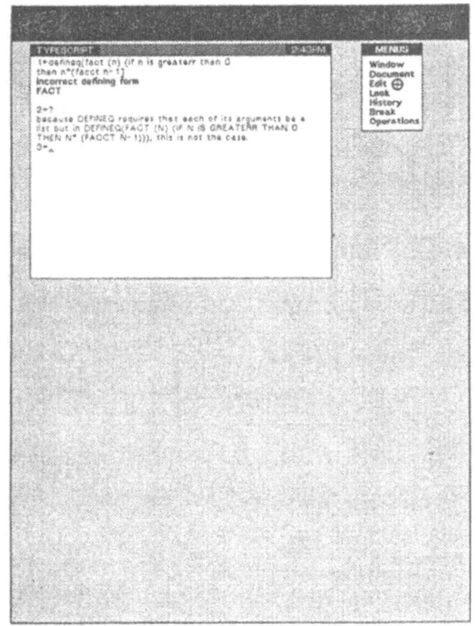

a) initial configuration of the screen

three windows are displayed:

- a TYPESCRIPT window, which records the user's interactions with the system

- a PROMPT window (the black bar at the top of the screen)

- a MENU window

the crosshair shape is the cursor and indicates the current position of the mouse

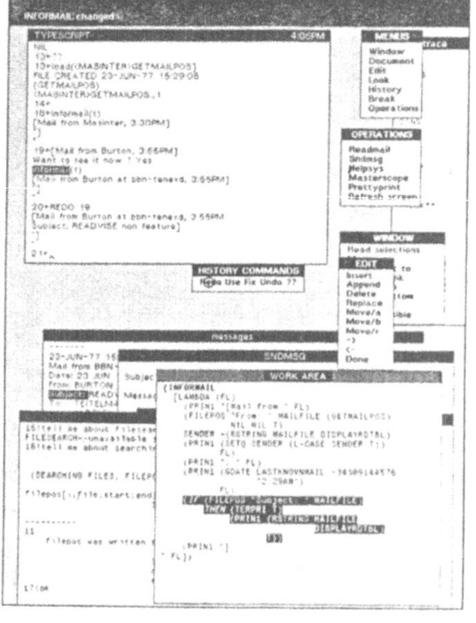

b) the screen at a later point of time

it contains the following windows:

- several menues (which are context dependent and therefore can be kept small in size; they allow the recognition of commands and do not require a recall)

- windows to receive and send messages

- "WORK AREA" window which allows additional communication with the system

selected text is indicated by reversing the color of the screen

the virtual size of the screen is increased because the windows can overlap

The graphical orientation of these systems has inspired research (eg SMITH 1977 and BORNING 1979) to create programming systems where more and more symbolic descriptions can be replaced by iconic descriptions. These efforts have the goal to integrate some of the features which have made display-oriented editing systems so successful into programming environments. Teletype-oriented editors require sequences of commands like "4DOWN 12LEFT 4DELETE" to delete four characters somewhere in a buffer. In a display-oriented environment we <u>see</u> the content of the buffer on the screen and can move with the cursor (supported by continuous visual feedback) to the object to be manipulated. An example of symbolic versus iconic programming is given in Diagram 4. The operation to be performed is to change the value of the third element of an array. In the symbolic case we have to "tell" the computer that we want to assign a new value to the third element of an array, whereas in an iconic programming environment the array would be displayed on the screen and changed directly.

Diagram 4: Symbolic versus Iconic Programming

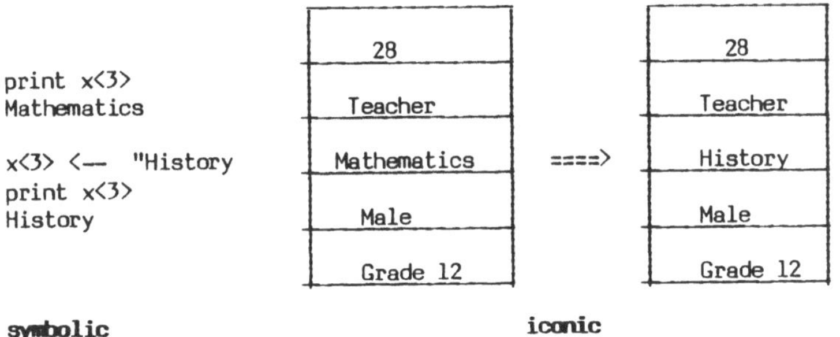

2.3 TINTE and LOGO

TINTE (RATHKE 1979), also a real-time display oriented editor, has a limited set of <u>user-definable keys</u>. It runs on a **small personal computer** and through its **incremental design** it can be used by users of all levels of expertise. Incremental design is one of the most essential features of a complex system, because the novice user of any reasonably powerful computer system is more confused than assisted by a full display of the information and options available to him.

(**Note:** This paper was written with the help of TINTE).

The interface between TINTE and the programming system LOGO (BOECKER 1977) is not as smooth as in the systems described above. The main reason for this is the limited memory space available in small computers which does not allow to load the two systems as parallel jobs.

Our research during the last few years has not only been concerned with the technology of providing interactive computer service, but also with changes in **conceptualizing, visualizing and organizing work and research** with these systems and in procedures and methods for working individually and cooperatively (FISCHER 1977a,b and 1979; FISCHER, BROWN and BURTON, 1978; FISCHER and LAUBSCH, 1980).

3. Text Processing and Programming

3.1 Generative Processes

One purpose of a text processing system is to support the creative aspects of the writing process. **Writing** in this context means to make a rough draft and refine it over a considerable period of time (in other words: it subsumes all the processes required to go from the first idea to the final copy; see FLOWER and HAYES, 1979). It includes the expectation of an "unacceptable" first draft which will develop through successive changes into a presentable form. An important general characteristic of computers is that they allow us to build quickly low-cost modifiable models which we can analyze and experiment with. We believe, contrary to the formal, verification oriented group in the Structured Programming community, that this view is also adequate for programming. This belief implies that program development systems with extensive debugging aids and associated methodologies (FISCHER and LAUBSCH 1980) should be one of the major research areas for computer science.

Outside of schools, writing is a highly goal-oriented intellectual activity -- a strategic action; inside schools, it is a set of rules for correct arrangement of preexistent ideas. This partition is equivalent to the division of programming as a creative act of problem solving and programming as coding (ie the translation of a given algorithm into a programming language).

Text processing and programming are examples of generative processes which are best understood as problem solving. Inadequate technologies (eg a typewriter, a batch system) force the writer or programmer to limit himself to a small set of strategies. For example he has to proceed in a serial fashion, whereby the form of the written word imposes restrictions on the generation of language and ideas. On the other hand it is well known that knowledge is not simply additive which implies that a new insight or idea may require a major restructuring of what has been done before.

Creative writing and programming is best understood as an

ill-structured problem (SIMON 1978). In these problem solving situations the problem solver has to contribute actively to the exact specification of the problem and he has to define criteria what will be accepted as a solution.

The goal of these generative processes is to articulate our ideas and intentions to a **listener.** If the partner is a human we speak of writing, if it is a computer we speak of programming.

3.2 Multiple Perspectives

The computer as an active medium offers more posibilities for a person who wants to write, understand or read a paper or a program. For complex descriptions it is often a big advantage to be able to generate **multiple perspectives** which facilitate or highlight certain aspects of a system. Multiple perspectives are able to resolve the basic conflict that symbols, which are ordered in one fixed order (eg on a printed page), serve as pointers to concepts which form a highly interrelated network. This implies that no single linear order is adequate. The value of multiple perspectives can be illustrated in a nice way using maps as an example: there may be many different maps for the same territory using large and small scales, showing the percipitation, the population density, the economical structure and any other relevant criteria.

In reading text can be selected according to the wishes or needs of the reader (to allow **"dynamic reading"**; a display screen can be regarded as a dynamic blackboard):

1) for the novice and the expert, different parts may be left out or included

2) to get a global overview, we can generate table of contents at arbitrary levels of abstraction

3) information can be reordered such that all occurences of a certain concept are selected (which occur in other representations at arbitrary places)

Similar possibilities exist for the representation of programs:

1) certain modules of the program can be listed selectively (eg all the data accessing functions, all declarative information, all procedures which achieve a specific subtask); procedures can be listed in different orders (eg alphabetically or according to the calling structure); pretty printing programs taking advantage of automatic indentation can show the hierarchical structure of a program

2) the calling structure which shows the connectivity structure between different procedures can be displayed at arbitrary levels of detail; the user should be allowed to define a "view specification"

3) symbol tables give a recoding of information according to a different criterion

3.3 Text processing systems as a bridge to the learning of programming

Programmable editors (eg like EMACS or TINTE) provide an outstanding opportunity to learn to program. A display-oriented editor has the advantage that a beginner can see (compare remarks in 2.2) the effect of his actions; the feedback is fast and easily understood. For action sequences which occur repeatedly he can define simultaneously a key which can be used later to repeat the same sequence of actions. The user starts to **program** in a natural way. Conceptually it is often helpful to regard text editors as programming languages operating on a string as a data structure.

We believe that modern computer technology can support a view of programming which is much more intuitive, much more visually based and much closer to our conceptual view of problem solving than current computer systems seem to indicate. Action-oriented programming in a LOGO learning environment (PAPERT 1979) and the iconic programming style in SMITH (1977) represent convincing examples in this direction.

4. Problem solving versus routine skill

Text editing systems should support **writing as problem solving** (eg to write a scientific paper, a book etc) which requires the following strategies:

1) top-down design (eg to create an outline for a paper)

2) filling in parts in a bottom-up fashion

3) use of multiple contexts (which get supported through multiple windows; see Diagram 3)

4) modification of a draft by using the existing version as a stepping stone towards the solution of the problem

5) creating an aesthetically pleasant form (by making use of different fonts, pictures etc) which supports the content

Text editing systems should also support the **routine skill** (CARD 1978) of editing a manuscript. In this case they eliminate the boring, time-consuming and unproductive work of secretaries who have to spend long hours to retype manuscripts, to make only trivial changes to a prototype of a letter but still have to retype it as a whole and who become greater experts in using scissors and glue than in anything else. A routine cognitive skill means that the methods to be used are well known and that the sequence of actions which occur are of a modest variety (therefore there is little search to find out what to do next).

5. Implications for the process of system design

5.1 The necessity for empirical investigations

It is generally accepted that when a program is to be written, specifications should be designed in advance. But for any real design task or any ill-structured problem (see 3.1) this is more wishful thinking than a realistic goal. The history of the development of text editors is just one more example for this assertion (another example would be timesharing systems; see NEWELL/SIMON (1976) for an insightful analysis of this topic) and provides a good illustration of the **co-evolution** of implementations and interface specifications. As experience accumulates in using an implementation, more of the real needs and benefits are discovered causing the partial interface specifications to change. The chain of necessary steps leading to one of the systems described in section 2 starting with the availibilty of the display processors was simply too long for anyone to have imagined the final result before the first step had been taken (for a general discussion of these issues see FISCHER, BROWN and BURTON, 1978). Research projects have proven not too successful to make major achievements in this direction because they usually aim at goals which are visible at the start. SIMON (1969) has given convincing arguments that the evolution of complex systems depends critically on the existence of stable subsystems.

5.2 A design conflict

In the _initial_ phase of using a text processing system it is very important that the introduction of the computer system changes the tasks performed as little as possible. For computer naive user it is a traumatic experience anyway to change the tangebility of a piece of paper by the illusiveness of electronic documents and files. It is a step that drastically alters the appearance of their tools. In order to provide _entry points_ (which make it easy for people to get started and which help them to understand new things by interpreting them with the knowledge they already have) and _transient objects_ (which carry them from the old skill to the new skill; an example of a transient object in a different domain is the use of short skis in the graduated length method in skiing (FISCHER, BROWN and BURTON, 1978)), it is important to make these new tools as forgiving as possible.

As users become more experienced and more familiar, our systems should take advantage of the new medium. Strict adherence to normal typing conventions is not always advantageous (eg good text processing systems do not require that the user pays attention to the end of a line, they allow him to define abbreviations, to experiment easily with the layout, etc). Lack of attention to this essential phenomena is one of the reasons that many innovations fail.

5.3 Implications for system design from our unifying view of programming and writing

As computers become cheaper every year the important constraints for the design of a system are not related any more primarily with the optimal use of machine resources but with the **augmentation of human capabilities**. Therefore the requirements for a system of this sort should be derived from cognitive dimensions.

Based on our lack of adequate cognitive theories it was and it is impossible to give a full specification of information manipulation systems (whether they are program development systems or text processing systems). The inadequacy of existing systems has to lead to a requirement analysis for the next generation of systems. Text processing systems provide a good domain to study the following design issues:

1) recall (ie remembering from our memory) versus recognition (ie seeing in a menu) of a command; this difference leads to single key-stroke systems (EMACS), menu-selection systems (BRAVO and SMALLTALK) and mixed systems (TINTE)

2) how close should we stay with the known technology (eg typewriters) and how much should we exploit the possibilities of the new technology (eg to eliminate the need for carriage returns, copying pieces of text, use of a pointing device, etc)

3) can we build systems which are self-explaining and self-documenting

4) how much control do we want to give to the user

Regarding text processing as a skill which develops over a long period of time and which gets used repeatedly (FISCHER, BROWN and BURTON, 1978) implies that we have to pay attention to the following issues (which provide a set of **conflicting** design issues, eg a system may be fast but hard to learn; see CARD 1979):

1) **time:** how long does it take to accomplish a task?

2) **errors:** what kind and how many errors does a user make and how serious are they?

3) **learning:** how long does it take a novice user to learn to use the system (for a secretary, for a trained computer scientist)

4) **functionality:** what range of tasks can a user perform with the system? Should it be extensible to take care for unforeseen requirements?

5) **recall:** how easy is it for a user to recall how to use the system for a task that he has not done for some time??

6. Empirical findings

Empirical evidence has shown that modern text processing systems (like the ones mentioned in the second paragraph) can be used by almost everybody with a moderate amount of training. They provide a natural entry point for many people to the world of programming:

1) they make people familiar with computers, take away their fear and let them do something useful

2) extensible systems (which allow for example that we can define our own keys) provide the opportunities to do something which is natural in this context and which is a simple kind of programming

Other findings, observing many people how they use text processing systems and taking into account empirical data based on interviews and questionaires, have revealed the following:

1) the systems can reduce the **psychological stress** of doing something wrong (because wrong things can be easily corrected)

2) they increase the willingness to **experiment** with new and different ideas

3) the small amount of effort to change things in a non-trivial way (eg to find a major rearrangenment of the text) leads in many cases to an improvement not only in form but also in **content**

Much more empirical work is needed to develop a detailed requirement analysis which can serve as a guideline for the design of the next generation of information manipulation system. Unfortunately the verdict of users is not particulary reliable: as usual, users of the respective systems tend to prefer what they are used to.

7. Conclusions

In the 1980's there will be a massive attempt to introduce information manipulation systems into universities, offices and clerical operations. The well-being of many workes as well as the technical success of the systems themselves will depend on how well the man-machine interface is designed.

One of the major research goals for the future will be to build totally integrated information manipulation systems allowing to make computer systems accessible to many more people and to make computer systems do many more things for people.

Acknowledgements

I am indebted to the members of several research groups at Xerox Palo Alto Research Center and to many members of the MIT AI and LOGO Lab for giving me a chance to visit both places several times over a longer period of time and letting me explore and work with their systems.

I thank H.-D. Boecker for critical comments about earlier drafts of this paper.

References

Boecker, H.-D. (1977): "LOGO Manual", Forschungsgruppe CUU, Projekt PROKOP, Darmstadt

Borning, A. (1979): "Thinglab — A Constraint-oriented Simulation Laboratory", SSL-79-3, July 1979, Xerox Palo Alto Research Center, Calif

Card, S. E. (1978): "Studies in the Psychology of Computer Text Editing Sytems", SSL-78-1, Xerox Palo Alto Research Center, Calif

Card, S. E. (1979): "A method for calculating performance times for uses of interactive computer systems", Proceedings of the International Conference on Cybernetics and Society, Denver

Engelbart, D. C. and W.K. English (1968): "A research center for augmenting the human intellect", AFIPS FJCC, pp 395-400

Fischer, G. (1977 a): "Das Loesen komplexer Problemaufgaben durch naive Benutzer mit Hilfe des interaktiven Programmierens", Forschungsgruppe CUU, Projekt PROKOP, Darmstadt

Fischer, G. (1977 b): "Ein System zur Unterstuetzung kognitiv effizienter Darstellungen", Forschungsgruppe CUU, Projekt PROKOP, Darmstadt

Fischer, G. (1979): "Powerful ideas in Computational Linguistics - Implications for Problem Solving and Education", in Proceedings of the 17th Annual Meeting of the Association for Computational Linguistics, San Diego, pp 111-125

Fischer, G., J.S. Brown, R. Burton (1978): "Aspects of a theory of simplification, debugging and coaching", in Proccedings of the 2nd Conference of the Canadian Society for Computational Studies of Intelligence, Toronto, July 1978, pp 139-145

Fischer, G. and J. Laubsch (1980): "LISP-basierte Programmentwicklungssysteme zur Unterstuetzung des Problemloesungsprozesses", in Heft 3 der Notizen zum Interaktiven Programmieren, Fachausschuss 2 der Gesellschaft fuer Informatik, Darmstadt, Maerz 1980

Flower, L. S. and J. R. Hayes (1979): "Problem solving and the cognitive process of writing", in J. Lochhead and J. Clement (eds): "Cognitive process instruction", The Franklin Institute, Philadelphia

Kay, A. (1977): "Microelectronics and the personal computer", Scientific America, September 1977, pp 231-244

Newell, A. and H. Simon (1976): "Computer Science as Empirical Inquiry: Symbols and Search", CACM, Vol 19, No 3, March 1976, pp 113-126

Papert, S. (1980): "LOGO Book", unpublished draft of a forthcoming book, MIT AI Lab, Cambridge, Ma

Rathke, C. (1979): "TINTE - ein interaktiver Texteditor", MMK Memo 16, Institut fuer Informatik, Universitaet Stuttgart

Sandewall, E. (1978): "Programming in an interactive environment: The LISP experience", ACM Computing Surveys, Vol 10, No 1, March 1978, pp 35-71

Simon, H. (1969): "The Sciences of the Artificial", MIT Press, Cambridge, Ma

Simon, H. (1978): "The structure of ill-stuctured problems", in H. Simon: "Models of Discovery", D. Reidel Pulishing Co, Boston, Ma, pp 304-325

Smith, D. (1977): "Pygmalion - A Computer Program to Model and Stimulate Creative Thought", Birkhaeuser Verlag, Basel und Stuttgart

Stallman, R. (1979): "EMACS - the extensible, customizable, self-documenting display editor", MIT AI Lab, Memo 519, Cambridge, Ma

Teitelman, W. (1978): "INTERLISP Reference Manual", Xerox Palo Alto Research Center, Palo Alto, Ca

Teitelman, W. (1977): "A Display-oriented Programmer's Assistant", in Proceedings of the 5th International Joint Conference on Artificial Intelligence, Cambridge, Ma, pp 905-915

Weinreb, D. and D. Moon (1979): "LISP Machine Manual", 2nd preliminary version, January 1979, MIT AI Lab, Cambridge, Ma

Eine Stack/String/Listen-Maschine für die Textverarbeitung

Franz Kneißl
Institut für mathematische
Maschinen und Datenverarbeitung III
der Universität Erlangen-Nürnberg
Martensstr. 3, 8520 Erlangen

Abstract

How can textprocessing on microprocessors be supported by (micro) programs? This paper gives an answer to this question by proposing a special textprocessor which has been designed as a universal tool for textprocessing and as a machine which lends itself to "emulation" on a microprocessor. The minimal set of data types, operations and control and storage mechanisms is described, which in several applications to real problems turned out to be indispensable. Practicability, efficiency and simplicity have been the main goals of the design.

1 Einleitung

Mikroprozessoren stellen aus verschiedenen Gründen ein äußerst interessantes Hilfsmittel für die Textverarbeitung dar. Ihren Beschränkungen der Verarbeitungsgeschwindigkeit und des Arbeitsspeichers stehen zwei Vorzüge gegenüber

- die Möglichkeit, wegen des geringen Preises, dedizierte Systeme einzusetzen und
- (mikro-) Programmierbarkeit.

Mit offensichtlichem Erfolg nutzt man diese Vorzüge für die Verarbeitung höherer Programmiersprachen auf Mikrocomputern [7] [14] durch die Anwendung einer in der Informatik wohlbekannten Technik [13]. Mit der Festlegung eines Satzes von Datentypen und von zugehörigen Grundoperationen definiert man eine abstrakte Maschine. Dieser fiktive Rechner, der entsprechend seiner Konzeption besonders zur Lösung des gegebenen Problems geeignet ist, wird dann durch Firmware auf dem Mikroprozessor "emuliert". Zur Abarbeitung von Programmen in höheren Sprachen sind abstrakte Maschinen geeignet, die mit einem Keller arbeiten, und die mit einem Satz von Operationen ausgestattet sind, auf den sich die Sprachkonstrukte gut abbilden lassen [3].

Für die Textverarbeitung interessiert die Frage, wie eine abstrakte Maschine aussehen müßte, die sich
- besonders für die Abarbeitung von Problemen der Textverarbeitung eignet und
- effizient auf Mikrocomputern "emulieren" läßt.

2 Eine abstrakte Maschine für die Textverarbeitung

Im Folgenden wird eine Maschine vorgestellt, die - ausgehend von einem einfachen Konzept [9] - aus einem Rückkopplungsprozeß von Erprobung, Anpassung des Konzepts, erneuter Erprobung usw. hervorgegangen ist. Die Maschine ist u.a. in folgenden Anwendungen erprobt
- diverse Druckprogramme für Programmquellen (auf PDP-15)
- Bibliotheksverwaltungssystem für Programmquellen (auf PDP-15)
- universeller Texteditor mit Mustervergleich und makroprozessorähnlichen Funktionen (auf AEG 80-60)
- komplexes Textformatiersystem mit Zeilen-Umbruch (mit Silbentrennung), Seiten-Umbruch (mit Anordnung von Fußnoten, Abbildungen), symbolischen Querreferenzen (auf Abbildungen, Kapitel, Fußnoten usw.) und Darstellung mathematischer Formeln (Indices, Bruchstriche, Sonderzeichen) (auf AEG 80-60)

In den Anwendungen hat sich gezeigt, daß es für Textverarbeitungsmaschinen günstig ist, von einer Keller-Architektur auszugehen, da oft
- rekursive Algorithmen abzuarbeiten sind und
- Klammergebirge verfolgt werden (z.B. Kapitel-Unterkapitel-Struktur des vorliegenden Textes oder geschachtelte Kommandos an einen Editor)

In komplexeren Anwendungen (z.B. Texteditor, Formatiersystem) treten Daten- und Zugriffsstrukturen auf, die sich nicht allein mit Hilfe eines Arbeitskellers bewältigen lassen. Als universelles Werkzeug bietet sich hier die Listenverarbeitung an. Eine Alternative wäre die (pseudo-) assoziative Verarbeitung, etwa nach dem relationalen Datenmodell [4] wie bei FLATS [5].

Zur Vereinfachung der Programmierung, aber auch aus performance-Überlegungen heraus (siehe auch [12]) empfiehlt es sich, eine in der Textverarbeitung häufig vorkommende Datenstruktur besonders zu unterstützen: strings.

Es schien daher zweckmäßig, vom Konzept einer Stack/String/Listen-Maschine auszugehen, deren Eigenschaften im Folgenden näher beschrieben werden.

2.1 Datentypen, Operationen

Für die Stack/String/Listen-Maschine sind folgende Datentypen vorgesehen

- integer (zu Zähl- Tabulierzwecken usw.)
- string (zur Darstellung beliebiger Zeichenketten)
- Referenz auf ein Paar von Daten (zur Verarbeitung von Listen)

Der Wunsch nach weiteren Datentypen war in den o.g. Anwendungen selten. Bei einer Einbettung der Maschine in eine höhere Programmiersprache (z.B. PASCAL, FORTRAN, BASIC usw.) kann man zusätzlich die Mittel dieser Sprache verwenden.

Alle Operationen auf Daten der drei Typen entnehmen ihre Operanden dem Arbeitskeller und hinterlassen an deren Stelle ihre Ergebnisse. Programme haben daher die Form von Ausdrücken in postfix-Notation.

Der vollständige Satz von Operationen, der sich für die Anwendungen als (mindestens) erforderlich gezeigt hat, findet sich im Anhang.

2.1.1 String-Operationen

Welche Operationen man auf Daten des Typs integer benötigt, ist bekannt. Weit vielfältiger ist das Spektrum denkbarer string-Operationen. Die Möglichkeiten reichen vom Konzept der Normalalgorithmen nach Markov [1Ø], das mit einer einzigen Operation auskommt, bis hin zu SNOBOL [6]. Im Hinblick auf Realisierbarkeit (in Firmware) und Effizienz wird man hier eher zur Bescheidenheit neigen. Der im Anhang dargestellte Satz von Operationen hat sich bisher in allen Anwendungen als hinreichend erwiesen. Er umfaßt hauptsächlich Operationen zur Selektion, Extraktion und Konstruktion von Zeichenketten, wie z.B. Aufsuchen einer Zeichenkette in einer anderen (INDEX), Teilkettenbildung (SUBS), Konstante (STRING("...")), Konkatenation (CONC) usw. Zur Beschreibung von Positionen in Zeichenketten werden ganze Zahlen benutzt.

Beispiel: Das Programmstück

```
STRING("Die TV ...") STRING("TV") INDEX
```

wirkt wie folgt. Die STRING-Anweisungen hinterlassen konstante Zeichenketten auf dem Arbeitskeller. Die Anweisung INDEX ermittelt die Position der obersten Zeichenkette auf dem Keller innerhalb der zweitobersten und hinterläßt die Position der einen Zeichenkette bzgl. der anderen (bzw. 0, falls die eine nicht in der anderen enthalten ist). Der angegebene Ausdruck liefert also den Wert 5.

2.1.2 Listen-Operationen

Die bekannten Listenverarbeitungssysteme [11], [16] gehen von folgender Grundstruktur aus

- es gibt eine Menge von Atomen (Daten, die sich bezüglich der Listenstruktur nicht weiter zergliedern lassen)
- es gibt eine Menge von Listenelementen, die als "Informationsträger" je ein n-Tupel von Atomen oder Verweisen auf Listenelemente enthalten.

Für die o.g. Anwendungen genügte der einfachste Fall: Atome sind Daten der Typen integer oder string, und Listenelemente sind Paare von Atomen oder Verweisen auf Listenelemente. Abb. 2.1 zeigt ein Beispiel einer Listenstruktur, die den Ausdruck (a+b)*(a-b) darstellt.

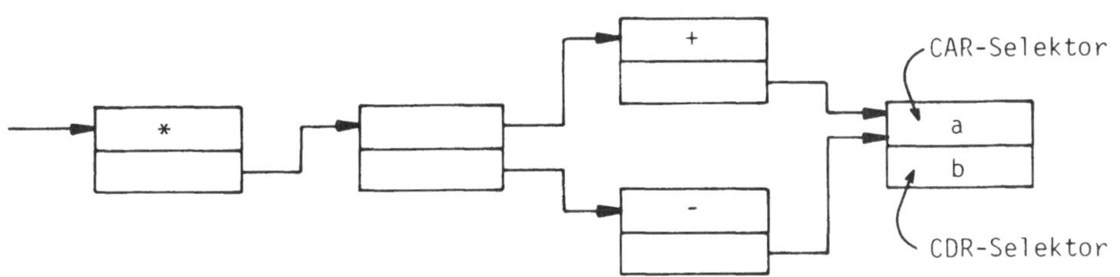

Abb. 2.1 Beispiel einer Listenstruktur

Die Kästchen stellen Paare dar, die aus zwei Selektoren bestehen (1). Die Pfeile repräsentieren Referenzen auf Listenelemente.
Es werden folgende Listen-Operationen benötigt

-----

(1) Die Bezeichnungen CAR und CDR wurden aus historischen Gründen gewählt; sie entstammen der ursprünglichen Implementierung von LISP [11].

NEWCELL erzeugt ein neues Listenelement und hinterläßt einen Verweis auf dieses auf dem Arbeitskeller.

CAR bzw. CDR: gegeben ist ein Verweis auf ein Paar; geliefert wird der Inhalt des CAR bzw. CDR-Selektors des Paares.

SCAR bzw. SCDR ("Set CAR" bzw. "Set CDR"): gegeben sind ein Verweis auf ein Paar und ein Datum (Atom oder Verweis). Der CAR- bzw. CDR-Selektor des Paares bekommt das Datum als neuen Inhalt.

Für den Aufbau und die Verfolgung von Listenstrukturen ist es notwendig, "Einstiegspunkte" vorzusehen. Einfachstenfalls zeichnet man ein Listenelement als Wurzel des Listenspeichers aus, mit dem alle anderen Paare durch eine verzeigerte Struktur verbunden sind. Da sich ein solch "schmaler" Einstieg in der Praxis als hinderlich erwiesen hat, sind für die Stack/String/Listen-Maschine eine Menge von Wurzeln und zugehörige Operationen vorgesehen, die Referenz auf eine Wurzel auf den Arbeitskeller zu bringen. Da alle diese fest vorgegebenen Listenelemente sowohl Referenzen auf Listen, als auch Atome enthalten können, ist es angebracht, hier von einem Satz allgemeiner Register zu sprechen.

2.2 Struktur der Stack/String/Listen-Maschine

Um mit den bisher genannten Hilfsmitteln Programme formulieren zu können, sind zwei weitere Klassen von Operationen erforderlich

- Kontrolloperationen und
- E/A-Operationen

Die Ausprägung der E/A-Operationen hängt stark von der Systemumgebung ab. Zu berücksichtigen ist insbesondere, daß die Operationen hinreichend mit der gegebenen Dateiverwaltung zusammenarbeiten (z.B. logische Kanäle benutzen, Dateien öffnen, schließen usw. [15]). Bei Einbettung der Maschine in eine höhere Sprache löst man diese Probleme am einfachsten mit den Mitteln dieser Sprache.

Für die Kontrolloperationen ist es realistisch, davon auszugehen, daß Programme in einem Arbeitsspeicher residieren, in dem jede Anweisung eine (Anfangs-) Adresse besitzt. Die Anweisungen werden durch einen Programmzähler selektiert, dessen Fortschaltung durch folgende Kontrolloperationen beeinflußt wird

- unbedingter Sprung (JMP)
- bedingter Sprung (JMPEQ, JMPLE, ..., JMPNIL usw.)
- Unterprogrammsprung (CALL)

Um Rekursion für Unterprogramme zu ermöglichen, empfiehlt es sich, einen Keller für Sprungziele (Programmadressen) vorzusehen. Durch eine Marken-Anweisung kann eine Programmarke (Adresse der Marke) auf den Sprungzielkeller gebracht werden. Die unbedingte Sprunganweisung (JMP) verzweigt zum obersten Sprungziel auf dem Keller (und entfernt dieses vom Keller). Damit ist die Anweisung auch für den Unterprogramm-Rücksprung tauglich. Die bedingten Sprünge werten i.a. einen Vergleich von Daten auf dem Arbeitskeller aus, dessen Ergebnis die Verzweigung bedingt. Der Unterprogrammsprung verzweigt zur obersten Marke auf dem Keller und hinterläßt an deren Stelle die Rücksprungadresse.
Dieser Satz maschinensprachlicher Kontrolloperationen ist so gewählt, daß sich übliche höhersprachliche Kontrollstrukturen (IF THEN ELSE, WHILE, REPEAT usw.) sehr leicht darauf abbilden lassen.
Weitere Sprunganweisungen sind auf dieser Betrachtungsebene nicht erforderlich. Durch performance-Argumente kann man sich jedoch veranlaßt sehen, direkte Sprünge vorzusehen, die nicht über den Keller führen.

Damit ergibt sich für die Stack/String/Listen-Maschine die in Abb. 2.2 dargestellte Struktur.

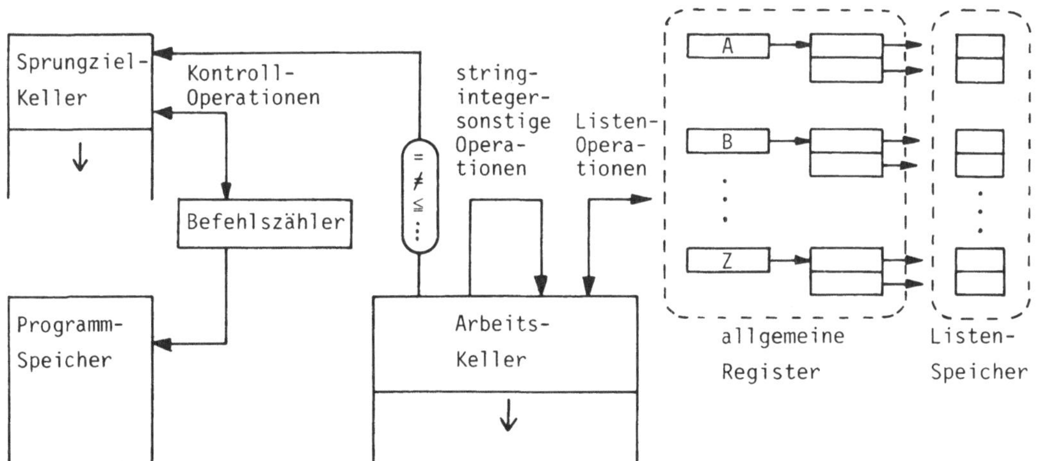

Abb. 2.2 Struktur der Stack/String/Listen-Maschine

2.3 Beispielprogramme

Im folgenden Kapitel wird an einem Ausschnitt aus dem Maschinencode eines (mini-) Makroprozessors gezeigt, wie die Stack/String/Listen-Maschine arbeitet.
Problem: In einem Text seien Symbole durch den ihnen zugeordneten Text zu ersetzen.
Teilproblem 1: Das oberste Kellerelement enthalte eine Zeile des zu bearbeitenden Textes und im Register SYMBOL beginne eine Zeigerkette zu einem Paar (Symbol, Ersetzungstext) wie in Abb. 2.3 dargestellt.

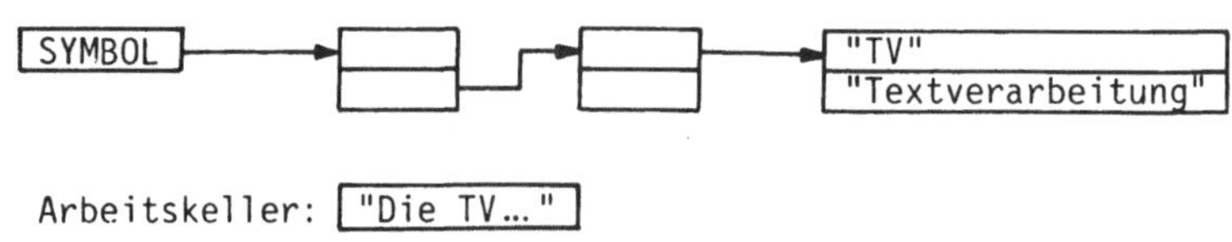

Abb. 2.3 Ausgangssituation für Teilproblem 1

Das im Folgenden erläuterte rekursive Unterprogramm ersetzt jedes Vorkommen des Symbols und hinterläßt die modifizierte Zeile auf dem Arbeitskeller.

Unterprogramm:
```
(1) ERSETZE: W SCAR
(2)    W CAR SYMBOL CDR CAR CAR INDEX I SCAR
(3)    I CAR INT(0) EXIT JMPLE
(4)    W CAR INT(1) I CAR INT(1) - SUBS
(5)    SYMBOL CDR CAR CDR CONC
(6)    W CAR I CAR SYMBOL CDR CAR CAR LENGTH + INT(1000) SUBS
(7)    ERSETZE CALL CONC JMP
(8) EXIT: W CAR JMP
```

In Zeile 1 wird das zu bearbeitende Wort im CAR-Selektor des Registers W zwischengespeichert. Zeile 2 untersucht, ob und wo die Zeichenkette "TV" in dem Wort vorkommt. Die Zwischenzustände, die bei der Berechnung des Ausdrucks "SYMBOL CDR CAR CAR INDEX" vorkommen, sind in Abb. 2.4 dargestellt.
Falls das Symbol im Wort vorkommt (hier auf Position 5), wird die Konkatenation des ersten Teils des Wortes mit dem Ersetzungstext hergestellt (Zeilen 4, 5) und auf den Rest des Wortes (in Zeilen 6, 7 erzeugt) wird die Regel erneut angewendet. In Zeile 8 wird das ursprüngliche Wort auf dem Arbeitskeller hinterlassen, falls das Symbol nicht vorkommt.

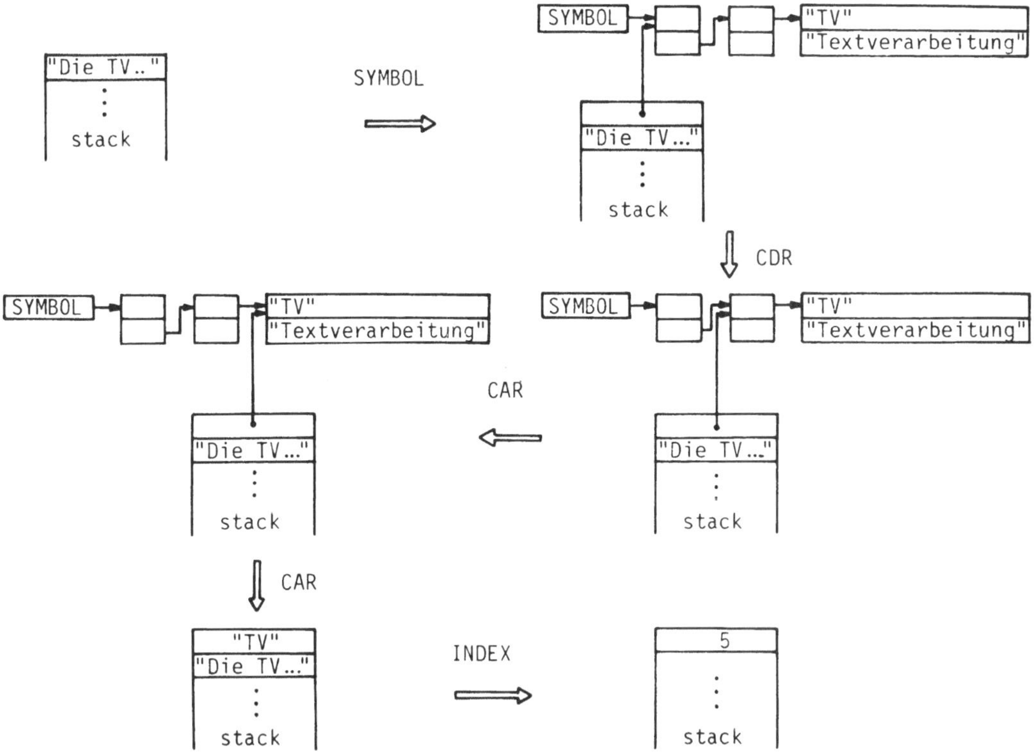

"Die TV.."
stack
SYMBOL
SYMBOL
"TV"
"Textverarbeitung"
"Die TV..."
stack
CDR
SYMBOL
"TV"
"Textverarbeitung"
CAR
"Die TV..."
stack
SYMBOL
"TV"
"Textverarbeitung"
"Die TV..."
stack
CAR
"TV"
"Die TV..."
stack
INDEX
5
stack

Abb. 2.4 Zustände während der Berechnung

Befehlszähler
(7.1)
ERSETZE
(7.2)
CALL
(1.1)
Sprungziel-
Keller
xxx
(1.1)
xxx
(7.3)
xxx

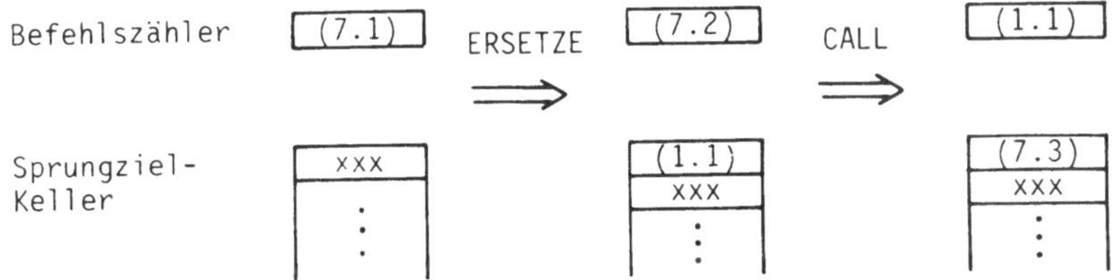

Abb. 2.5 Wirkung von CALL

Die Wirkung der Zeile 7 auf den Befehlszähler zeigt Abb. 2.5.
Nach Ausführung des Unterprogramms wird mittels JMP in den Aufrufer zurückgesprungen (Abb. 2.6).
Der Einfachheit halber sind Adressen in der Form (Zeilennummer, Anweisungsnummer) in den Abbildungen angegeben.

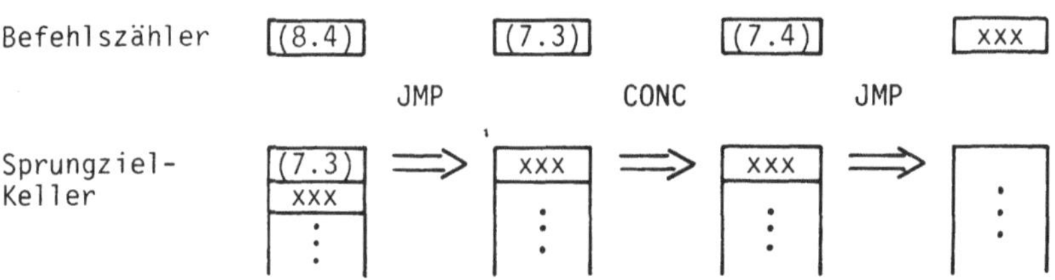

Abb. 2.6 Rückkehr durch JMP

Teilproblem 2: Mit Hilfe des Unterprogramms ERSETZE ist eine Folge von Ersetzungsregeln anzuwenden. Abb. 2.7 zeigt, wie die Regeln im Listenspeicher dargestellt werden.

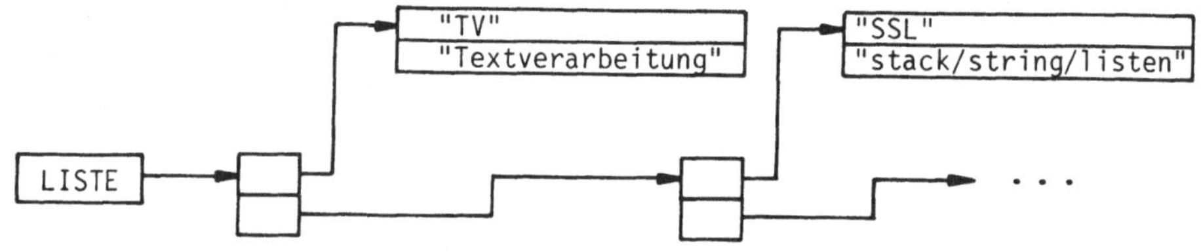

Abb. 2.7 Darstellung der Ersetzungsregeln

Das Problem wird durch das folgende Unterprogramm gelöst

```
Unterprogramm:
(1) ERSFOLGE: LISTE SYMBOL SCDR
(2) REP: SYMBOL CDR FENDE JMPNIL
(3)    ERSETZE CALL
(4)    SYMBOL CDR CDR SYMBOL SCDR
(5)    REP
(6) FENDE: JMP
```

Der Zeiger in SYMBOL CDR wird dabei entlang der Verweiskette geschleppt (Zeile 4), die im Register LISTE beginnt.

3 Realisierung der Stack/String/Listen-Maschine

Bisher wurde aus der Perspektive des (Maschinencode-) Benutzers argumentiert. Bei der Realisierung der Maschine stehen eher performance-Gesichtspunkte im Vordergrund, die es erforderlich machen, die Struktur der verwendeten Mikrocomputer-Umgebung zu berücksichtigen. Dabei scheint es im Hinblick auf die Effizienz der Realisierung erfolgversprechend, folgender Versuchung zu widerstehen

Mit Mechanismen der Listenverarbeitung hat man ein universelles Werkzeug zur Verfügung, mit dem sich alle verwendeten Strukturen elegant darstellen ließen (strings, Keller, Programmspeicher usw.).

Der Eleganz einer derartigen Realisierung stehen aber folgende Nachteile gegenüber

- hoher Speicherbedarf für Verkettungsinformation
- hoher Rechenzeitbedarf durch
  - Vervielfachung der Speicherzugriffe
  - Nichtausnutzbarkeit der Hardwareeigenschaften, die sequentiellen Zugriff besonders unterstützen.

Daher scheint es nützlich, stacks, Register und Programmspeicher auf lineare Speicherstrecken abzubilden und strings als kompakte Bytefolgen darzustellen (siehe dazu auch [12]).

Eine derartige Realisierung wurde u.a. auf AEG 80-60 durchgeführt. Dort umfaßte sie 14K Bytes, die als Compilat eines Programms in einer höheren Sprache erzeugt wurden.

3.1 Darstellung von Datentypen und Speicherstruktur

Alle Daten der Typen integer, string und Referenz lassen sich intern wie in Abb. 3.1 angegeben darstellen.

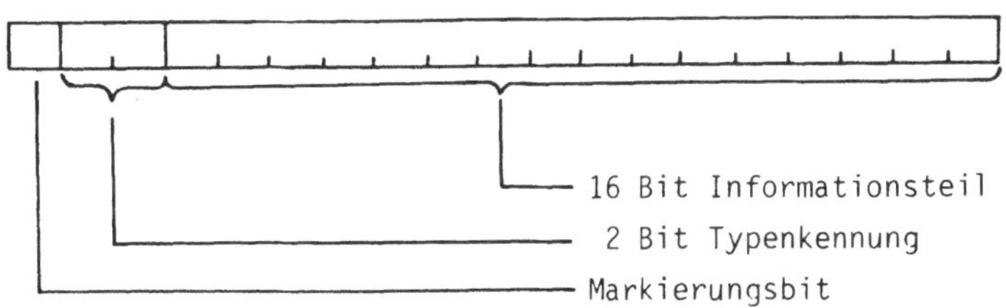

Abb. 3.1 Darstellung der Daten

Dazu sind mindestens 19 Bit je Datum erforderlich. Die Verwendung des Markierungsbits wird in Kap. 3.2 erläutert. Der Informationsteil enthält entweder eine ganze Zahl (Typ integer) oder einen Verweis auf ein Listenelement (Typen Referenz und string).
Den Arbeitsspeicher kann man etwa wie in Abb. 3.2 aufteilen.

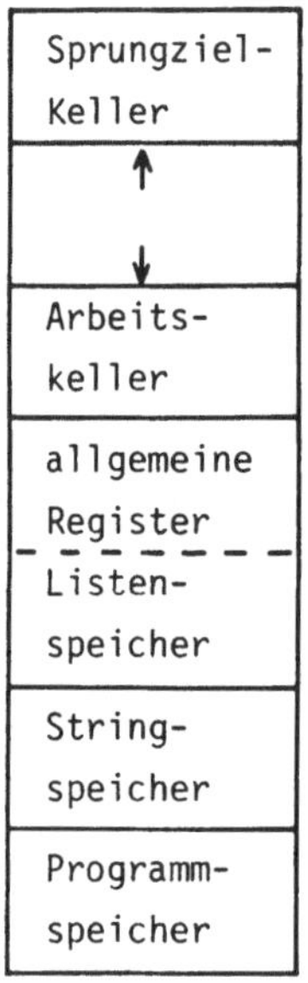

Sprungziel-Keller
↑ ↓
Arbeits-keller
allgemeine Register
Listen-speicher
String-speicher
Programm-speicher

Abb. 3.2 Aufteilung des Arbeitsspeichers

3.2 Freispeichersammlung

Aus der Sicht des Benutzers der Stack/String/Listen-Maschine sind Maßnahmen zur Wiedergewinnung freigewordenen Speicherplatzes weder erforderlich noch verfügbar. Für ihn besteht der Speicher genau aus den Daten, die über allgemeine Register oder Arbeitskeller erreichbar sind (2).

-----

(2) Falls besondere echtzeitliche Bedingungen dies erforderlich machen, können jedoch Anweisungen zur Freigabe von Speicherbereichen in das System eingefügt werden.

Die Realiserung der Maschine muß jedoch dafür Sorge tragen, daß nicht mehr erreichbare Bereiche im Verlauf einer Berechnung wiederverwendet werden. Dies wird erforderlich, wenn

- ein neues Listenelement angelegt werden soll (NEWCELL) und die Freiliste leer ist oder
- eine Zeichenkette anzulegen ist (z.B. STRING("...")) und der Stringbereich voll ist.

Bei der Freispeichersammlung treten die Teilprobleme

- Kompaktifizierung des Stringbereichs und
- Ergänzung der Freiliste um nicht mehr erreichbare Listenelemente

auf.

Zur Kompaktifizierung des string-Bereichs ist Information über die Anordnung der Zeichenketten im Speicher nützlich. Daher stellt man strings zweckmäßig wie in Abb. 3.3 dar.

Der Algorithmus zur Freispeichersammlung kann dann nach folgendem Schema ablaufen.

- Den Verweisketten (beginnend im Registersatz und dem Arbeitskeller) folgend, werden die Markierungsbits aller erreichbaren Listenelemente gesetzt (z.B. nach [1]).
- Der Liste der verwalteten Zeichenketten folgend werden
  - nicht mehr benötigte Einträge ausgekettet und
  - strings zu den benötigten Einträgen im string-Bereich nach vorne kopiert und die Referenzen in den entsprechenden Listenelementen korrigiert.
- Jedes Element des Listenspeichers wird
  - entmarkiert, wenn es markiert ist,
  - in die neue Freiliste eingekettet, wenn es nicht markiert ist.

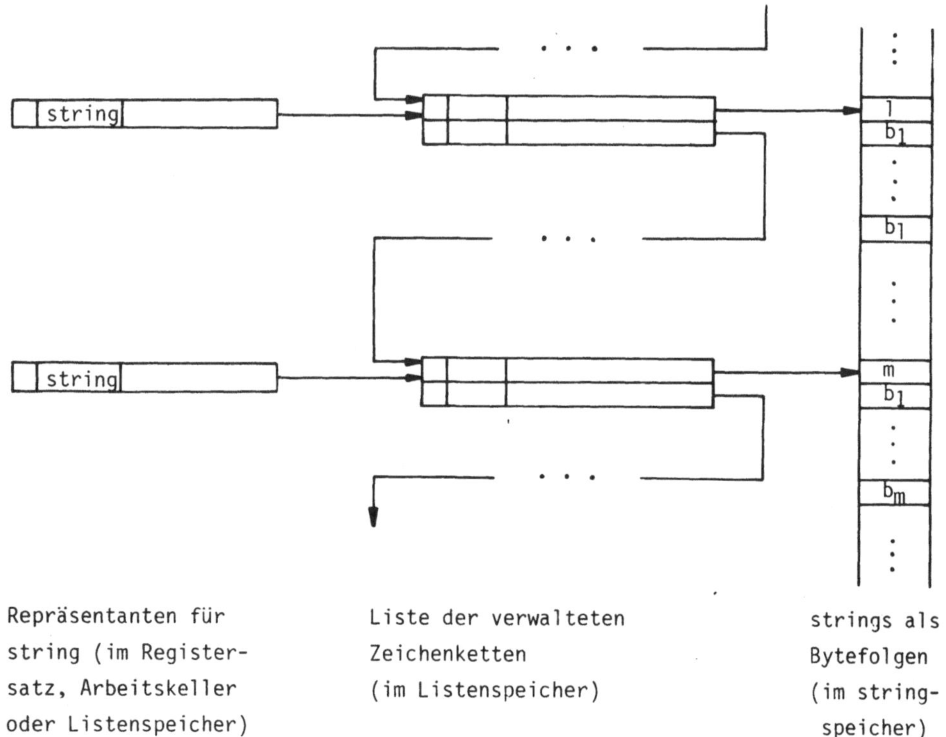

Abb. 3.3 interne Darstellung der strings

4 Weitere Möglichkeiten, Ausblick

Das dargestellte Konzept hat sich in verschiedenen Anwendungen als nützliches Werkzeug für die Textverarbeitung erwiesen. Darüberhinaus bietet sich der Einsatz für alle Situationen an, in denen strukturell komplexe Anordnungen von Daten vorkommen, die aus Folgen einfacher "Elementarereignisse" bestehen.
Beispiele finden sich etwa in den Gebieten graphische Verarbeitung - statt strings werden dann z.B. Polygonzüge variabler Länge verwaltet - oder Interpretation von Zwischensprachen, wo man zwischensprachliche Konstrukte in Listenstrukturen verwalten kann. Der Satz von Operationen auf Atomen (hier strings und integers) ist dann der jeweiligen Situation anzupassen.

Für Anwendungen in der Textverarbeitung sind einige Verbesserungsmöglicheiten sichtbar geworden

- stärkere string-Operationen, etwa template-matching (z.B. wie in [15])
- Anweisungen, den Arbeitskeller zu modifizieren (Elemente tauschen, duplizieren, löschen usw.)
- Ergänzung der Operationen um die Option, auch ihre Operanden auf dem Keller zu belassen
- direkte Wertzuweisung an Register (z.B. "... =: A" statt "... A SCAR" bzw. "... A SCDR")

Im Rahmen weiterer Untersuchungen wird versucht, der Listenverarbeitung Mechanismen der (pseudo-) assoziativen Verarbeitung [2] gegenüberzustellen. Ferner sollen Möglichkeiten geprüft werden, das Konzept für den Gebrauch auf einer Feldrechner-Konfiguration (Projekt EGPA [8]) zu verallgemeinern.

Anhang: Operationen der Stack/String/Listen-Maschine

Abkürzungen:

AK	Arbeitskeller	BZ	Befehlszähler
SK	Sprungzielkeller	x,y,z	AK-Inhalt, bel. Typen
p	Referenz auf ein Paar	a,b,c	Marken, Sprungziele
m,n	integers	k	Inhalt des Befehlszählers
		v,w	strings

L i s t e n - O p e r a t i o n e n

Instruktion	AK vorher	AK nachher	Anmerkungen
A,B,...,Z	x	x,p	p = Referenz auf Register A,B,...,Z; im Text werden auch freie Registernamen verwendet.
SCAR	x,y,p	x	CAR(p) := y
SCDR	x,y,p	x	CDR(p) := y
CAR	x,p	x,y	y = CAR(p)
CDR	x,p	x,y	y = CDR(p)
NEWCELL	x	x,p	p = Referenz auf neu erzeugtes Listenelement

I n t e g e r - O p e r a t i o n e n

Instruktion	AK vorher	AK nachher	Anmerkungen
INT(n)	x	x,n	Konstante
+	x,m,n	x,m+n	
-	x,m,n	x,m-n	
*	x,m,n	x,m*n	Arithmetik
/	x,m,n	x,m/n	

T y p e n k o n v e r s i o n s - O p e r a t i o n e n

Instruktion	AK vorher	AK nachher	Anmerkungen
DEC	x,n	x,w	w ist Dezimaldarstellung zu integer n.
BIN	x,w	x,n	n ist die durch w dargestellte integer Zahl.

String-Operationen

Instruktion	AK vorher	AK nachher	Anmerkungen
STRING("w")	x	x,w	Konstante
SUBS	x,w,m,n	x,v	v ist Teilkette von w, bestehend aus den Zeichen, die in w die Positionen m bis n einnehmen.
INDEX	x,w,v	x,n	Wenn v Teilkette von w ist, dann gibt n die Position des ersten Zeichens von v bzgl. w an; sonst ist n=0.
COME	x,w,v	x,m,n	Sucht erstes Zeichen in w, das auch in v vorkommt (Trennzeichen). m gibt Position des Zeichens bzgl. w, n bzgl. v. Falls keine Trennzeichen in w, ist m=n=0.
SPLIT	x,w,v	x,w_2,w_1	Sucht erstes Trennzeichen in w, das auch in v vorkommt. Ergebnis sind die strings w_1, w_2 mit $w=w_1w_2$ und w_1 ist Anfangsstück von w vor dem ersten Trennzeichen, w_2 ist der Rest von w, beginnend mit dem Trennzeichen. Falls w kein Trennzeichen enthält, dann ist w_2 leer und w_1=w.
CONC	x,w,v	x,wv	Konkatenation

E/A-Operationen

Instruktion	AK vorher	AK nachher	Anmerkungen
READ	x,n	x,w	w ist von Kanal n gelesen worden
WRITE	x,w,n	x	w ist auf Kanal n ausgegeben worden

Sonderfallbehandlungen wie in [15].

U n b e d i n g t e   K o n t r o l l - O p e r a t i o n e n

Anweisung	BZ vorher	SK vorher	BZ nachher	SK nachher	Anmerkungen
b:	k	a	k+1	a	Marke, ansonsten wirkungslos
(b ist Marke im Programm)					
b	k	a	k+1	a,b	bringt Marke in Sprungzielkeller
(b ist Marke im Programm)					
JMP	k	a,b	b	a	Sprunganweisung
CALL	k	a,b	b	a,k+1	Unterprogrammsprung

B e d i n g t e   K o n t r o l l - O p e r a t i o n e n

Es sei BZ=k und SK=a,b. Falls die betreffende Bedingung zutrifft, dann wird BZ=b und SK=a. Wenn die Bedingung nicht zutrifft, wird BZ=k+1 und SK=a.

Anweisung	AK vorher	AK nachher	Bedingung
JMPINT	x,y	x	y ist integer
JMPSTR	x,y	x	y ist string
JMPNIL	x,y	x	y ist leere Referenz
JMPLAM	x,y	x	y ist leere Zeichenkette
JMPEQ	x,y,z	x	y=z bei integers, strings
JMPLE	x,y,z	x	y≦z bei integers oder y gleich oder lexikalisch vor z bei strings
JMPLT	x,y,z	x	y<z bei integers oder y lexikalisch vor z bei strings

Literatur

[1] Bertziss, A.T.: Data Structures Theory and Practice. Academic Press, New York, London (1974)

[2] Bode, A.: Probleme der Emulation unkonventioneller Rechnerarchitekturen: Pseudoassoziative Verarbeitung im Projekt EGPA. Erscheint in NTG-Fachberichte, VDE-Verlag (1980)

[3] Chu, Y.: Direct- Execution Computer Architecture. Computer Architecture News, Vol. 6, No. 5 (1977), 18-23

[4] Codd, E.F.: A Relational Model of Data for Large Shared Data Banks. CACM, Vol. 13, No. 6 (1970), 377

[5] Goto., E. et al.: FLATS, a Machine for Numerical, Symbolic and Associative Computing. SigArch Newsletter, Vol. 7, No. 6 (1979), 102-110

[6] Griswold, R.E. et al.: The SNOBOL4 Programming Language. Prentice Hall, Englewood Cliffs, N.J. (1969)

[7] Griss, M.L.: MBALM/1700: A microprogrammed Lisp Machine for the Borroughs B1726. SigMicro Newsletter, Vol. 8, No. 3 (1977), 15-35

[8] Händler, W., Hofmann, F., Schneider, H.J.: A General Purpose Array with a Broad Spectrum of Applications. Workshop on Computer Architecture, Erlangen 1975, Springer, Berlin, Heidelberg, New York (1976)

[9] Kneißl, F.: Grundsoftware für die Textverarbeitung. Arbeitsberichte des IMMD, Bd. 11, Nr. 20, Erlangen (1978)

[10] Markov, A.A.: Theory of Algorithms (Teorija algoritmov). Akademija nank SSSR, Translation by Israel progr. for scientific transl., Jerusalem (1962)

[11] McCarthy, J. et al.: LISP 1.5 Programmers Manual. MIT Press, Maynard Mass. (1962)

[12] Newey, M.C. et al.: Abstract Machine Modelling to produce Portable Software - a Review and Evaluation. Software Practice and Experience, Vol. 2, No. 2 (1972), 107-136

[13] Poole, P.C.: Hierarchical Abstract Machines. Proceedings of the Culham Symposium on Software Engineering (1971)

[14] Posa, J.G.: Microcomputer made for Pascal. Electronics, Vol. 51, No. 21 (1978), 155

[15] Waite, W.M.: The Mobile Programming System STAGE2. CACM, Vol. 13, No. 7 (1970), 415-440

[16] Weizenbaum, J.: Symmetric List Processor. CACM, Vol. 6, No. 9 (1963), 524

Automatische Übertragung von Texten in Blindenschrift

B. Eickenscheidt, W. A. Slaby, H. Werner
Rechenzentrum der Universität Münster

1. Einführung: Was ist Blindenschrift?

Da Blinde ja nicht im üblichen Sinne "lesen" können, ist das Wort "Blinden-Schrift" gewissermaßen ein Widerspruch in sich und bedarf einer Erklärung. Im Alltag des Blinden ist zweifellos der Gehörsinn der wichtigste Sinn, der noch am ehesten den nicht vorhandenen Gesichtssinn ersetzen könnte. Demzufolge spielt das sogenannte "Hörbuch", also auf Band aufgesprochener Text, eine entsprechend wichtige Rolle, was das "Lesen" der Blinden angeht. Doch hat das Hörbuch auch einige nicht zu übersehende Nachteile: Das Lesetempo wird dem Leser von jemand anderem aufdiktiert; selektives Lesen ist schwierig und ein "Nachschlagen" etwa in einem Lexikon so praktisch unmöglich. Schon früh hat man daher versucht, den Tast-Sinn einzusetzen und eine "Schrift" aus mit den Fingern fühlbaren Zeichen aufzubauen. Wie können solche Zeichen nun aussehen? Da sie mit den Fingern erkannt werden sollen, müssen sie relativ groß und möglichst unkompliziert aufgebaut sein; um andererseits die Ausdrucksmöglichkeiten der normalen Schrift wenigstens annähernd zu erreichen, ist eine gewisse Komplexität einfach nötig; aus Gründen des Platzverbrauchs sollten die Zeichen wieder möglichst klein und aus Gründen der praktischen Herstellbarkeit wieder möglichst einfach aufgebaut sein. Als Kompromiß zwischen diesen einander widersprechenden Forderungen hat sich international durchgesetzt die von Louis Braille 1825 entwickelte "Punktschrift".

```
o.    o.    oo    oo        ..    ..
..    o.    ..    .o        oo    o.
..    ..    ..    ..        o.    .o

a     b     c     d         !     ?
```

Die Zeichen setzen sich aus ein bis sechs erhabenen Punkten einer festen 2x3-Matrix zusammen; für alle Buchstaben und die wichtigsten Satzzeichen ist (zunächst einmal) je eine Kombination vorgesehen, wie die obigen Beispiele andeuten sollen.

Die technischen Probleme der Umsetzung von Buchstaben und sonstigen Zeichen des normalen Alphabets in solche Kombinationen der Braille-Schrift sind jedoch vom logischen Standpunkt gesehen "trivial" und nicht Gegenstand dieser Abhandlung. Die Praxis der Blindenschriftübertragung geht nämlich über eine einfache 1:1-Umsetzung von Zeichen in einen anderen Code weit hinaus. So gestatten z. B. die 63 möglichen Punktschriftzeichen keine direkte Wiedergabe von großen und kleinen Buchstaben. Gehen wir vereinfachend davon aus, daß die Unterscheidung normalerweise ignoriert werden kann, so bietet dennoch ein Alphabet von 63 Zeichen keine allzu großen Ausdrucksmöglichkeiten. Etwas "Luft" hat man sich deshalb durch die Konvention geschaffen, für die Ziffern 1, 2, ..., 9, 0 dieselben Zeichen zu verwenden wie für die Buchstaben a-j, und Zahlen zur Unterscheidung von Wörtern ein besonderes "Zahlenzeichen" voranzustellen.

```
o.   o.           .o   o.   o.
..   o.           .o   ..   o.
..   ..           oo   ..   ..

a    b                 1    2
```

Schon hier hört also die einfache 1:1-Zuordnung auf, aber dies bereitet natürlich noch keine ernsthafte Schwierigkeit für die automatische Übertragung. Die eigentlichen Probleme entstehen durch die Verwendung der sogenannten "Kürzungen". Um Platz zu sparen, und vor allen Dingen, um die geschriebenen Wörter beim Lesen mit den Fingern schneller erfaßbar zu machen, werden für bestimmte Buchstabenkombinationen, Silben und Wörter besondere Zeichen oder kurze Zeichenkombinationen verwendet. Je nach Text und je nach Verwendungszweck sind verschiedene Stufen der Zusammenziehung gebräuchlich. Die höchste Kürzungsstufe, die Stenografie, soll hier unberücksichtigt bleiben. Die in Büchern und in der normalen Korrespondenz übliche Stufe ist "Grad 2", die sogenannte "Kurzschrift". Hierzu sei zunächst nur gesagt, daß sie für "normale Wörter" konzipiert ist und nur bei "normalen Wörtern" immer eindeutig lesbar ist. Für spezielle Zwecke (und z. B. für das erste Schuljahr) gibt es daher noch die sogenannte "Vollschrift", deren oberstes Ziel die unbedingt eindeutige Lesbarkeit ist. Doch darf man aus dem Wort "Vollschrift" nicht entnehmen, daß die Wörter buchstabenweise voll ausgeschrieben würden; das "voll" ist nur relativ im Vergleich zur "Kurzschrift" zu verstehen. Buchstabenkombinationen wie z. B. "st", "sch", "ei", "ie" usw. werden auch in "Vollschrift" durch jeweils ein Zeichen wiedergegeben, welches jedoch dann ausschließlich für diesen Zweck reserviert ist. Eine wirkliche 1:1-Umsetzung aller Buchstaben sei hier mit "Grad 1" bezeichnet; sie wird in der Praxis sehr selten verwendet, z. B. für "sehr fremde" Fremdwörter. Eher von praktischer Bedeutung als "Grad 1" ist eine Zwischenstufe zwischen "Vollschrift" und Kurzschrift, die bei Eigennamen und "mäßig fremden" Fremdwörtern verwendet wird, sie sei hier kurz mit "Grad 1 1/2" bezeichnet. Bevor wir auf Einzelheiten eingehen, dazu als konstruiertes Beispiel, wie das Wort "Eigenschaft" in den einzelnen Stufen gekürzt würde:

```
Grad 1:        o.   .o   oo   o.   oo   o.   oo   o.   o.   oo   .o
               .o   o.   oo   .o   .o   .o   ..   oo   ..   o.   oo
               ..   ..   ..   ..   o.   o.   ..   ..   ..   ..   o.

               e    i    g    e    n    s    c    h    a    f    t

Vollschrift:   oo     oo     o.     oo     o.     o.     oo     .o
               ..     oo     .o     .o     .o     ..     o.     oo
               .o     ..     ..     o.     .o     ..     ..     o.

              <ei>    g      e      n    <sch>    a      f      t

Grad 1 1/2:    oo     oo     oo     o.     o.     oo     .o
               ..     oo     ..     .o     ..     o.     oo
               .o     ..     ..     .o     ..     ..     o.

              <ei>    g     <en>  <sch>    a      f      t

Grad 2 =
Kurzschrift:   oo     oo     oo     o.
               ..     oo     ..     .o
               .o     ..     ..     .o

              <ei>    g     <en>  <schaft>
```

Man sieht, daß dasselbe Zeichen, das in Grad 1 "c" bedeutet hatte, in Kurzschrift mit der Bedeutung "en" belegt wird, und daß die Nachsilbe "schaft" durch das Zeichen wiedergegeben wird, das genausogut auch für "sch" stehen könnte, doch ein Wort "eigensch" gibt es nicht, es sei denn als Eigenname. (Daher die Auflösung von "schaft" in "Grad 1 1/2".)

Im folgenden wollen wir das genaue Aussehen der Punktschriftzeichen außer acht lassen und die Verwendung von Kürzungen nur noch durch die spitzen Klammern < > andeuten, weil (fast) die ganze Problematik sich auch so darstellen läßt. (Eventuelle Kommas u. ä. in den spitzen Klammern dienen technischen Zwecken, auf die wir hier nicht eingehen.) Wir nennen diese Schreibweise "Quasi-Braille".

Betrachten wir noch einmal das Beispielwort "Eigenschaft". Wenn man weiß, daß es u. a. auch Kürzungen für "ig", "ge" und "ch" gibt, dann scheint es eine Vielzahl von Möglichkeiten zu geben, das Wort "Eigenschaft" zu kürzen. Jedoch ist die oben angegebene Schreibweise <ei>g<en><schaft> nach den gültigen Regeln die einzig zulässige von diesen Möglichkeiten. Die Verwendung der Kürzungen ist also festgelegten Regeln unterworfen. Die wichtigste dieser Regeln ist die, daß die Kürzungen in i.w. drei Gruppen aufgeteilt sind, die untereinander verschiedene Priorität haben und nur "sinnvoll" angewendet werden dürfen. Die an erster Stelle zu verwendende Gruppe ist die der Wort- und Wortstamm-Kürzungen. Die in folgenden Wörtern unterstrichenen Teile sind korrekt angewendete Wort- bzw. Wortstamm-Kürzungen:

<bei>

<arbeit>

<,stell> <en>

<trag> <en>

<sprach> e

<be> <arbeit> <ung> s <,stell> e

s<em> <in> <ar> <,bei> <trag>

<über> <,weis> <ung>

z w <ei> <sprach> <ig>

Nicht korrekt sind folgende Anwendungen:

s <em> <in> <arbeit> r a g

z <,weis> p r <ach> <ig >

(Die Begründung liegt, für des Deutschen Kundige, auf der Hand.) In zweiter Linie werden Vor- und Nachsilben gekürzt, z. B. korrekt in

<ent> <er> b <ung> <en>

<ver> <an> <schlag> t

und nicht korrekt in

<ent> <er> <ich>

<ge> l <ung> <en>

<ver> <an> d a

Auch hier kann man sich ohne Mühe vorstellen, daß falsch angewendete Kürzungen beim Lesen äußerst irreführend wirken würden.

Die dritte Gruppe enthält die sogenannten Laut- und Silbenkürzungen, die in sich noch einmal unterteilt ist in

a) Doppelkonsonanten, Doppelvokale u. ä., z. B.
<ll> <st> <sch> <ei> <ie>

b) vokalisch anlautende, z. B.
<er> <en> <in> <an>

c) konsonantisch anlautende, z. B.
<be> <te> <ge>

Kombinationen wie "be" und "ge" können auch Vorsilbe sein und haben, wenn sie Vorsilbe sind, Vorrang vor den sonstigen Kürzungen der dritten Gruppe. Ansonsten hat innerhalb dieser Gruppe a) Vorrang vor b) und b) Vorrang vor c). Diese letzte Vorrangsregel mag auf den ersten Blick nur ästhetische Gründe zur Erzwingung einer einheitlichen Schreibweise zu haben scheinen, doch dem ist nicht so. Dazu nur ein einziges Beispiel: Würde man in dem Wort

g <er> t <en>

etwa als gleichberechtigte (weil gleich kurze) Schreibweise auch

<ge> r t <en>

zulassen, so wäre dies nicht mehr von

<ge> <recht> <en>

zu unterscheiden, denn die Kürzung <recht> besteht aus nichts anderem als den zwei Buchstaben r und t!

Ohne weiter in die Einzelheiten zu gehen, kann man zusammenfassend feststellen, daß genaues Einhalten der Regeln unerläßliche Bedingung für eine flüssige Lesbarkeit der Kurzschrift sind. Wie die obigen Beispiele zeigen, sind aber diese Regeln für Menschen, die der deutschen Sprache mächtig sind, ziemlich einsichtig und daher durchaus erlernbar.

2. Problematik der Automatisierung

Anders sieht das aus, wenn die Regeln von einem Computer befolgt werden sollen, der von dem zu übertragenden Wort nur weiß, welche Buchstaben es in einer bestimmten Reihenfolge enthält, aber nicht: wie es ausgesprochen wird, aus welchen Bestandteilen es zusammengesetzt ist, was es "bedeutet", oder wie seine etymologische Herkunft ist. Wenn solche Kriterien in die Punktschriftübertragung eingehen, dann kann die normale Einschätzung, was "einfache" und was "schwierige" Wörter sind, in erstaunlicher Weise auf den Kopf gestellt werden. Im Sinne der automatischen Übertragung in die Kurzschrift sind folgendes extrem einfache Wörter:

s u f f i x m <or> p h o t a k t i k

n e k r o l o g r e g i <st> <er>

l y s <er> g s <äu> r e d i ä t h y l a m i d

(Außer den durch < > angedeuteten Kürzungen kommen gar keine anderen in Frage, und die sind auch korrekt.)
Hingegen sind folgende harmlos aussehende Wörter für den Computer echte "Problemwörter":

b a t t <er> <ie> b a k t <er> i e	Aussprache!
h i <mm> <el> s t ü r h i <mm> <el> st ü r m en d	Zusammensetzung!
d a <,zu> s <ein> <dazu> t <un>	"Bedeutung"!
<frag> <lich> f r a g m <en> t	etymologische Herkunft!

Wie die Beispiele zeigen, gehen in die Entscheidung, welche Kürzungen "sinnvoll" angewendet werden können, Informationen ein, die in dem zu übertragenden Wort, als reine Buchstabenfolge aufgefaßt, nicht offensichtlich enthalten sind. (Im Grenzfall der Homographen überhaupt nicht, z. B. <er> b <recht> / <er> b r e <ch> t , <be> <in> h <al> t <ung> / b <ein> h <al> t <ung>.) Soll also der Computer, soweit möglich, zu denselben Übertragungsergebnissen kommen wie der Mensch, so muß er diese Entscheidungen aus anderen Kriterien gewinnen. Da kommt kaum etwas anderes in Frage als der (Buchstaben-) Kontext, in dem die möglicherweise zu kürzenden Buchstabenfolgen im Wort auftreten.

Der Ansatz, nur komplette Wörter als solchen "Kontext" zu benutzen, führt nicht sehr weit, besonders in der deutschen Sprache, wo durch Deklination und Konjugation sehr viele Wort-"Formen" entstehen, und wo ferner nahezu beliebige Konstruktion von zusammengesetzten Wörtern (ohne Bindestrich oder ähnliche Kennzeichnung) möglich und üblich ist, so daß ein problematisches "Wort" (im sprachlichen Sinne) fast immer in einer Vielzahl von "Wörtern" auftaucht, wie der Computer Wörter sieht.

Die oben erwähnten "Kontexte" müssen also klein genug gewählt werden, um "verwandte" Wortbildungen mit möglichst wenigen Ausnahmeregeln gemeinsam zu erfassen, anderseits aber groß genug, um nur scheinbar "ähnliche" Fälle auch unterscheiden zu können, wo dies erforderlich ist.

3. Lösungen des Problems

Es ist sinnvoll, dem Computerprogramm, das die automatische Punktschriftübertragung leisten soll, zumindest im globalen Konzept ein theoretisches Modell im Sinne der Theorie der formalen Sprachen zu unterlegen. Drei verschiedene formale Modelle sollen im folgenden kurz angesprochen und miteinander verglichen werden.

Nach Chomsky unterscheidet man bei den "formalen Sprachen" und den sie beschreibenden "Grammatiken" bzw. den "Maschinen", die die Sprachen verarbeiten können, zunächst einmal grob vier Typen: Maschinen vom "Typ O" sind dabei die "leistungsfähigsten" (äquivalent z. B. zur bekannten Turing-Maschine) und verarbeiten alles, was überhaupt "berechenbar" ist; zur Verarbeitung von Sprachen des "Typ 3" ("reguläre" Sprachen) genügen entsprechend die einfachsten Maschinen, die sogenannten "endlichen Automaten".

Die Frage, welche Stufe der theoretischen "Leistungsfähigkeit" für unsere Zwecke "angemessen" ist, ist in letzter Konsequenz akademisch, denn eine lebende Sprache ist in Wirklichkeit nicht "berechenbar" oder, anders betrachtet, gar nicht eindeutig genug definiert, um ihren Komplexitätsgrad bestimmen zu können. Wir müssen uns damit abfinden, daß "1oo % Korrektheit" ohnehin unerreichbar sind, und statt dessen im Auge behalten, ob und ggf. wie es möglich ist, von z. B. 99 % auf 99,9 % zu gelangen.

In diesem Sinne begannen um 196o die Arbeiten von H. Werner und W. Dost, deren Programm zur automatischen Punktschriftübertragung auf dem formalen Modell des endlichen Automaten beruht. Die elementaren "Operationen" dieses endlichen Automaten bestehen im wesentlichen darin, den Eingabe-Text von links nach rechts stückweise abzuarbeiten und entsprechende Stücke von Punktschriftzeichen auszugeben, gesteuert durch endlich viele "Zustände", die der Automat annehmen kann, wobei diese Zustände im wesentlichen definiert sind durch "während der Fahrt" im Gedächtnis behaltene Merkmale wie "es hat ein Wort angefangen" oder "ich habe soeben eine Vorsilbenkürzung ausgegeben" u. ä. und durch die ggf. schon gelesenen aber noch nicht "übersetzten" letzten Eingabe-Zeichen.

Das Regelwerk für dieses Programm wurde im Laufe der folgenden Jahre ständig verbessert, bis eine Rate von nur knapp 1 Übertragungsfehler pro Blindenschriftseite erreicht war. Wegen des unaufwendigen Ansatzes (Chomsky-Typ 3!) und durch effiziente Programmierung der Verwaltung des Regelwerks zeichnet sich dieses Programm durch eine enorme Verarbeitungsgeschwindigkeit aus.

Das um 197o von W. R. Gerhart, J. K. Millen und J. E. Sullivan veröffentlichte Programm "DOTSYS III" zur Übertragung in englische (genauer gesagt, amerikanische) Blindenkurzschrift arbeitet im wesentlichen nach dem gleichen Verfahren, nur ist es, teilweise aus Gründen der angestrebten größeren Flexibilität, rund 12mal langsamer. (In diesem Zusammenhang soll nicht unerwähnt bleiben, daß es in der englischen Sprache erheblich weniger Deklinations- und Konjugations-Endungen gibt, und daß fast alle ad-hoc-konstruierten "zusammengesetzten" Wörter völlig problemlos sind, weil sie nicht zusammen geschrieben werden.)

Doch hat der endliche Automat einen systematischen Mangel: er bietet kein direktes Mittel zur Formulierung von "Prioritäten". Erinnern wir uns z. B. daran, daß die vokalisch anlautende Kürzung <er> Vorrang hat vor der konsonantisch anlautenden <ge>. Würde man dann beim Vorgehen von links nach rechts in Wörtern wie "gerten" oder"hungerten" zu früh die zwei Buchstaben "ge" durch <ge> übersetzen, so wäre das vorrangig zu kürzende <er> in dem übriggebliebenen "rten" gar nicht mehr vorhanden. Man hilft sich daher so, daß man für (möglichst) alle Kollisionsfälle "Pseudokürzel" einführt; in diesem Beispiel würde man "ger" wie eine Kürzung behandeln, deren Übersetzung eben g<er> ist. (Daß "ger" nun Vorrang vor "ge" hat, ergibt sich ziemlich automatisch durch die verschiedene Länge bei gemeinsamem Anfang.) Ganz entsprechend wird z. B. in Wörtern wie "landerecht" der Wortkürzung <recht> Vorrang vor <er> verschafft durch ein Pseudokürzel "erecht".

Die Einführung und Verwaltung solcher Pseudokürzel erfordert natürlich dann besondere Sorgfalt, wenn die Übersetzung der beiden kollidierenden Teile von Bedingungen abhängig war; man muß in der Regel dann die Übersetzung des Pseudokürzels von entsprechenden Kombinationen der Bedingungen abhängig machen. Doch schon aus viel einfacheren Gründen sind die Pseudokürzel problematisch: sie können nämlich wieder kollidieren! Etwa in "gerecht" oder "sorgerecht" richtet das Pseudokürzel für "ger" nur Schaden an, weil zwar <er> Vorrang vor <ge>, aber <recht> wiederum Vorrang vor <er> und damit auch vor "ger" hat! Also ist ein Pseudokürzel für "gerecht" fällig, und so weiter, und so weiter. Auf diese Weise wächst das Regelwerk lawinenartig an, sobald man anfängt, auch weniger gebräuchliche Wörter zu berücksichtigen, um die Fehlerrate bei der Übersetzung zu drücken. Und je größer das Regelwerk wird, um so schwieriger wird es, die Wechselwirkungen der Regeln untereinander zu überschauen.

Einen Ausweg aus diesem Dilemma zeigt 1978 W. A. Slaby auf. Das formale Modell seines Verfahrens, er nennt es "Segment-Übersetzungssystem", ist theoretisch noch etwas *weniger* "leistungsfähig" als der endliche Automat, doch demonstriert seine Implementierung, daß dies keinerlei Aussage über die praktische Leistungsfähigkeit beinhaltet. Der für uns hier wichtigste Unterschied zu den zuvor behandelten Programmen liegt darin, daß jetzt das Regelwerk selbst computerunterstützt erstellt wird, und zwar werden die oben erwähnten "Kontexte" teilweise *automatisch* aus "Beispielwörtern" gewonnen und die Problematik der Kollisionen durch automatische Verwaltung der "Pseudokürzel" kontrolliert. Dieses Konzept der "Generierung der Regeln" trägt dazu bei, daß ein erheblich größeres Regelwerk realistisch ist, als es bei reiner Handarbeit überschaubar wäre, und macht ferner das gesamte Verfahren konsequent änderungsfreundlich. Beim Stand von Anfang 1979 läuft dieses Programm SEGBRA ("Segment Brailler") mit rund einem Drittel der Geschwindigkeit des Programms Werner/Dost und einer Fehlerrate von größenordnungsmäßig 1 pro "Zeitung" (ca. 5o Seiten).

Ein völlig anderer Ansatz, der ebenfalls 1978 realisiert wurde, besteht darin, das sequentielle Vorgehen von links nach rechts im Text konsequent aufzugeben. Formuliert man den Übersetzungsalgorithmus etwa durch ein Markov-System von angeordneten Regeln, so hat man den bestechend eleganten Vorteil, daß man sehr direkt genau das ausdrücken kann, was man erreichen will: Eine Regel mit höherer Priorität wird einfach "weiter oben" einsortiert! Ein solches Regelwerk von auf Anhieb enormer Qualität wurde unter Leitung von J. Splett von einer Arbeitsgruppe des Germanistischen Instituts erstellt und von B. Eickenscheidt für den Computer implementiert. Zur Fehlerrate sei, solange das Meßverfahren nicht genau definiert ist, nur gesagt, daß sie ebenfalls "größenordnungsmäßig 1 pro Zeitung" beträgt.

Der Verzicht auf sequentielles Vorgehen bei der Verarbeitung des Textes bedeutet nun aber, daß für jede "Regel" das ganze zu übersetzende Wort durchsucht werden muß, und jeder Programmierer weiß, daß "Suchen" stets eine Größenordnung langsamer geht als "am Ort entscheiden". Anders ausgedrückt: ein Markov-System ist in der Chomsky-Hierarchie im Allgemeinfall nur unter Typ O, also als "ganz dicker Hammer" einzuordnen; ja, man kann beweisen, daß man nicht allgemein abschätzen könnte, wieviel "Zeit" eine Aufgabe benötigt. In unserem speziellen Fall jedoch nutzen die Regeln längst nicht alle Möglichkeiten des Markov-Systems aus: insbesondere ist sichergestellt, daß bei jeder Anwendung einer Regel mindestens ein Zeichen des Schwarzschriftalphabets im "Wort" verschwindet, daß einmal erzeugte Zeichen des Punktschriftalphabets stets endgültig sind, und daß auch in dem (minimalen) "Arbeitsalphabet" stets "Einbahnstraße gefahren" wird. Somit ist das Verfahren in Wirklichkeit etwa bei Chomsky-Typ 2 angesiedelt, und seine Implementierung "Puma" (Punktschrift-Uebertragung mit Markov-Algorithmus) beim Stand von Anfang 1979 ist nur rund 3mal langsamer als die des oben erwähnten "Segment-Übersetzungssystems".

4. Praktische Anwendungen im Alltag

Am Rechenzentrum der Universität Münster wird die automatische Übertragung von Texten in Punktschrift nicht nur wissenschaftlich erforscht, sondern auch - zumindest exemplarisch - in die Praxis umgesetzt. Wie das Diagramm im Anhang zeigt, nimmt naturgemäß der sprachwissenschaftlich interessante Kern des Verfahrens in der Gesamt-Organisation einen nahezu unscheinbaren Platz ein: Texte aus den verschiedensten Quellen müssen auf einheitliche Eingabe-Konventionen angepaßt werden, und das Ergebnis in Punktschrift muß in verschiedenen Seitenformaten auf den verschiedensten Geräten ausgegeben werden.

Die größten Textmengen werden dem Rechenzentrum von Verlag Gruner + Jahr zur Verfügung gestellt: Alle zwei Wochen schickt der Verlag einen LINOTYPE-Lochstreifen mit Auszügen aus STERN und DIE ZEIT, die dann in Punktschrift übertragen und auf Metallplatten punziert werden. Von diesen Platten stellt eine "normale" Blindendruckerei eine "Rekordauflage" von ca. 5ooo Abzügen her, und die blinden Leser tragen mit ihren Kommentaren zur Bewertung und Verbesserung der Übertragung bei.

Sämtliche anderen im Diagramm eingezeichneten Pfade von der Eingabe bis zur Ausgabe sind ebenfalls realisiert und weitgehend erprobt. Die Münsterschen Programme werden ferner eingesetzt beim Kultusministerium in Wien zur Produktion aktueller Schulbücher, und, in Zusammenarbeit mit der Deutschen Blindenstudienanstalt Marburg, von der Stiftung Rehabilitation in Heidelberg zur Produktion von größeren Büchern und Lexika auf BRAILLOCORD-Kassetten (digital aufgezeichneter geschriebener Text, nicht zu verwechseln mit "Hörbüchern"!).

5. Ausblick

Die weitere Arbeit auf dem Gebiet der automatischen Punktschriftübertragung wird in Zukunft immer komplexer werden. Zwar sind die Übersetzungsprogramme auch "nur so" durchaus noch einer Verbesserung fähig; wie oben erwähnt, ist im Mittel in fast jeder "Zeitung" ein eindeutig falsch gekürztes Wort zu finden. Doch in der Praxis gehen diese Fehler unter in Tippfehlern, technischen Fehlern und vor allem in nicht geeignet sonderbehandelten Fremdwörtern und Eigennamen. Deshalb müssen vorher zum einen bei der Texterfassung effiziente Methoden der Markierung solcher Spezialwörter entwickelt und zum anderen deren entsprechende Übertragung in Vollschrift bzw. "Grad 1 1/2" programmiert und erprobt werden. (Vollschrift oder "Grad 1 1/2" allein sind natürlich weniger problematisch als die Kurzschrift; die "Arbeit" steckt im dauernden "Umschalten", das organisiert werden muß.) Danach wird man sich wünschen, auch Textpassagen in Mathematik- und Chemieschrift, eventuell auch

Musikschrift und Schachschrift, in die Automatisierung ebenso einbeziehen zu können wie z. B. Einschübe in englischer oder französischer Blindenkurzschrift. Des weiteren ist die Verarbeitung von komplizierter strukturierten Textwerken nur praktikabel mit vergrößertem Formatierungskomfort: Fußnoten, Tabellen, symbolische Seitenverweise, "Suchwörter" (für das elektronische Lesegerät BRAILLEX) usw.

Parallel dazu muß versucht werden, so viel wie möglich der weniger komplizierten "Massentexte" mit Hilfe von Klein- oder Kleinst-Computern automatisch zu übertragen, aus zwei Gründen: einmal um die (nicht zu vermeidende) "Unwirtschaftlichkeit" des Blindendrucks zu mildern, zum anderen, um möglichst viele Blindendruckereien und Blindenschulen unabhängig vom Großrechner in die Lage zu versetzen, "im Hause" schnell und flexibel Blindenschrift produzieren und vervielfältigen zu können. Die Technik kann uns dem Ideal einen Schritt näher bringen: Alles, was gedruckt ist, sollte auch in Blindenschrift zugänglich sein!"

Anhang: Datenfluß-Diagramm

Die sechseckigen Kästchen symbolisieren Computerprogramme, die großen viereckigen Zeilen stehen für Dateien, die den Text in den verschiedenen Verarbeitungsphasen aufnehmen.

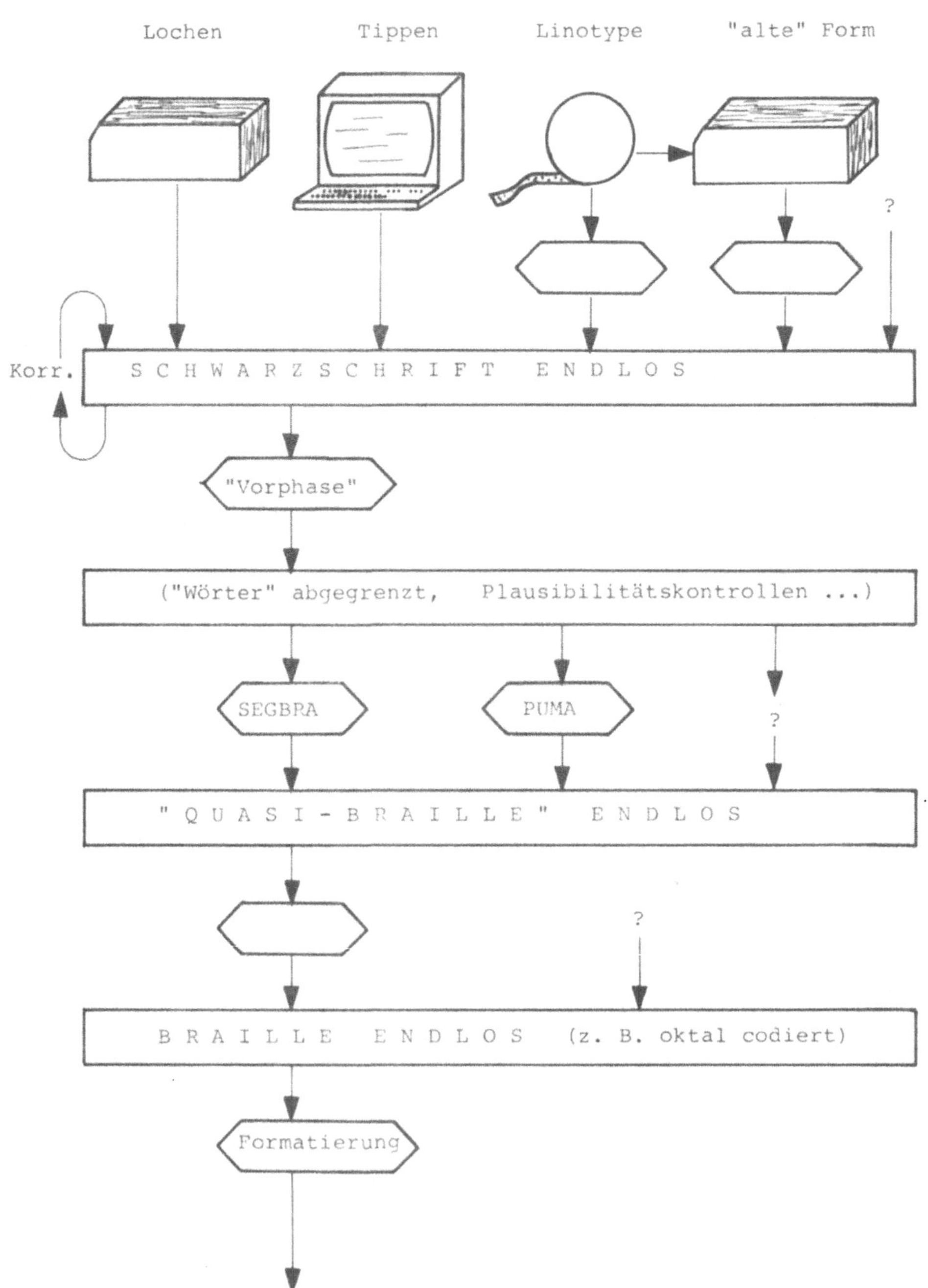
Lochen
Tippen
Linotype
"alte" Form
?
Korr.
S C H W A R Z S C H R I F T E N D L O S
"Vorphase"
("Wörter" abgegrenzt, Plausibilitätskontrollen ...)
SEGBRA
PUMA
?
" Q U A S I - B R A I L L E " E N D L O S
?
B R A I L L E E N D L O S (z. B. oktal codiert)
Formatierung

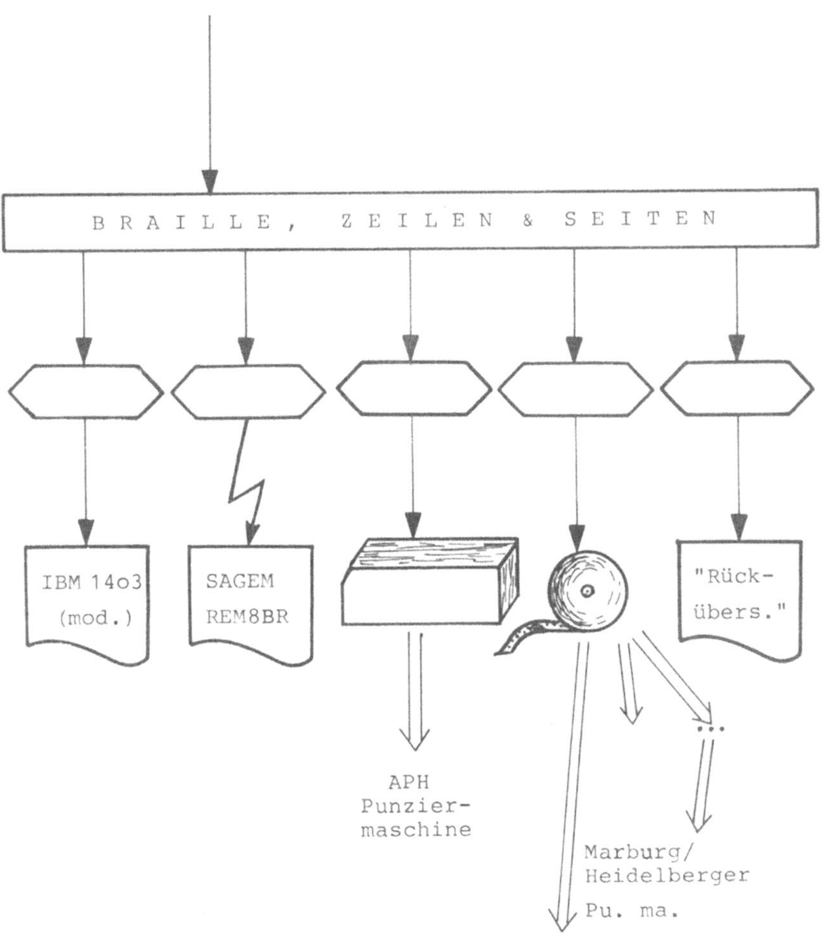

B R A I L L E , Z E I L E N & S E I T E N
IBM 14o3
(mod.)
SAGEM
REM8BR
"Rück-
übers."
APH
Punzier-
maschine
Marburg/
Heidelberger
Pu. ma.
BRAILLEX,
BRAILLOCORD

Automatische Übersetzung von Texten in gesprochene Sprache

Wolfgang A. Slaby und Fritz-Peter Spellmann
Rechenzentrum der Universität Münster

Ausgangssituation

Von den ca. 70 000 Blinden des deutschsprachigen Raumes beherrschen nur etwa 10% die Punktschrift; die übrigen 63 000 sind zur Erlangung von Informationen auf akustische Medien wie Radio, Tonband, u.ä. angewiesen. In schriftlicher Form vorliegende Informationen können dieser Gruppe von Blinden bisher nur durch einen Sehenden zugänglich gemacht werden (wenn man einmal vom taktilen Lesen normaler Schrift mit einem OPTACON absieht), was insbesondere für aktuelle Informationen zu Problemen führen kann. Mit einem Programmsystem zur automatischen Umsetzung von Texten des Deutschen in gesprochene Sprache wäre es möglich, ohne die Hilfe eines sehenden Lesers z.B. aktuelle Zeitungstexte unmittelbar vom Datenträger, der den (Licht-) Satz der Zeitung steuert, akustisch zu realisieren und *gleichzeitig* mit der allgemeinen Auslieferung der Zeitung dem blinden Abonnenten eine Tonkassettenkopie zur Verfügung zu stellen. Darüber hinaus kann ein solches Programmsystem in Verbindung mit einem optischen Lesegerät, welches gängige Schriftarten automatisch erkennt, auch zur akustischen Realisierung bereits gedruckter Texte verwendet werden. Die Einsatzmöglichkeiten einer solchen *Blinden-Lesemaschine* reichen von der Verwendung in einer öffentlichen Bibliothek bis zur Anwendung im Berufsleben eines Blinden.

Problemanalyse

Die Struktur dieses Problems der Umsetzung von gedruckten Texten in gesprochene Sprache legt für ein System zu seiner Realisierung die Gliederung in folgende drei Teilsysteme unmittelbar nahe:

1. automatische Umsetzung eines gedruckten Textes in einen computerlesbaren Text durch optische Zeichenerkennung,

2. automatische Umsetzung eines auf computer-lesbarem Datenträger gespeicherten Textes in seine phonetische Repräsentation (*automatische Phonetisierung*),
3. akustische Realisierung des als Kette von phonetischen Zeichen vorliegenden Textes durch einen voice synthesizer.

Da für das erste Teilsystem z.B. mit der KURZWEIL reading machine bereits eine Lösung vorliegt bzw. auch in Deutschland an einer Lösung gearbeitet wird, haben wir uns auf die Realisierung des zweiten und dritten Teilsystems beschränkt, wobei dem System zur automatischen Phonetisierung besondere Bedeutung zukommt.

In der nächsten Stufe einer schrittweisen Verfeinerung der Analyse des verbleibenden Problems sowie des angestrebten Systems zu seiner Lösung erwies sich eine Zerlegung der beiden Teilsysteme in vier Phasen als sinnvoll, denen jeweils ein Programmodul entspricht. Für jede einzelne Phase sollen im folgenden die Aktionen dieser Phase, der augenblickliche Entwicklungsstand ihrer Implementierung sowie die inhaltlichen Probleme, die bei ihrer Realisierung aufgetreten sind oder noch erwartet werden, ausführlich dargestellt werden.

Phase 1: automatische Vorverarbeitung des eingegebenen Textes

Aufgabe dieser Phase ist es, arabische und römische Zahlen in Zahlwörter umzuwandeln, gebräuchliche bzw. durch einen besonderen Steuercode angekündigte Abkürzungen zu buchstabieren (z.B. GMBH → G<E:><PA>ÄM<PA>B<E:><PA>H<A:>) oder auszuschreiben (z.B. BZW. → BEZIEHUNGSWEISE) sowie Zeichen ohne phonetische Entsprechung (z.B. (,),",') zu eliminieren. Außerdem werden in dieser Phase die Wortgrenzen aus verfahrenstechnischen Gründen einheitlich markiert.

Mit Ausnahme der letztgenannten Aktion wurde diese Phase bisher noch nicht implementiert, da ihr im Gesamtsystem eine untergeordnete Bedeutung zukommt; größere Probleme bei ihrer Realisierung sind nicht zu erwarten. Im augenblicklichen Entwicklungs- und Teststadium des Gesamtsystems werden die oben beschriebenen Aktionen bei Bedarf durch eine manuelle Textaufbereitung ausgeführt.

Phase 2: automatische Umsetzung des vorverarbeiteten Textes in eine Kette von (Quasi-)Phonen

Diese Phase bildet das Kernstück des Gesamtsystems. In ihr wird ein (vorverarbeiteter) Text der deutschen Hochsprache, der als computer-lesbare Kette von Graphemen vorliegt, in eine Kette von Quasi-Phonen umgewandelt; dabei entspricht jedes Quasi-Phon genau einem phonetischen Zeichen der deutschen Standardaussprache, wie sie durch DUDEN (1974) festgelegt wird.

Die besondere Bedeutung, die dieser Phase im Gesamtsystem zukommt, machte eine besonders sorgfältige Problemanalyse und Modellentwicklung erforderlich. Unter den bekannten Formalismen der mathematischen Linguistik bot sich das Konzept eines *syntax-gesteuerten Übersetzungsschemas* [AHO/ULLMAN (1972)] mit einer vollständigen Wortsyntax des Deutschen, die an der für die Phonetisierung relevanten Wortmorphologie orientiert ist, als naheliegendes Modell an, mit dem insbesondere auch Präfixe, Suffixe und Fugenmorpheme adäquat behandelt werden könnten. Jedoch ließen Erfahrungen, die andernorts mit Lemmatisierungsproblemen gemacht wurden, die Entwicklung eines derartigen Übersetzungssystems als für das Problem der Phonetisierung zu aufwendig erscheinen. Daher haben wir uns aufgrund entsprechender Erfahrung bei der Behandlung des Übersetzungsproblems "Blindenkurzschrift" für eine Methode entschieden, bei der alle übersetzungsrelevanten Informationen über morpho-syntaktische Gesetzmäßigkeiten ausschließlich auf der Ebene formaler Zeichenketten gewonnen werden. Eine genauere Analyse des Phonetisierungsproblems unter dieser methodischen Prämisse läßt erkennen, daß die Umwandlung von Graphemketten, die deutsche Wörter darstellen, in die entsprechenden Ketten phonetischer Zeichen dadurch definiert ist, daß gewisse *Segmente* dieser Graphemketten in einzelne Phone oder Phonketten umgesetzt werden. Eine Übersetzungsregel, die geeignet ist, ein derartiges Phänomen zu formalisieren, sollte also zumindest eine Basiskomponente der Form $u \rightarrow v$ enthalten mit der Bedeutung "das Segment u (von Graphemen) wird übersetzt in das Segment v (von Phonen)". Da jedoch bei alternativen Möglichkeiten für die Übertragung eines Segments in einzelne Phone oder Phonketten (z.B. graphematisches Segment "sch" in [ʃ] (Schal), [s][ʃ] (Empfangschef, Überlebenschance), [s][k] (Werkschor, Unheilschronik), [s][ç] (Abgaschemie)) eine Entscheidung über die Auswahl der korrekten Übersetzung bei diesem methodischen Ansatz nicht nach morpho-syntaktischen Kriterien der Wortbildung im Deutschen sondern nur nach dem dieses Segment umgebenden Zeichenkontext getroffen werden kann, muß ein geeignetes formales Modell die Auswahl der korrekten Übersetzung des Segments mit Hilfe einer *Kontextbedingung* automatisch steuern.

Bereits im Rahmen der Dissertation des ersten Autors [SLABY (1977)] wurde dazu mit dem *Segment-Übersetzungssystem*[1] ein Modell formaler Regeln entwickelt der Gestalt $u \rightarrow v[x,y]$ und der Bedeutung "das Segment u wird in das Segment v übersetzt, falls u in einem zu übersetzenden Wort w zwischen den Segmenten x und y auftritt". Ein Übersetzungsverfahren wird dann durch den folgenden Algorithmus zur Anwendung eines Segment-Übersetzungssystems definiert:

Anwendung eines Segment-Übersetzungssystems

Eingabe: Segment-Übersetzungssystem $S = (\Sigma, \Delta, \ddagger, R)$
Eingabewort w

Methode: Variablen: word,result,left,right vom Typ *string*,
$\ell s(R)$[2], R vom Typ *list*

word := w, left := ‡ , result := ε

while (word ≠ ε) *do*

1. suche in $\ell s(R)$ ein möglichst großes Segment u mit $u = h_n(\text{word})$[3]

2. right := $t_{\ell(\text{word})-n}(\text{word})$ ‡

3. suche in R eine Segment-Übersetzungsregel $u \rightarrow v[x,y]$ mit $x = t_{\ell(x)}(\text{left})$ und $y = h_{\ell(y)}(\text{right})$ und $\ell(xy)$ maximal

4. left := left·u , word := $t_{\ell(\text{word})-n}(\text{word})$, result := result·v

end

Ausgabe: S(w) := result,
die Übersetzung von w bzgl. S

---

[1] Eine exakte formale Darstellung des Segment-Übersetzungssystems sowie eine kritische Bewertung der Leistungsfähigkeit dieses Modells im Vergleich zu anderen Übersetzungsformalismen findet sich in SLABY (1977).

[2] $\ell s(R) := \{u \mid \text{ex. } u \rightarrow v[x,y] \in R\}$ Menge der linken Regelseiten

[3] $h_n(w)$:= Präfix der Länge n von w
$t_n(w)$:= Suffix der Länge n von w
$\ell(w)$:= Länge (Anzahl der Zeichen) des Wortes w

Dieser Algorithmus zur Anwendung eines Segment-Übersetzungssystems wurde bereits bei der Entwicklung des neuen Blindenschrift-Übersetzungsprogramms SEGBRA [SLABY (1980)] implementiert. Somit bestand die Hauptaufgabe zur Realisierung dieser Phase darin, für das Problem der Phonetisierung ein konkretes Segment-Übersetzungssystem aufzustellen. Gestützt auf die Erfahrungen, die bei der Aufstellung des Segment-Übersetzungssystems für die deutsche Blindenkurzschrift gesammelt werden konnten, wurden dazu nach einer ähnlichen Methode für nahezu alle Graphemketten, die aus mehr als einem Zeichen bestehen und durch ein einzelnes Phon im Deutschen wiedergegeben werden können (z.B. au, eu, ng, sch, st), umfangreiche Analysen mit dem Ziel durchgeführt, eine genaue Übersicht über alle Wörter zu bekommen, in denen die betrachtete Graphemkette vorkommt. Nur auf diese Weise war es möglich, Unterschiede bzw. Übereinstimmungen in der phonetischen Repräsentation des betrachteten graphematischen Segments in verschiedenen Wörtern aufzuspüren und durch möglichst wenige Segment-Übersetzungsregeln vollständig zu charakterisieren. Als Einblick in den Aufbau eines Segment-Übersetzungssystems seien hier die bisher aufgestellten Regeln für das Segment "sch" nach steigender Priorität geordnet angegeben:

SCH → <SCH> (Basisregel)
→ S<SCH> [,EF] Empfangschef
→ SK [,AO] Verkehrschaos
→ S<CH> [,ATO] eschatologisch
→ S<SCH> [,ANC] Überlebenschance
→ <SCH> [,EFF] Knirscheffekt, Scheffel
→ SK [,ROM] Gaschromatograph, Geschlechtschromosom
→ SK [,RON] Unheilschronik
→ SK [,OR#] Werkschor
→ SK [,ÖRE] Werkschöre
→ S<CH> [Ä,EN] Gläschen, Bläschen, Näschen, Häschen,...
→ S<CH> [Ö,EN] Höschen, Röschen, Döschen,...
→ <SCH> [,EFÜT] Fischefütterung
→ <SCH> [,EFAB] Wäschefabrik
→ S<CH> [,INES] Festlandschinese
→ S<CH> [,URIE] Ischurie
→ SK [,ARAK] Verkehrscharakter
→ SK [,LOR#] Reinigungschlor
→ SK [,RIST] Unionschrist
→ S<CH> [LÜ,EN] Blüschen
→ S<CH> [ÜL,EN] Hülschen

→ S<CH> [ÖP,EN] Möpschen

→ S<CH> [ÄP,EN] Schnäpschen

→ S<CH> [ÄN,EN] Hänschen

→ S<CH> [ÄU,EN] Häuschen, Mäuschen, Päuschen, ...

→ <SCH> [WÄ,EN] Wäschen

→ <SCH> [BÖ,EN] abböschen

→ <SCH> [LÖ,EN] löschen

→ S<CH> [,IRURG] Transplantationschirurgie

→ SK [,ORGES] Werkschorgesang

→ SK [,ERZO*] Scherzo

→ S<CH> [BÖR,EN] Geldbörschen

→ S<CH> [HÄL,EN] Hälschen

→ S<CH> [ÄCH,EN] Dächschen

→ S<CH> [ÖCH,EN] Öchschen

→ S<CH> [ÜCH,EN] Füchschen

→ S<CH> [DIE,EN] Radieschen

→ <SCH> [FRÖ,EN] Fröschen

→ <SCH> [TÄU,EN] täuschen

→ <SCH> [RÄU,EN] Geräuschen

→ <SCH> [DRÄ,EN] verdräschen

→ <SCH> [DRÖ,EN] dröschen

→ SK [,ORLEIT] Werkschorleiter

→ S<SCH> [,AUFFEU] Aushilfschauffeur

→ SK [ARA,INO] Maraschinokirsche

→ S<CH> [KREB,EN] Taschenkrebschen

→ SK [,ERZANDO] Scherzando

→ S<CH> [WINDRÖ,EN] Buschwindröschen

Insgesamt umfaßt das bisher aufgestellte Segment-Übersetzungssystem zur Zeit 5850 Regeln. Für wenige zweibuchstabige Segmente ("el", "em", "en", "er" und "nk") sowie die meisten Einzelbuchstaben-Segmente konnten die zur Generierung der erforderlichen Segment-Übersetzungsregeln notwendigen Analysen aus Zeitmangel noch nicht durchgeführt werden. Verhältnismäßig wenig Probleme sind bei der Bearbeitung der Konsonanten zu erwarten, während das Aufstellen der Regeln zur korrekten Umsetzung der Vokale größere Schwierigkeiten bereiten und zu einer hohen Anzahl erforderlicher Regeln führen wird. Um bereits im augenblicklichen Entwicklungs- und Teststadium die vollständige Umsetzung eines eingegebenen Textes erreichen zu können, haben wir für die noch nicht bearbeiteten Segmente Standardumsetzungen vorgesehen.

Phase 3: automatische Umwandlung der Kette von Quasi-Phonen in eine Kette von VOTRAX-Phoncodes

Um bei der Umsetzung von Texten in gesprochene Sprache die vom speziellen, zur Sprachausgabe verwendeten voice synthesizer abhängigen Aktionen deutlich von den ausschließlich sprachabhängigen Aktionen zu trennen, haben wir uns entschlossen, als Ausgabe der eigentlichen Übersetzungsphase (Phase 2) die synthesizer-unabhängigen *Quasi-Phone* zu verwenden und die Umwandlung der Quasi-Phone in die zur Steuerung des voice synthesizers VOTRAX ML-I/EG erforderlichen VOTRAX-Phoncodes in einer gesonderten Phase zu realisieren. Jeder rechten Regelseite v einer Segment-Übersetzungsregel u → v[x,y] wird in dieser Phase eine Kette von VOTRAX-Phoncodes zugeordnet, die geeignet ist, die gewünschte Sprachausgabe der Kette v von Quasi-Phonen durch den VOTRAX voice synthesizer zu erzeugen.

Um für jedes in der deutschen Lautschrift nach DUDEN (1974) verwendete (Quasi-)Phon eine möglichst gute Realisierung durch eine Kette von VOTRAX-Phoncodes zu erreichen, waren äußerst umfangreiche Testreihen mit dem VOTRAX voice synthesizer erforderlich. Trotz einiger technischer Schwierigkeiten konnte diese Phase vollständig implementiert werden. Wegen des reichhaltigen Angebotes an VOTRAX-Phonvarianten (Allophonen) im Bereich der Vokale gestaltete sich die Auswahl der jeweils zur Realisierung eines Vokalphons am besten geeigneten Kette von VOTRAX-Phoncodes relativ einfach. Lediglich bei den nasalen Vokalen (in französischen Lehnwörtern) erwiesen sich die zur Verfügung stehenden VOTRAX-Phone als unzureichend für eine exakte Darstellung. Einige der konsonanten Phone (wie z.B. R, V, <ER'> (silbisches r), <NG> u.a.) erforderten umfangreiche Tests, ehe eine akzeptable Darstellung durch VOTRAX-Phoncodes gefunden werden konnte. Die korrekte Wiedergabe der plosiven Phone P, T, K in gewissen Kontexten (z.B. bei dem Wort "Kuckuck") sowie eine deutliche Unterscheidung zwischen diesen Phonen ließ sich mit dem VOTRAX ML-I/EG voice synthesizer nicht erzielen, eine Erfahrung, die auch anderenorts mit dem VOTRAX VS6-G3 voice synthesizer gemacht werden mußte, der eine andere Menge von Phonen besitzt.

Phase 4: Sprachausgabe der Kette von VOTRAX-Phoncodes durch den VOTRAX ML-I/EG voice synthesizer

Zur akustischen Ausgabe der in Phase 3 erzeugten Kette von VOTRAX-Phoncodes wurde der voice synthsizer an den Kommunikationsrechner IBM 3705 entsprechend der folgenden Skizze angeschlossen:

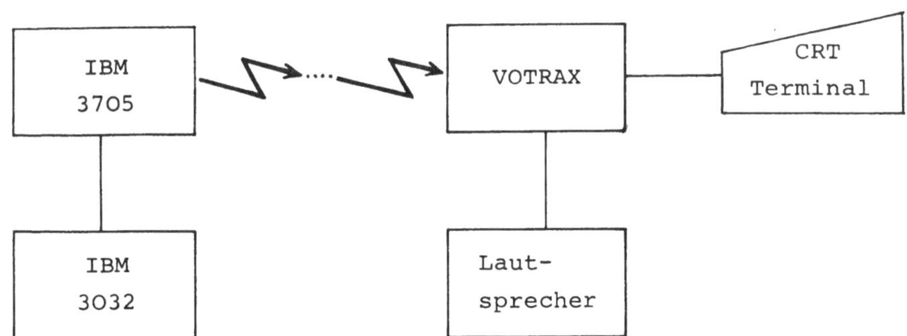

Durch bestimmte Steuerzeichen, die in die Kette von VOTRAX-Phoncodes in Phase 3 eingefügt werden, läßt sich der Beginn der Sprachausgabe sowie das Leeren des Puffers des voice synthesizers steuern.

Literatur:

1. AHO/ULLMAN (1972):
Aho, A.V. / Ullman, J.D.:
The Theory of Parsing, Translation, and Compiling
Volume I: Parsing, Englewood Cliffs

2. DUDEN (1974):
DUDEN Nr. 6: Das Aussprachewörterbuch
Wörterbuch der deutschen Standardaussprache
2. Auflage Mannheim 1974

3. SLABY (1977):
Slaby, W.A.:
Automatische Erzeugung formaler Übersetzungssysteme aus endlichen Mengen von Beispielen
Dissertation Heidelberg, 1977
Schriftenreihe des Rechenzentrums der Universität Münster, Nr. 24, Juli 1977

4. SLABY (1980):
Slaby, W.A.:
SEGBRA -- a universal translation system for grade 2 braille translation
erscheint in: Schriftenreihe des Rechenzentrums der Universität Münster, 1980

5. SPELLMANN (1980):

Spellmann, F.-P.:
Ein automatisches Sprachausgabesystem für deutsche Texte als rechnerunterstützte Anwendung eines formalen Übersetzungssystems
Diplomarbeit, Münster 1980

Adresse der Autoren:

Dr. Wolfgang A. Slaby / Fritz-Peter Spellmann
Rechenzentrum der Universität
Roxeler Straße 60
4400 Münster

METHODEN DER INFORMATIK IN DER TEXTVERARBEITUNG

Zur Spezifikation von Programmen für die Textverarbeitung *)

M. Broy
Technische Universität München
Institut für Informatik
Postfach 20 24 20
D-8000 München 2

Zusammenfassung:

Die scheinbare Vertrautheit vieler Programmierer mit Texten führt häufig zu einer Unterschätzung der Komplexität von Aufgaben aus dem Gebiet der Textverarbeitung. Eine rigorose Formalisierung der Spezifikation solcher Probleme kann helfen, eine Reihe versteckter Fragen aufzudecken. Eine Grundlage dafür liefert eine hinreichend vollständig algebraisch beschriebene Rechenstruktur zur Darstellung von Texten. Die dadurch geschaffenen, flexiblen Spezifikationshilfsmittel können auch für eine auf die Spezifikation folgende Programmentwicklung eingesetzt werden.

*) Diese Arbeit ist im Sonderforschungsbereich 49, Programmiertechnik, München entstanden.

1. Einführung

Die Verarbeitung und Bearbeitung von Texten ist ein wichtiger praktischer Anwendungsbereich der Informatik. Die scheinbare Vertrautheit vieler Programmierer mit Texten und Aufgaben aus der Textverarbeitung erzeugt jedoch den trügerischen Eindruck einfacher Zusammenhänge und intuitiv klarer, unmißverständlicher Problemstellungen. Doch schon für einfachste Edieraufgaben kann der intuitive Zugang entscheidende Grenzfälle vernachlässigen und so zu Programmierfehlern führen. Ein Beispiel dafür stellt das Programm in /Naur 69/ dar, das - obwohl in einer intuitiv vermeindlich plausiblen Weise programmiert - etliche Fehler (vgl. /Goodenough, Gerhart 75/) enthält. Eine Analyse der Unzulänglichkeiten des Programms führt zu dem Schluß, daß die Fehler im wesentlichen auf das Fehlen einer sorgfältig erarbeiteten Problemstellung mit genauer Beschreibung der zulässigen Eingabeparameter und der erwarteten Ausgabewerte zurückzuführen sind.

Deshalb sollte als Ausgangspunkt für eine sorgfältig durchgeführte Programmentwicklung stets eine vollständige Problemspezifikation erstellt werden. Jedoch nur eine formale Spezifikation kann sicherstellen, daß eine Problembeschreibung vollständig (oder "hinreichend vollständig") ist. Sie kann nur aus der Zusammenarbeit von Anwender und "Software Engineer" zustande kommen.

Allerdings scheint im ersten Ansatz die formale Spezifikation von Textbearbeitungsaufgaben unangemessen kompliziert. Das rührt einerseits von der Vertrautheit der meisten Programmierer mit Lesen und Schreiben, d.h. mit Texten, her. Es kann ja auch irritieren, daß so wohlbekannte Problemstellungen solche Schwierigkeiten bei der formalen Spezifikation bereiten. Andererseits liegt eine Ursache der Schwierigkeiten meist schon in der Wahl inadäquater Datenstrukturen. Texte werden in der Informatik im allgemeinen durch Zeichenketten ("strings") dargestellt.

Die Struktur des Textes wird durch artifizielle Zeichen wie Zwischenraum ("Blank") oder Zeilenvorschub ("Newline") beschrieben. Dadurch wird die eigentliche Struktur eines Textes in Seiten, Absätzen, Zeilen und Worten durch eine uniforme, strukturarme Zeichenkette wiedergegeben, die mehr maschinen- als problemorientiert ist.

Wählt man hingegen eine Darstellung für Texte, die die naturgemäß vorgegebene Struktur von Texten erhält, so können auch Problemspezifikationen entsprechend einfacher und leichter erarbeitet und verstanden werden. Dementsprechend sollten spezielle abstrakte Rechenstrukturen für die strukturierte Darstellung ("Normalform") von Texten eingesetzt werden. Auch die übliche Darstellung durch Zeichenketten kann über Rechenstrukturen vollständig charakterisiert werden. Zwischen beiden Strukturen lassen sich sichere Übergänge ("Homomorphismen") definieren. Solche Übergänge können ebenfalls für die Spezifikation von Textverarbeitungsproblemen eingesetzt werden. Gerade Edierprobleme lassen sich als Homomorphismen zwischen Datenstrukturen beschreiben.

Diese Vorgehensweise läßt sich für die Spezifikation des Beispiels aus /Naur 69/ und andere alternative Aufgabenstellungen bequem anwenden. Die vollständige , formale Spezifikation führt dabei auf die Festlegung der Problemstellung auch für einige sonst leicht zu vergessende Grenzfälle. Sie kann als Ausgangspunkt dienen für eine Programmentwicklung, die schließlich zu einem der Spezifikation entsprechenden Programm führt.

Damit soll demonstriert werden, wie durch die Wahl adäquater Datenstrukturen die (formale) Spezifikation und Programmentwicklung als eine Methode des "Software Engineering" gerade von Programmen für die Textverarbeitung transparenter und sicherer gemacht werden kann.

2. Eine Rechenstruktur für die Textverarbeitung

Da die Wahl adäquater Datenstrukturen bei Aufgabenstellungen für die Textverarbeitung von entscheidender Bedeutung ist, wollen wir nun zuerst einige Aufmerksamkeit der Beschreibung solcher Strukturen widmen.

Wir wählen die algebraische Methode und spezifizieren die Datenstrukturen einschließlich ihrer grundlegenden Operationen durch "*abstrakte Typen*". Ohne weiter auf die Theorie abstrakter Typen einzugehen (vgl. dazu /Guttag 75/, /Liskov, Zilles 75/, /ADJ 76/, /Broy et al. 78/) geben wir das folgende Typenschema an, das in der knappesten Form "Rechtssequenzen" (vgl. /Bauer, Wössner 80/) beschreibt.

```
typescheme SEQ ≡ (sort e)

   sort seq
   funct seq empty,
   funct (e, seq) seq ap,
   funct (seq s : ¬ isempty(s)) seq rest,
   funct (seq s : ¬ isempty(s)) e first,
   funct (seq) bool isempty,
```

```
law :     isempty(empty) = true,
          isempty(ap(x, s)) = false,
          rest(ap(x, s)) = s,
          first(ap(x, s))= x

                                        end of type
```

Die Schreibweise

funct(seq s : ¬ isempty(s)) e first

bedeutet, daß aus dem Nichteinhalten der Vorbedingung ¬ isempty(s) gefolgert werden kann, daß first(s) keinen definierten Wert liefert, also einen Fehlerfall darstellt.

Der abstrakte Typ SEQ ist hinreichend vollständig im Sinne von /Guttag 75/. Er ist sogar monomorph, d.h. es gibt (bis auf Isomorphie) genau eine Rechenstruktur (eine endlich erzeugte Algebra) dieses Typs, da die Gleichheit zweier Sequenzen hinreichend vollständig beschrieben ist. Jeder Term (ohne freie Variable) der Sorte seq läßt sich eindeutig auf einen Term reduzieren, der ausschließlich durch die Funktionen ap, empty und durch Elemente der Sorte e gebildet wird, d.h. der folgende Gestalt hat

$$ap(e_1, ap(e_2, ap(\ldots ap(e_n, empty) \ldots)$$

Damit haben wir eine "*Normaldarstellung*" für Objekte der Sorte seq . Der obige Ausdruck kann als Darstellung der Sequenz $< e_1, \ldots, e_n >$ verstanden werden.

Wir wollen den Type SEQ jedoch noch um einige weitere Funktionen anreichern:

(1) Konkatenation - Aneinanderhängen zweier Sequenzen :

funct(seq, seq) seq . & .,

mit den Gesetzen:

```
empty & s = s & empty = s,
ap(x, s) & t = ap(x, s & t).
```

(2) Teilsequenzrelation:

funct(seq, seq) bool . $\subseteq$. ,

mit den Gesetzen:

$(\mathrm{empty} \subseteq s) = \mathrm{true}$,

$(s \subseteq \mathrm{empty}) = \mathrm{isempty}(s)$,

$(s \subseteq \mathrm{ap}(y, t)) = (s \subseteq_{\alpha} \mathrm{ap}(y, t)) \vee s \subseteq t)$;

wobei die Hilfsfunktion $\subseteq_{\alpha}$ (*"ist Anfang von"*) :

funct(seq, seq) bool . $\subseteq_{\alpha}$. ,

den Gesetzen

$(\mathrm{empty} \subseteq_{\alpha} s) = \mathrm{true}$,

$(s \subseteq_{\alpha} \mathrm{empty}) = \mathrm{isempty}(s)$,

$(\mathrm{ap}(x, s) \subseteq_{\alpha} \mathrm{ap}(y, t)) = (x = y \wedge s \subseteq_{\alpha} t)$,

gehorcht.

(3) Interpretation eines Elements als Sequenz der Länge 1:

funct(e) seq m,

mit dem Gesetz:

$m(x) = \mathrm{ap}(x, \mathrm{empty})$.

(4) Länge einer Sequenz:

funct(seq) nat length

mit den Gesetzen:

$\mathrm{length}(\mathrm{empty}) = 0$,

$\mathrm{length}(\mathrm{ap}(x, s)) = 1 + \mathrm{length}(s)$.

(5) Letztes Element einer Sequenz:

funct(seq s : $\neg$ isempty(s)) e last,

mit dem Gesetz

last(ap(x, s)) = if isempty(s) then x
  [] $\neg$ isempty(s) then last(s) fi.

Auch diese Funktionen sind *"hinreichend vollständig"* beschrieben. Über diese Funktionen lassen sich nun einige Aussagen beweisen, wie zum Beispiel die Assoziativität der Konkatenation:

$$(a \mathbin{\&} (b \mathbin{\&} c)) = ((a \mathbin{\&} b) \mathbin{\&} c),$$

sowie die Reflexivität

$$s \subseteq s$$

die Antisymmetrie

$$s \subseteq t \wedge t \subseteq s \Rightarrow s = t$$

die Transitivität

$$s \subseteq t \wedge t \subseteq u \Rightarrow s \subseteq u$$

der Teilsequenzrelation (und der Relation *"ist Anfang"*). Damit sind beide Relationen vollständige, partielle Ordnungen (Halbordnungen mit kleinstem Element "empty").

3. Texte als Hierarchien von Sequenzen

Durch mehrmaliges Anwenden unseres Rechenstrukturschemas können Texte strukturiert beschrieben werden. Damit entspricht die Struktur eines Textes dem folgenden Baum:

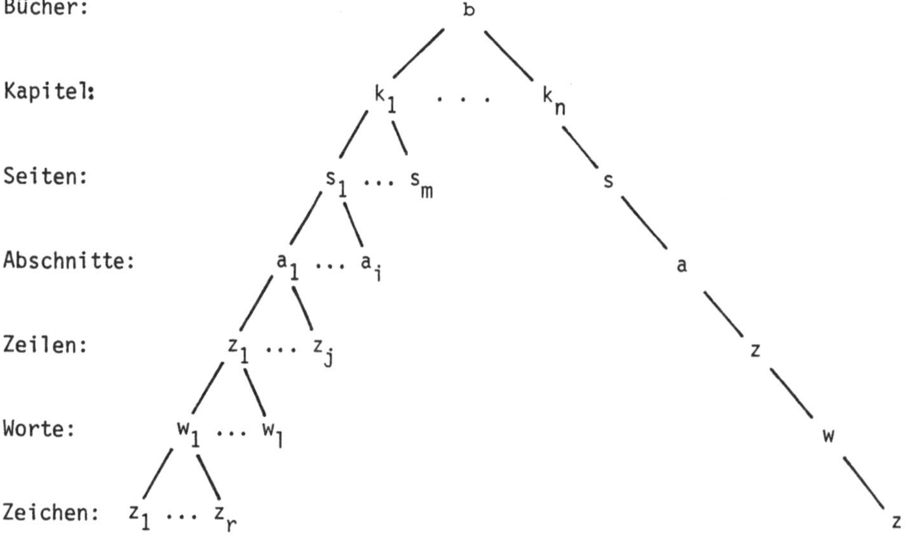

Diese Struktur kann mit Hilfe unseres Typs SEQ in folgender Weise beschrieben werden.

Wir gehen dabei davon aus, daß ein Alphabet

sort alpha = atomic {"a", ..., "Z", "0", ..., "9"}

gegeben sei. Nun definieren wir:*)

(1) Worte: sort word ≡ seq of SEQ(alpha)

(2) Zeilen: sort line ≡ seq of SEQ(word)

(3) Abschnitte: sort section ≡ seq of SEQ(line)

(4) Seiten: sort page ≡ seq of SEQ(section)

(5) Kapitel: sort chapter ≡ seq of SEQ(page)

(6) Bücher: sort book ≡ seq of SEQ(chapter)

Auf diese Weise erhält man Sequenzen von Sequenzen von etc., kurz gesagt Hierarchien von Sequenzen. Man kann natürlich einen Typ definieren, der solche Hierarchien von Sequenzen beliebiger Stufung spezifiziert (für einen entsprechenden *"abstrakten"* Typ vgl. /Laut, Möller 79/). Wir ziehen es jedoch vor, in der eben beschriebenen Weise durch sukzessives Anwenden des Typs SEQ die Hierarchienbildung explizit vorzunehmen. Man kann dabei aus Gründen der besseren Lesbarkeit die Funktionen im Typ SEQ umbenennen, so daß beispielsweise für Objekte der Sorte line die Funktion first dann firstword heißt, die Funktion empty in emptyline umbenannt wird oder rest in restline übergeht. Wir verzichten jedoch auf diese Möglichkeit, um die Uniformität der Rechenstruktur zu betonen und weil die *"Überlagerung"* der Bezeichnungen hier keine spezifischen Probleme aufwirft.

Man beachte, daß bei der Darstellung von Texten als Hierarchien von Sequenzen die leere Sequenz "empty" im allgemeinen nicht auftritt.

---

*) Natürlich ist es häufig angebracht, z.B. für Kapitel oder Bücher komplexere Strukturen zu verwenden, die etwa Überschriften oder Titelseiten gesondert berücksichtigen.

Zwischen den Hierarchien von Sequenzen lassen sich durch Einführung eines Trennsymbols T auch homomorphe Übergänge definieren. Wir betrachten die Sorten

<u>sort</u> <u>eseq</u> ≡ <u>seq</u> <u>of</u> <u>SEQ</u>(<u>e</u>)

<u>sort</u> <u>hseq</u> ≡ <u>seq</u> <u>of</u> <u>SEQ</u>(<u>eseq</u>)

Durch Erweiterung der Sorte <u>e</u> um ein bis dahin nicht in <u>e</u> enthaltenes Trennsymbol T erhalten wir

<u>sort</u> <u>tseq</u> ≡ <u>seq</u> <u>of</u> <u>SEQ</u>(<u>e</u> | <u>atomic</u> {T})

Nun können wir jedes Objekt S von der Sorte <u>hseq</u> mit ¬ isempty(S)

S:

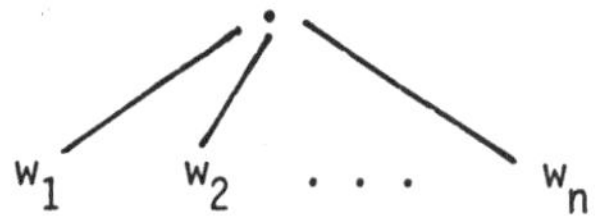

w_1 w_2 . . . w_n

mit $w_1, \ldots, w_n$ der Sorte <u>eseq</u> in Sequenzen T der Sorte <u>tseq</u> übersetzen:

t : (m(T) & w_1) & (m(T) & w_2) & ... &(m(T) & w_n)

Diese Übersetzung nimmt die Funktion h vor:

<u>funct</u>(<u>hseq</u> S : ¬ isempty(S)) <u>tseq</u> h

wobei h spezifiziert wird durch

h(ap(e, empty)) = ap(T, e) ,

¬ isempty(S) ⇒ h(ap(e, S)) = ap(T, e) & h(S).

Damit läßt sich jede nichtleere Sequenz von Sequenzen in eine einfache Sequenz mit Trennsymbolen umrechnen. Jede Sequenz mit Trennsymbolen, die mit einem Trennsymbol beginnt, läßt sich durch die Funktion $\bar{h}$ aber auch als eine Sequenz von Sequenzen interpretieren.

<u>funct</u>(<u>tseq</u> t : first(t) = T) <u>hseq</u> $\bar{h}$

wobei h spezifiziert wird durch

¬ isempty(t_1) ⇒ $\bar{h}$(t_1 & ap(T, t_2)) = $\bar{h}$(t_1) & $\bar{h}$(sp(T, t_2)) ,

¬ isempty(t) ∧ ¬ (m(T) ⊆ t) ⇒ $\bar{h}$(ap(T, t)) = m(t) ,

$\bar{h}$(ap(T, empty)) = m(empty).

Es gilt (wie durch Induktion zu beweisen ist) :

$$\neg \text{isempty}(S_1) \wedge \neg \text{isempty}(S_2) \Rightarrow$$
$$h(S_1 \& S_2) = h(S_1) \& h(S_2)$$

Dies zeigt den *"homomorphen Charakter"* der Funktionen h bzw. $\overline{h}$.

<u>Satz:</u> Für alle Sequenzen S der Sorte <u>hseq</u> und Sequenzen t der Sorte <u>tseq</u> mit first(t) = T gilt:

(1) $\overline{h}(h(S)) = S$,

(2) $h(\overline{h}(t)) = t$.

<u>Beweis</u>: Durch Induktion über length(S) bzw. length(t) . □

4. Zur Spezifikation von Problemen

Wir wollen nun an einem einfachen Beispiel die Spezifikation von Problemen aus der Textverarbeitung studieren. Wir behandeln Abschnitte, also Sequenzen (Abschnitte) von Sequenzen (Zeilen) von Sequenzen (Worte) von Zeichen. Jeder Abschnitt läßt sich durch einen *"string"* darstellen, wobei

<u>sort</u> <u>string</u> ≡ <u>seq</u> <u>of</u> <u>SEQ</u>(<u>alpha</u> | <u>atomic</u> {newline, blank})

und *"newline"* bzw. *"blank"* als Trennsymbole im Sinn des vorangegangenen Abschnitts zu verstehen sind.

Wir verwenden die Abkürzungen

NL = m(newline) , BL = m(blank).

Beispiel 1 : Naur's Texteditor

Wir entwickeln eine Spezifikation für das Textedierproblem aus /Naur 69/. Das Problem wird von Naur nur verbal spezifiziert:

"Sei ein Text gegeben, der aus Worten besteht, die durch BLANKs oder durch NLs (newline-Characters) getrennt sind. Man konvertiere den Text in eine Zeile-für-Zeile-Form, die den folgenden Bedingungen genügt.

1, Zeilenvorschübe dürfen nur an Stellen vorgenommen werden, wo der gegebene Text BLANK oder NL enthält.

2, Jede Zeile ist so weit wie möglich gefüllt, wobei:

3, Keine Zeile mehr als max *"Characters"* enthält."

Diese verbale Spezifikation scheint im ersten Moment völlig ausreichend für die Beschreibung des Problems. Jedoch bei näherer Betrachtungsweise treten sofort Fragen auf, wie:

1, Können in dem Eingabetext BLANKs und NLs aufeinanderfolgen und was ist dann zu tun ?

2, Wird NL als *"Character"* mitgezählt ?

3, Wie beginnt oder endet der Text (mit NL oder BL) ?

4, Sind BLANKs am Anfang der Zeilen erlaubt ?

5, Was passiert bei Eingabe eines Textes, der nur aus BLANKs oder NLs besteht ?

Wir wollen nun eine vollständige, formale Spezifikation für das Textedierproblem entwickeln.

Als erstes präzisieren wir die Eingabebedingungen. Wir erlauben als Eingabe eine beliebige Sequenz von Zeichen, d.h. alphanumerischen Zeichen, dem Zeichen *"newline"* oder dem Zeichen *"blank"*, also ein beliebiges Objekt der Sorte <u>string</u> das jedoch mit einem Zeilenvorschub beginnen muß. Darüber hinaus darf im Eingabestring kein Wort mit mehr als max Zeichen auftreten. Damit hat die Funktion editor , die wir definieren wollen, die Art :

<u>funct</u>(<u>string</u> t : precond(t)) <u>string</u> editor

wobei

<u>funct</u> precond ≡ (<u>string</u> t) <u>bool</u>:
$\quad$ m(first(t)) = NL ∧ ∀ <u>word</u> w : w ⊆ t ⇒ length(w) ≤ max .

Wenden wir uns nun der Ausgabebedingung zu. Was wir wirklich wollen, ist die *"Wortfolge"* erhalten, aber die *"Zeilenfolge"* verändern. Deshalb vergessen wir alle Zeilenvorschübe im Eingabestring t und verwandeln ihn in eine einzige Zeile (= Sequenz von Worten). Eingabestring t und Ausgabestring s sind *"bedeutungsgleich"*, wenn die nominierten Texte nach Elimination aller artifiziellen *"leeren Worte"* und *"leeren Zeilen"* übereinstimmen, d.h. wenn

norm(t) = norm(S)

gilt, wobei die Funktion norm definiert sei wie folgt:

<u>funct</u>(<u>string</u> t) <u>line</u> norm

mit den Gesetzen (Sei dabei T = NL oder T = BL)

norm(empty) = empty,

norm(t_1 & T & t_2) = norm(t_1) & norm(t_2) ,

$\neg$ NL $\subseteq$ w $\wedge$ $\neg$ BL $\subseteq$ w $\wedge$ $\neg$ isempty(w) $\Rightarrow$ norm(w & T & t) = ap(w, norm(t)).

Die Funktion norm bringt jeden durch ein Objekt der Sorte <u>string</u> repräsentierten Text auf seine knappeste Form, auf eine minimale Normaldarstellung.

Darüber hinaus fordern wir vom Ausgabestring s :

(1) keine Trennsymbole (NL oder BL) folgen aufeinander in s ,

(2) s beginnt mit Zeilenvorschub und endet mit *alpha* Zeichen (oder ist leer),

(3) jede Zeile hat höchstens max Zeichen (ohne NL) ,

(4) das auf eine Zeile folgende Wort paßt nicht mehr in die Zeile ohne die Bedingung (3) zu verletzen.

Dabei erhalten wir die formale Spezifikation

<u>funct</u> editor ≡ (<u>string</u> t : precond(t) <u>string</u> :
    <u>that</u> <u>string</u> S : norm(t) = norm(S) $\wedge$ editcondition(S)

wobei

<u>funct</u> editcondition ≡ (<u>string</u> S) <u>bool</u> :

(1) $\forall$ <u>string</u> t : t $\subseteq$ S $\wedge$ isempty(norm(t)) $\Rightarrow$ length(t) $\leq$ 1

(2) isempty(S) $\vee$ (m(first(S)) = NL $\wedge$ m(last(S)) $\in$ <u>alpha</u>)

(3) $\forall$ <u>string</u> t : t $\subseteq$ S $\wedge$ $\neg$ (NL $\subseteq$ t) $\Rightarrow$ length(t) $\leq$ max

(4) $\forall$ <u>string</u> t, <u>string</u> w : NL & t & NL & w & BL $\subseteq$ S $\vee$
    NL & t & NL & w & NL $\subseteq$ S & NL $\Rightarrow$
    length(t & BL & w) > max

5. Abstrakte Programme

Die in den vorangegangenen Abschnitten eingeführten Rechenstrukturen bieten nicht nur eine bequeme Grundlage für die *"präalgorithmische"* Spezifikation von Problemen sondern gestatten auch erste problemorientierte Formulierungen von Algorithmen. Da hierbei durchaus noch Gebrauch von abstrakten Typen gemacht werden kann, die nicht (oder nur sehr ineffizient) implementiert sind, nennen wir solche Programme ebenfalls abstrakt (vgl. /Broy et al. 78/).

So können wir für unser Problem das folgende *"abstrakte"* Programm angeben:

```
funct editor ≡ (string t : precond(t) ) string : edit(norm(t), max) ,
funct edit   ≡ (line S, nat n) string :
  if isempty(S) then empty
                else nat k ≡ length(first(S)) ;

                if k ≤ max < k+n+1 then NL & first(S) & edit(rest(S), k)
                [] k+n+1 ≤ max      then BL & first(S) & edit(rest(S), n+k+1) fi fi
```

Um die Korrektheit dieses Programms zu zeigen, genügt es die Gleichungen

norm(editor(t)) = norm(t),
editcondition(editor(t)) = true ,

zu beweisen. Dies kann durch Induktion über length(t) geschehen.

6. Programmentwicklung

Natürlich ist mit Vorliegen einer Spezifikation bzw. eines abstrakten Algorithmus die Programmieraufgabe im allgemeinen nicht beendet. Allerdings ist damit ein wesentlicher Teil der Programmkonstruktion abgeschlossen. Eine weiterführende Programmentwicklung besteht nun hauptsächlich in der Elimination ineffizienter oder in der Zielsprache (oder auf der Zielmaschine) nicht vorgesehener Sprachelemente (vgl. /Bauer, Wössner 80/).

Aus Platzgründen beschränken wir uns im folgenden darauf, Fragmente einer solchen Programmentwicklung für unser Beispiel zu skizzieren.

Wir beginnen mit der Formulierung einer algorithmischen Version für die Funktion norm . Jedes Objekt t der Art string läßt sich eindeutig zerlegen:

t = u & w & r ,

wobei u nur aus Trennsymbolen besteht (NL oder BL) oder leer ist, w ein Wort bezeichnet (d.h. nur aus Zeichen aus alpha besteht) und genau dann leer ist, wenn in t keine Symbole aus alpha auftreten und r entweder leer ist oder mit einem Trennsymbol beginnt. Wir wollen drei Funktionen formulieren, so daß gilt

```
delete(u & w & r) = w & r ,
firstword(w & r)  = w     ,
reststring(w & r) = r     .
```

Dann können wir ein abstraktes Programm für norm angeben:

```
funct norm ≡ (string t) line :
  if  isempty(delete(t)) then empty
                         else ap(firstword(delete(t)),norm(reststring(delete(t)))) fi
```

mit

```
funct delete ≡ (string t) string :
   if isempty(t)        then empty
 elif first(t) ∈ alpha then  t
                        else delete(rest(t))  fi


funct firstword ≡ (string t) word :
   if isempty(t)        then empty
 elif first(t) ∉ alpha then empty
                        else ap(first(t), firstword(rest(t)))  fi


funct reststring ≡(string t) string :
   if isempty(t)        then t
 elif first(t) ∉ alpha then t
                        else restring(rest(t))  fi
```

Die Korrektheit der abstrakten Programme läßt sich leicht über die spezifizierenden Gleichungen beweisen. Die Funktionen delete, reststring und firstword haben ähnliche Gestalt. Deshalb begnügen wir uns damit, eine Entwicklung für firstword anzugeben; die übrigen Entwicklungen verlaufen analog.

Eine Einbettung für firstword (vgl. /Bauer et al. 76/), d.h. eine Erweiterung der Funktion um einen Hilfsparameter, ergibt :

```
funct firstword ≡ (string t) word : embedfw(empty, t)
funct embedfw   ≡ (word w, string t) word :
 if  isempty(t) or  first(t) ∉ alpha  then  w
                                       else embedfw(w & m(first(t)), rest(t)) fi .
```

Die Funktion embedfw ist von repetitiver Form (*"Tail-Recursion"*, vgl. /Bauer, Wössner 80/) und deshalb in iterative Form überführbar:

```
funct firstword ≡ (string t) word :
 ⌈   (var word w, var string S) := (empty, t) ;
   while ¬ isempty(t) cand first(t) ∈ alpha  do (w, s):= (w & m(first(s)), rest(S)) od ;
   w                                                                                  ⌋
```

Nun entwickeln wir den Aufruf:

edit(norm(S), n).

UNFOLD, d.h. die Ersetzung des Aufrufs durch den Rumpf von edit, ergibt

```
if isempty(norm(S)) then empty
                    else nat k ≡ length(first(norm(S))) ;
                     if k ≤ max< k+n+1 then NL & first(norm(S) & edit(rest(norm(S)), k)
                     ▯  k+n+1 ≤ max    then BL & first(norm(S) & edit(rest(norm(S)),n+k+1) fi fi
```

Rekursives FOLD ergibt für edit1(S, n) = edit(norm(S), n) :

```
funct edit1 ≡ (string t, nat n) string :
  ⌈ string S ≡ delete(t) ;
  if isempty(S) then empty
                else nat k ≡ length(firstword(S))
                if k ≤ max < k+n+1  then NL & firstword(S) & edit1(reststring(S), k)
                ▯  k+n+1 ≤ max      then BL & firstword(S) & edit1(reststring(S), n+k+1) fi fi
```

Wegen der Assoziativität der Konkatenation läßt sich edit1 erneut einbetten:

```
funct edit1 ≡ (string t, nat m) string: ed(empty, delete(t), m) ,
funct ed    ≡ (string r, string S, nat n) string:
  if isempty(S) then empty
                else nat k ≡ length(firstword(S))
                if k ≤ max < k + n + 1 then ed(r & NL & firstword(S), delete(restring(S)),k
                ▯ k + n + 1 ≤ max  then ed(r & BL & firstword(S), delete(restring(S)), k+n+1
                                                                                   fi fi
```

und entrekursivieren:

```
funct edit1 ≡ (string t, nat m) string :
 ⌈(var string r, var string S, var nat n) := (empty, delete(t), m) ;

 while ¬ isempty(t) do (word w, string rs) ≡ (firstword(S), delete(restring(S))) ;
                       nat k ≡ length(w) ;
                       (r, s, n):= if k ≤ max < k + n + 1 then (r & NL & w, rs, k)
                                   ▯ k + n + 1 ≤ max then (r & BL & w, rs, k + n + 1)  fi
                                   od ;
 r                                                                                  ⌋
```

Diese Programmversion bietet den Ausgangspunkt für den Übergang zum *"stream-oriented"* Programmieren, d.h. zur zeichenweisen Ein/Ausgabe. Sei nun

```
sort char ≡ alpha | atomic { blank, newline, endoftext } ,
```

und

```
sort string ≡ seq of SEQ(char)
```

Seien ferner *"input"* und *"output"* globale Programmvariable der Art string und

```
proc read ≡ char : if isempty(input) then endsymbol else first(input) fi ,
proc print   (string S) : output  & S .
```

Dann erhalten wir bei input = S & m(endsymbol) & t und m(endsymbol) $\notin$ S eine klassische E/A-Prozedur

```
proc peditor =: ⌈(output, input) := (output & editor(S), t)⌋ .
```

Durch UNFOLD von editor und eine Reihe von Vereinfachungen ergibt sich schließlich für peditior :

```
proc peditor ≡:
⌈(var nat n, var char C) := (max, read) ;
 pdelete(C) ;
 while C ≠ endsymbol do (var word w, var nat k) := (empty, 0)
                          readword (w, k, C)
                        if k > max  then abort
                        ▯ k ≤ max < k + n + 1 then n := k ; print(NL & w)
                        ▯ k + n + 1 ≤ max  then n := k + n + 1; print(BL & w) fi;
                        pdelete(C)
                        od                                                    ⌋
```

wobei

```
proc pdelete ≡  (var char C) : while C = newline ∨ C = blank do C := read od ;
proc readwort ≡ (var word w, var nat k, var char C) :
             while C ∈ alpha do (w, k, C) := (w & m(C), k + 1, read) od ;
```

Die Regeln aus /Broy 80/ gestatten auch den formalen Übergang zu Versionen, bei denen das Lesen und Drucken weitgehend parallel ausgeführt wird.

7. Abschließende Bemerkungen

Die formale Behandlung von Aufgaben aus dem Bereich der Textverarbeitung bereitet offenbar mehr Schwierigkeiten als die vermeintliche Vertrautheit vieler Programmierer beim Umgang mit Texten erwarten läßt. Die rigorose formale Spezifikation von Problemstellungen erweist sich dabei zumindest stellenweise als eine komplexe und zeitraubende Tätigkeit. Allerdings werden bei diesem Vorgehen auch eine Reihe von Unstimmigkeiten und Fehler in der Aufgabenstellung offenkundig und können beseitigt werden.

Insbesondere kann bei und nach Erarbeitung einer formalen Spezifikation im Dialog mit dem Auftraggeber der "Software Engineer" offene Fragen aufdecken und absprechen. Dies zwingt auch den Auftraggeber, sich über seine eigenen Vorstellungen Klarheit zu verschaffen und kann damit zeitraubende Revisionen des fertigen Softwareprodukts vermeiden helfen.

Eine so erarbeitete Spezifikation stellt eine wertvolle Grundlage für die Formulierung einer ersten *"algorithmischen"* Version des Programms dar. Darauf läßt sich eine Programmentwicklung beispielsweise durch schrittweise Transformation aufbauen. Selbst wenn die einzelnen Übergänge nicht formal durchgeführt und bewiesen werden, erreicht eine solche Vorgehensweise durch Aufspaltung des Entwicklungsprozesses in kleine Schritte eine wesentliche Reduzierung der Komplexität. Wiederkehrende Lösungsmuster lassen sich ausnutzen und universell behandeln.

Darüber hinaus wird die Flexibilität des Entwicklungsprozesses erhöht, da Entwurfsentscheidungen verzögert werden können, bis Analysen hinreichende Entscheidungskriterien liefern können,

Bei größeren Programmsystemen ist eine Zerlegung des Problems in eine Reihe von Teilproblemen auf der Ebene der Spezifikation eine Voraussetzung für die Bearbeitung der Teile durch verschiedene Programmierer bei vollständig definierten Schnittstellen.

Danksagung

Prof. F. L. Bauer und Dr. A. Endres möchte ich für eine Reihe aufschlußreicher Diskussionen und für die Anregung danken, diesem Thema Aufmerksamkeit zu widmen.

Dank gilt auch meinen Kollegen vom Projekt CIP, insbesondere Dr. R. Gnatz und W. Dosch für zahlreiche Verbesserungsvorschläge.

Literatur

/ADJ 76/
J.A. Goguen, J.W. Thatcher, E.G. Wagner: An initial algebra approach to the specification, correctness, and implementation of abstract data types. In: R. Yeh (ed.) : Current Trends in Programming Methodology IV : Data Structuring. Prentice-Hall, New Jersey .

/Bauer et al. 76/
F.L. Bauer, H. Partsch, P. Pepper, H. Wössner: Techniques for Program Development. In: Software Engineering Techniques. Infotech State of the Art Report 34, 1977.

/Bauer et al. 77/
F.L. Bauer, M. Broy, R. Gnatz, W. Hesse, B. Krieg-Brückner: Notes on the Project CIP: Towards a Wide Spectrum Language to Support Program Development by Transformations. Technische Universität München, Institut für Informatik, TUM-INFO-7722, 1977.

/Bauer, Wössner 80/
F.L. Bauer, H. Wössner: Algorithmische Sprache und Programmentwicklung. Springer, Berlin-Heidelberg-New York 1980 (im Erscheinen) .

/Broy 80/
M. Broy: Transformation parallel ablaufender Programme. Technische Universität München. Dissertation an der Fakultät für Mathematik.

/Broy et al. 78/
M. Broy, R. Gnatz, M. Wirsing: Problemspezifikation - eine Grundlage für die Programmentwicklung. In: P. Raulefs (ed.) : Workshop on Reliable Software, Bonn University, Sept. 22-23, 1978, Hanser 1979, 234-246.

/Guttag 75/
J.V. Guttag: The Specification and Application to Programming of Abstract Data Types. Ph. D. Thesis, Univ. of Toronto, Dept. of Computer Science, Rep. CSRG-59, 1975.

/Goodenough, Gerhart 75/
J.B. Goodenough, S.L. Gerhart: Toward a Theory of Test Data Selection. IEEE Transaction on Software Engineering 1. 2 (1975), 156-173.

/Laut, Möller 79/
A. Laut, B. Möller: Mutual Development of the Abstract Data Type TREE and the Function Preorder. Technische Universität München, Institut für Informatik, Interner Bericht, Juni 1979.

/Liskov, Zilles 75/
B. Liskov, S. Zilles: Specification Techniques for Data Abstractions. IEEE Transactions on Software Engineering SE-1 : 1, 1975, 72-87.

/Naur 69/
P. Naur: Programming by Action Clusters. BIT 9 (1976), 250-258.

ZUR IMPLEMENTIERUNG VON DIALOGINHALTEN FÜR EINE RELATIONALE ABFRAGESPRACHE

Peter Kümmel
Institut für Informatik
Universität Stuttgart

Abstract:
Als relationale Abfragesprache wurde die natürliche Sprache mit einem begrenzten Thesaurus von 10 Bedeutungen gewählt. Er bezieht sich auf die Benutzung eines Text-Computers, nämlich eines Videotype-Gerätes zum Briefeschreiben u.a. Aus voll agglutinierten Benutzereingaben werden Schlüsselmerkmale herausgefiltert. Diese dienen einerseits einer Antwortsuchlogik, um vorbereitete Antworten auszulösen. Andererseits wird das Konzept eines "Deuter String Synthesizers" DSS vorgestellt, der Folgen von "Zwillings-Schlüsselmerkmalen"in seinem Festwertspeicher als Antworten isolierter Ausdrucksmorphologien erzeugt. Die Implementierung wird auf niederster Schaltkreisebene vorgenommen.

Key Words and Phrases:
Agglutination = Verleimung = verleimte Ausdrucksstruktur von Sprachen = mit Syntaxpartikeln durchsetzter Ausdruck, Antwortaktualisierung, Antwort-Pool, Antwortsuchlogik = Antwortsuchlogik für vorbereitete Antworten = ASL, Deuter = meaning unit = nach sechs Unterkriterien definierte Bedeutung, Deuter-Aktualisator, Deuter-Kriterium = eines der sechs Unterkriterien eines Deuters, Deuter String Synthesizer = DSS, Diskette, feature extraction = Merkmalgewinnung, Gatterebene, Inhaltseinheit = content unit = Deuter + Syntagmen, isolierte Morphologie = sprachlicher Ausdruck der hauptsächlich aus Deuter-Folgen besteht, Key Feature of Content = KFC = Schlüsselmerkmal, KFC-Aktualisator, Lemma, Logikkomplexebene, matchen = vergleichen und finden, Merkmalgewinnung = feature extraction, Morphologie = sprachliche Ausdrucksstrukturen, Schaltungsebene, Schlüsselmerkmal = KFC, Syntagmen = bestehend aus Syntaxpartikel + Syntaxregeln, Syntaxpartikel, Syntaxregel, Zwillings-KFC = im Festwertspeicher befindliche doppelte KFCs zum matchen der Eingabe KFCs

<u>CR Categories</u>:
3.65, 3.71, 3.74, 3.75, 3.81, 5.32, 5.6, 7.3

<u>Inhalt</u>:

<u>Einleitung:</u>

Konventionelle Systeme der automatischen Sprech- und Spracherkennung erzielten vornehmlich Ergebnisse auf dem Gebiet der Sprecherkennung, nämlich dem physikalisch-akustischen Ausdrucksgeschehen. Schwierigkeiten beim Inhaltzuordnen ((6/14), p. 9 ff) der Ausdrucksstrukturen durch eine umfassende Spracherkennung ((8), p. 537 ff) wurden nicht befriedigend gelöst ((3/4), p. 12 f). In der vorliegenden Arbeit sind zum ersten Mal inhaltgesteuerte Systeme zur Spracherkennung vorgestellt. Die erforderlichen Echtzeit-Parameter beim Erstellen logisch richtiger Antworten auf natursprachliche Eingänge des Benutzers zwingen auch für Textdialoge am Terminal strengere Zeitmaßstäbe anzulegen ((13/16/20), p. 21 ff). Durch "Match-Prozeduren", Vergleichen und Finden der eingegangenen Schlüsselmerkmale mit festgespeicherten "Zwillings-Schlüsselmerkmalen", werden diese aus der vollen Eingabe-Agglutination herausgefiltert. Sie dienen

a) einer Antwortsuchlogik, um vorbereitete Antworten auszulösen und
b) finden die Schlüsselmerkmale für einen "Deuter String Synthesizer" Verwendung, in dem mit erhöhter Geschwindigkeit Deuter-Folgen als morphologisch isolierte Antworten generiert werden.

Spätere progressive Agglutinationen der Antwort-Morphologien sind vorgesehen.

1. Relation einer Abfragesprache zur implementierten Information

Als Abfragesprache für die Echtzeit-Textverarbeitung am Terminal sollen natürliche Sprachen dienen. Dabei reichen herkömmliche Bit-Messungen zum Klassifizieren der Information und einer erforderlichen analogen Inhaltanordnung nicht aus. Für die Merkmalextraktion und ein Inhaltzuordnen des eingegebenen Textes werden neue Inhaltkriterien und deren Inhaltformalisieren nötig ((17), p. 74 ff). Dabei gilt es, so viel Zeit wie möglich zu gewinnen.
Unterschiedliche Möglichkeiten sprachlicher Ausdrucksmittel, als Ordnungsprinzip verwendet, werden in Funktionsschichten herkömmlicher Datenverarbeitungssysteme erkennbar. Es wurde zwischen den Betrachtungsebenen E_b, mit b = -3, ... 4, unterschieden ((1), p. 176 f):

E_4 : Bedienungsebene	E_0 : Mikroprogrammebene
E_3 : Programmiersprachenebene	E_{-1}: Logikkomplexebene
E_2 : Betriebssystemebene	E_{-2}: Gatterebene und
E_1 : Maschinenebene	E_{-3}: Schaltungsebene.

Erst im Bereich der Ebenen E_4 und E_3 sind über vielfache Kodierungen natürliche Sprachen zur Implementierung gelangt, indem herkömmliches Gerät Verwendung fand. Im Echtzeitverfahren empfiehlt sich jedoch sparsamer Umgang mit der Verarbeitungszeit. Es wird daher angestrebt, im Bereich der Schaltungsebene E_{-3} die natürlichen Sprachen einzusetzen. D.h., nicht nur eine höhere, sondern die höchste Sprache die es gibt, die natürliche Sprache, soll auf niedrigster Maschinenebene implementiert werden. Im Zusammenhang mit dieser Einteilung sei berücksichtigt, daß bis zum Abspeichern der erforderlichen Dialoginhalte viele Ebenen durchlaufen werden müssen. Zusätzlich gibt es zahlreiche Niveaus der einzelnen Programmiersprachen. Niedere, maschinennahe Sprachen sind von höheren weiter entfernt. Höchste Programmiersprachen tendieren schließlich zur Demarkation zwischen natürlichen und künstlichen Sprachen ((10), p. 7f).

Die als natürliche Sprache benutzte Abfragesprache besitzt wegen der Vokabelbegrenzung einen Bedeutungs-Thesaurus, der im Gerät bekannt und abgespeichert sein muß. Die herkömmlichen Methoden waren umständlich und zeitaufwendig, weil von der natürlichen Sprache in eine künstliche Sprache übertragen werden mußte, ehe eine Implementierung in das herkömmliche Gerät möglich war. Von der künstlichen Maschinensprache aus erfolgen maschinenintern zahlreiche zusätzliche Kodierungen, A/D- sowie D/A-Wandlungen, damit geeignete Assoziativformen bei der digitalen Speicherung berücksichtigt werden können ((5), p. 17ff). Um den Inhalt der natursprachlichen Eingabe durch das Gerät automatisch erkennen zu lassen, wurde eine Einteilung der Verarbeitung in vier Stufen vorgenommen:

1. Datenerwerb (data aquisition),
2. Vorverarbeitung (preprocessing),
3. Merkmalgewinnung (feature extraction) und
4. Klassifikation ((15/18), p. 255).

Die Verarbeitungsstufen im nachstehenden Konzept sind zum größten Teil im "Antwortsuchalgorithmus" der "Antwortsuchlogik" enthalten. Um mit Hilfe einer optimalen Inhaltanordnung im Speicher schnelle Antwortsuchergebnisse zu ermöglichen, kommt der Merkmalgewinnung oder dem Erkennen von Schlüsselmerkmalen große Bedeutung zu ((2/7), p. 625ff). Sie machen nur etwa 20% der Benutzereingabe aus. Daher braucht auch nur rund 20% der eingegebenen Ausdrucksfolgen des Benutzers inhaltlich bestimmt zu werden, um bereits automatisch Rückschlüsse auf mögliche auszulösende Antworten zu ziehen. Dieses zeitsparende Voraussondieren ist einer optimalen Anordnung der Inhalte bzw. der Schlüsselmerkmale im Speicher zu verdanken. Bei kleinen Thesauren können die Schlüsselmerkmale beim Implementierungsvorgang ad hoc bestimmt und eingesetzt bzw. fest eingespeichet werden. Wie können aber die Schlüsselmerkmale automatisch aus dem Eingabetext heraus erkannt werden? Hierfür sind weitergehende Analysen des Inhalts natürlicher Sprachen unumgänglich. Inhalt natürlicher Sprachen stellt eine Obermenge dar, der der Inhalt künstlicher Sprachen unterzuordnen ist ((1), p. 231). Einer allumfassenden Inhaltanalyse dient daher der Inhalt natürlicher Sprachen am geeignetsten. Der Inhalt eines jeden beliebigen Thesaurus ist in Inhaltseinheiten (content units) aufzuteilen, die sich in Deuter (meaning units) und Syntagmen spalten Fig. 1.

FIG. 1 AUFGLIEDERUNG DER INHALTSEINHEITEN :

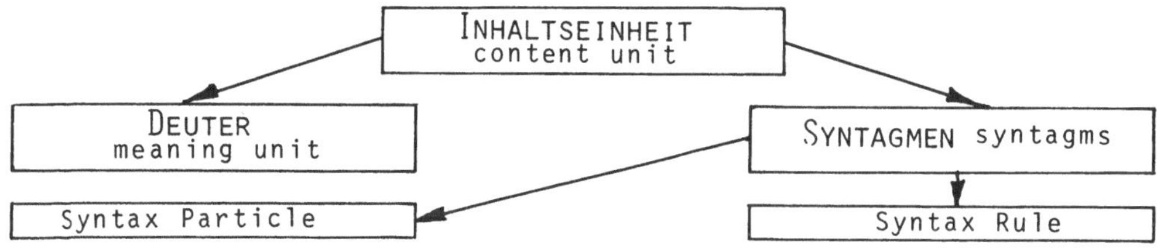

Während ein Deuter 1. aus Substantiva, 2. substantivierten Verben oder Verben und 3. substantivierten Adjektiva oder Adjektiven besteht, stellen sich Syntagmen als Syntax-Partikel wie z. B. "wer, was, in" und Syntaxregeln dar. Etwa die Regel der Wortfolge: Subjekt/Objekt/Prädikat. Jeder Deuter oder jedes "meaning unit" unterscheidet sich von herkömmlichen Substantiva, Verben und Adjektiva dadurch, das es 1. in seine sechs Unterkriterien, die sechs Deuter-Kriterien zu zerlegen ist. Nur eine passende, natürliche und wenn möglich 3-dimensionale Anordnung aller Deuter-Kriterien gewährt die Möglichkeit, automatisch Schlüsselmerkmale als solche zu bestimmen.

2. Inhalttransport pro Zeiteinheit bei der Echtzeiteingabe

Das Einlesen mittels natursprachlichem Ausdruck in Echtzeit unterteilt sich in schriftlich fixierte und hörbar akute Äußerungen. Es ist anzunehmen, daß schriftlich fixiertes Wahrgeben, nämlich die alphanumerische Eingabe an der Tastatur, maximale Geschwindigkeiten erlangen kann, die nur geringfügig unter dem "audio input", der hörbaren Echtzeiteingabe bei der Speech Recognition liegen. Für ein schnelles Reagieren des Geräts auf Texteingaben im Echtzeit-Modus und damit natürlichen Antwortintervallen, kommen Zeitparameter in Betracht, die jenen bei der Simulation gesprochener Dialoge ähneln. Folglich soll auf eine mit äußerster Geschwindigkeit erfolgte Eingabe an der Tastatur die fertige und passende Antwort in 0,5 bis 1,5 Sekunden auf dem Bildschirm angezeigt sein. Um dieser Anforderung insbesondere auch im Hinblick auf ein schnelles Antwortsuchen gerecht zu werden, empfiehlt sich ein genaueres Betrachten aller Echtzeitanforderungen bei der Simulation gesprochener Dialoge. Um hier vergleichende Messungen anzustellen, ist es nicht ausreichend, sich auf die bit/s, nämlich den"baud-Wert" oder auf Parameter wie "Zeichen/s" zu stützen. Es kommt vielmehr darauf an, daß das Verhältnis zwischen Träger-Einheiten und getragenem Inhalt im meßbaren Zeitabschnitt erkannt wird. Dem hörbar akuten, wie dem schriftlich fixierten Ausdruck ist die Maßeinheit "Silbe" eigen. Sie gilt es, in Relation zur Zeit zu setzen. Für die alphanumerische Informationseingabe an der Tastatur eines Terminals gelten bei üblichem Bedarf maximale Eingabegeschwindigkeiten von 250 Anschlägen pro Minute. In seltenen Fällen besonderer Geschwindigkeit des Benutzers kann dieser Wert auf 300 Anschläge pro Minute steigen. Es empfiehlt sich auch aus einem anderen Grunde, eine Eingabegeschwindigkeit von mindestens 300 Anschlägen/Minute vorauszusetzen. Dieser Grund ist dadurch gegeben, daß zu-

künftige Rationalisierungen der Tastatur ohnehin schnellere Eingabegeschwindigkeiten zulassen. In wieweit mit 300 Anschlägen/Minute eine Annäherung an den Bereich der durchschnittlichen Sprechgeschwindigkeit mit 4 - 6 Silben/s erlangt ist, läßt sich wie folgt ermitteln:
Bei oberen Durchschnittswerten von 3 Anschlägen/Silbe entsprecnen 300 Anschläge pro Minute fünf Anschlägen/s. Das bedeutet, eine Eingabegeschwindigkeit von 1 - 2 Silben/s liegt etwa um ein Drittel unter dem Istwert der natürlichen Sprechgeschwindigkeit von 4 - 6 Silben/s. Es können daher nahezu die gleichen Bedingungen für die Inhaltanordnung zum Zwecke einer schnellen Antwortsuche gestellt werden, wie bei der apparativen Echtzeit-Simulation gesprochener Dialoge. Mit 4-6 Silben/s Ausdrucksgeschwindigkeit des Terminalbenutzers und einer statistischen Rate von 2 Silben pro Inhaltseinheit (content unit), lassen sich 2 - 3 Inhaltseinheiten in der Sekunde dem Gerät zuführen. Dieser Wert: 2 - 3 Inhaltseinheiten/s kann als obligatorischer Wert und Istwert des automatischen Antwortsuchens bei einem natürlichen Echtzeit-Antwortintervall von 1,0 bis 1,5 Sekunden nach Beenden der Eingabe dienen. Mit wachsender Größe des benutzten Thesaurus ergeben sich Schwierigkeiten beim Einhalten der erforderlichen Echtzeit-Istwerte zum Antwortsuchen. Nur optimale, in ihrem Charakter "inhaltanaloge" Anordnungen des Dialogthesaurus gewähren ein Berücksichtigen der erforderlichen Echtzeit-Parameter.

Echtzeit-Parameter der natursprachlichen Dialogeingabe:

Grundsätzliche Ist-Werte:

: natürliche durchschnittliche Echtzeitgeschwindigkeit des hörbaren Ausdrucks (audio input): 4 - 6 Silben/s

: maximale Echtzeitgeschwindigkeit des fixiert sichtbaren Ausdrucks auf der Tastatur (key-board): 300 Anschläge/m
entsprechend 5 Anschläge/s

: durchschnittliche Anzahl von Anschlägen pro Silbe:
(strokes/syllable) 3 Anschläge/Silbe

: durchscnittliche Anzahl von Silben/s des fixiert sichtbaren Ausdrucks auf der Tastatur (key-board) 1 - 2 Silben/s

: durchscnittliche Anzahl von Silben pro Inhaltseinheit:
(content unit) 2 - 3 Silben/s

: Transport von Inhaltseinheiten pro Sekunde:

a) audio input:	b) key-board input:
2 - 3 Deuter/s oder cu/s	0, 5 - 1 Deuter/s , cu/s
Effizienz 100%	Effizienz 33 %

Das vorstehende Ergebnis läßt erkennen, daß der Inhaltsfluß einer alphanumerischen Eingabe an der Tastatur um rund 2/3 langsamer als beim "audio input" ist. Aber, wenn auch nur ein Drittel der Reaktionsgeschwindigkeit des "audio input" erforderlich ist, bedingt dieser Wert sorgfältige Vorkehrungen, wie optimale Inhaltanordnungen zur schnellen Antwortsuche bei der Texteingabe natürlicher Sprachen.

3. Zweidimensionale Anordnung der Dialoginhalte zur Metrik ihrer Deuter-Kriterien

Aus der Hinweis-, Programm-Code- und Funktionscode-Liste eines "Videotype-Geräts" wurden ein "Videotype-Modellthesaurus" von 10 Bedeutungen zusammengestellt:

1. briefschreiben	6. diskette eingeben
2. 1-zeilig	7. diskette richtig einlegen
3. 1 1/2-zeilig	8. papier einspannen
4. 2-zeilig	9. drucker einschalten
5. textbaustein erforderlich	10. schreibbereit.

Um die Unterkriterien (Deuter-Kriterien) dieser 10 Bedeutungen zu erkennen, wurden sie als Knoten in einem gerichteten Graphen eingetragen (Fig. 2). Die Nummern 1 - 10 sind jeweils bei den zugehörigen Knoten angemerkt. Um den Grad einer Vertex, die Assoziation (in diesem Falle die vertikale) besser erkennen zu können, empfiehlt sich eine Darstellung im Kabelbaumverfahren (Fig. 3):

FIG. 3 KABELBAUMVERFAHREN

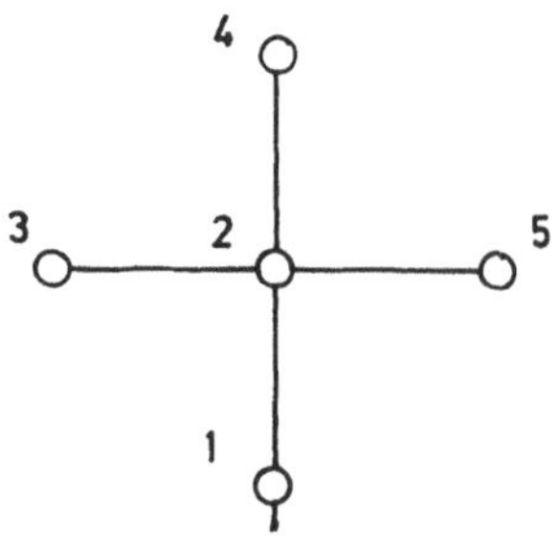

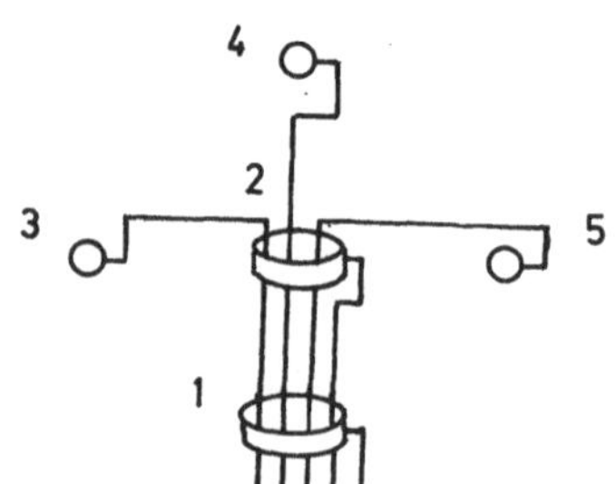

Jeder einzelne Knoten ist durch einen Verbindungsstrang mit dem ältesten Vaterknoten verbunden. Um diese Zusammenhänge klarer darstellen zu können, wurde der in der Mitte angeordnete Teilgraph (Fig. 2) ab Knoten 3 bis zu den Endknoten 13 - 24 reichend, als Kabelbaum abge-

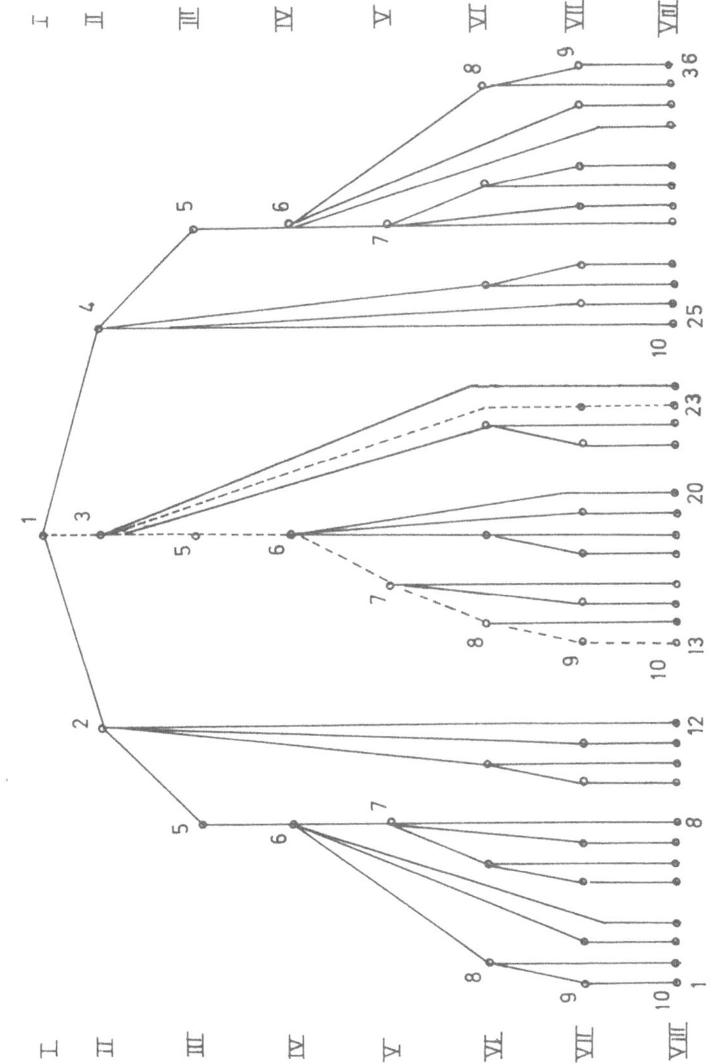

FIG. 2 DEUTER-THESAURUS IM GERICHTETEN GRAPHEN

bildet (fig. 4). Der mittlere Teilgraph ab Vertex 3 mit der Bedeutung: "1 1/2-zeilig" enthält 25 potentielle Dialogabläufe gemäß Anzahl der Eingänge oberhalb des Knotens 3 (Fig. 4). Als Beispiel eines Dialoges mit sieben Dialogzyklen wird nachstehend der Dialog Nr. 7 mit Endvertex 13 im Volltext aufgezeichnet, vgl. gestrichelte Kanten in den Figuren 2 und 4 .

FIG. 4 TEILGRAPH AB VERTEX 3 ALS KABELBAUM

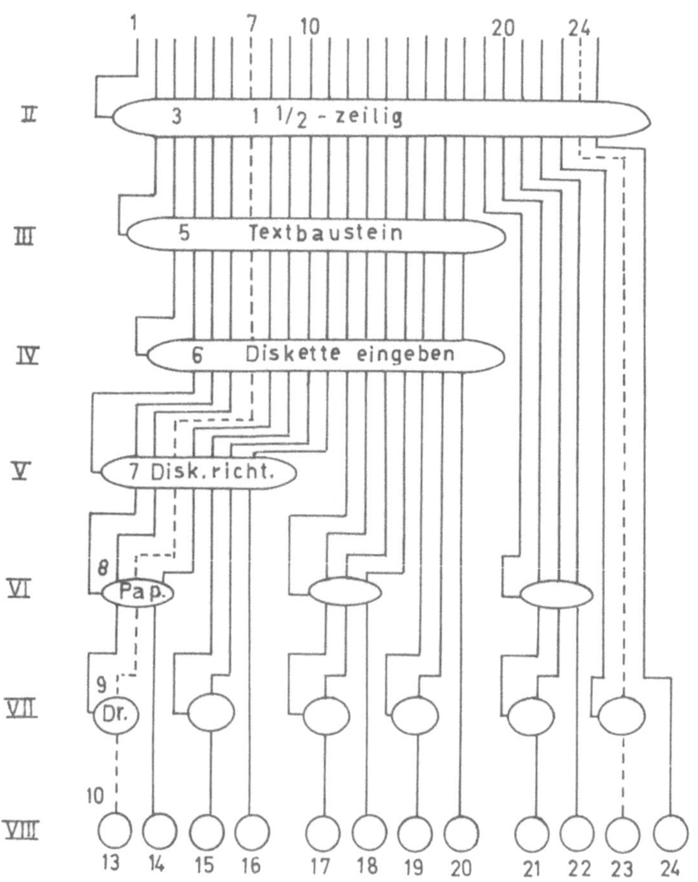

DIALOG NR. 7 MIT ENDVERTEX 13:

1 1a ich möchte gern einen Brief schreiben
1b 1 1/2-zeilig

2^{2a}	1 1/2-zeilig
2b	textbaustein erforderlich
3^{3a}	textbaustein erforderlich
3b	diskette eingeben
4^{4a}	diskette eingeben
4b	diskette richtig einlegen
5^{5a}	diskette richtig einlegen
5b	papier einspannen
6^{6a}	papier einspannen
6b	drucker einschalten
7^{7a}	drucker einschalten
7b	schreibbereit

Auch ein kleinerer Dialog mit nur 3 Zyklen, Nr. 24 mit Endvertex 23 (gestrichelte Kanten, Figuren 2 und 4) ist möglich:

1^{1a}	ich möchte gern einen brief schreiben
$_{1b}$	1 1/2-zeilig
2^{2a}	1 1/2-zeilig
2b	drucker einschalten
3^{3a}	drucker einschalten
3b	schreibbereit

Die vorstehenden Dialoge mit 7 und 3 Zyklen sind ohne Beteiligung von Syntax-Partikel durchgeführt. Als angewendete Syntaxregel gilt vorläufig nur die Affirmation einer Frage durch Wiederholen des Deuters als Bestätigung. Alle eingeschlagenen Verzweigungen in den Dialogen mit 7 und 3 Zyklen sind a) von den Benutzereingaben und b) auch von maschineninternen Meldungen mit bestimmt worden (siehe auch unten Abschnitt 6). Gemäß Fig. 4 wurden die Deuter-Kriterien wie folgt erkennbar:

1. Identität durch Nummerieren der Deuter von 1 - 10, siehe Text auf Fig. 4.
2. Alter: , siehe Zeitebenen I - VII in Fig. 2 und II - VIII in Fig. 4,
3. Assoziation: ausschließlich vertikale, siehe Grad der Knoten in Figuren 2 und 4,
4. Frequenz: nicht erkennbar,
5. Signifikanz: der Signifikanzwert entspricht in diesem Modellthesaurus von 10 Bedeutungen dem Alterwert, Knoten 1 besitzt den höchsten, die Vertices 2 - 4 die nächst folgenden Signifikanzwerte,
6. Wahrheitswert: ein Wahrheitswert ist in jedem der 10 Deuter gegeben.

4. Matchen der Schlüsselmerkmale zum Inhaltaktualisieren agglutinierter Ausdrucksmorphologien

Entsprechend der Benutzereingabe 1a im Dialog Nr. 7 läßt sich die agglutinierte Ausdrucksfolge: "ich möchte gern einen Brief schreiben" auch abgestuft isoliert darstellen, wie etwa "Wunsch/Briefschreiben". Wird dieser Text isolierter Ausdrucksmorphologie weiter begrenzt, indem die wichtigste Bedeutungseinheit "Briefschreiben" bestehen bleibt, ist ein Schlüsselmerkmal (KFC) heraus gelöst. Um Dialoginhalte in einer Weise abzuspeichern, daß der automatische Suchvorgang erleichtert wird, sollen alle potentiellen, in Eingaben vorkommenden, Schlüsselmerkmale als "Zwillings-KFCs" in einem Festwertspeicher abgelegt sein. Durch einen "Schlüsselmerkmal-Aktualisator" Fig. 5, wird der eingehende agglutinierte Text auf Schlüsselmerkmale durchgesucht ((12), p. 272). Hierbei findet ein Vergleich mit den Schlüsselmerkmalen im Festwertspeicher, den Zwillings-KFCs im ROM, statt.

FIG. 5 ASL - ARCHITEKTUR

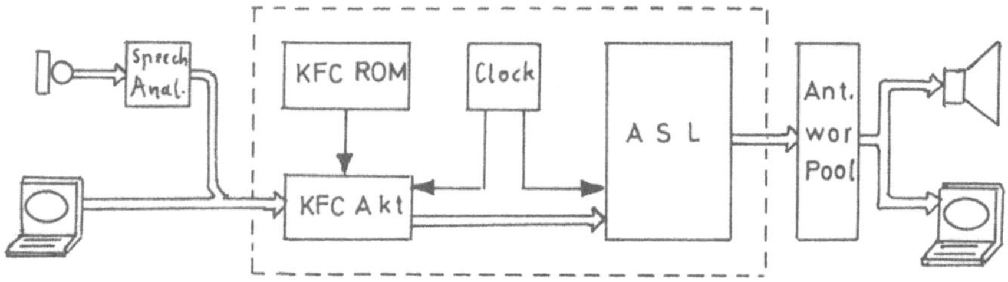

Jedem Vergleichstreffer (match) folgt eine Meldung an die "Antwortsuchlogik für vorbereitete Antworten".

Der im vorstehenden Abschnitt 3 erwähnte Dialog Nr. 7 mit der Endvertex 13 sähe voll agglutiniert wie folgt aus:

a = Benutzer, b = Gerät, KFCs sind unterstrichen

1 1a ich möchte gern einen Brief schreiben !
1b selbstverständlich, soll die Zeilenschaltung auf 1 1/2-zeilig eingestellt bleiben?
2 2a ja, die Einstellung 1 1/2-zeilig ist mir so recht.
2b ist für Ihren Brief das Einfügen eines Textbausteins erforderlich?
3 3a ja, es ist ein bestimmter Textbaustein erforderlich.
3b dann bitte die betreffende diskette eingeben

4 4a jawohl, Diskette eingeben.
4b können Sie bitte die Diskette richtig einlegen?

5 5a selbstverständlich, die Diskette richtig einlegen.
5b das Papier ist verbraucht, bitte neues Papier einspannen!

6 6a ach stimmt ja, neues Papier einspannen.
6b Drucker einschalten nicht vergessen!

7 7a ja, Drucker einschalten
7b Gerät ist nun schreibbereit.

5. Antwortsuchlogik für vorbereitete Antworten

Verglichene und erkannte (gematchte) Schlüsselmerkmale werden als Deuter in digitalisierter Form der "Antwortsuchlogik" für vorbereitete Antworten (SL) zugeführt. Eine Auswahl der Antworten des vorstehend erwähnten "Videotype-Modellthesaurus" Nr. 7 mit der Endvertex 13 (Figuren 2 und 4) erfolgt zusätzlich auch auf bestimmte maschineninterne Parameter wie etwa: 2d, 4d, 5d, 6d und 7d.

E/A-EINHEITEN FÜR ANTWORTSUCHLOGIK :

1	1a briefschreiben 1c brief anfertigen lassen	1b 1 1/2-zeilig
2	2a 1 1/2-zeilig 2d Gerätemeldg.: keine Diskette eingel.	2b textbaustein erforderl.
	3a textbaustein erforderlich	3b Diskette eingeben!
4	4a Diskette eingeben. 4d Gerätemeldng. Diskette klemmt	4b Disk. richtg. einlgn!
5	5a Diskette richtig einlegen 5d Gerätemeldng. Papier fehlt	5b Papier einspannen!
6	6a neues Papier einspannen 6d Gerätemeldng. Drucker nicht eingesch.	6b Drucker einschalten!
7	7a Drucker einschalten 7d Gerätemeldng. alle Systeme in Ord.	7b Gerät schreibbereit

Eine Antwortsuchlogik für den vorstehenden Dialog eines "Videotype-Modellthesaurus" müßte eine "Oder-Verknüpfung" 1a oder 1c zu 1 b, eine

Direktauslösung 3a zu 3b und fünf "Und-Verknüpfungen" zu 2b, 4b, 5b,6b und 7b beinhalten.

Um auf die acht maschinellen Funktionsebenen in Abschnitt 1 zurückzukommen, lohnt sich bei der Konzeption der Antwortsuchlogik für vorbereitete Antworten eine Übertragung des Systems auf die niedrigste Gatter- und Schaltungsebene E_{-2} und E_{-3} ((9), p. 226):

FIG. 6 SCHALTUNGSEBENE FÜR ANTWORTSUCHLOGIK VORBEREITETER ANTWORTEN :

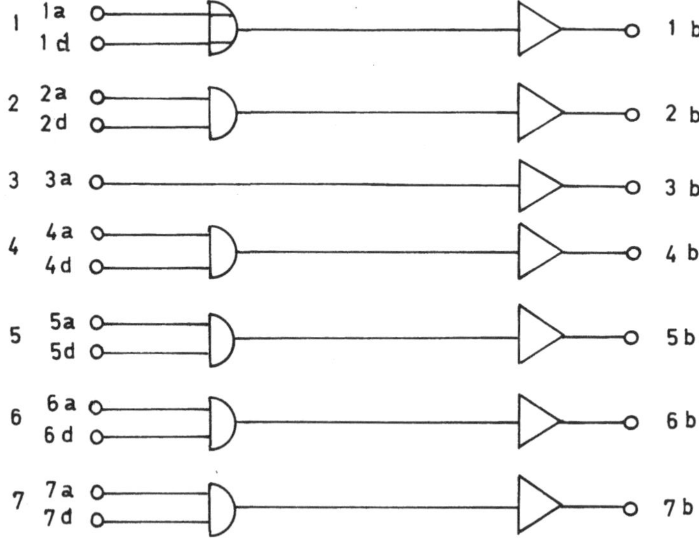

Bei einer großzügigeren Ausstattung des Deuterschatzes im Modellthesaurus können ähnliche Schlüsselmerkmale die gleiche Antwort auslösen. Sie werden zu einer "Oder-Verknüpfung" zusammengefügt, wie oben bei 1c "Brief anfertigen lassen" anstatt 1a "Brief schreiben". Die vorbereiteten Antworten (1b - 7b) können nach der Vergleichs- und Suchprozedur auf dem Bildschirm sofort voll agglutiniert angezeigt, ausgedruckt, oder auf einer "Audio Verstärkeranlage" hörbar gemacht werden.

6. Antwortsuchlogik als "Deuter String Synthesizer" DSS

Bei den ersten Modellkonzeptionen muß auf agglutinierte Antworten in Volltextform verzichtet werden. Der DSS erzeugt ausschließlich ausdrucksmorphologisch isolierte Antworten die etwa Sequenzen von Schlüsselmerkmalen, nämlich "Deuter-Folgen" entsprechen. Gemäß Dialog Nr. 7 mit Endknoten 13 des "Videotype-Modellthesaurus" (vgl. oben Abschnitt 3), gelangen mit minimalen syntaktischen Zusätzen nur Deuter oder Deuterfolgen, zum Teil in Lemma-Form, zum Ausdruck. Sie entsprechen Antworten von Kindern, ausländischen Touristen oder Gastarbeitern. Solche Deuter-Folgen stellen jedoch logisch passende Antworten auf einzelne eingegebene Schlüsselmerkmale dar.

Struktur des DSS:
Die in Fig. 5:"ASL-Architektur" enthaltenen Bausteine:

1. KFC - ROM und
2. Antwortsuchlogik ASL

werden zu einer Grundkomponente des DSS-Konzepts integriert. Der KFC-Aktualisator wie der Antwort-Pool werden zusätzlich benötigt. Der Antwort-Pool ist zum Deuter-Aktualisator umfunktioniert, weil keine vorbereiteten Antworten mehr existieren. Analog zum gerichteten Graphen, Fig. 2, Abschnitt 3, sind die 10 Deuter des "Videotype-Modellthesaurus" als "Zwillings-Deuter" im Festwertspeicher des DSS angeordnet, Fig. 7. Dieser DSS-Speicher berücksichtigt links die potentiellen KFC-Eingänge des Benutzers 1a - 7a und rechts mögliche maschineninterne Gerätemeldungen 2d bis $6d_2$, welche letztlich für alle endgültigen Entscheidungen eventuell einzuschlagender Verzweigungen dienlich sind.

Alle benutzten Dialogrouten im gerichteten Graphen des Modellthesaurus Nr. 7 mit Endknoten 13 sind:

a) durch Benutzeräußerungen nämlich die Input-KFCs 1a-7a

und b) durch maschineninterne Meldungen, 2d, 3d,, $4d_1$, $4d_2$, $5d_1$, $5d_2$, $6d_1$ und $6d_2$ zustande gekommen (vgl. Dialogbeispiel einer Deuter-String-Synthese im nachfolgenden Text):

FIG. 7 DSS - ARCHITEKTUR

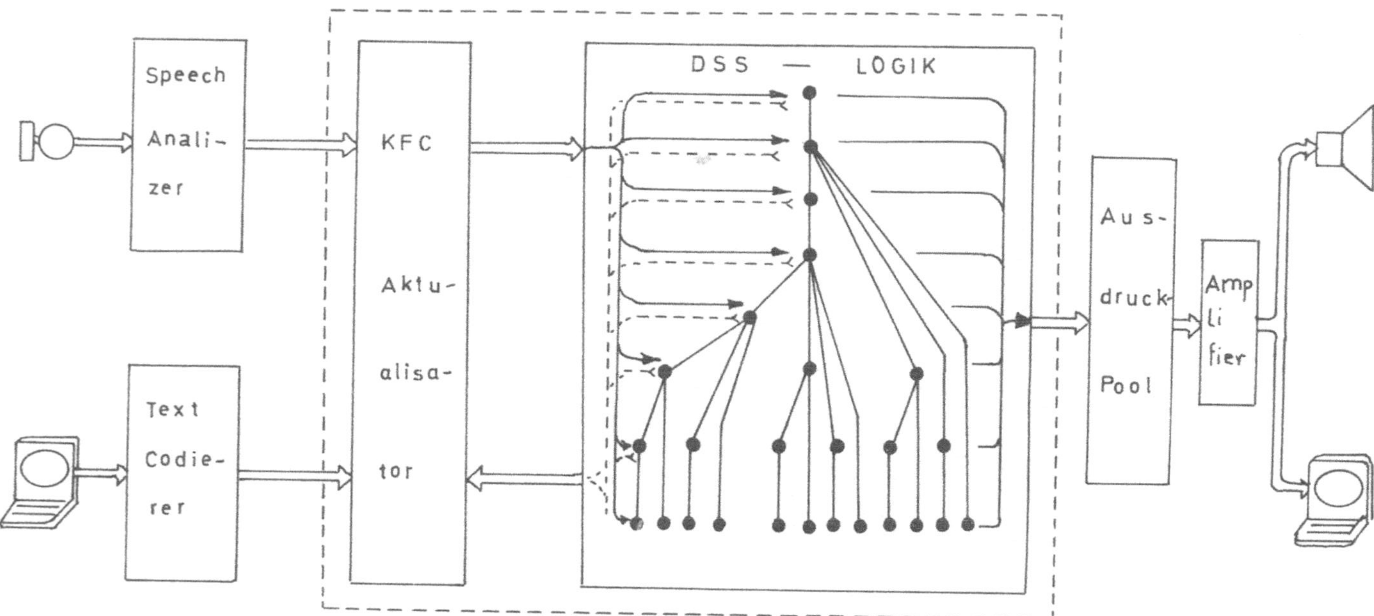

Funktion des DSS:
Wird mit hoher Wahrscheinlichkeit das KFC Nr. 1 "briefschreiben" im Input erkannt und im Speicher mit dem "Zwillimgs-KFC" gematcht, erfolgt parallel zum Zeitvektor I - VIII senkrecht von oben nach unten der Durchschaltvorgang. Nach Eingang einer Benutzeräußerung wird das erste Schlüsselmerkmal dem Festwertspeicher im DSS zugeführt. Es wird verglichen und nach Auffinden des Zwillings-KFCs, das dem Input-KFC entspricht, vom Zwillings-KFC aus eine Durchschaltung von Knoten zu Knoten im analog angeordneten Festwertspeicher ausgelöst. Dieses Durchschalten ist auf eine endliche Menge von Knoten, die der jeweiligen Größe des benutzten Thesaurus entsprechen, begrenzt. Sie sollte jedoch drei Deuter nicht überschreiten. Bei kleineren Thesauren, wie dem hier angewendeten "Videotype-Modellthesaurus" mit 10 Einheiten (Deutern), berühren die Durchschaltvorgänge maximal 2 Deuter, manchmal auch nur einen. Jeder Knoten (Deuter), der durch den Schaltvorgang aktualisiert wird, löst dabei einen Antwortreiz aus, wodurch der betreffende Deuter im Ausdruck-Pool für die Sinneswahrnehmung realisiert wird. D.h., alle in den Durchschaltvorgang einbezogenen Deuter werden in Echtzeitfolge, mindestens aber mit der "Audio Input Geschwindigkeit" von 2 - 3 Deuter/s entsprechend 4- 6 Silben/s auf dem Bildschirm angezeigt oder per Audio-Aoutput gesprochen (vgl. oben Abschnitt 2). Diese Deuter-Folgen stellen sich in der ersten Ausführung des DSS als voll isolierte Ausdrucksmorphologie ohne Syntaxpartikel dar (vgl. oben Abschnitt 2, Dialog Nr. 7 mit Endvertex 13). Einige Syntaxregeln sind allerdings in den Deuter-String-Synthesizer DSS einprogrammiert. Sie sorgen auch für eine spätere "progressive Agglutination" der neu zu synthetisierenden Antworten.

Syntaxregeln des DSS:
1. Nach einer "Durchschalt-Initialisierung" gemäß erfolgtem "matchen" des Input-Deuters mit dem entsprechenden Zwillings-Deuter im DSS-ROM, ist ein Durchschalten auf den nächsten abwärts gerichteten Deuter möglich. Bei dem hier verwendeten Modellthesaurus von 10 Deutern werden maximal 2 Deuter in einer Folge ausgelesen.

2. Nach Dialog-Initialisierung wird der "gematchte" Start-Deuter nicht ausgelesen, nur der durch "Weiterschalten" berührte nächst folgende Deuter: Beispiel: "briefschreiben" löst nur " 1 1/2-zeilig" aus.

3. Für den Fall, daß bei der Benutzer-Eingabe ein KFC nicht in der richtigen Zeitfolge im DSS eintrifft, findet eine Rückführung zum Deu-

ter 1 "briefschreiben" statt. Von dort erfolgt der übliche chronologische Ablauf.

4. Bei Erreichen des vorletzten Deuters (KFC Nr. 9) "Drucker einschalten" darf vom DSS als Final-Antwort nur noch das KFC Nr. 10 "schreibbereit" ausgelesen werden.

Als Funktionsbeispiel des DSS mit Hilfe des Dialogs 7, Endknoten 13, sollen Benutzer KFC-Inputs wie maschineninterne Meldungen als Entscheidungsvoraussetzungen für das automatische Erstellen von Deuterfolgen und damit natursprachlicher Antworten isolierter Morphologien dienen, Fig. 8. Als kleiner neuer Zusatz wurde gemäß Syntaxregel 3 die erste Benutzereingabe als "zeitlich falsch" eingebaut, nämlich: 1a "papier einspannen". Es erfolgt gemäß Syntaxregel 3 eine Rückführung zu Eingang "briefschreiben".

a ---► gestrichelte Pfeile zeigen Input-KFCs des Benutzers an,
d ...► gepunktete Pfeile zeigen maschineninterne Meldungen an,
b ——► durchgezogene Pfeile zeigen die Antwortaktualisierung an:

FIG. 8 DSS E/A - FUNKTIONEN (Dialog Nr. 7)

KFC-Input/ maschinenintern. Input/ Deuter / DSS-Output

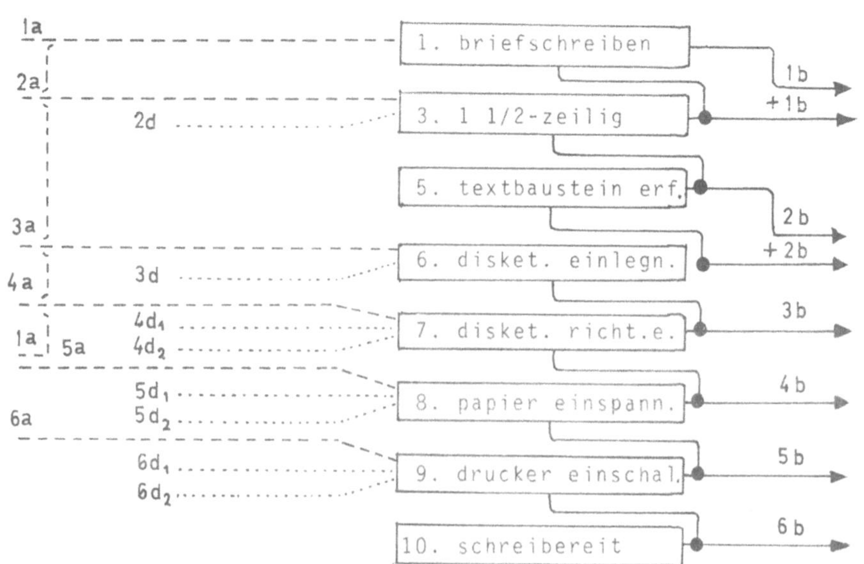

Dialogbeispiel einer Deuter-String Synthese:

1a input KFC: "papier einspannen"
1 1b DSS output: "briefschreiben/1 1/2-zeilig"

2 2a input KFC: "1 1/2-zeilig"
2d gerätemeldung: diskette nicht vorhanden
2b DSS output: "textbaustein erforderlich/diskette eingeben"

3a input KFC: "diskette eingeben"
3 3d gerätemeldung: diskette klemmt
3b DSS output: "diskette richtig eingeben"

4a input KFC: "diskette richtig einlegen"
4 $4d_1$ gerätemeldung: diskette liegt richtig
$4d_2$ gerätemeldung: papier fehlt
4b DSS output: "papier einspannen"

5a input KFC: "papier einspannen"
$5d_1$ gerätemeldung: papier richtig eingespannt
5 $5d_2$ gerätemeldung: drucker nicht eingeschaltet
5b DSS output: "drucker einschalten"

6a input KFC: "drucker einschalten"
$6d_1$ gerätemeldung: drucker eingeschaltet
$6d_2$ gerätemeldung: alle Systeme in Ordnung
6b DSS output: "schreibbereit"

Eine Deuter-Zelle als Grundbaustein des DSS besitzt nachfolgende 4 Elementarfunktionen vgl. auch Fig. 9:

1. dem KFC-Aktualisator ein Zwillings-KFC zu liefern (Fig. 7),
2. vom KFC-Aktualisator gematchte KFCs der Deuter-Zelle als Benutzer-Input weiterzuleiten,
3. maschineninterne Meldungen als Geräte-Input aufzunehmen und
4. zeitlich im erforderlichen Takt gesteuert (vgl. Echtzeit-Parameter Abschnitt 2) Meldungen einzelner Deuter oder von Deuter-Folgen an den Ausdrucks-Pool auszulösen.

FIG. 9 DEUTER-ZELLE ALS DSS-GRUNDBAUSTEIN

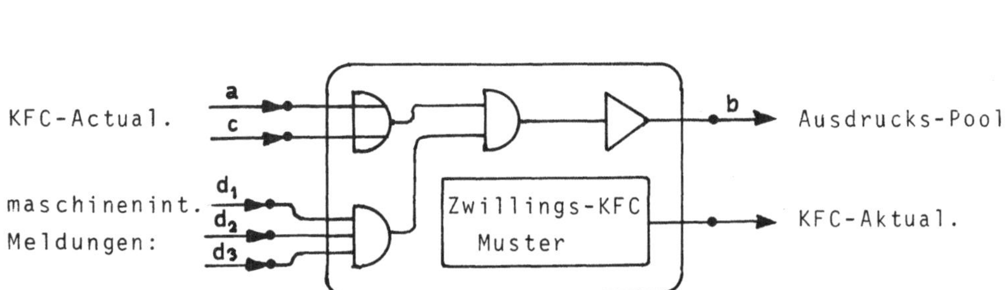

Schlußbetrachtung:
Seit 1979 wird von der Deutschen Forschungsgemeinschaft ein Forschungsvorhaben zum Thema: "Antwortsucher" gefördert, mit dessen Leitung der Autor dieses Beitrages betraut wurde. Der Thesaurus des Forschungsprojektes bezieht sich auf den Flugsicherungs-Sprechfunk an internationalen Flughäfen, begrenzt auf die Bodenkontrolle. Die besonders streng einzuhaltenden Echtzeitbedingungen bei diesem Vorhaben dienten dazu, auch für den natursprachlichen Textdialog am Bildschirm-Terminal andere und neue Antwortsuchverfahren anzuwenden. Dabei ist an eine technische Realisierung durch Hardware-Komponenten auf der Logikkomplex-, der Gatter- und der Schaltungsebene gedacht, ohne sich auf konventionelle EDV-Geräte zu stützen. Die vorläufig als Äußerungen isolierter Morphologien synthetisierten Antworten stören den Wirkungsgrad des Flugsicherungsprechfunks in keiner Weise. Außerdem können sie durch nachträglich erfolgende "progressive Agglutinationen", nämlich durch Einbetten zugehöriger Syntax-Partikel, vervollkommnet werden. Das gleiche gilt für natursprachliche Text-Dialoge am Bildschirm-Terminal

Literatur:

1.Berndt, H., Einfluß der großintegrierten Schaltungen auf Hardware und Software, in: Proc. of the GI, 8. Jahrestagung, pp. 175-184, Springer-Verlag, Heidelberg, New York, 1978

2. DELLA TORRE, E., Implementation of a Computing Memory Cell, in: Computers & Automata, pp. 625-634, 1971

3. ERMANN, L., Organization of the Hearsay II Speech Understanding System, in: Working Papers in Speech Recognition, CMU Computer Science Speech Group, Pittsburgh, PA 1974

4. FENNEL, R., co-author, see No. 3, 1974

5. FORSTER, F., Einsatzmöglichkeiten herkömmlicher Analogspeicher zum Suchen natursprachlicher Antworten, Dipl.-Arbeit, Inst. f. Informatik, Universität Stuttgart, . 1979

6. HAYES-ROTH, F., Focus of Attention in a Distributed Logic Speech Understanding System, Working Papers of the Dptmt. of Computer Science, CMU, Pittsburgh, PA, 1976

7. HO, F., K. W., co-author, see No. 2, 1971

8. JELLINEK, F., Continuous Speech Recognition by Statistical Methods, Proc. of the IEEE, Vol. 64, No. 4, 1976

9. KÜMMEL, P., Hybrid Memory for Automatic Air Traffic Control, in: Simulation of Control Systems, pp. 221-226, IMACS, North Holland Publishing Co., Amsterdam, 1978

10. KÜMMEL, P., Formalization of Natural Languages, 233 pp., book monography in Series: Comm. & Cybernetics, Springer-Publishing Co., Berlin Heidelberg New York, 1979

11. KÜMMEL, P., Information Analysis by Formalizing Content of Natural Languages, in: Proc. of the IIIrd Symp. of Operat. Research, pp. 232-243, Mannheim, 1979

12. KÜMMEL, P., Answer Search Interface (ASI), in: Proc. of the CompCon, Fall 79, pp. 270-275, 19th IEEE Computer Society International Conference, Washington, D.C., 1979

13. LEILICH, H., The Search Processor, in: Informatik Berichte No. 7801, Techn. University Braunschweig, 1978

14. LESSER, V., co-author, see No. 6, 1976

15. MARTENS, H., A Microcomputer-Based Speech Recognition System, in: Proc. of CompCon Fall 79, pp. 270-275, 19th IEEE Computer Society Int. Conference, Washington, D.C.,1979

16. STIEGE, H., co-author, see No. 13, 1978

17. VOLLMER, H., Einsatzmöglichkeiten herkömmlicher digitaler Assoziativspeicher zum Suchen natursprachlicher Antworten, Dipl.-Arbeit, Inst. für Informatik, Univ. Stuttgart, 1979

18. YUSHIK, M., co-author, see No. 15, 1979

Semantik-orientiertes Retrieval natürlichsprachlicher Texte

Friedbert Jochum

Institut für Angewandte Informatik
Technische Universität Berlin

Zusammenfassung

In dem vorliegenden Beitrag wird diskutiert, in welcher Weise tiefergehende Verfahren der Sprachverarbeitung sinnvoll in Dokumenten-Retrieval-Systemen eingesetzt werden können. Nach einer Gegenüberstellung statistischer und linguistischer Indexierverfahren werden Anforderungen an einen benutzergerechten Einsatz erläutert und einige Konzepte eines implementierten, semantik-orientierten Systems (SIRAS) vorgestellt. Insbesondere erfolgt die Beschreibung einer integrierten Wiedergewinnung auf verschiedenen semantischen Ebenen und einiger Implementierungsgesichtspunkte.

1. Statistische und linguistische Indexierverfahren

Um natürlichsprachliche Texte (Dokumente) nach inhaltlichen Merkmalen wiederauffindbar zu machen, ist deren Abbildung auf eine geeignete Repräsentation notwendig, damit stilistische Ausprägungen und Mehrdeutigkeiten ausgeschaltet werden.

Dieser Indexiervorgang beruht bei den meisten Dokumenten-Retrieval-Systemen (DRS) auf der Ermittlung von Deskriptoren, die relevante bedeutungstragende Wörter einheitlich beschreiben. Als Maß für die Relevanz eines Wortes dient im allgemeinen die Häufigkeit seines Vorkommens im Dokumententext. Ausgenommen davon sind "Banalwörter" wie "und", "oder" etc., die vorher eliminiert werden. Die so ermittelten Deskriptoren repräsentieren die Dokumente in der Datenbank. Beispiele dafür sind die Systeme SMART (/Sal71/) und FAKYR (/Boc75/).

Bei diesen statistischen Verfahren, die auch auf die Suchfragen angewandt werden, geht ein großer Teil an Informationen verloren:

- Bei der intellektuellen Durchführung findet eine subjektive Auswahl der Deskriptoren statt, die von Indexierer zu Indexierer variieren kann.

- Bei der automatischen Durchführung wird oft nur nach formalen Kriterien vorgegangen, wobei weder die Bedeutungen der Wörter, noch deren semantische Beziehungen untereinander berücksichtigt werden.

So können die Dokumenten- und Suchfrageninhalte nicht eindeutig und vollständig beschrieben werden. Dies wirkt sich oft nachteilig auf die Systemeffektivität aus. Als notwendig erweist sich daher in vielen Fällen die Einbeziehung von Wort-, Satz- und Textsemantik in die Recherche. Die Berücksichtigung inhaltlicher Beziehungen ermöglicht eine präzisere Beschreibung der Dokumente und Suchfragen. Bekannte Ansätze dieser Art sind SYNTOL (/Cro68/), Relational Indexing (/Far67/) oder prädikatenlogische Ansätze (/Reb76/, /Sto76/). Sie setzen eine Analyse der Texte mit linguistischen Mitteln voraus, die, im Gegensatz zu den statistischen Verfahren, für eine automatische Durchführung schwerer zugänglich sind. Automatische Systeme wurden in den letzten Jahren in den Bereichen Künstliche Intelligenz, Computerlinguistik sowie Information und Dokumentation verstärkt untersucht.

In den verbleibenden Kapiteln wird erläutert, wie tiefergehende Verfahren der Sprachverarbeitung in DRS eingesetzt werden können, um deren Retrievalverhalten flexibler zu gestalten und besser auf unterschiedliche Benutzerwünsche abzustimmen.

2. Voraussetzungen für ein benutzergerechtes Retrieval

Eine differenzierte Informationswiedergewinnung setzt zunächst die Erschließung dieser Informationen voraus. Dies erfordert mächtigere Indexierverfahren, die inhaltliche Beziehungen in den Dokumenten und Suchfragen analysieren und in eine geeignete semantische Repräsentationssprache (Indexiersprache) abbilden. Da der Retrievalprozeß über die Repräsentationsebene operationalisiert wird, hängt die Effektivität dieses Vorganges im wesentlichen von Aufbau und Eigenschaften dieser Sprache ab. Daraus resultieren zwei Forderungen (vgl. /Hab79a/):

- Beschreibungsadäquatheit

  Die semantische Repräsentationssprache muß die Bedeutung der natürlichsprachlichen Texte (Sätze) adäquat beschreiben können.

Intuitiv wird man annehmen, daß die Effektivität mit dem Indexierungsaufwand steigt. Doch, wie Untersuchungen gezeigt haben, führen exaktere Inhaltsbeschreibungen nicht bei allen Anwendungsfällen zu Retrievalverbesserungen. Der Nutzen hängt stark vom Sachgebiet der Dokumente und dem gewünschten Systemverhalten ab (vgl. /Sto76)/. Dies führt zu der zweiten Forderung:

- Verarbeitungsadäquatheit

  Die semantische Repräsentationssprache muß eine adäquate Weiterverarbeitung der Beschreibungen ermöglichen.

Für DRS bedeutet "Verarbeitungsadäquatheit" das Bereitstellen von Zugriffsmitteln, so daß sich, entsprechend dem Informationsbedürfnis des Benutzers, eine Korrespondenz zwischen der Suchfragenbedeutung und den Dokumentenbedeutungen herstellen läßt. Da nur auf das zugegriffen werden kann, was auch repräsentiert wird, sind Beschreibungsmittel unmittelbar auch Zugriffsmittel. Damit übertragen sich die Anforderungen an eine "adäquate" Weiterverarbeitung auf eine "adäquate" Inhaltsbeschreibung, wobei sich die "Adäquatheit" letzten Endes am Informationsbedürfnis des Benutzers orientiert. Die Anforderungen an die semantische Repräsentationssprache ändern sich dann mit den Anforderungen an das Retrievalverhalten des Systems. Doch DRS haben im allgemeinen sehr unterschiedliche Anforderungen zu erfüllen, wie Cooper /Coo68/ durch eine Reihe von Beispielen gezeigt hat:

- Ein Benutzer ist mit nur einem relevanten Dokument zufrieden.

- Ein Benutzer wünscht einen groben Überblick und ist z.B. mit sechs relevanten Dokumenten zufrieden.

- Ein Benutzer möchte zu einem bestimmten Thema alle vorhandenen relevanten Dokumente.

- Ein Benutzer möchte nur einen Anteil von z.B. 1/10 aller vorhandenen relevanten Dokumente .

- Ein Benutzer wünscht alle relevanten Dokumente, wenn es weniger als fünf sind und genau fünf, wenn es mehr sind.

Welche Dokumente der Benutzer als relevant erachtet, wird von den vorgegebenen inhaltlichen Kriterien beeinflußt, nach denen er Dokumente sucht. Diese Kriterien hängen vom Informationsbedürfnis, den Kenntnissen über das zu recherchierende Sachgebiet und über das existierende Datenmaterial ab. Insgesamt reicht das Spektrum von

(a) dem Benutzer, der sich durch eine allgemeine Suchfrage nur einen groben Überblick verschaffen möchte, bis zu

(b) dem Benutzer, der sich für einen ganz bestimmten Text interessiert und seine Suchfrage entsprechend genau formuliert.

Dies erfordert eine Suche auf unterschiedlichen semantischen Ebenen. Während in Fall (a) statistische oder "flache" linguistische Verfahren ausreichen, verlangt Fall (b) eine tiefere semantische Analyse und Repräsentation der Dokumente und Suchfragen.

Voraussetzung für eine benutzergerechte Informationswiedergewinnung ist somit einerseits die gründliche Erschließung dieser Informationen und ihre explizite Repräsentation sowie, andererseits die differenzierte Auswertung durch geeignete Retrievalstrategien, so daß die semantische Tiefe den jeweiligen Anforderungen angepaßt werden kann.
Ein solches System ist dann nicht mehr auf eine Anwendungsart beschränkt, bei der entweder nur eine "Breitensuche" oder nur eine "Tiefensuche" zufriedenstellend möglich ist.
In ähnlicher Weise wurde von I. Dahlberg /Dah74/ eine "multi level semantic" bei der Repräsentation von Dokumenteninhalten vorgeschlagen.

3. Multi-Level-Retrieval im System SIRAS

Bei dem System SIRAS (Semantic Information and Fact Retrieval System), das am Institut für Angewandte Informatik der TU Berlin implementiert wurde, werden fortgeschrittenere Verfahren der Sprachanalyse und -repräsentation eingesetzt, um die Retrievalgüte zu verbessern. Eine mächtige Repräsentationssprache erlaubt die explizite Darstellung inhaltlicher Beziehungen in natürlichsprachlichen Texten (Sätzen), die von einer Analysekomponente (bei Suchfragen) automatisch erschlossen und in die Repräsentationssprache übersetzt werden (Dokumententexte bedürfen z.Z. noch einer Präcodierung).

Der Einsatz einer variablen Retrievalprozedur ermöglicht die Suche auf verschiedenen semantischen Ebenen, wodurch das System flexibel auf die unterschiedlichsten Informationsbedürfnisse reagieren kann. Das Retrievalspektrum reicht von einer allgemeinen Suche nach ähnlichen Texten, bis hin zur gezielten Selektion von Faktenwissen oder einzelner Textstellen.

3.1 Die semantische Repräsentationssprache CSRL

Die in SIRAS verwendete Repräsentationssprache CSRL (Case-oriented Semantic Representation Language) basiert auf den folgenden syntaktischen Komponenten:

P eine Menge n-stelliger Prädikate

V eine Menge von Variablen

T eine Menge von Typen

O eine Menge von Operatoren

"(", ")", "[", "] " Verknüpfungssymbole

und den Hilfszeichen "{ ", "} ", ",", "+"

Ein wohlgeformter CSRL-Ausdruck besteht dann aus einer Menge n-stelliger Prädikate mit typisierten Variablen und Operatoren, die sich mehrfach wiederholen können (angedeutet durch "+"):

$$SR = \{o^+[p_1(o^+[t_1v_1],\ldots,o^+[t_nv_n])],\ldots,o^+[p_m(o^+[t_1v_1],\ldots,o^+[t_nv_n])]\}$$

$SR \in$ CSRL, $p_i \in P$, $v_i \in V$, $t_i \in T$, $o \in O$. Der Index i = 1...n bezieht sich auf die entsprechende Argumentstelle des jeweiligen Prädikats (n kann variieren).

Die semantische Repräsentation (SR) eines natürlichsprachlichen Satzes erfolgt durch aktuelle Belegung der einzelnen Komponenten des obigen Ausdruckes. Alle Prädikatnamen, Variablenbelegungen und Operatoren sind auf ihre Stämme zurückgeführte und desambiguierte Wörter des Oberflächenstrings. Die Prädikatnamen repräsentieren Verben. Die Variablen des Prädikats werden durch Individuenkonstanten ersetzt und repräsentieren die durch die Verbvalenzen gebundenen Nomen. Adjektive und Adverbien sind als Modifikationen aufzufassen und werden, ähnlich wie bei Parson /Par72/, durch Operatoren beschrieben. Die momentane SIRAS-version enthält noch keine Operatoren (an deren Implementierung wird z. Z. gearbeitet). Bei den Typen handelt es sich um Tiefenkasussymbole (vgl.Fillmore /Fil68/). Sie geben explizit die inhaltlichen Beziehungen zwischen der Handlung (Verb) und den beteiligten Objekten (Nomen) an.

Zur Verdeutlichung sei ein Beispiel angegeben (Operatoren kommen darin nicht vor). Der natürlichsprachliche Satz:

"Hans reist zur GI-Jahrestagung, die in Bonn stattfindet"

wird in CSRL wie folgt semantisch repräsentiert:

{REIS(TK10 HANS,TK18 GI-JAHRESTAGUNG),
STATTFIND(TK13 GI-JAHRESTAGUNG,TK16 BONN)}

Die verwendeten Tiefenkasussymbole haben folgende Bedeutung:
TK10 bezeichnet den Ausführenden (Agens) und TK18 das Ziel der Handlung "reisen". TK13 bezeichnet das Objekt und TK16 den Ort der Handlung (des Ereignisses) "stattfinden".

Die Benutzerschnittstelle ist durch die im Forschungsprojekt "Automatische Erstellung semantischer Netze" an der TU Berlin entwickelte Softwarekomponente BEAST (Berlin Automatic Semantic-oriented Translation) realisiert. Die natürlichsprachlichen Suchfragen werden mit Hilfe von Wörterbüchern automatisch analysiert und in CSRL-Ausdrücke überführt. Aufbau und Funktionsweise von BEAST sind in /Hab79b/ im Detail beschrieben und sollen hier nicht näher behandelt werden. Zusätzlich ist in SIRAS eine formalsprachliche Schnittstelle implementiert, mit der direkt CSRL-Ausdrücke in "benutzerfreundlicher" Notation eingegeben werden können. Dies erspart routinierten Benutzern die Analysezeit und erleichtert die Dokumentenindexierung.

3.2 Semantische Ebenen und Retrievalfunktionen

Ein wesentliches Merkmal der Repräsentationssprache CSRL ist, in Anlehnung an die in Pkt. 2 genannten Anforderungen, die Definition mehrerer semantischer Ebenen, so daß mit variierender Genauigkeit auf die Dokumente zugegriffen werden kann.

Da jede syntaktische Komponente von CSRL einen bestimmten inhaltlichen Aspekt beschreibt, wird durch jedes Eliminieren einer Komponente die

Beschreibung der Dokumente und Suchfragen unschärfer; es verringert sich die Tiefe der semantischen Repräsentation. Somit können durch verschiedene syntaktische Ausprägungen der CSRL verschiedene semantische Ebenen über den natürlichsprachlichen Texten definiert werden. Mit den in Pkt. 3.1 eingeführten sechs Komponenten sind theoretisch 64 verschiedene Ebenen beschreibbar. Davon sind jedoch nur 24 für die praktische Anwendung sinnvoll. Diese sind in Tabelle 1 als Binärvektoren dargestellt, wobei eine "1" das Vorhandensein und eine "0" das Fehlen der entsprechenden syntaktischen Komponente symbolisiert.

sem. Ebene	V	P	O	T	()	[]
1	1	1	1	1	1	1
2	1	1	1	1	1	0
3	1	1	1	1	0	1
4	1	1	1	1	0	0
5	1	1	1	0	1	1
6	1	1	1	0	1	0
7	1	1	1	0	0	1
8	1	1	1	0	0	0
9	1	1	0	1	1	0
10	1	1	0	1	0	0
11	1	1	0	0	1	0
12	1	1	0	0	0	0
13	1	0	1	1	1	1
14	1	0	1	1	1	0
15	1	0	1	1	0	1
16	1	0	1	1	0	0
17	1	0	1	0	1	1
18	1	0	1	0	1	0
19	1	0	1	0	0	1
20	1	0	1	0	0	0
21	1	0	0	1	1	0
22	1	0	0	1	0	0
23	1	0	0	0	1	0
24	1	0	0	0	0	0

Tab. 1: CSRL-Ausprägungen und semantische Ebenen

Die in der ersten Spalte eingetragenen Zahlen geben keine Auskunft über den Grad der semantischen Tiefe, es handelt sich lediglich um eine fortlaufende Nummerierung. Wie fein die Ebenen für eine konkrete Anwendung abgestuft sein sollten, muß die praktische Erfahrung zeigen.

Zur Zeit sind in SIRAS sieben Ebenen implementiert. Dies sei an dem Beispielsatz aus Pkt. 3.1 illustriert:

1. Ebene

{REIS(TK10 HANS , TK18 GIJT) , STATTFIND(TK13 GIJT , TK16 BONN)}

2. Ebene

{REIS(HANS,GIJT) , STATTFIND(GIJT,BONN)}

3. Ebene

{(TK10 HANS , TK18 GIJT) , (TK13 GIJT , TK16 BONN)}

4. Ebene

{(HANS,GIJT) , (GIJT,BONN)}

5. Ebene

{TK10 HANS , TK18 GIJT , TK13 GIJT , TK16 BONN}

6. Ebene

{REIS , STATTFIND , HANS , GIJT , BONN}

7. Ebene

{HANS , GIJT , BONN}

Wie man sieht, hat zwischen der ersten und der letzten Ebene eine starke Vergröberung stattgefunden, wobei ein erheblicher Teil an semantischer Information über den natürlichsprachlichen Satz verlorenging. Die Datenstruktur in Ebene 6 und 7 wird in den meisten zur Zeit existierenden DRS eingesetzt, wohingegen die 1.Ebene die Tiefe von Repräsentationen in Mikroweltsystemen erreicht.

Um den Speicherplatzbedarf in vertretbaren Grenzen zu halten und die Flexibilität des Systems zu erhöhen, werden in SIRAS die Dokumente und Suchfragen nur in einer Form (siehe 1. Ebene) repräsentiert, während die Auswahl der gewünschten Ebene erst beim Retrievalprozeß erfolgt. Bei der Ähnlichkeitsberechnung werden nur die für die betreffende Ebene gültigen Komponenten herangezogen, wodurch die restlichen inhaltlichen Aspekte bei der Suche unberücksichtigt bleiben. Je mächtiger die verwendete CSRL-Ausprägung ist, um so präziser läßt sich die semantische Ähnlichkeit zwischen Suchfrage und Dokument berechnen. Darüberhinaus läßt die 1. Ebene auch ein Fakten-Retrieval zu, so daß direkt Wissen aus Dokumententexten selektiert werden kann.

3.3 Aspekte der Implementierung

SIRAS wurde auf einer IBM 370/158 (ITEL AS/5) unter dem Betriebssystem VM 370 implementiert. Da es sich um ein experimentelles System handelt, das Änderungen und Erweiterungen unterworfen ist, wurde auf eine modulare Architektur geachtet. Dadurch können die einzelnen Teile unabhängig voneinander als selbständige Funktionseinheiten behandelt werden. Um ein sinnvolles Funktionieren des Gesamtsystems zu gewährleisten, sind Schnittstellen vorgesehen, über die Daten und Kontrollparameter weitergegeben werden. Die Steuerung selbst erfolgt zentral durch einen Steuermodul, der je nach Bedarf die Kontrolle an den entsprechenden Modul weitergibt. Dieser übernimmt dann die benötigten Daten und Parameter aus den Schnittstellen und gibt nach Ausführung der Funktionen die Kontrolle wieder an den Steuermodul zurück.

Diese Systemkonfiguration hat folgende Vorteile:

- leichtes Entwerfen, Codieren und Austesten der Programme (Moduln)

- einfache Integration fremder Systeme oder Teilsysteme (z.B. BEAST)

- Verwendung unterschiedlicher Programmiersprachen (je nach Vorteil) bei den verschiedenen Moduln

- einfache Erweiterbarkeit der Systemfunktionen durch Hinzufügen weiterer Moduln

- geringer Hauptspeicherplatzbedarf, da zur Laufzeit immer nur ein Modul geladen ist

- Verwendung einer flexiblen Kommandosprache durch beliebiges Zusammenstellen der Moduln in EXEC-Routinen

Der letzte Punkt wirkt sich positiv auf die Systemhandhabung aus:

- ungeübte Benutzer werden durch einen Frage-Antwort-Dialog vom System geführt

- routinierte Benutzer können gezielt die gewünschten Funktionen aufrufen

Abbildung 1 gibt einen groben Überblick über die SIRAS-Systemarchitektur. In /Joc79/ findet sich eine detailiertere Darstellung.

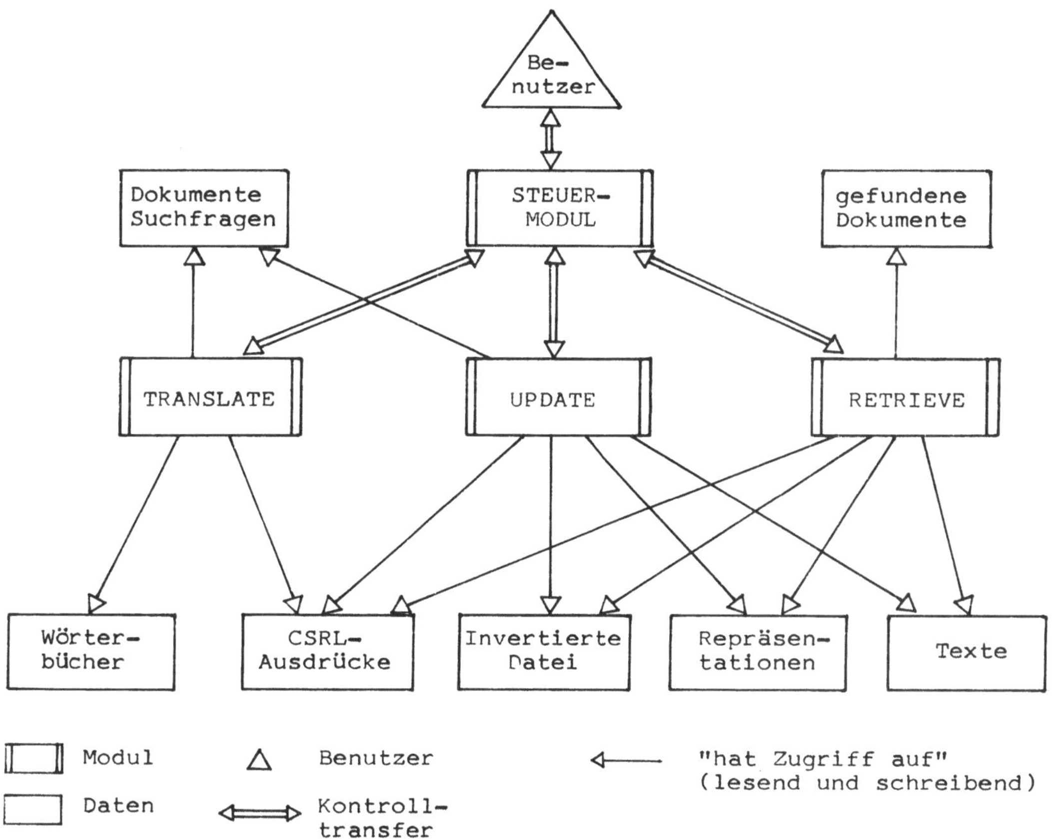

Abb. 1: Gesamtsystemarchitektur von SIRAS

Im folgenden werden kurz die Modul-Funktionen beschrieben:

TRANSLATE

Dieser Modul überführt, wie schon in Pkt. 3.1 angedeutet, die über Display eingegebenen natürlichsprachlichen Suchfragen mit BEAST in CSRL-Ausdrücke. Dazu ist ein Zugriff auf Wörterbücher mit syntaktischer und semantischen Informationen notwendig. Zusätzlich werden Eingaben in "benutzerfreundlicher" CSRL-Form in die interne CSRL-Form überführt. Die Eingabe der Dokumente erfolgt z.Z. noch auf diese Art.

UPDATE

Wenn es sich bei der Eingabe um Dokumente gehandelt hat, liest der Modul UPDATE die dazugehörigen Repräsentationen aus "CSRL-Ausdrücke" und speichert sie in die Datei "Repräsentationen". Um die Suche effizienter zu gestalten, wird zusätzlich eine invertierte Datei angelegt, in der zu jedem Deskriptor die Dokumente aufgelistet sind, in denen dieser vorkommt. Zusätzlich werden von UPDATE die natürlichsprachlichen Dokumententexte in der Datei "Texte" abgelegt. Dokumententext und Dokumentenrepräsentation erhalten eindeutige Identifizierer.

RETRIEVE

Handelte es sich bei der Eingabe um eine Suchfrage, wird von dem Modul RETRIEVE zu jedem in der Suchfragenrepräsentation vorkommenden Deskriptor durch Zugriff auf die "invertierte Datei" die Adresse der Dokumentenrepräsentation ermittelt, in der der jeweilige Deskriptor vorkommt. Nachdem alle Repräsentationen ermittelt sind, werden ihre Ähnlichkeiten zur Suchfragenrepräsentation, die in der Dateischnittstelle "CSRL-Ausdrücke" gespeichert ist, berechnet. Danach werden die dazugehörigen Dokumententexte nach fallenden Ähnlichkeiten auf Display ausgegeben.
Die gewünschte Suchebene teilt der Benutzer dem System durch eine Indexangabe mit. Zusätzlich kann durch Vorgabe eines Schnittes für die Mindestähnlichkeit, die ein Dokument zur Suchfrage haben soll, beeinflußt werden.

4. Schlußbemerkungen

Mit dem hier vorgestellten Verfahren sind präzisere Aussagen über die Ähnlichkeiten von Dokumenten möglich, die über die bisher in DRS erreichte Tiefe hinausgehen. Der Einsatz von Heuristiken, die dieses Wissen bei der Recherche adäquat auswerten, lassen das System auf Benutzerwünsche flexibel reagieren. Damit wird der Anwendungsbereich solcher Systeme erheblich erweitert, was zwangsläufig die Grenzen zwischen Dokumenten-Retrieval und Fakten-Retrieval (Datenbanksysteme, Frage-Antwort-Systeme) verwischt. Der integrierte Einsatz beider Retrievalarten in einem System ist eine Forderung, die immer wieder erhoben wird (vgl. z.B. /Tae78/), da dies den Gegebenheiten der Praxis näher kommt.

Um dem Benutzer Kriterien für die sichere Auswahl der richtigen Retrievalebene in die Hand zu geben, sind weitere Untersuchungen erforderlich. Dazu bedarf es einer Festlegung, welche semantische Ebene den Anforderungen eines bestimmten Informationsbedürfnisses gerecht wird. Insbesondere erfordert eine automatische Anpassung des Systems an den Benutzer die exakte Definition des Begriffs "semantische Ebene" in Abhängigkeit der syntaktischen Komponenten und den Benutzervorstellungen, so daß ein quantitativer Zusammenhang hergestellt werden kann zwischen Eigenschaften der Repräsentationssprache und dem Verhalten des Systems (vgl. /Joc80/).

Untersuchungen in diese Richtung führen zu intelligenteren und benutzerfreundlicheren Informationssystemen.

Literatur

/Boc75/ Bock M., Hausen H.L., Konrad E., Zuse H.: FAKYR - An On-Line Information Retrieval System, in: Proceedings of the 1975 Conference on Information Science and Systems, Baltimore (Maryland), April 1975, p. 364.

/Coo68/ Cooper, W.S.: Expected Search Length: A Single Measure of Retrieval Effectiveness Based on the Weak Ordering Action of Retrieval Systems, in: Amarican Documentation, vol. 19, 1968, p. 30.

/Cro68/ Cros R.C., Gardin J.C., Levy F.: L'Automation des Recherches Documentaires, Un Modele General le SYNTOL, Paris 1968.

/Dah74/ Dahlberg, I.: Multi-Level-Semantic and Formal Subject Representation of Document Contents, in: Study Committee "Research on the theoretical Basis of Information", Moskau 24.-26- April 1974.

/Far67/ Farradane, J.: Concept Organization for Information Retrieval, in: Information Storage and Retrieval, vol. 3, p. 297, 1967.

/Fil68/ Fillmore, C.J.: The Case for Case, in: Bach E., Harms R.T. (ed.): Universals in Linquistic Theory, New York 1968.

/Hab79a/ Habel Ch., Rollinger C., Schmidt A.: Modale Repräsentationssprachen, in: /Sch79/.

/Hab79b/ Habel Ch., Schmidt A., Schweppe H.: Das Beast-System, in: /Sch79/.

/Joc79/ Jochum, F.: SIRAS - ein natürlichsprachliches Informationssystem, interner CIS-Bericht 6/79, Institut für Angewandte Informatik, Technische Universität Berlin.

/Joc80/ Jochum, F.: Zur Bestimmung von Distanzen zwischen semantischen Repräsentationssprachen, in: Wissensstrukturen und Ordnungsmuster, Proceedings der 4. Fachtagung der Gesellschaft für Klassifikation e.V., 16.-19. April 1980 in Salzburg.

/Par72/ Parson, T.: The logic of Grammatical Modifiers, in: Davidson, Harman (eds.): Semantics of Natural Language, 1972, p. 127.

/Reb76/ Reball, S.: Semantischer Bereich und Sachverhaltsbeschreibung von Dokumenteninhalten, in: International Classification, vol. 3, 1976, p. 18.

/Sal71/ Salton, G. (ed.): The SMART Retrieval System, Englewood Cliffs, N.J. 1971.

/Sch79/ Schneider, H.J. (ed.): Abschlußbericht des Projektes "Automatische Erstellung semantischer Netze", Institut für Angewandte Informatik, Technische Universität Berlin, 1979.

/Sto76/ Stokolova, N.A.: Syntactic Tools and Semantic Power of Information Languages, in: International Classification, vol. 3, 1976, p. 75.

/Tae78/ Taeuber, D.: CONDOR: Ein integriertes Datenbank- und Informationssystem, in: Nachrichten für Dokumentation, vol.29, 1978.

DISTANZMASSE ZWISCHEN ZEICHENREIHEN - DEFINITIONEN UND ALGORITHMEN

R.-J. Fischer
Institut für Medizinische Informatik und Biomathematik
der Westfälischen Wilhelms-Universität Münster
Hüfferstr. 75, 4400 Münster
(Direktor: Prof. Dr. med. et Dipl.-Math. F. Wingert)

1 EINLEITUNG

Bei vielen Anwendungen der Textverarbeitung benötigt man ein Maß für die Distanz zweier Zeichenreihen. Aus der Literatur sind zahlreiche Beispiele solcher Distanzmaße bekannt. Da die Definitionen der Maße und die Algorithmen zur Berechnung der jeweiligen Distanz meist sehr unterschiedlich sind, fällt es schwer, die einzelnen Verfahren miteinander zu vergleichen. Vorteile und Nachteile bei vorgegebener Problemstellung sind oft nicht direkt ersichtlich, und es fehlen Hinweise auf die notwendigen Veränderungen der Voraussetzungen, um eine Definition in die andere überzuführen.

Eingehende Untersuchungen zeigen, daß sich alle Algorithmen auf wenige Typen zurückführen lassen. Den Definitionen ist gemeinsam, daß die Distanz zweier Zeichenreihen um so geringer ausfällt, je mehr Paare von gleichen Zeichen in beiden Zeichenreihen enthalten sind.

Im folgenden sollen die wichtigsten Typen von Distanzmaßen und Algorithmen dazu vorgestellt und die Vorteile und Nachteile möglichst allgemein beschrieben werden.

2 DEFINITIONEN

Sei Θ ein endliches Alphabet von Symbolen.

$X = x_1 \ldots x_n$ mit $x_i \varepsilon \Theta$, $i = 1,\ldots,n$, heißt <u>Zeichenreihe</u>, die x_i heißen <u>Zeichen</u> von X.

Λ sei die <u>leere Zeichenreihe</u>.

$L_X := n$ sei die Länge der Zeichenreihe X. $L_\Lambda := 0$.

Z sei die <u>Menge der Zeichenreihen</u> mit endlicher Länge; es sei $\Lambda \varepsilon Z$.

In Z sei eine <u>Verkettung</u> von Zeichenreihen durch Hintereinanderschreiben der Zeichen definiert:

Seien $X,Y \varepsilon Z$; $x = x_1 \ldots x_n$, $Y = y_1 \ldots y_m$; $n,m \geq 0$.

Dann ist

$X\Lambda := X,\ \Lambda Y := Y, XY := x_1 \ldots x_n y_1 \ldots y_m$.

Die zusammenhängende Teilzeichenreihe $X(i:j)$ wird definiert als

$X(i:j) := x_i \ldots x_j$ für $1 \leq i \leq j \leq L_X$.

Das i-te Zeichen einer Zeichenreihe X ist $X(i) := x_i$ für $1 \leq i \leq L_X$. Im folgenden werden nur Zeichenreihen aus Z betrachtet.

3 ALLGEMEINE EIGENSCHAFTEN VON DISTANZMASSEN

Zu einem Distanzmaß gehört eine Distanzfunktion $D\colon Z \times Z \rightarrow \mathbf{R}$, die die Distanz $D(A,B)$ für Zeichenreihen A und B angibt.

Allgemein wird D so definiert, daß es folgende Eigenschaften hat:
Für alle $A,B \in Z$ gilt:

1) $D(A,B) \geq 0$
2) $A = B \implies D(A,B) = 0$
   Meist ist auch die Umkehrung gefordert:
3) $D(A,B) = 0 \implies A = B$

Die Symmetrie $D(A,B) = D(B,A)$ ist nicht immer verlangt; ebenso nicht die Dreiecksungleichung $D(A,C) \leq D(A,B) + D(B,C)$.

Zu der speziellen Definition eines Distanzmaßes kommt man durch eine Interpretation, welche Teilzeichenreihe von B welcher Teilzeichenreihe von A entspricht und umgekehrt. Für A und B wird dadurch eine Zerlegung S in n Paare (A_i,B_i) von Teilzeichenreihen definiert, wobei entweder A_i oder B_i auch gleich Λ sein kann.

Man führt dann die Distanz von A und B durch

$$D(A,B) := \sum_{i=1}^{n} D(A_i,B_i)$$

auf die Distanzen der Paare (A_i,B_i) zurück.
Die häufigsten Beispiele von Paaren (A_i,B_i), die für eine Zerlegung herangezogen werden, und ihrer Distanzen sind:

1) $A_i := A(j),\ 1 \leq j \leq L_A;\ B_i := B(k),\ 1 \leq k \leq L_B$

   Deutung: "Das k-te Zeichen von B entspricht dem j-ten Zeichen von A"

$$D(A(j),B(k)) := \begin{cases} c, & \text{falls } A(j) = B(k) \\ u & \text{sonst} \end{cases}$$

2) $A_i := A(j),\ 1 \leq j \leq L_A;\ B_i := \Lambda$

Deutung: "Das j-te Zeichen von A entspricht keinem Zeichen von B"

$D(A(j), \Lambda) := w$

3) $A_i := \Lambda;\ B_i := B(k),\ 1 \leq k \leq L_B$

Deutung: "Das k-te Zeichen von B entspricht keinem Zeichen von A"

$D(\Lambda, B(k)) := e$

4) $A_i := A(j)A(j+1),\ 1 \leq j \leq L_A-1;\ B_i := B(k)B(k+1),\ 1 \leq k \leq L_B-1$ mit

$B(k) = A(j+1),\ B(k+1) = A(j)$

Deutung: "das j-te und das j+1-te Zeichen von A sind in B zum k+1-ten und k-ten Zeichen vertauscht"

$D(A(j)A(j+1), B(k)B(k+1)) := d$

Die Distanz wird also in diesen Beispielen unabhängig von der Position in den Zeichenreihen A und B definiert. Bei Zerlegungen, die nur aus diesen speziellen Paaren von Teilzeichenreihen bestehen, gilt für die Distanz und für die Konstanten c, u, w, e und d [1] :

$D(A,B) \geq 0 \iff c, u, w, e, d \geq 0$

Weiter folgt aus $D(A,B) \geq 0$ für alle A und B:

$(A = B \implies D(A,B) = 0) \iff c = 0$

$(D(A,B) = 0 \implies A = B) \iff u, w, e, d > 0$

Ferner gilt: $D(A,B) = D(B,A) \iff e = w$.

Die Zerlegungen in n Paare (A_i, B_i) können sehr allgemein definiert sein. Sind A und B nicht eindeutig zerlegbar und führen verschiedene Zerlegungen zu verschiedenen Distanzen, so ist eine Minimierung über alle definierten Zerlegungen S notwendig:

$$D(A,B) := \min_S \sum_{i=1}^{n_S} D(A_i^S, B_i^S)$$

4 DISTANZMASSE OHNE MINIMIERUNG

Aus den vielen Beispielen von Distanzmaßen, die ohne Minimierung auskommen, seien hier drei extrem verschiedene vorgestellt. Dabei soll die Definition nicht in jedem Fall auf die Beschreibung von definierten Zerlegungen S zurückgeführt werden, um den Überblick zu bewahren.

4.1 Die HAMMING-Distanz

A und B werden eindeutig zerlegt durch

$$(A_i,B_i) := \left\{ \begin{array}{l} (A(i),B(i)), \text{ falls } 1 \leq i \leq \min(L_A,L_B) \\ (A(i),\Lambda), \text{ falls } i > \min(L_A,L_B) = L_B \\ (\Lambda,B(i)), \text{ falls } i > \min(L_A,L_B) = L_A \end{array} \right\} \quad i=1,\ldots,\max(L_A,L_B)$$

Sei $c := 0$; $e, w, u := 1$.

Dann ist die HAMMING-Distanz definiert durch

$$H(A,B) := \sum_{i=1}^{\max(L_A,L_B)} D(A_i,B_i) = \sum_{i=1}^{\min(L_A,L_B)} D(A_i,B_i) + |L_A - L_B|$$

4.2 Die Mengen-Distanz

Die Mengen-Distanz M(A,B) gibt die Anzahl der verschiedenen Zeichen an, die in genau einer der beiden Zeichenreihen vorkommen.

Man kann diese Definition auf folgende Zerlegungen S zurückführen:

$$(A_i,B_i) := \left\{ \begin{array}{l} (A(i),B(j)), \text{ falls es ein } j \ (1 \leq j \leq L_B) \text{ gibt mit } B(j)=A(i) \\ (A(i),\Lambda) \text{ sonst} \end{array} \right\}, \quad i = 1,\ldots,L_A ;$$

$$(A_i,B_i) := \left\{ \begin{array}{l} (A(j),B(i-L_A)), \text{ falls es ein } j \ (1 \leq j \leq L_A) \text{ gibt mit } A(j) = B(i-L_A) \\ (\Lambda,B(i-L_A)) \text{ sonst} \end{array} \right\}, \quad i = L_A+1,\ldots,L_A+L_B .$$

Sei $c := 0$; $e, w, u := 1$.

$$\Longrightarrow \quad M(A,B) = \sum_{i=1}^{L_A+L_B} D(A_i,B_i)$$

4.3 Die Überdeckungs-Distanz

Die Überdeckungs-Distanz [3] ist unsymmetrisch in A und B. In B enthaltene Teilzeichenreihen B_i der Mindestlänge 2 werden identischen Teilzeichenreihen A_i in A zugeordnet. Die Anzahl der Zeichen aus B, die in einer Teilzeichenreihe B_i liegen und daher auch in der zugeordneten

Teilzeichenreihe A_i in A liegen, heißt <u>Überdeckungsgrad</u> G(A,B) von B durch A.

Die <u>Überdeckungs-Distanz</u> ist dann definiert als

$U(A,B) := (L_B - G(A,B))/L_B = 1 - G(A,B)/L_B$

4.4 Vergleich der Distanzmaße

Die HAMMING-Distanz setzt eine sehr starre Zerlegung voraus, bei der zeichenweise verglichen wird. Sie eignet sich daher im wesentlichen nur für gleich lange Zeichenreihen, in denen sich entsprechende Teilzeichenreihen nicht gegeneinander verschoben sind, wie etwa bei Bitketten fester Länge.

Die Mengen-Distanz geht auf den anderen Extremfall einer sehr variablen Zerlegung der Zeichenreihen A und B zurück. Im Gegensatz zur HAMMING-Distanz können verschiedene Zeichenreihen nur bei einem Alphabet von hinreichendem Umfang unterschieden werden. Die Mengen-Distanz eignet sich nur für Problemstellungen, bei denen Position und Anzahl gleicher Zeichen keine Rolle spielen, sondern nur Mengen von Zeichen zu vergleichen sind.

Nahezu alle bekannten Distanzmaße, die symmetrisch in A und B sind, sind Spezialfälle oder Mischformen der HAMMING-Distanz und der Mengen-Distanz.

Die Überdeckungs-Distanz repräsentiert die unsymmetrischen Distanzmaße. Für alle $Y \in Z$ gilt $U(AY,B) \leq U(A,B)$, wobei $U(AY,B) = U(A,B)$ auch gilt, wenn $U(Y,B) = 1$ ist, das heißt, wenn Y und B maximale Distanz haben. Die unsymmetrischen Maße eignen sich für Probleme der automatischen Indexierung, wie etwa: "Finde alle Zeichenreihen A, die die Zeichenreihe B oder Teilzeichenreihen von B enthalten."; ferner für den computer-unterstützten Unterricht: "Die Schüler-Eingabe A gilt als richtig, wenn sie genügend viel von der richtigen Antwort B abdeckt."

Auch zu der Überdeckungs-Distanz gibt es Varianten und Mischformen mit den oben beschriebenen Maßen.

Die Algorithmen zur Berechnung der Distanzen sind elementar und werden nicht diskutiert.

5 DISTANZMASSE MIT MINIMIERUNG

5.1 Die Operatoren-Distanz

Eine Klasse von speziellen Distanzmaßen geht davon aus, daß bei den Paaren (A_i,B_i) einer Zerlegung von A und B die Teilzeichenreihe B_i durch einen Operator O aus A_i erzeugt worden ist.

Eine wesentliche Einschränkung für die Auswahl der Zerlegungen besteht darin, daß die A_i, die ungleich Λ sind, in A dieselbe Reihenfolge haben wie die B_i, die ungleich Λ sind, in B und daß diese A_i sich nicht in A und die B_i sich nicht in B überlappen.

Die Verfahren unterscheiden sich dann durch verschiedene Arten von berücksichtigten Operatoren O. Die in Kapitel 3 genannten speziellen Paare (A_i,B_i) entsprechen der Reihe nach den häufigsten Operator-Arten:

1) U_j^k "Übergang vom j-ten Zeichen von A zum k-ten Zeichen von B"
2) W_j "Weglassen des j-ten Zeichens von A"
3) E_k "Einfügen des k-ten Zeichens von B"
4) V_j^k "Vertauschen des j-ten und des j+1-ten Zeichens von A zum k+1-ten und k-ten Zeichen von B"

Damit sich die Indices j und k immer auf die Positionen der Zeichen in A und B beziehen, stellt man sich vor, daß die Erzeugung von B aus A unter einer Menge von Operatoren "simultan" geschieht.

Es seien die Operator-Arten vorgegeben. Dann gibt es i.a. verschiedene Mengen von Operatoren, um aus einer Zeichenreihe A eine Zeichenreihe B zu erzeugen. Entsprechend gibt es verschiedene Zerlegungen S, die jeweils in verschiedenen Kosten

$K_S(A,B) := \sum_{i=1}^{n_S} D(A_i^S,B_i^S)$ resultieren. Die Operatoren-Distanz ist dann das Minimum dieser Kosten:

$$D(A,B) := \min_S K_S(A,B) = \min_S \sum_{i=1}^{n_S} D(A_i^S,B_i^S)$$

Wegen der gleichen Reihenfolge der A_i in A und der B_i in B lassen sich die Kosten sukzessive aus Teilkosten

$$t_k := \sum_{i=1}^{k} D(A_i,B_i) = D(A_1\ldots A_k,B_1\ldots B_k),\ k=1,\ldots,n \text{ berechnen.}$$

Für die Konstanten c, u, e, w und d aus Kapitel 3 wird in diesem Kapitel vorausgesetzt: $c = 0$; $e, w, u, d > 0$.

Man kann zeigen, daß man ohne weitere Beschränkung der Allgemeinheit die Wahl der Konstanten durch folgende Ungleichungen einschränken kann:
$e + w > u$, $e + w > d$, $2u > d$
Sind diese Bedingungen nämlich nicht erfüllt, dann kann man für die Berechnung minimaler Kosten auf Paare (A_i,B_i) verzichten, deren Distanz u oder d beträgt. Das bekannteste Beispiel dafür ist die Bestimmung der längsten gemeinsamen Zeichenfolge.
Dabei ist $F = f_1\ldots f_n$ eine gemeinsame Zeichenfolge von A und B $:\Leftrightarrow$ es gibt monoton steigende Teilfolgen $\{j_1,\ldots,j_n\} \subset \{1,\ldots,L_A\}$ und $\{k_1,\ldots,k_n\} \subset \{1,\ldots,L_B\}$ mit $A(j_i) = f_i = B(k_i)$ für $i = 1,\ldots,n$.

Gemeinsame Zeichenfolgen entstehen durch ausschließliche Berücksichtigung von Paaren (A_i,B_i) mit $A_i = \Lambda$, $B_i = \Lambda$ oder $A_i = A(j) = B(k) = B_i$. Um diese Auswahl von Operator-Arten aus den oben genannten zu erreichen, kann man $u = e + w$ und $d = 2u = 2e + 2w$ wählen [5].

5.2 Algorithmen mit Knoten-Mengen

In Anlehnung an [4] sei folgender Algorithmus zur Berechnung der Operatoren-Distanz angegeben:
Ein Knoten N sei ein Tripel (i_A,i_B,t) mit $A,B \in Z$; $i_A,i_B \in \mathbb{N}$; $t \in \mathbb{R}$.
Gegeben sei eine Menge von Operator-Arten O, die aus einer Zeichenreihe A_i eine Zeichenreihe B_i erzeugen.

Schritt 1: Die Menge der Knoten sei anfangs $M = \{(1,1,0)\}$.

Schritt 2: Entferne aus M einen Knoten $N = (i_A,i_B,t_k)$ mit geringsten Teilkosten $t_k = D(A_1\ldots A_k,B_1\ldots B_k)$.

Es ist $A = A_1\ldots A_k A'$ mit dem noch nicht zerlegten Rest A'; ebenso: $B = B_1\ldots B_k B'$. i_A ist die Position in A hinter $A_1\ldots A_k$, i_B ist die Position in B hinter $B_1\ldots B_k$.
Gilt dann $A' = B' = \Lambda$, das heißt $i_A = L_A+1$ und $i_B = L_B+1$, so gilt $t_k = D(A,B)$, und der Algorithmus ist beendet.

Sonst führe zu jeder Operator-Art O Schritt 3 aus.

<u>Schritt 3</u>: Bestimme das nächste Paar von Teilzeichenreihen (A_{k+1},B_{k+1}), so daß $O(A_{k+1}) = B_{k+1}$.

$$t_{k+1} := t_k + D(A_{k+1},B_{k+1})$$

Berechne i_A als Position in A hinter A_{k+1} und i_B als Position in B hinter B_{k+1}. Füge M den Knoten $N = (i_A,i_B,t_{k+1})$ hinzu.

Sind alle Operator-Arten berücksichtigt, führe Schritt 2 aus.

Der Algorithmus setzt voraus, daß unter den Operator-Arten wenigstens eine bei Schritt 3 zu einem nächsten Paar von Teilzeichenreihen (A_{k+1},B_{k+1}) führt. Das ist zum Beispiel der Fall, wenn die Operatoren W_j und E_k (für beliebige j und k) vertreten sind.

Eine Reihe von Verfahren, die durch bestimmte Operatoren B aus A zu erzeugen versuchen, lassen sich auf den obigen Algorithmus für die Operatoren-Distanz zurückführen. Es liegt nahe, sie rekursiv zu implementieren.

5.3 Algorithmen mit einer Teilkosten-Matrix

Für zwei Zeichenreihen A und B kann man eine reelle Matrix $T_{ij} = (t_{ij})$; $i = 1,\dots,L_A$; $j = 1,\dots,L_B$ definieren.

In einem Element t_{ij} lassen sich etwa die Teilkosten

$$t_k = \sum_{m=1}^{k} D(A_m,B_m) = D(A(1:i),B(1:j)) \text{ festhalten.}$$

Wird t_{ij} darüber hinaus noch als die minimalen Teilkosten über alle definierten Zerlegungen von A(1:i) und B(1:j) bestimmt, erhält man in $t_{L_A L_B}$ schließlich die gewünschte Distanz D(A,B).

Die Matrix T_{ij} heißt <u>Teilkosten-Matrix</u>.

Zwei verschiedene Algorithmen seien hier vorgestellt.

Beide gehen von den Operatoren U_j^k, W_j, E_k und V_j^k aus.

Der erste Algorithmus nach [2] berechnet ein Element t_{ij} aus den drei Elementen $t_{i-1,j-1}$, $t_{i-1,j}$ und $t_{i,j-1}$ und, falls A(i) = B(j-1) und A(i-1) = B(j), aus $t_{i-2,j-2}$.

Die Teilkosten-Matrix wird durch folgende Anfangswerte "gerändert":

$t_{oo} := 0$

$t_{i,o} := i \cdot w;\ i = 1,\dots,L_A$

$t_{o,j} := j \cdot e;\ j = 1,\dots,L_B$

$$\text{Sei } v(i,j) := \begin{cases} t_{i-2,j-2} + d, \text{ falls } A(i) = B(j-1) \text{ und } A(i-1) = B(j) \\ i \cdot w + j \cdot e \text{ sonst} \end{cases}$$

Dann ist

$t_{ij} := \min(t_{i-1,j}+w,\ t_{i,j-1}+e,\ t_{i-1,j-1} + D(A(i),B(j)),\ v(i,j))$.

Der zweite Algorithmus nach [1] benutzt als zusätzliche Voraussetzung, daß die Distanz $D(A,B)$ eine vorgegebene Schranke $M \in \mathbb{N}$ nicht überschreiten soll. Die Teilkosten

$t_k = \sum_{m=1}^{k} D(A_m,B_m) = D(A(1:i),B(1:j))$ werden in dem Element $t_{i+1,j+1}$ der Teilkosten-Matrix T_{ij}, die um die Elemente t_{oo} und t_{L_A+1,L_B+1} erweitert wird, festgehalten. Der Indexbereich von i und j ist also:

$I_T := \{(i,j) \mid i = 1,\dots,L_A;\ j = 1,\dots,L_B\} \cup \{0,0\} \cup \{L_A+1,L_B+1\}$

$t_{oo} := 0$

$$\text{Sei } D_m(i,j) := \min_{\substack{(r,s) \in I_T \\ r < i \\ s < j}} (t_{rs} + \max(0,j-i) \cdot e + \max(0,i-j) \cdot w + \min(i-r-1,j-s-1) \cdot u) \ .$$

Dann ist

$$t_{ij} := \begin{cases} D_m(i,j), \text{ falls } A(i) = B(j) \\ D_m(i-1,j-1)+d, \text{ falls } B(j-1) = A(i) \neq B(j) = A(i-1) \\ M+1 \text{ sonst} \end{cases} \ .$$

In t_{L_A+1,L_B+1} erhält man die Distanz $D(A,B)$.

Wegen der Vorgabe der Schranke M brauchen nur solche t_{ij} der Teilkosten-Matrix berechnet zu werden, für die $(j-i) \cdot e < M$ und $(i-j) \cdot w < M$ gilt. Die übrigen können alle den Wert M+1 erhalten. Ferner braucht $D_m(i,j)$ im konkreten Fall nicht auf alle t_{rs} mit $(r,s) \in I_T$, $r < i$, $s < j$ zurückzugreifen, sondern in Abhängigkeit von der Wahl von e, w, u, d und M nur auf eine feste Teilmenge der t_{rs}.

5.4 Vergleich der Algorithmen zur Operatoren-Distanz

Algorithmen, die mit Knoten-Mengen arbeiten, sind unabhängig von der Wahl der Konstanten c, e, w, u und d. Sie sind ferner allgemein gegenüber der Wahl der berücksichtigten Operator-Arten flexibler als Berechnungen mit einer Teilkosten-Matrix.

Zu einem entscheidenden Nachteil der Algorithmen mit Knoten-Mengen führt die Überlegung, daß die gegebene Zeichenreihe B meist nicht nur mit einer Zeichenreihe A, sondern mit allen Wörtern eines Lexikons $\{A\}$ verglichen werden muß. Die Anzahl der zu generierenden Knoten ist nach [4] gleich

$$N \cdot \left(\frac{1 - K^{p+2}}{1 - K}\right) - K ,$$

wobei N die Anzahl der Wörter im Lexikon ist, p die minimale Anzahl von Paaren (A_i,B_i) bei einer Zerlegung mit minimalen Kosten ist und K die Anzahl berücksichtigter Operator-Arten ist.

Wenn man für einen Knoten 8 Bytes Speicherbedarf zugrunde legt, ergibt sich schon für K = 4 und p = 4, daß pro Wort des Lexikons über 10k Bytes für die Knoten benötigt werden. Mit wachsendem Umfang des Lexikons übersteigt damit der Speicherbedarf schnell alle praktischen Grenzen.

In [4] wird deshalb die Anzahl der Knoten dadurch stark vermindert, daß in Schritt 3 des Algorithmus zunächst überprüft wird, ob $A(i_A) = B(i_B)$ ist. Ist das der Fall, wird nur $(A_{k+1},B_{k+1}) = (A(i_A),B(i_B))$ als nächstes Paar von Teilzeichenreihen berücksichtigt. Damit wird aber (über die Festlegung von c hinaus) für bestimmte Operator-Arten die Definition der Distanz von (A_i,B_i) eingeschränkt.

Ein weiterer bedeutender Nachteil liegt darin, daß für Schritt 2 des Algorithmus die Menge der Knoten immer nach den Teilkosten t sortiert sein muß oder zumindest jedesmal nach dem ersten Knoten mit geringsten Teilkosten durchsucht werden muß.

Als Vorteil ist anzuführen, daß für fast alle A des Lexikons nur Teilkosten berechnet werden müssen. Algorithmen mit Knotenmengen empfehlen sich also, wenn der Umfang des Lexikons sehr klein ist (weniger als 20 Wörter).

Sonst ist ein Algorithmus, der eine Teilkosten-Matrix berechnet, vorzuziehen. Der Speicherplatzbedarf ist gering, da die Distanz jeweils nur für ein Zeichenreihenpaar (A,B) bestimmt wird. Da die Teilkosten-Matrix zeilenweise berechnet werden kann, bringt ein Lexikon, in dem die Wörter als binärer Baum [6] enthalten sind, eine bedeutende Ersparnis an

Rechenaufwand mit sich. Alle Wörter A, die im Anfangsteil A(1:i) übereinstimmen, ergeben nämlich i identische erste Zeilen der Teilkosten-Matrix.

Obwohl im allgemeinen Fall die Distanz von B zu allen Wörtern A des Lexikons berechnet werden muß, ist das unter zusätzlichen Bedingungen nicht immer nötig. Ein Beispiel dafür ist der beschriebene Algorithmus, der eine vorgegebene Schranke M für die Distanz voraussetzt. Es können dann im Binärbaum, der das Lexikon darstellt, ganze Unterbäume unberücksichtigt bleiben. Unter diesen Umständen lassen sich noch Lexika mit mehr als 30.000 Wörtern mit vertretbarem Rechenaufwand nach einer Zeichenreihe A durchsuchen, die zu gegebenem B die geringste Distanz hat.

6 ERGEBNIS

Es wurden verschiedene Distanzmaße zum Vergleich von Zeichenreihen A und B vorgestellt.

Ist die Problemstellung so, daß B durch Anwendung gegebener Operator-Arten als aus A erzeugt betrachtet wird, bietet sich ein Algorithmus für die Operatoren-Distanz an. Dabei ist bei umfangreichem Lexikon $\{A\}$ ein Verfahren mit Berechnung einer Teilkosten-Matrix einem anderen, das B schrittweise aus allen Wörtern A zu konstruieren versucht, vorzuziehen.

Sonst bietet sich eines der einfacheren Distanzmaße, die HAMMING-Distanz, die Mengen-Distanz, die Überdeckungs-Distanz oder eine Mischform von ihnen an. Die genaue Auswahl richtet sich danach, welches Maß am besten den Überlegungen entspricht, wie bei der vorgegebenen Problemstellung die Zeichen von B als aus den Zeichen von A entstanden betrachtet werden.

7 LITERATUR

[1] FISCHER, R.-J.:
Automatische Schreibfehlerkorrektur in Texten.
Inaug. Diss., Münster 1979.

[2] LOWRANCE, R., WAGNER, R.A.:
An Extension of the String-to-String Correction Problem.
Journal of the ACM 22 (1975) 177-183

[3] SCHEK, H.J.:
Tolerating Fuzzyness in Keywords by Similarity Searches.
IBM Wissenschaftliches Zentrum, Heidelberg 1975

[4] URMI, J.:
String to String Correction.
Tekniska Högskolan, Linköping 1978

[5] WAGNER, R.A.:
The String-to-String Correction Problem.
Journal of the ACM 21 (1974) 168-173

[6] WINGERT, F., FISCHER, R.-J:
Medizinische Dokumentation, Datenbank- und Datenkommunikationssysteme auf der Basis von IMS.
IBM Deutschland GmbH, Fachbereich Wissenschaft und Verwaltung, Bonn 1975

Textverarbeitung zur Vorbereitung und Durchführung einer automatischen Indexierung

G. Knorz, G. Putze

Zusammenfassung

Der Beitrag beschreibt die allgemeine Konzeption einer automatischen, wörterbuchabhängigen Indexierung, wie sie in einem Projekt an der Technischen Hochschule Darmstadt verfolgt wird. Lösungen für Probleme, die im Rahmen der automatischen Indexierung unmittelbar die Verarbeitung von Texten betreffen, werden vorgestellt und diskutiert sowie die dazu im Darmstädter Projekt angewandten Verfahren dargestellt. Aufgabe und Inhalt eines Wörterbuchs für automatische Indexierung werden umrissen. Verfahren, die aus Texten Daten zum Aufbau eines Wörterbuchs generieren, werden eingeordnet und exemplarisch vorgestellt, dabei wird auf typische Schwierigkeiten und Probleme eingegangen.

1 Einleitung

Indexieren läßt sich definieren als die Darstellung des Inhalts eines Fachtextes für die Zwecke des Information Retrieval. Im technisch-naturwissenschaftlichen Bereich verwendet man dazu im wesentlichen Deskriptoren, die syntaktisch verknüpft sein können (links, roles). Ein Thesaurus führt für die Indexierung nicht zugelassene Fachausdrücke auf Deskriptoren zurück und gibt auch semantische Relationen zwischen den Deskriptoren an.

Das Problem der automatischen Indexierung ist aus theoretischer und praktischer Sicht interessant:

- Unter den Ansätzen für die Verarbeitung natürlichsprachiger Texte wie automatisches Abstracting, Übersetzung, Frage-Antwort-Systeme, stellt automatisches Indexing das einfachste, nicht-triviale Problem dar.
- Es gibt noch keine anwendungsreifen Verfahren zur automatischen Indexierung.
- Die Dokumentationspraxis hat einen steigenden Bedarf an Indexierungen, deren manuelle Durchführung großen Aufwand erfordert (1).

Der vorliegende Beitrag stützt sich auf Arbeiten und Vorgehensweise im Projekt "Wörterbuchentwicklung für automatisches Indexing" an der Technischen Hochschule Darmstadt (2), in dem eine automatische Indexierung unter folgenden Rahmenbedingungen durchgeführt wird:

- Bei den zu indexierenden Texten handelt es sich um Abstracts.
- Es werden nur englische Texte betrachtet.
  (Durch Ersetzen gewisser Algorithmen bleibt ein Übergang auf andere Sprachen grundsätzlich möglich.)
- Deskriptoren werden als gegeben vorausgesetzt.
- Zur Indexierung wird ein Wörterbuch verwendet.
- Der Inhalt des Textes wird auf eine Menge von Deskriptoren reduziert (Coordinate Indexing), der Fall einer gewichteten Indexierung wird eingeschlossen.

Innerhalb dieser Voraussetzungen ist Kompatibilität zu vielen bestehenden Retrieval Systemen möglich.

Wir gehen bei der automatischen Indexierung nach folgendem Konzept vor:

Einem Text werden formale Eigenschaften zugeordnet, die grundsätzlich als "eine beliebige Kombination von im Text festgestellten Phänomenen" ([Lus 79], S. 360) definiert sind. Ein Hinweis von einer Eigenschaft des Textes auf einen Deskriptor liegt vor, wenn beide in einem Wörterbuch über eine semantische Relation verbunden sind. Die Menge aller Hinweise auf denselben Deskriptor bezeichnen wir als Relevanzbeschreibung dieses Deskriptors bezüglich des gegebenen Textes. Sie bildet die vollständige Grundlage für eine Entscheidung über die Zuteilung des Deskriptors bzw. deren Gewichtung durch die Indexing-Funktion. Die Einschränkung des Wertebereichs dieser Funktion vom Intervall $[0,1]$ auf $\{0,1\}$ stellt die ungewichtete Indexierung als Sonderfall der gewichteten dar.

Die Rolle des Wörterbuchs ist grundsätzlich vergleichbar der des Thesaurus beim manuellen Indexieren, mit dem Unterschied, daß es nicht mit Fachwissen angewendet wird, sondern gerade das gesamte Fachwissen des Systems darstellt.

Notwendigerweise ist für das Wörterbuch anzustreben:

- Vollständigkeit der aufgenommenen Fachausdrücke
- Vollständigkeit der Relationen
- Differenzierte Ausprägung der Relationen, um dem Indexing-System Angaben über Art, Stärke und Anwendbarkeit einer Relation liefern zu können.

Die Daten im Wörterbuch rechtfertigen sich letztlich nur durch ihren Erfolg beim automatischen Indexieren. Demnach stehen Wörterbuch und Indexingalgorithmus in enger gegenseitiger Abhängigkeit.

Es ist unrealistisch, sowohl Wörterbuchdaten als auch Verfahren zur Bestimmung von Texteigenschaften insgesamt als vollständig und im einzelnen als zuverlässig vorauszusetzen. Es gehört zu den Grundsätzen des Konzepts, die mangelnde Sicherheit in Bezug auf die einzelnen Daten für die Indexing-Funktion auszugleichen durch das Zusammenwirken einer Reihe von vielschichtigen Angaben.

Die seit etwa 1960 auf dem Gebiet der automatischen Indexierung betriebenen Forschungen in Laborumgebung haben gezeigt, daß ein mit der manuellen Indexierung vergleichbarer Standard erreichbar ist [Lus 70].

Diese Ergebnisse sind jedoch nicht ohne weiteres auf große Dokumentmengen zu übertragen. In noch stärkerem Maße fehlen Aussagen, die eine Bewertung der zahlreichen in der Literatur vorgeschlagenen (statistisch und linguistisch orientierten) Verfahren zur Gewinnung von Relationen für das Indexieren erlauben.

Insgesamt beziehen sich die Mängel auf

- die Dokumentation von Versuchsmaterial und Verfahren
- den relativ geringen Umfang der zugrunde gelegten Textmengen
- fehlende Abschätzungen des Erfolgs in Abhängigkeit vom Aufwand.

Die Situation ist dadurch gekennzeichnet, daß

- Forschungs- und Entwicklungsprojekte nur in Ausnahmefällen auf einem Fundament früherer Arbeiten aufbauen können
- eine sachliche Diskussion konkurrierender Ansätze erschwert wird, weil Bewertung und Vergleich wegen fehlender Angaben oft unmöglich sind.

Beiträge zu den dargestellten Problemen sind nicht in allen Fällen unmittelbares Ziel des Darmstädter Projekts. Neben der qualitativen Verbesserung bekannter Verfahren zur Gewinnung von Wörterbuchdaten und zur automatischen Indexierung sowie ihrer Weiterentwicklung bis hin zur Anwendungsreife berücksichtigen Planung und Durchführung aller Arbeiten jedoch stets das starke Interesse an Aussagen, die zur Verbesserung der geschilderten Situation beitragen können.

2 Textverarbeitung beim Indexieren

Die folgenden Ausführungen sollen sich auf die Probleme beschränken, die unmittelbar mit der Verarbeitung der zu indexierenden Texte zusammenhängen. Im Rahmen des eben vorgestellten Konzepts einer automatischen Indexierung handelt es sich dabei um Probleme, die bei der Bestimmung von Texteigenschaften auftreten.

Als Texteigenschaften ziehen wir in erster Linie in Betracht das Vorkommen von

- Einzelwörtern in seinen verschiedenen Formen
- Mehrwortgruppen in seinen verschiedenen Formen

- syntaktischen Strukturen als Erweiterung der Formen des Vorkommens von Einzelwörtern oder Mehrwortgruppen.

Da die Texteigenschaften nicht direkt zur Indexierung verwendet werden (wie das bei einer Stichwortindexierung der Fall wäre), sondern indirekt über ihnen im Wörterbuch zugeordnete Angaben dazu beitragen, ist es gerechtfertigt, die Texteigenschaften wörterbuchunabhängig zu bestimmen.

In den folgenden Abschnitten werden zunächst die von uns verwendeten Verfahren zur Bestimmung von Texteigenschaften kurz vorgestellt und damit zusammenhängende Fragen diskutiert, anschließend wird der entsprechende Teil des Systems zur automatischen Indexierung beschrieben.

2.1 Einzelwörter

Die einfachsten für die Indexierung verwertbaren Einheiten eines Textes sind die bedeutungstragenden Einzelwörter.

Bei der Verarbeitung dieser Textwörter müssen folgende Aufgaben gelöst werden:

- Erkennen des Vorkommens
- Zuordnen von Angaben aus dem Wörterbuch
- Bewertung verschiedener Formen des Vorkommens.

Um das Vorkommen relevanter Textwörter (3) zu erkennen, werden die fortlaufenden Texte aufgrund einer vorliegenden Wortdefinition zerlegt und die nichtrelevanten Wörter durch Vergleich mit einer Stopwörterliste ermittelt. Die Konzeption läßt offen, wie die relevanten Textwörter zu behandeln sind, die über einen Stellvertreter (Pronomen) im Text repräsentiert sind.

Für die Zuordnung von Angaben aus dem Wörterbuch müssen die Textwörter auf die im Wörterbuch enthaltenen Formen zurückgeführt werden; das sind sowohl die Grundform, über die die unmittelbar zu dem Begriff gehörenden Angaben aus dem Wörterbuch entnommen werden, als auch die Stammform, über die die Angaben zu semantisch ähnlichen Begriffen (mit demselben Stamm) erfragt werden. Ein Problem, das auf dieser Ebene nicht gelöst wird, ist das der (semantischen) Homographen im Text, denen ohne vorhergehende Disambiguierung die unter ihrer Benennung im Wörterbuch enthaltenen Angaben (die ebenfalls nicht differenziert sind) zugeordnet werden (4).

Die Bewertung verschiedener Formen des Vorkommens, z.B. Art der Übereinstimmung (in Grund- und Stammform) zwischen Textwort und Form im Wörterbuch oder Anzahl der Wiederholungen eines Wortes, hängt von ihrem Einfluß auf die Ergebnisse der automatischen Indexierung ab. Um entsprechende Tests durchführen zu können, müssen zunächst detaillierte Angaben über die Form des Vorkommens bereitgestellt werden.

2.2 Mehrwortgruppen

Unter Mehrwortgruppen verstehen wir im wesentlichen Fachausdrücke, die aus mehreren Einzelwörtern zusammengesetzt sind (5). Mehrwortgruppen können in verschiedenen Formen im Text vorkommen:

Textstelle	Mehrwortgruppe
... ALCOHOLIC BEVERAGE ...	ALCOHOLIC BEVERAGE
... EGG WHITE ...	EGG WHITE
... THE MILK IS THEN DRIED ...	DRIED MILK
... LIME OR ORANGE JUICE ...	LIME JUICE, ORANGE JUICE
... QUALTIY OF MEAT ...	MEAT QUALITY

Soweit sie die Zuordnung von Angaben aus dem Wörterbuch und die Bewertung verschiedener Formen des Vorkommens betreffen, entsprechen die Probleme bei der Verarbeitung von Mehrwortgruppen denen bei den Einzelwörtern; sehr viel komplexer sind sie dagegen beim Erkennen des Vorkommens.

Das von uns verwendete Verfahren zur Identifikation von Mehrwortgruppen im Text erhebt nicht den Anspruch, in jedem Fall vollständig und fehlerfrei zu arbeiten; vielmehr soll mit vertretbarem Aufwand ein möglichst hoher Anteil der im Text enthaltenen Mehrwortgruppen bestimmt werden. Das Verfahren geht von einem Wörterbuch aus, das die Mehrwortgruppen als Wortfolgen (6) enthält. Vorausgesetzt wird, daß die Einzelwörter bestimmt wurden. Eine Mehrwortgruppe wird dann im Text identifiziert, wenn ihre Komponenten in einer vorgegebenen Texteinheit gemeinsam auftreten. Da bei Paraphrasierungen von Mehrwortgruppen häufig ein Wechsel der Wortklasse stattfindet (CONCENTRATION OF MILK - CONCENTRATED MILK), wird beim Vergleich von Komponenten im Wörterbuch mit Textwörtern nur Gleichheit im Stamm gefordert.

Zwei Fragen sind im Zusammenhang mit diesen Verfahren noch zu klären:

- Wie ist die Texteinheit zu wählen, in der die Komponenten gemeinsam auftreten müssen?
  Der Satz als struktuelle Untereinheit von Texten scheint sich anzubieten, aber auch ein Maximalabstand der Komponenten - abhängig oder unabhängig von Satzgrenzen - ist denkbar.
- Ist die mehrfache Verwendung von Textwörtern als Komponenten von Mehrwortgruppen zulässig?
  Während sie bei der Betrachtung von mehrgliedrigen koordinierten Ausdrücken (PROTEIN AND FAT CONTENT) erwünscht ist, kann sie bei der Betrachtung von größeren Texteinheiten zu sehr vielen (unsinnigen) Kombinationen führen.

Beide Fragen werden nicht alternativ entschieden, sondern es werden mehrere Fälle betrachtet, die unter "Probleme der Bewertung verschiedener Formen des Vorkommens" eingeordnet und wie bei den Einzelwörtern über eine Bewertung der automatischen Indexierung näher untersucht werden.

2.3 Syntaktische Strukturen

Bei dem Verfahren zur Identifikation von Mehrwortgruppen wurde deutlich, daß die (hier sehr naheliegende) syntaktische Analyse nicht unumgänglich ist.

Es gibt jedoch viele Fälle, wo durch die Untersuchung von syntaktischen Strukturen Texteigenschaften präzisiert werden können, z.B.

- falls die exakte Anzahl von Wiederholungen eines Terms (7) im Text unter Berücksichtigung von Pronomen als Stellvertretern ermittelt werden soll
- bei Hervorhebungen (8) oder Verneinungen von Terms, entweder durch Attributierungen im Text oder über spezielle (Teil-)satzstrukturen
- bei Mehrwortgruppen, um die Form des Vorkommens genauer zu erfassen (Komponenten treten gemeinsam in einer Nominalphrase auf) oder um syntagmatische Beziehungen zwischen den Komponenten (COLORANTS IN FOODS, COLORANTS FOR FOODS) berücksichtigen zu können.

Im Rahmen des Darmstädter Projekts werden bei der Bestimmung von Texteigenschaften bis jetzt noch keine syntaktischen Strukturen betrachtet.

2.4 Ablauf im System

Bevor die Realisierung der bisher vorgestellten Verfahren in dem für das Darmstädter Projekt entwickelten System zur automatischen Indexierung geschildert wird, sei auf folgende Punkte hingewiesen:

- Zunächst sind bekannte Verfahren, auch wenn sie für die Einzelprobleme keine perfekten Lösungen liefern, implementiert worden.
- Das System gestattet schrittweise Verbesserungen einzelner Verfahren, so daß die Auswirkung einer Verbesserung auf die Indexierung bestimmt werden kann.

Die Verarbeitung der als fortlaufende Texte vorliegenden Abstracts erfolgt in drei Schritten:

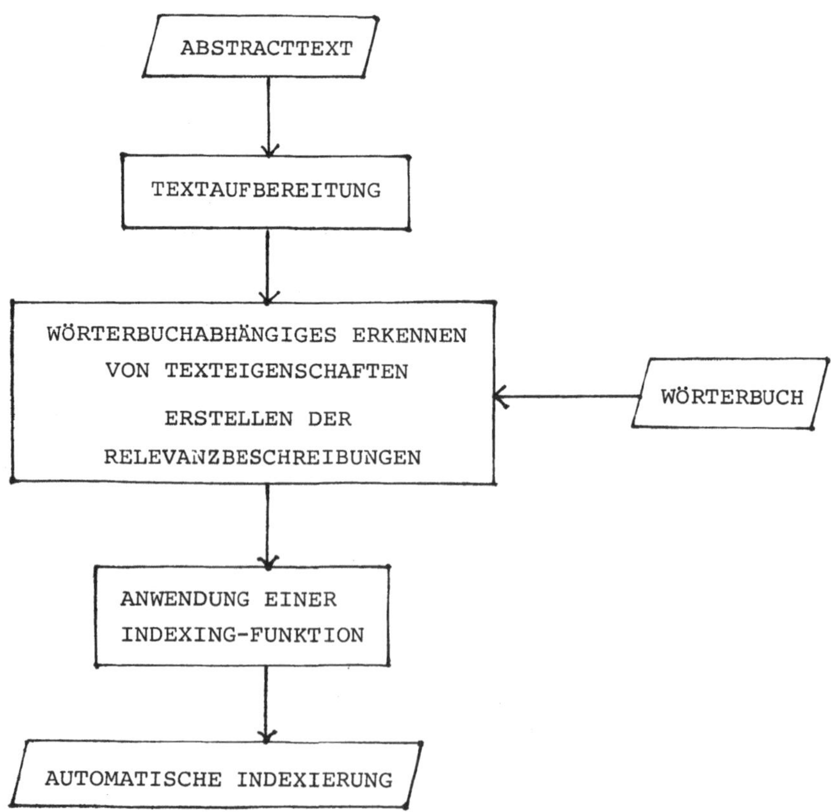

Abb. 1 Ablaufdiagramm des Indexing-Systems

Wie bereits in den vorhergehenden Abschnitten soll auch bei der Beschreibung des Indexing-Systems nur auf die Teile näher eingegangen werden, die direkt die Verarbeitung der Texte betreffen.

Im Teil Textaufbereitung werden die Texte in Wörter und Sätze zerlegt. Unter einem Wort verstehen wir den Teilstring einer durch Leer- oder Trennzeichen begrenzten Zeichenkette, der mit dem ersten Alphazeichen bzw. einer Ziffer beginnt und mit dem letzten Alphazeichen bzw. Ziffer endet.

Eine Sonderbehandlung erfahren die Punkte. Ein Punkt am Wortende wird als Abkürzungspunkt interpretiert, wenn das davorstehende Wort in einer manuell erstellten Abkürzungsliste enthalten ist (außer bei offensichtlichen Ausnahmen). In diesem Fall wird der Punkt zum Wort gezählt, in allen anderen Fällen als Satzendepunkt interpretiert. Mit diesem einfachen Verfahren zur Unterteilung des Textes in Sätze wurde bei 1000 untersuchten Punkten in 2 % der Fälle ein Fehler gemacht.

Durch Vergleich mit einer Stoppwörterliste werden die Textwörter in relevante und nicht relevante unterteilt.

Noch im Teil Textaufbereitung werden die relevanten Einzelwörter auf die (im Wörterbuch enthaltene) Grund- und Stammform zurückgeführt. In beiden Fällen erfolgt die Reduktion wörterbuchunabhängig mit Hilfe von Algorithmen, die von R. Kuhlen [Kuh 77] für das Englische entwickelt wurden. Die wörterbuchunabhängige Verarbeitung wirkt sich günstig aus

- auf den Umfang des Wörterbuchs, das keine Angaben über Vollformen enthalten muß
- auf die Verarbeitungsgeschwindigkeit, da die Reduktion mit vergleichsweise einfachen Algorithmen durchgeführt wird und Zugriffe zu externen Speichern eingespart werden können.

Daß mit den Reduktionsalgorithmen gute bis sehr gute Ergebnisse erzielt werden, zeigen die (an Recall und Precision angelehnten) Maße R und P. R mißt, inwieweit zusammenzuführende Wörter auch zusammengeführt werden, P mißt, inwieweit zu viele Wörter zusammengeführt werden. ([Kuh 77], S.161)

Reduktion auf	R	P
lexikografische Grundform	0,97	0,97
formale Stämme	0,9	0,9

Die Bestimmung der für die Indexierung verwertbaren Texteigenschaften erfolgt wörterbuchabhängig im zweiten Teil des Indexing-Systems.

Einem Textwort werden alle zu seinem Stamm im Wörterbuch enthaltenen Grundformen zugeordnet, wobei diejenige, die mit der Grundform des Textworts übereinstimmt, für die spätere Bewertung der Form des Vorkommens gekennzeichnet wird.

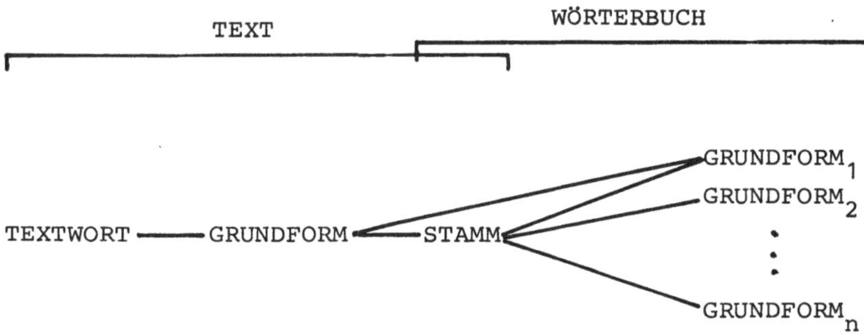

Abb. 2 Zuordnung von Grundformen aus dem Wörterbuch zu Textwörtern.

In die Bestimmung von Mehrwortgruppen werden alle Grundformen einbezogen, die

- entweder Einzelwörtern im Text direkt zugeordnet wurden
- oder über (von beliebigen Terms ausgehende) Relationen gefunden wurden

und die im Wörterbuch als Komponenten von Mehrwortgruppen gekennzeichnet sind.

Dem Text werden so Komponenten $TK_1, \ldots, TK_m$ zugeordnet. Nach der Verarbeitung von TK_1 bis TK_j wird TK_{j+1} wie folgt behandelt:

- Die Liste L_1 ist definiert als die Folge $TK_1, \ldots, TK_j$

- Aus dem Wörterbuch werden für TK_{j+1} die Liste L_2 zur Verfügung gestellt, die sämtliche Komponenten $K_1, \ldots, K_n$ enthält, die mit TK_{j+1} zusammen in Mehrwortgruppen vorkommen, und zusätzlich Angaben über die Struktur der Mehrwortgruppen.
- Die Listen L_1 und L_2 werden verglichen. Eine Mehrwortgruppe ist bestimmt, wenn all ihre Komponenten aus L_2 (Wörterbuch) in L_1 (Text) enthalten sind.
- Im Anschluß an den Vergleich wird die Liste L_1 um TK_{j+1} erweitert.

Für die Auswertung verschiedener Formen des Vorkommens von Terms im Text durch die Indexing-Funktion werden Angaben bereitgestellt, die die Textposition eines Terms (Satz-Nr., Wort-Nr., ggf. auch syntaktische Strukturen), seine Vorkommenshäufigkeit und die Übereinstimmung zwischen Wörterbucheintrag und Term beschreiben.

Will man Fragen nachgehen, wie sie in den letzten Abschnitten angeschnitten wurden, z.B.

- wie sollen über den Stamm eines Textworts gewonnene Wörterbuchdaten bewertet werden
- Maximalabstand im Vergleich zum Satz als Texteinheit für das Vorkommen von Mehrwortgruppen,

so können anhand dieser Angaben entsprechende Formen des Vorkommens mit den zugehörigen Wörterbuchdaten für die Indexierung ausgewählt und getestet werden.

3 Probleme der Wörterbuchentwicklung

3.1 Wörterbuch

Aus dem Vorgehen im Darmstädter Projekt leiten sich für das Wörterbuch im wesentlichen drei Klassen von Objekten ab:

- Einzelwörter
- Mehrwortgruppen
- Relationen

Für die Komplexität dieser Objekte reichen die Darstellungsmöglichkeiten von Elementen des kartesischen Produkts unstrukturierter Attributwertmengen nicht aus, weil neben der Aufgabe,

(a) die textunabhängigen, objektspezifischen Aspekte einer Bewertung erkannter Texteigenschaften für das Indexieren zusammenzufassen

(b) die - wörterbuchunabhängige - Erkennung dieser Eigenschaften unterstützt werden muß.

Angaben, die (a) zuzuordnen sind, werden als skalare Werte oder Vektoren dargestellt und betreffen z.B.

- Signifikanzen für Terme,
- Art und Stärke von Relationen.

Angaben für Aufgabe (b) sind weiter zu untergliedern in

(b.1) Identifikationsangaben

(b.2) Markierungen

(b.3) Strukturangaben.

(b.1) und (b.2) können ebenfalls vektoriell repräsentiert werden. Beispiele:

- Zeichenfolgen zur Identifikation im Text
- Kennzeichnung von Grundformen als Komponenten für Mehrwortgruppen
- Wortklasseninformation für syntaktische Analyse
- wortsemantische Angaben ("semantische Merkmale").

(b.3) erfordert eine Darstellung, die durch einfache reguläre Grammatiken beschreibbar ist. Beispielsweise müssen alle Beziehungen Mehrwortgruppe — Komponenten repräsentiert werden. Bei der Indexierung zeigen sich Schwierigkeiten, die ursächlich mit diesen komplexen Aspekten des Objekts zusammenhängen, deutlich, wenn die Form des Vorkommens einer Mehrwortgruppe im Text beschrieben wird (vgl. Abschnitt 2.4).

3.2 Wörterbuchsystem

Vom Standpunkt der jeweiligen Anwendung beim Indexieren kann ein Wörterbuch als statisch angesehen werden. Die Realisierung eines Wörterbuchs muß jedoch der Notwendigkeit zur Aktualisierung und Weiterentwicklung Rechnung tragen.

Dem statischen und dynamischen Aspekt eines Wörterbuchs entspricht unser

Konzept, das ausgeht von

- einem "Archivwörterbuch" als Kern eines Archivsystems (dokumentiert in [Kno 78]) und
- einem "Arbeitswörterbuch", dessen Struktur und Inhalt sich ausschließlich aus den Erfordernissen des Indexierens ableitet. Es wird extrahiert aus dem "Archivwörterbuch" und nicht verändert. Spezielle Indexingtests können entsprechend generierte Arbeitswörterbücher erfordern.

Erst durch das Archivsystem ist die Grundlage für Übersichtlichkeit und Handhabbarkeit als Voraussetzung für die (Weiter-) Entwicklung des Wörterbuchs gegeben, indem es als Instrument dient zur

(a) Verwaltung aller Operationen auf dem Archiv (9)

(b) Übernahme extern gewonnener Daten

(c) Vereinheitlichung, Verknüpfung und Auswertung von Archivdaten

(d) Rückkoppelung der Archivdaten mit korrespondierenden Indexingergebnissen

(e) Kontrolle auf - vorwiegend, jedoch nicht ausschließlich - statistischer Basis über alle wesentlichen oder aktuell interessierenden Verhältnissen im Wörterbuch. Die dazu implementierte (Methodenbank-) Sprache TA3 (10) ist beschrieben in [Kno 79] und [Kno 80].

Verfahren zur Generierung von Daten für (b) werden in den folgenden Abschnitten beschrieben. Auch (c) kann mittelbar als Textverarbeitung verstanden werden, wie die folgenden drei Beispiele zeigen:

- Bilden neuer Relationen über (Mengen-)Operationen auf bereits vorhandenen Relationen (Durchschnitt-, Differenzmengenbildung, transitiver Abschluß, algorithmisch definierte Operationen)
- Abschätzung der Allgemeinheit eines Terms anhand der Relationen, an denen er beteiligt ist. Beispielsweise gelten für das Wörterbuch FST (11) unter gewissen Einschränkungen (12) folgende Beispiele:

Term t	Anz. der Relationen, die von t ausgehen
CHICKEN	3
ANIMAL	131
CHERRY	3
FRUIT	229
VEGETABLE	280

- Gewichtung von Komponenten in Mehrwortgruppen aufgrund ihrer Zugehörigkeit zu weiteren Mehrwortgruppen.
  Beispiele aus dem FST-Wörterbuch:

Term t	Anz. der Mehrwortgruppen, an denen t beteiligt ist
ASCORBIC	2
ACID	206
PHOSPHATE	56

3.3 Generierung von Wörterbuchdaten

3.3.1 Terme als Wörterbuchdaten

Abgesehen von einer Wortschatzkontrolle, zu der beim Indexieren die nicht im Wörterbuch gefundenen Einzelwörter akkumuliert werden, reduziert sich das Problem des Findens noch nicht erfaßter Terme auf das wörterbuchunabhängige Erkennen von Mehrwortgruppen in Texten. Mehrwortgruppen können zwei nur unscharf zu trennenden Fällen zugerechnet werden:

- Spezielle Fachausdrücke, die aus mehreren Einzelwörtern bestehen,
- Gruppen von Einzelwörtern, die Ausgangspunkt untereinander abhängiger Relationen sind.

Weil bei der Relationengewinnung und der Indexierung die Abhängigkeit der Relationen auf die Abhängigkeit von Termen zurückgeführt werden kann, scheint diese Unterscheidung nicht wesentlich zu sein. Die Bandbreite der Verfahren zur Generierung von Mehrwortgruppen sowie spezielle Schwierigkeiten bei der Bewertung (brauchbar /nicht brauchbar) lassen sich jedoch direkt davon ableiten (siehe Abschn. 3.3.2).

Im Wörterbuch kann das Verfahren, das die Mehrwortgruppe gefunden hat, zur Vergabe einer Markierung herangezogen werden, wie z.B.

- Die Wortreihenfolge ist relevant / nicht relevant
- Das Vorkommen in bestimmten syntaktischen Strukturen ist relevant / nicht relevant.

Zur wörterbuchunabhängigen Bestimmung von Mehrwortgruppen gibt es verschiedene Ansätze, die

(a) heuristisch linguistisch orientiert sind

(b) partiell syntaktische Analysen verwenden (partielles Parsing zur NP-Analyse)

(c) von statistisch ermittelten syntagmatischen Beziehungen zwischen Termen ausgehen

(d) Vorkommenshäufigkeiten von Einzelwörtern als Kriterium verwenden.

Im nächsten Abschnitt wird ein Vertreter für (a) vorgestellt.

Neben der Gewinnung von Termen ist die Bestimmung von Signifikanzangaben wesentlich. Naheliegende einfache Verfahren gehen dabei von Häufigkeitszählungen von Termen in Texten aus. Durch die Probleme der wörterbuchabhängigen Identifizierung von Mehrwortgruppen mit der Vielzahl verschiedener Formen des Vorkommens (siehe Abschn. 2.2) entsteht eine für viele Fälle der Textverarbeitung typische Situation: Eine einfache Fragestellung, die wenig Aufwand vermuten läßt, wird selbst zum Problem und ist oft nur unzureichend und aufwendig zu beantworten:

- Welche Formen des Vorkommens sollen berücksichtigt werden?
- Welcher Zusammenhang besteht zwischen zunehmend sichererem Erkennen von Mehrwortgruppen im Text bei strenger werdenden Forderungen an die Form des Vorkommens und schwächer werdender statistischer Grundlage durch gleichzeitig sinkende Vorkommenshäufigkeiten?
- Sollte eine Mindestanforderung an die Form des Vorkommens nicht generell, sondern termspezifisch aufgrund gerade der Vorkommenshäufigkeit gestellt werden?

3.3.2 Ein heuristisches Verfahren zur Generierung von Mehrwortgruppen

Ein heuristisches wörterbuchunabhängiges Verfahren zur Extraktion von Mehrwortgruppen aus Texten ist das "Begrenzerverfahren" von Jaene und Seelbach [Jae 75] . Es kann als partielles Parsing aufgefaßt werden, das die komplexe Syntax von Nominalgruppen auf einfachste Muster eines bestimmten Typs reduziert:

<linker Begrenzer> <Kandidat für Mehrwortgruppe> <rechter Begrenzer>

Als Begrenzer sind im wesentlichen Interpunktionszeichen und Funktionswörter, als Kandidaten Wortfolgen vorgegebener Länge n (die selbst keinen Begrenzer enthalten dürfen) zugelassen.

Die Festlegung auf eine Begrenzermenge und ein n>1 definiert für einen gegebenen Textkorpus eine Menge von Kandidaten:

Zwei Klassen von möglichen Fehlern müssen untersucht werden:

(a) Mehrwortgruppen werden nicht als Kandidat im Text gefunden,

(b) Kandidaten können nicht als Mehrwortgruppe akzeptiert werden - bezüglich bestimmter Kriterien.

Eine vollständige Beurteilung von (a) ist schwierig (ähnlich wie Recallmessungen in Retrievalsystemen). Jedes Vorkommen einer Mehrwortgruppe im Text zu erkennen, wird mit dem Verfahren allerdings auch gar nicht angestrebt, sondern es genügt (für den Wörterbuchaufbau) jeweils schon ein einziges Auftreten zwischen Begrenzern. Eine Untersuchung der Fehlerklasse (a) muß wesentlich die Abhängigkeit der Fehleranzahlen vom Textumfang mit einbeziehen. Einfacher zu ermitteln ist die Abhängigkeit der Anzahl gefundener Mehrwortgruppen vom Textumfang

Anzahl untersuchter Abstracts	Anzahl der Token im Text	Anzahl der Kandidaten (n = 2)			
		Token	Types	auf Grundform reduziert	auf Stammform
1000	93994	8992	7454	7218	7145
2000	185924	17578	13684	13162	12975
3000	280890	26080	21185	18655	18352
4000	372352	34256	26585	23593	23166
5000	469358	43315	32411	28855	28275

Zusammenhang zwischen Textumfang und Anzahl der gefundenen Mehrwortgruppen

Anzahl der Komponenten (n)	Anzahl der Kandidaten in 5000 Abstracts (469358 Token)
2	43 315
3	19 219
4	6 849
5	2 348
6	997
7	310

Zusammenhang zwischen n und der Anzahl der gefundenen Mehrwortgruppen

Aussagen über das Verhältnis von geeigneten zu nicht geeigneten Kandidaten erfordern die Festlegung auf Bewertungskriterien. Beispiele:

(a) Grammatikalität. Dieses Kriterium entspricht dem Ansatz des Verfahrens und ist sowohl eindeutig präzisierbar als auch objektiv überprüfbar.

(b) Fachliche Relevanz. Gegenüber (a) werden dadurch grammatisch korrekte, aber inhaltlich banale Fälle ausgeschlossen (z.B. GOOD EXAMPLE).

(c) Relevanz für das Indexieren. Die Überprüfung dieses Kriteriums erfordert entsprechenden Aufwand. (Zum Unterschied gegenüber (b) siehe auch Abschn. 3.3.1).

Die Beschreibung des Begrenzerverfahrens ist unvollständig ohne die Einbeziehung von "Zusatzkriterien", die lokale, formale Bedingungen bezüglich der vorerst gefundenen Kandidaten formulieren. Für Zweiwortgruppen wurden dazu in [Jae 75] folgende 3 Zusatzkriterien untersucht:

- 'ed' Endungsform in der 2. Komponente
- 'ly' Endungsform
- Zahl als 1. Komponente

Mehrwortgruppen, auf die mindestens ein Zusatzkriterium zutrifft, werden eliminiert.

In Darmstadt wurden für 3-gliedrige Mehrwortgruppen 7 Zusatzkriterien getestet, unter denen die folgenden (in absteigender Reihenfolge) die besten Ergebnisse brachten:

- ein Kandidat darf weder Stoppwörter, noch gewisse Verbformen enthalten
- die 3. Komponente darf nicht auf "ed" enden
- Ausdrücke dürfen die Sonderzeichen < > ∧ * ( ) + ; , / : ' = [ ] nicht enthalten.

Dabei werden manuelle Bewertungen bezüglich der Kriterien (a) und (b) zugrunde gelegt. Bei gemeinsamer Anwendung aller 7 Zusatzkriterien sind in Abb. 3 für einige Begrenzerpaare die Ergebnisse aufgeführt.

Neben lokalen Erweiterungen - entsprechend den Zusatzkriterien - kann eine Selektion der brauchbaren Mehrwortgruppen aus der Kandidatenmenge durch globale Kriterien erreicht werden. So kann ein Kandidat aufgrund von Zahl und Art der Begrenzerpaare, mit denen er gefunden wurde, bewertet werden. Wir erproben z.Z. die Forderung nach Fundstellen mit mindestens 2 verschiedenen Begrenzerpaaren.

Begrenzerpaar		a	g	r	g/a	r/a
THE	.	63	56	45	0.89	0.71
THE	OF	59	51	44	0.86	0.75
THE	IS	36	31	25	0.86	0.69
THE	,	35	23	21	0.66	0.60
A	.	33	32	16	0.97	0.48
THE	IN	29	14	10	0.48	0.34
THE	TO	28	7	5	0.25	0.18
THE	AND	28	22	16	0.79	0.57
OF	.	23	17	14	0.74	0.61
THE	THE	21	2	2	0.10	0.10

a = Anzahl der gefundenen Mehrwortgruppen nach Auswertung von 7 Zusatzkriterien

g = Anzahl der gefundenen grammatischen Mehrwortgruppen

r = Anzahl der gefundenen relevanten Mehrwortgruppen

Abb. 3 Auszug aus einer Bewertung anhand einer Stichprobe aus einer Untersuchung mit 5000 Abstracts.

Daß ein im Konzept sehr einfaches Verfahren experimentell oft nur mit sehr hohem Aufwand auszuloten ist, soll folgende Überlegung am Begrenzerverfahren demonstrieren. Die Freiheitsgrade des Verfahrens:

- die Definition der Begrenzermenge
- die Festlegung, freie Kombinierbarkeit der Begrenzer, eine Unterteilung in linke und rechte Begrenzer oder eine vorgeschriebene Paarbildung zu verwenden
- Zahl und Art der (lokalen) Zusatzbedingungen
- Festlegung einer globalen Bewertung

machen - insbesondere aufgrund der beiden letzten Punkte eine große Zahl aufwendiger Tests nötig, selbst wenn einzelne Variationsmöglichkeiten wesentlich eingeschränkt werden.

3.3.3 Relationen als Wörterbuchdaten

Terme, die durch Relationen verbunden sind (im Folgenden "Termpaare" genannt), bilden den wesentlichen Anteil des Wörterbuchs. Relationen können mittelbar (kurz umrissen in Abschn. 3.2) und unmittelbar gewonnen werden, wobei im zweiten Fall die Möglichkeit besteht,

- intellektuell (z.B. durch Auswerten von Registern und Thesauri) vorzugehen oder
- automatische Verfahren einzusetzen.

Im Darmstädter Projekt werden alle genannten Vorgehensweisen der Relationengewinnung in zahlreichen Varianten angewendet. Die dabei gewonnenen Daten werden als "Rohmaterial" angesehen, aus dem das Wörterbuch entsteht (siehe Abschn. 3.2 und [Pro 78]).

Algorithmen zur Relationengewinnung unterscheiden sich aufgrund der Daten, die sie verarbeiten und in ihrem prinzipiellen Vorgehen. Im wesentlichen handelt es sich dabei um

(a) Auswerten (im weiteren Sinn) von Häufigkeiten, mit denen Terme gleichzeitig in Texteinheiten (Sätze, Titel, Abstracts) auftreten,
   - mit Hilfe von Association Factors
   - mit Methoden der automatischen Klassifikation

(b) Anwenden der zu (a) identischen Methoden entweder auf gemeinsam zugeteilte Deskriptoren oder auf indexierte Dokumente derart, daß gemeinsames Auftreten eines Terms im Text und eines Deskriptors als Zuteilung betrachtet wird.

(c) Untersuchung allgemeinerer statistischer Zusammenhänge von Texteigenschaften und zugeteilten Deskriptoren.

Mit wenigen Ausnahmen, die sich insbesondere auf das im nächsten Abschnitt vorgestellte Verfahren beziehen, liegen Ergebnisse über die Brauchbarkeit dieser Methoden für die Zwecke des automatischen Indexing nur soweit vor, als sie ein Interesse an diesen Verfahren sicher rechtfertigen, während für eine gesicherte Beurteilung noch die Grundlagen fehlen. Im Rahmen unseres Projekts wurden bisher Ansätze für (a) und (b) untersucht.

3.3.4 Ein einfaches Verfahren zur Gewinnung von Term-Deskriptor-Relationen

Im Folgenden wird ein Verfahren näher beschrieben, über das bereits 1969 vielversprechende Ergebnisse in [Fan 69] veröffentlicht wurden. Es handelt sich dabei um eine spezielle Art von Association Factors.

Ausgangspunkt sind Referatetexte, zu denen eine manuelle Indexierung verfügbar ist. Für jedes Paar (t,s), wobei t ein Term aus der Menge aller in den Referatetexten vorkommenden Terms ist und s ein Deskriptor aus der Menge der insgesamt manuell zugeteilten Deskriptoren, kann folgender Wert berechnet werden:

$$z(t,s) = \frac{h(t,s)}{f(t)}$$

Dabei bezeichnet h(t,s) die Anzahl der Dokumente, die gleichzeitig den Term t im Text und den Deskriptor s in der Indexierung enthalten und
f(t) die Anzahl der Dokumente, in denen t vorkommt.

Dieser Wert z(t,s) kann Anlaß sein, eine Relation zwischen t und s anzunehmen, wenn z(t,s), h(t,s) und f(t) in akzeptablen Bereichen liegen (z.B. $z(t,s) \geq 0.4$, h(t,s) und $f(t) > 3$).

Die Relation ist gekennzeichnet durch die Interpretation, die dem Verfahren zugrunde liegt, und den Wert z(t,s) selbst. Folgendes Beispiel zeigt aus der in [Kra 74] beschriebenen Arbeit Paare (t,s) mit zugeordnetem Wert z(t,s), wobei die Verteilung dieser Werte nicht repräsentativ ist.

Term t	Deskriptor s	z(t,s)
PORK	PORK	0.75
CHICKEN	CHICKEN	0.75
DDT	ANIMAL FAT	0.32
LEMMON	ORANGE	0.57
FISH	SHIP	0.40
VEGETABLE	FRUIT	0.32
NECTARINE	PEACH	0.79
SUGAR-FREE	ACIDITY	1.00
ACRYLATE	UNITED STATES OF AMERICA	0.59

Bei den ersten beiden Termpaaren sind t und s identisch. Dabei ist nicht von vornherein ein Wert nahe 1.0 zu erwarten, da z(t,s=t) nur die Wahrscheinlichkeit annähert, daß einem Dokument der Deskriptor s=t zugeteilt wird, wenn er als Term im Text vorkommt. Die analoge Interpretation trifft für den allgemeinen Fall s ungleich t zu. Bei etwas befremdlichen Fällen (siehe letztes Beispiel) bleibt nichts anderes, als den durch den Wert z(t,s) ausgedrückten Tatbestand als objektiv gegeben hinzunehmen, sofern die zugrundegelegte Textmenge tatsächlich repräsentativ ist.

3.3.4.1 Implementierungsprobleme

Ohne daß eine spezielle Implementierung für einen Algorithmus, der Werte z(t,s) berechnet, vorgeschlagen wird, sollen dazu einige grundlegende Probleme diskutiert werden.

Wesentliche Festlegungen zur Konkretisierung eines "z-Werte-Algorithmus" betreffen die Identifizierung von Terms t im Text mit all den offenen Fragen bezüglich einer dem Problem angemessenen Form des Vorkommens von Mehrwortgruppen (siehe dazu die Überlegungen in Abschn. 3.3.1), oder der Mehrfachverwendung von Termen (siehe Abschn. 2.2). Die quantitativen Auswirkungen dieser Festlegungen auf Anzahl und Verteilung der z-Werte sind nur unsicher abzuschätzen.

Dieser offenen Situation und einer Vielzahl von Optionen (Möglichkeit der nachträglichen Erweiterung des zur Berechnung der z-Werte benutzten Materials, Berücksichtigung von Vorkommensformen u.a.) entspräche ein experimentelles System. Gerade dies ist jedoch bei den zu bearbeitenden Textmengen aus gravierenden Effizienzgesichtspunkten problematisch. Für die weitaus meisten Paare (t,s) nehmen h(t,s) und f(t) erst bei einer sehr großen Textmenge Werte an, die zur Berechnung von z(t,s) hinreichend groß sind. Z.B. kann die zur Zeit im Darmstädter Projekt benutzte Textmenge von ca. 18000 Abstracts (ca. 2 Millionen Tokens) mit einer Indexingtiefe von ca. 7 Deskriptoren durchaus noch nicht als ausreichend angesehen werden.

Zwei Überlegungen zielen darauf ab, Aufwand einzusparen:

1) Vorausgesetzt, für das Textmaterial sei vorab die Häufigkeit eines Einzelworts bekannt. Sei k eine untere Schranke für die akzeptierten Werte von f(t,s), dann können alle Terme mit kleineren Häufigkeiten

als k ignoriert werden. Untersuchungen an der von uns verwendeten Textmenge zeigen, daß z.B. 74 % aller Types weniger als viermal auftreten. Für die Tokens, an denen sich die Paarbildung maßgeblich orientiert, reduziert sich diese Zahl allerdings auf ca. 4 %. Die wesentliche Einsparung ergibt sich bezüglich der Größe der Dateien, auf die - für Schlüsselbildungen oder Inkrementbildung - zugegriffen werden muß. Dazu ist zu berücksichtigen, daß die Verweilzeit eines Programms dieser Art aus der Anzahl von Zugriffen auf externe Speicher abgeschätzt werden kann.

Der Nachteil einer solchen Vorgehensweise liegt in der Schwierigkeit, die Berechnung der z-Werte mit neuem Material fortzusetzen, da die Paarbildung für viele Fälle eben unterdrückt wurde.

2) Werte z(t,s) sind als Näherungen für die entsprechenden Wahrscheinlichkeiten nur bis zu einer gewissen Genauigkeit zu bestimmen. Werden Intervalle (z.B. in der Größe von 0.05) vorgegeben, so kann anhand von f(t) die Wahrscheinlichkeit abgeschätzt werden, daß ein bisher erreichter Wert z(t,s) in einem Intervall eine Wahrscheinlichkeit annähert, die nicht mehr außerhalb des Intervalls liegt. Insbesondere kann z.B. errechnet werden (bei Vorgabe einer Irrtumswahrscheinlichkeit), ab welchen Konstellationen l,k mit z(t,s)=1 und f(t)=k nicht mehr mit einer Wahrscheinlichkeit oberhalb einer unteren Schranke gerechnet werden muß. Allerdings kann eine wesentliche Einsparung nicht auf Paarebene, sondern nur auf Termebene erreicht werden. Dazu müssen alle Paare, an denen ein bestimmter Term t beteiligt ist, (auch die nicht explizit gespeicherten Paare mit z(t,s)=0) nach obigen Kriterien als endgültig bestimmt gelten können. Dem Großteil der Paare sind jedoch nur relativ kleine Werte f(t) und h(t,s) zuzuordnen. In diesem Bereich sind zufällige Schwankungen nicht vernachlässigbar.

3.3.4.2 Statistische Auswertung von Zusammenhängen zwischen Referatetexten und bekannter manueller Indexierung

Werte z(t,s) beschränken sich auf die Beziehung zwischen jeweils einem Term und einem Deskriptor. Setzt man voraus, daß eine Indexierung sich bis zu einem gewissen Grad aus der isolierten Betrachtung einzelner Terme erklären läßt, so kann das Bestehen dieser Voraussetzung an der Verteilung der Werte z(t,s) bezogen auf die Verteilung der Terme t im Text überprüft werden.

Die Bedeutung der z-Werte wird noch an einer anderen Überlegung deutlich gemacht. Geht man von einer Indexierung aus, die zunächst das Vorhandensein eines Terms in Beziehung zur Zuteilung eines Deskriptors setzt, so kann die Menge (Verteilung) aller Werte z(t,s) für konstantes t als Relevanz dieses Terms für eine solche Indexierung angesehen werden. Ein einzelner Wert z(t,s) präzisiert diese Relevanz als "Relevanz bezüglich des Deskriptors s".

Eine schrittweise weitere Präzisierung (oder Einengung) dieser Relevanz führt zur Einbeziehung weiterer Eigenschaften von Texten (siehe Abschn.1) als der des Vorkommens von t. Sofern nicht - wegen der Seltenheit der nun komplexeren Ereignisse - die statistische Grundlage verloren geht, können also statt der Werte z(t,s) speziellere Werte z(t,u,s) berechnet werden (siehe [Lus 79], S. 359) als die angenäherte Wahrscheinlichkeit, daß einem Dokument ein Deskriptor s (in der manuellen Indexierung) zugeteilt wird, wenn t gleichzeitig mit einer Texteigenschaft u (z.B. einer speziellen Form des Vorkommens, oder der Kookkurenz mit einem anderen Term) im Referat auftritt.

Zwei Bemerkungen schließen diesen Ausblick ab:

1) Mit Werten z(t,u,s) ist direkt vorgeschlagen, wie allgemeinere Eigenschaften von Texten (z.B. durch syntaktische Verfahren ermittelt) sinnvoll in die Relationengewinnung und auch in die Indexierung einbezogen werden können.

2) Die Menge möglicher Tripel z(t,u,s) ist unendlich. Für praktische Untersuchungen muß u auf ausgewählte Varianten eingeschränkt werden. Selbst in diesen Fällen ist es nicht angebracht, alle Werte z(t,u,s) beim Indexieren zu verwenden (bzw. in das Wörterbuch zu bringen), da ein solcher Wert nur eine Präzisierung der von dem entsprechenden Wert z(t,s) vermittelten Relation ist. Die Indexing-Funktion ist jedoch in der Lage, für das Zusammentreffen von z(t,s) und u eine Bewertung der Relevanz vorzunehmen. Als Kriterium dafür, daß für einen Term t eine selbständige Relation mit z(t,u,s) gerechtfertigt ist, kann - nach Überprüfung - die Aussage gelten, daß für diesen Term t der Wert z(t,u,s) nicht in allgemeiner Weise aus z(t,s) und u hergeleitet werden kann.

Anmerkungen

(1) Die automatischen Systeme mit Freitextsuche über Stichwörter, die sich als Alternative zur manuellen Indexierung anbieten, vermindern nicht den Arbeitsaufwand, sondern verlagern ihn von der Indexierung zur Frageformulierung

(2) Es handelt sich um ein Projekt im Rahmen des Förderungsprogramms "Information und Dokumentation" der Bundesregierung

(3) Als relevant werden all die Textwörter bezeichnet, die nicht in einer Stopwörterliste (Funktionswörter und 'high -frequency-words') enthalten sind

(4) Wesentlich ist, daß die Zuteilung von nicht zutreffenden Deskriptoren vermieden wird. Da man annehmen kann, daß die von Homographen im Text ausgehenden (schwachen) Hinweise auf solche Deskriptoren nicht durch weitere (von anderen Texteigenschaften ausgehende) Hinweise verstärkt werden, wird die Relevanzbeschreibung dieser Deskriptoren nicht zur Zuteilung führen

(5) Zur Differenzierung von Mehrwortgruppen in Fachausdrücke und sonstige Mehrwortgruppen s. Abschn. 3.3.1

(6) Diese Form ist durch das Verfahren zur Gewinnung von Mehrwortgruppen für das Wörterbuch festgelegt

(7) Unter Term ist ein Einzelwort oder eine Mehrwortgruppe zu verstehen.

(8) Die Verwendung eines Terms im Titel ist ebenfalls eine (allerdings von syntaktischen Strukturen unabhängige) Form der Hervorhebung, die im Rahmen des Projekts verwertet wird.

(9) Dazu gehören wesentlich auch Operationen zur Datensicherung und -Reparatur

(10) Tabellenorientierte Anfrage- und Auswertungssprache für das Archivsystem

(11) Bei FST handelt es sich um ein Versuchswörterbuch für das Fachgebiet Food Science and Technology.

(12) Die genaue Kennzeichnung von Relationen bezüglich Herkunft (Material, Zeitraum) führt vorerst dazu, daß zwischen gleichen Terms oft mehrere gleichartige Relationen bestehen. Teil der Arbeit an dem Wörterbuch ist es, solche Relationen zusammenzufassen

(13) Beiträge dazu sind u.a. Ziel einer laufenden Diplomarbeit, in der das Begrenzerverfahren in einen Vergleich syntaktischer Verfahren einbezogen wird.

[Fan 69] Fangmeyer, H.; Lustig, G.: The EURATOM automatic indexing projekt. S. 1310-1314 in: International Federation for Information Processing, IFIP. Congress 68, Edinburgh. North Holland, Amsterdam,1969

[Jae 75] Jaene, H.; Seelbach, D.: Maschinelle Extraktion von zusammengesetzten Ausdrücken aus englischen Fachtexten. (ZMD-A-29). Beuth Verlag, 1975

[Kno 78] Knorz, G.: Struktur und Aufbau des Archivwörterbuchs für das Projekt "Wörterbuchentwicklung für automatisches Indexing". Interner Bericht, (DV II 78-1, FB Informatik, TH Darmstadt

[Kno 79] Knorz, G.: TA3, Tabellenorientierte Anfrage- und Auswertungssprache für das Archiv-System im Projekt "Wörterbuchentwicklung für automatisches Indexing" - Sprachbeschreibung. (DV II 79-2), FB Informatik, TH Darmstadt

[Kno 80] Knorz, G.: Das Konzept des Programmiersprachenkerns von TA3 - Darstellung eines deskriptiv orientierten Ansatzes - . In: Tagungsband für die GI-Fachtagung: "Programmiersprachen und Programmentwicklung", Darmstadt, März 1980

[Kra 74] Kragenings, R.: Statistische Relationen zwischen Textwörtern und Deskriptoren. (ZMD-A-25), Beuth Verlag, 1974

[Kuh 77] Kuhlen, R.: Experimentelle Morphologie in der Informationswissenschaft. Verlag Dokumentation, München, 1977

[Lus 70] Lustig, G.: Methoden der automatischen Indexierung. S. 108-117 in Beiheft Nr. 20 "Sprachliche Ansätze im Informations- und Dokumentationsbereich" (1970) der Nachrichten für Dokumentation

[Lus 72] Lustig, G.: Probleme der Textverarbeitung bei der automatischen Indexierung. In Schanze, H. (Hrsg.): Literatur und Datenverarbeitung, Niemeyer, Tübingen, 1972

[Lus 79] Lustig, G.: Ansätze einer realistischen automatischen Indexierung unter Verwendung statistischer Verfahren. In: Kuhlen, R. (Hrsg.): Datenbanken - Datenbasen- Netzwerke. Praxis des Information Retrieval Bd. 1, Verlag Dokumentation, München, 1979

[Lus 80] Lustig, G.: Über die Entwicklung eines automatischen Indexierungssystems. In: Tagungsband für "Internationales Colloquium zur linguistischen und literarischen Datenverarbeitung", Bonn, Dezember 1979

[Pro 78] Projekt "Wörterbuchentwicklung für automatisches Indexing". Sachbericht 1978. (DV II 78-3), FB Informatik, TH Darmstadt

[Pro 79] Projekt "Wörterbuchentwicklung für automatisches Indexing". Sachbericht 1979. (DV II 79-3), FB Informatik, TH Darmstadt

STRUCTURE-ORIENTED EDITORS

H. Burkhart and J. Nievergelt
Informatik,
Swiss Federal Institute of Technology (ETH)
CH-8092 Zurich, Switzerland

ABSTRACT

Editors have evolved over a period of three decades from minor aids for preparing programs to perhaps THE major family of utilities available on interactive systems. In the process, editors for manipulating different types of objects, such as texts, programs, forms, pictures, have multiplied. In contrast to the development of programming languages, no editors have been widely accepted as de facto standards, and few general design principles have become common knowledge.
This paper presents a brief history of the development of editors, assesses the state of the art of editor design, and analyzes the common features of editors. The notion of syntax-directed editor is generalized based on the notion of "site": a common structuring device for all data in a system. As an example of these concepts, a family of structure-oriented editors designed for the interactive system XS-1 is described.

CONTENTS

1. Historical development of editing facilities

In order to understand why today's editors are as they are, and to free one's mind from the constraints suggested by tradition, it is useful to review briefly the short history of interactive manipulation of information stored in textual form. We sketch a qualitative picture that tries to explain the reasons that lead to overall characteristics, rather than presenting details; [VD 71] is a more technical survey of early editors.

1.1 Tools for program manipulation in a batch environment

From the beginning of commercial data processing through the early sixties, when hardware costs dominated software costs, the programmer did most of his work off-line, working with punched card decks and special equipment for handling cards. The card was his basic unit of information, the deck his basic package; he submitted it as a whole, to be run in a batch mode. In today's terminology, the card punch and verifier, with its tab-setting drum, was his editor, and the programmer himself was the filing system. Using color coding, diagonal lines drawn across the back of the deck, and sequencing numbers, he kept his deck in order. Manual access to a specific card in a well-organized deck of several thousand could often be done in less than a minute; many editors and filing system in use today are not as fast in practice, because the search criteria they allow do not make as efficient use of the human eye and its pattern recognition abilities as the old-fashioned card deck did. Insertions, deletions, permutations of card sequences are often done faster by hand than with editors or filing systems. This advantage outweighed the slight inconvenience of having to store and move card decks physically.

Thus the old card deck survives so long because it provides a good medium for manipulating sizable units of information, such as subroutines and data aggregates. The punched card is a poor medium, however, for handling tiny units of information, such as a character. Re-punching an entire card, key stroke by key stroke, because a comma was forgotten at the far left; or changing all occurrences of an identifier X by XX - these tedious activities can cause a dreadful waste of time.

The inconvenience of manipulating information within a card (as opposed to manipulating card sequences) gave rise to specialized "batch editors" - utility programs that accept "correction cards", and perform automatically the specified changes. To avoid excessive waste of cards, the card deck with the correction cards only serves as a back-up; card images of the updated version of the program are permanently stored on disk. Thus the programmer only rarely has to manipulate the physical deck of cards - and with its removal from his touch and sight, he loses the powerful organizational facilities that it provides. A replacement had to be found: this need, plus the gradual replacement of batch by time-sharing systems that occurred during the sixties, set the stage for the second phase in the development of editors.

1.2 Time-sharing and the emergence of on-line editors

Time-sharing systems, that allow the use of a computer by many user at different work stations simultaneously, put the programmer back where he had been in the earliest days: on-line, but without the worry of wasting processor time by thinking at the terminal. Thus not only editing of existing programs, but also the initial entry into the system of new programs at the terminal became feasible. The batch editing utilities mentioned earlier were expanded into on-line editors. These tended to support the same line-oriented operations as the batch editors: replace, modify, insert, delete a line or a sequence of contiguous lines. A few structurally similar commands suffice for an interactive dialog that is constrained anyway by a line-oriented terminal such as a teletype: print line, move a line cursor up or down.

Such line-oriented editors tailored to teletype terminals matched the technology of the day but not the user's needs. Slow-speed devices such as a teletype often have a line-buffer; this amount of data is perceived by the user as "directly accessible", that is, changes on this data appear to be "immediate". This feature makes it difficult or exceedingly slow for the programmer to see his recent changes in the context of an entire page - he typically sees the one line being modified, and keeps a mental map of its neighborhood. In view of this inconvenience line-oriented editors survive surprisingly long - to this day.

As long as texts to be edited have a natural line structure, such as source programs in assembly language or Fortran, one learns to live with line-oriented editors. With block-structured programming languages, or with free-form texts such as documentation, the restriction of the user's "working space" to a single line becomes exceedingly inefficient. The spreading of alpha-numeric display terminals with higher transmission rates and/or larger buffers paved the way for the third stage in the development of editors - the phase of proliferation .

1.3 Smart terminals, personal computers, and the resulting proliferation of editors

Our account now lumps together several developments that should perhaps be discussed separately. They all happened at about the same time, however, during the decade of the seventies. These trends continue unabated today; we must strive to channel them into a more disciplined evolution than has been the case in the past.

Several reasons concurred to change the status of editors from that of one utility program among many, to a software component of equal importance to operating systems and compilers. Economics provided the major reason. Low cost computers (primarily memory), drastically widened the range of activities performed on a computer. Text processing, computer graphics, computer-aided design, computerized message systems - all these activities require editors, and not just one per application: a picture editor, for example, must be tailored to the specific class of pictures to be manipulated with it.

A second reason for the increasing importance and variety of editors is the rapid improvement in terminal hardware. Large buffer memories and local processing in the terminal give the user access to as much of his data as he can work on at one time, as fast as his eyes can follow. Graphics, user-definable fonts, color - these increasingly popular features make computers applicable to all kinds of documents, not just text.

Terminals attached to a central computer are giving way to stand-alone, single user computers, where the screen is refreshed directly out of central memory. The large bandwidth of this communication channel makes fast animation possible, even in several independent windows that the user may define to see different aspects of his data. Smalltalk [GO 76] is a well-known example of this trend.

The increasing convenience of a terminal or personal computer as the user's "work desk" - thinking and creating rather than just executing pre-planned actions - has the consequence that the user is most often in an editing mode. [MI 77] measured that up to 75% of all activities in an interactive system are editing operations. Thus editors are among the most used software components of an interactive system, on a par with operating and filing systems, but ahead of compilers.

Since the entire structure of an editor is visible to the user (which is not the case with compilers or operating systems), it is not sufficient that it "just works" - it must work in a clean, understandable way. This is rarely the case today, when most editors in use have grown in an ad hoc fashion; this usually leads to a sufficient set of commands, but a lack of structure. Since the need for editors is great and the shortcomings of current ones are fairly clear, editors may become one of the major areas of software research in this decade.

1.4 The user's working environment today: editors in the context of other utilities

Consider writing a long report on your computer. You will be using a text editor, a formatter, the filing system; perhaps other editors, for programs or pictures. The interface between all of these utilities is the data that is manipulated by each of them, and must be passed from one to the other. How well is this interface engineered for the user's needs?

The traditional editor works on a restricted set of data - a file (or perhaps two files), which is a unit of the filing system. This unit becomes the user's data environment while he is in the editor - that is, he has to be aware that his actions affect this particular set of data, not a smaller or a larger one. In our example of report writing, the logical data unit from the user's point of view is the entire report. The report will be structured into subunits such as chapters, paragraphs, sentences, words. How can the logical structure that the user imposes on his text be mapped onto the structure and units provided by the utilities, such as files, segments of files, lines, characters?

Today's user can typically choose among two unsatisfactory alternatives: either he puts the entire report in one file, thus relying entirely on the editor for all data manipulation, or he splits the report among many files, preferably along chapter and section boundaries.
In the first case, the question arises whether the editor sufficiently supports meaningful structures that he would like to impose on his data. Text editors begin to be aware of words and sentences, thus making it unnecessary for the user to point in each instance to the beginning and end of the corresponding character string. They rarely support higher structures such as paragraphs, sections and subsections, or collections of documents. "Section 1.4 should become an Appendix", with all the organizational consequences this implies, will require the user to view on the screen and point to all the places where a change occurs. Perhaps a formating program can be more helpful for this task, but this implies that the user has to learn to cope with yet another utility. In the second case, the first question is whether the filing system supports structures. One-level name spaces, which mix all files in a linear directory, are unsuitable; hierarchically structured directories are better. In either case, edit operations and filing system operations are not tied together, and force the user to juggle back and forth between these two utilities: introducing a new chapter in the

edit mode does not automatically update the directory and the partition of the text into files.

We can summarize this situation as follows: the first choice (entire report in one file) leads to a simple user interface (only the editor is involved) but an insufficient structure in the data environment; the second choice (many files) may give sufficient data structuring facilities, but leads to a complex user interface. The complexity increases when we consider the interplay not only of text editor and filing system, but other utilities as well.

In conclusion: the adequacy of the today's systems is limited not so much by the shortcomings of any one editor, but by a lack of standards that all editors and utilities in the system must conform to. Such standards are particularly important with respect to data description and manipulation; but they are also necessary at the command level - for example, in a unified way of aborting erroneous commands, or referencing data of various types.

2. Common features of editors

In tracing the development of editors we have seen on the one hand the necessity of having many editors for different types of objects, on the other hand the undesirability of exposing the user to many different dialog contexts. Is there a way to reconcile these apparently contradictory design requirements?

We think there is, and in section 3 present a design for a family of editors (including an editor that plays the role of a traditional filing system) all of which converse with the user in a uniform way, using the same concepts and notations, regardless of the type of objects they deal with. Thus the user perceives the complexity of the entire family of editors as being only moderately greater than that of a single one. This section presents an intuitive justification of why this is possible.

The commands of most editors can usefully be grouped into half a dozen categories. The most important of these are described below.

Data reference:
: Identification of an existing object (primitive or structured) in the data collection accessible to the user; for the purpose of performing an operation on it. Names, addresses, line numbers, pointing with an input device - these are some of the common referencing mechanisms.

Motion:
: Change of data environment, i.e. objects that are affected by

subsequent commands. Cursor motion, window setting, get or attach a file, incrementing an index, following a pointer, - are frequent examples of motion commands.

View of data:
Controlling the way an object is displayed. Scrolling, zooming, change of font, color or brightness, elimination of hidden lines are examples of the commands that usually do not change the objects themselves, but only their temporary appearance on the screen.

Management of data objects or storage:
Operations on attributes that are attached to objects, but do not depend on the type of object, e.g.: set protection status, kill an object, create a name or allocate space for a new object, make a copy or move an object to another work space. (Notice: the implementation of a copy routine may depend on the type of object, but the user's perception need not).

Operations on command sequences:
Extend the command language, or redefine the meaning of command sequences. Command macros, executing a profile at log-in time, setting status variables that alter the system's behavior are familiar examples.

Last but not least, in fact the very purpose of editors, is to provide useful

Operations on data objects!
This last category is totally dependent on the type of object being manipulated. Spelling check or hyphenation of text, syntax check of a procedure, rotation or dilation of geometric objects - this is where editors do and must differ.

The description of an editor correctly emphasizes the operations it provides for manipulating objects, since that is its reason for existence. This leads to the superficial conclusion that a text editor and a picture editor have little in common, since operations on text are unrelated to operations on pictures. In fact, the two editors may well share the majority of their commands, in two distinct meanings: a static count of commands listed in the manual, and a dynamic count of the frequency with which they are used.

The key to making these "overhead operations" similar for all editors, regardless of the domain of objects, is a universal structure defined on all data within a system. The next section shows how this can be achieved in practice.

3. A structure-oriented family of editors

We describe the structure and current state of implementation of XS-1 - an interactive system whose design is based on the concepts mentioned above. The structural dependencies of data of ALL types (currently text, programs, pictures) are reflected by a common structure: A tree whose nodes represent subsets of data ("sites"). The user decides how deeply he wishes to superimpose this universal structure upon his data. To the extent that he does, the common structural operations provided by a tree editor apply, and take care of many of the overhead operations required while editing. Specialized editors for each type of data can be restricted to data-specific operations that actually modify data. Since all of them share the same structural core, they form an integrated family of editors.

3.1 Project history and goals

The conceptual framework introduced above has been strongly influenced by the experience in the design and use of the interactive system XS-Ø [NI 77,78]. The primary goal of that project was the development of an integrated system for teaching programming. CAI lessons provide instruction, and a programming system intended to be self-explanatory allows the student to write and run programs, and interact with running programs at the source language level. A simple command language was needed to allow novices to learn to use the system on their own.
The design concepts of XS-Ø have proven to be valid. The system is in practical use in introductory courses at ETH and at a secondary school.
XS-Ø also served as a test bed for research in interactive systems. A variety of special purpose editors were written to enhance the system's utility for text processing. At this point we decided to redesign the entire system from scratch, and to address the question: How should a personal computer ideally behave?

3.2 The universal core of the system

3.2.1 A data space based on a tree structure

Whatever type of data a user wishes to process (e.g. text, programs, pictures), as soon as the amount of data exceeds a certain threshold, the user tends to structure his data - into chapters and paragraphs, procedures and modules, subpictures and patterns, as the semantics of the data may suggest. At any moment the user works only on a restricted data collection (e.g.

a paragraph) and needs only a subset of all operations present in the system (e.g. the text editor commands). Convenience as well as safety are enhanced if the system explicitly makes the user aware of his current active data and command environment.
We chose a hierarchical data model - a tree superimposed upon the data - as a common structuring device throughout the system. A node in the tree represents a "site", that is, a collection of data which is the active data environment when the user is at this node. As the user gets deeper into the tree his active environment gets smaller.
Since data access is controlled by position in the tree, the user must be able to traverse the tree easily and quickly. A universal motion facility called EXPLORE provides commands that are active at all times:

- Relative motion commands for moving up, down, right or left in the tree allow the user to extend, restrict or change the scope of data that can be accessed.

- Absolute motion to any node that can be identified (for example by means of a name) allows a complete change of the data environment.

The user's question "where am I?", meaning "what data are affected by my actions?", is answered by always displaying an identification of the current site on the screen, and by making a map of the vicinity available at the press of a key.

3.2.2. The tree editor - a universal tool

If the tree is to serve as a useful skeleton for organizing all data, it must be highly dynamic; if data-reference and data-movement operations in all types of editors are to look alike, it is best to concentrate them in one shared facility, a flexible tree editor. Its operations allow editing the data space at the site level. Since a site can contain any amount of data, from a single character to all the data in the entire system, the tree editor incorporates services that are spread over several utilities in conventional systems.
The set of operations of the tree editor is shown in Table 1. It was not designed to be minimal (although it is implemented by means of a minimal set of four basic tree operations), but rather to be convenient for frequently occurring structural changes such as moving procedures in a program text. The following principles were observed:

PRESERVE CURRENT SITE: All operations with the exception of explicit motion commands leave the user's current site unchanged. This can be achieved naturally by defining all operations (e.g. copy, delete) so that their operands are necessarily successors of the current site.

PRESERVE SYNTACTIC CORRECTNESS OF TREE: XS-1 subtrees can be forced to obey syntactic constraints given by explicit tables (for example, a subtree that structures a source program must obey the syntax of the programming language). After completion of any operation the syntactic correctness of the tree must be guaranteed (as a trivial example, isolated nodes can never occur).

USE PROVEN TECHNIQUES: Experience with the use of many editors shows that a few concepts and techniques are universally useful. Some of those that we have used are:

- It must be possible to identify by pointing on the screen ANY location which is an argument of an operation. A cursor pointing to a node identifies the entire subtree (and its data) of which it is the root; for inserting a subtree the cursor points to a "gap".
- The user must be able to choose among several views of the same data one that is most convenient; a tree structure, for example can be shown by drawing various types of pictures, or by means of indentation. Since many realistic structures are larger than a screenful, view selection and zooming are important operations.
- Data transfer is an operation that requires a source and a target. This appears to conflict with the demand that the user is always at one site. In order to avoid error-prone "remote effects" (i.e. a command affects dat which is not at the user's current site) an internal buffer is used: it can be loaded at one site and unloaded at another.

Operation	Effect on tree
INSERT	Insert a new site (with empty data collection) into a specified gap
DELETE	Delete a subtree (nodes and data)
COPY	Copy a subtree to a specified gap
MOVE	Move a subtree to a specified gap
SPLIT	Split a node and its data into two
MERGE	Merge two nodes and their data
EXPAND	Insert an intermediate level in the tree
SHRINK	Delete an intermediate level of the tree
ORDER	Permute the nodes on a tree level

Table 1: Tree editor commands

3.3 Document and program preparation

3.3.1 Design principles

DOCUMENT SYSTEMS MUST PROVIDE HIGHER STRUCTURES THAN TODAY'S TEXT SYSTEMS DO

The best text processing systems on market support low-level textual structures such as words, sentences, paragraphs, footnotes and headings, figures and forms, lines and pages: automatic word wraparound, page headers, formatting options, are examples of standard services. Today's systems are of little help, however, for maintaining an overall view of a document in the process of being created, and for managing the dynamic interrelations of various text parts.
This lack of emphasis on higher structures is surprising in view of the fact that the author's need for explicit representation of semantic relationships was recognized over a dozen years ago, and implemented in prototype systems (for example at Stanford Research Institute, [EN 68]). One explanation for the lack of influence of these pioneering systems is that arbitrary structures such as Hypertext ([NE 67], [CA 69]) are costly to implement; another, that business and scientific literature typically requires a more disciplined structure than an arbitrary semantic net.
For these reasons, XS-1 imposes a tree structure on its documents. This provides access, manipulation and understanding of data on a higher level of abstraction. The structural operations of the tree editor get text-specific interpretations like "Insert a new paragraph", "Split a chapter into two", "Merge two documents".
We agree with "Make it similar to something the user already knows" [SN 78]: e.g. getting a first impression of a document is normally done by looking at the table of contents; in our terminology this means viewing the text at the level of sites.

INTEGRATE DATA ORGANIZATION, EDITOR AND FORMATTER

Data organization, editor and formatter - the major components of a text processing system - must appear to the user as one integrated facility, the document-edit mode. In systems today these components have been designed in isolation. The separation of data organization (particularly at the file level) and editor has the disadvantage, that the data cannot be viewed conveniently in its semantic context; the separation of editor and formatter, that final form of the output cannot be seen at edit time, but only after a time-consuming cycle of changing the format specifications, feeding the output processor, and looking at paper output.

DOCUMENTS CONTAIN BOTH TEXT AND GRAPHICS

Today's document processing systems do not support pictures integrated into the text. The user specifies empty spaces to be filled in by hand. Thus the document data can be seen in its full context only in the final version. This inability to enter pictures at the time he is writing the matching text often leads the user to omit them completely. XS-1 encourages the use of graphics by providing a submode "graphics editing" within the document system.

3.3.2 Mode structure of the document system

The utilities mentioned so far as well as some others are presented to the user in the form of a tree of submodes as shown in Fig.3.1.

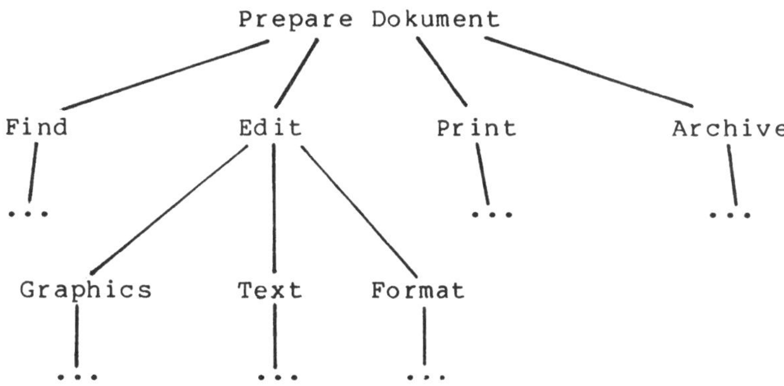

Fig. 3.1 The mode tree of the document system

- Archive: Store document on a backup storage device adding a descriptor (author name, date, keywords etc.)
- Find: Search for relevant documents by descriptor or full-text search.
- Print: Create hard copy output; this usually invokes a depth-first traversal of a subtree, printing the data attached to nodes.

3.3.3 The text processing part of the system

TEXT EDITOR: The text editor operates on a logical window, a rectangular area that fits entirely onto the screen). All operations are interpreted relative to a text cursor that can be moved within this window. Text editor operations are restricted to the level of characters, words and sentences (the mode-specific data level), since higher structures are handled by the tree editor. The command language was designed to be "orthogonal" that is, any operations (e.g. DELETE) is defined on all the structures recognized by this mode. This makes the operation set powerful and the command language consistent.

Orthogonality reduces the effort needed to learn a language: if the user knows the terms "DELETE", "WORD", and "<-", he can deduce that the combination of these means "delete the word to the left of the cursor".

Frequent operations are invoked by a single key press on a separate function key-block.

The "line" does not have a dominant role. In the word-wraparound mode the user can ignore line ends: if a word doesn't fit onto a line it is moved to the beginning of the next. If this line also overflows, the process continues until either the overflow text fits onto a line or a paragraph end is reached. Word deletion causes the reverse ripple effect.

The editor is parametrized in the sense that options like wraparound, insert-or-replace character, read-only or modify modes can be switched on or off.

FORMATTER: The formatter performs output transformations of the data; it affects only the view, not the content. There is no post-processor that interprets in-line code to produce nice output on the printer. Formatting is done interactively - the effect can be seen immediately on the screen. Formatting information can be stored permanently in the form of a descriptor attached to the site, and interpreted on demand when output has to be reproduced. Separating text and formatting information has the advantage that the same text can easily be output in different formats.

The formatter observes the structure of the text: for example, if a site is tagged with an "adjust right border" command, this holds for the whole subtree represented by the site.

3.3.4 A syntax-oriented program editor

Conventional programming systems include one or more general purpose text editors and compilers. Despite the fact that highly structured objects, source programs, are passed between them, their interface is usually a low-level structure, namely a long sequence of characters. The compiler has to reconstruct a syntactic structure that was present in the user's mind when he entered his program. The historical development (see 1.1)

explains how this situation came about: when compilers became widely used, punched card equipment was mainly used for entering programs, and this allows only minimal consistency checks.
Researchers recognized early [HA 71] that a program editor should be aware of the syntax of the language, and help the user at the earliest possible moment to recognize trivial errors such as mismatching BEGIN-END pairs.
The XS-1 program editor is syntax-directed: The tree of sites is used to represent the syntactical structure of a program, where the type of each site corresponds to a nonterminal symbol of the underlying grammar. The production rules of the grammar are represented in the form of a syntax tree.
Operations on the structural level may affect the syntactic correctness of a program: e.g. moving a procedure to another part of the program, or deleting variable declarations. The latter example shows that for most of today's programming languages a complete consistency check requires a global analysis (type check) of the program.
Just as the integration of editors and formatters have drastic consequences on the design of a system, does the integration of editors and compilers. Ideally, an incremental compiler that supports interactive programming is the logical conclusion.

3.4 Implementation aspects

3.4.1 Hardware configuration

XS-1 is being implemented on widely used minicomputer hardware components. The current configuration consists of a network of 3 DEC LSI-11/03 micro computers, each with 28K 16-bit words of central memory. There are 3 disk drives in the network: a 20 MByte PERTEC disk with 6 fixed and 2 removable logical disk drives, and two DEC RL-01 drives with 5 MByte cartridges. Each processor has fast access to one disk, and slower access to the others (for backup and sharing of files among users). The graphics terminal currently used is a HP 2648A with a 24 x 80 character screen and a separately stored graphics screen of 720 x 360 points resolution. A higher performance experimental graphics terminal is under development.
An LA-36 DEC-Writer and various teletypes are used for text output. We are currently looking for low-cost graphics printers.

3.4.2 Implementation language

The software is implemented in the high level programming language MODULA-2 [WI 78], a descendant of Pascal. A 5-pass compiler runs on and produces machine code for the PDP-11.
MODULA-2 supports the use of modules, which permit controlled

access to objects and routines, and can be compiled separately. Modules are particularly useful in a sizable software project such as XS-1, where several programmers cooperate, some of them only transiently.

3.4.3 System structure

The software system can be usefully divided into 4 layers:

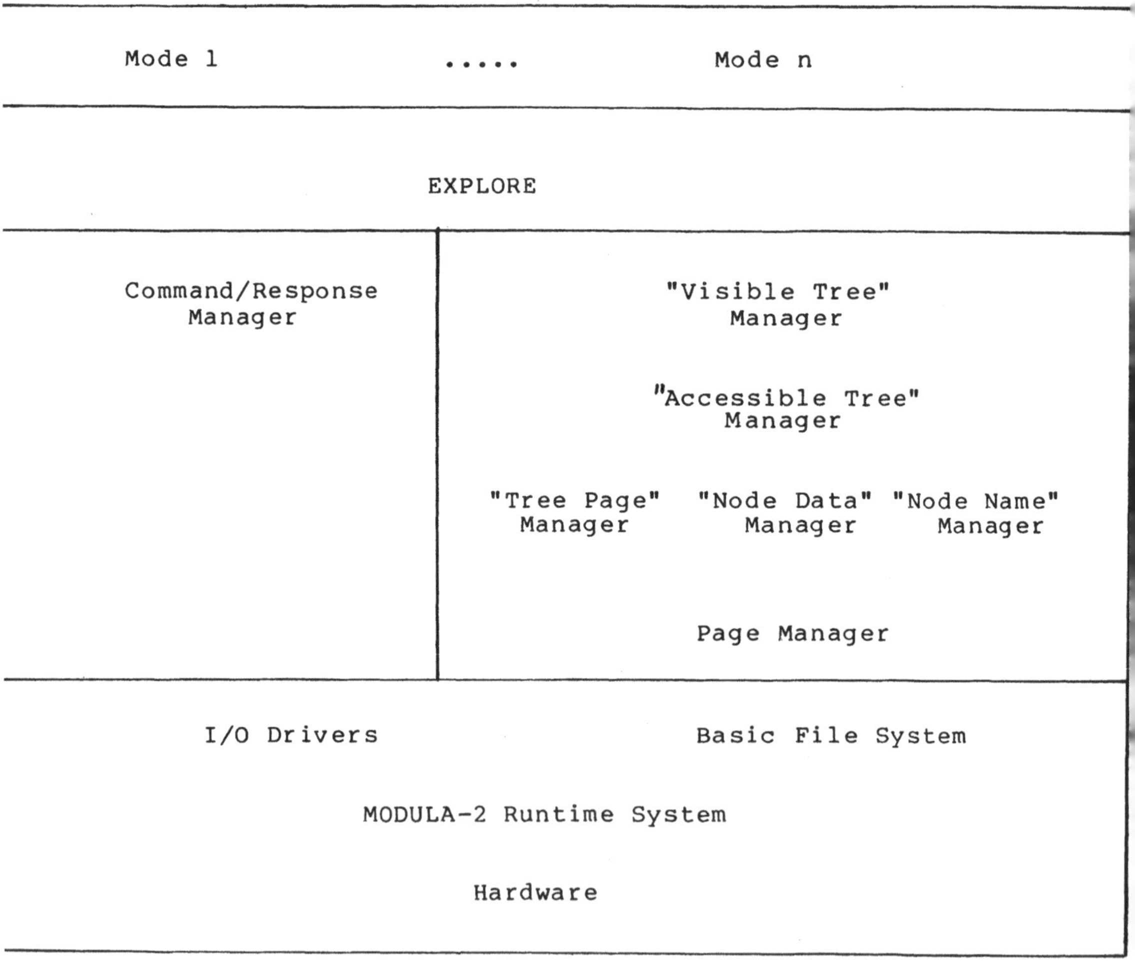

Fig. 4.1 System structure

Layer Ø represents the low level operating system characterized by disk block and console byte transfer.

Layer 1 falls into 2 parts:

- The "Command/Response Manager" implements the centralized management of commands (input) and responses (output). It garantees that all modes converse with the user in a consistent way; for example, exiting from a mode or aborting a command are always started by the same key press and cause the same system reaction.

- The second part is concerned with the implementation of the structured data space. The XS-1 tree is a directory with thousands of nodes, some of which have large data collections, others only tiny ones. This range imposes strong demands on the efficiency of implementation, both with respect to time and space requirements. In particular it is critical that the "small sites", the nodes with few data, are implemented efficiently.
  Since many sequential operations on data cause tree traversals, small sites must be allocated contiguously on the disk whenever possible. When sites are in central memory, it is important to code the structural information so that the space overhead is small. The tree is encoded as a binary tree (each node points to its first son and to its right brother), requiring one 16-bit machine word per node. Such a "bare" node further contains a type and pointers to a descriptor (including its name) and data.
  Module "Tree Page Manager" partitions the entire tree into appropriate pages that are stored on disk blocks. The "Accessible Tree" Manager implements the access and modification of the nodes currently accessible. It supports several windows into the tree; these are used, for example, when copying a subtree to another place, or when returning to a previously marked environment. Finally, module "Visible Tree" Manager further restricts the environment to that of the tree display and offers different views.

Layer 2 represents the dialog control level. The dialog state of a user is defined by a pair (site/mode). "Trails" [NI 79] - visible and editable time sequences of dialog states - are introduced to define operations on the dialog.

Layer 3 is that of data-specific modes. A mode requires two specifications to be given: The first concerns the description of DATA to be defined and manipulated at the site level. This is done by the specification of data types and corresponding production rules. The other concerns the description of the INTERACTION with the user. This is done by describing the commands, the mode structure imposed, and responses provided - all according to rules specified by the interface between EXPLORE and the Command-Response Manager.

The software described is under development. We are currently coupling the tree core with the prototype of the free-form text editor.

4. References

[CA 69] S.Carmody,W.Gross,Th.Nelson,D.Rice,A.van Dam: "A Hypertext Editing System for the /360" in "Pertinent Concepts in Computer Graphics", ed. M.Faiman and J.Nievergelt, Illinois Press, (March 1969), pp.291-330

[EN 68] Douglas C. Engelbart and William K. English: "A research center for augmenting human intellect" Proc. FJCC, Vol.33, Pt.1, AFIPS Press, Montvale, N.J. (1968), pp.395-410

[GO 76] Adele Goldberg and Alan Kay: "SMALLTALK-72 Instruction Manual " SSL76-6, XEROX Palo Alto Research Center, (March 1976)

[HA 71] W.J. Hansen: "User engineering principles for interactive systems" Proc. FJCC, Vol. 39, AFIPS Press, Montvale, N.J., (1971), pp. 523-532

[MI 77] Lance A. Miller and John C. Thomas Jr.: "Behavioural Issues in the use of interactive systems" Int. J. Man-Machine Studies, 9 (1977), pp. 509-536

[NE 68] Theodor H. Nelson: "Getting it out of our system" in "Information retrieval: critical view" ed. G.Schecter, Thompson Books, Washington, D.C. (1967), pp. 191-210

[NI 77] J.Nievergelt,H.P.Frei,H.Burkhart,Ch.Jacobi,B.Plattner, H.Sugaya,B.Weibel,J.Weydert: "XS-0: A self-explanatory School Computer" Berichte des Instituts fuer Informatik/Nr.21,(Aug.1977) Eidgenoessische Technische Hochschule Zuerich

[NI 78] J.Nievergelt,H.P.Frei,H.Burkhart,Ch.Jacobi,B.Plattner, H.Sugaya,B.Weibel,J.Weydert: "Interactive System for PASCAL programming" in PASCAL, ed. H.W. Wippermann, Carl Hanser Verlag Muenchen Wien, (1978), pp. 13-24

[NI 79] Juerg Nievergelt and Jean Weydert: "Sites, modes and trails: Telling the user of an interactive system where he is, what he can do, and how to get to places"
Berichte des Instituts fuer Informatik/Nr.28, (Jan.1979)
Eidgenoessische Technische Hochschule Zuerich

[SN 78] James Sneeringer: "User-interface Design for Text Editing: A Case Study"
Software - Practice and Experience, Vol. 8, (1978)
pp. 543-557

[VD 71] Andries van Dam and David E. Rice: "On-line Text Editing: A survey"
Computing Surveys, Vol.9, No.3 (Sept. 1971), pp. 93-114

[WI 78] Niklaus Wirth: "MODULA-2"
Berichte des Instituts fuer Informatik/Nr.27, (Dez. 1978)
Eidgenoessische Technische Hochschule Zuerich

Acknowledgement:

B. Plattner, H. Sugaya and J. Weydert are codesigners and implementors of the XS-1 System.
F.von Aesch, B.Boser, B.Frei, H.P.Giger, J.Stelovsky and H. Thimbleby have contributed to the software.

TEXTKOMMUNIKATION

ELEKTRONISCHE TEXTKOMMUNIKATION

W. Kaiser und H.Th. Hagmeyer
Institut für Nachrichtenübertragung, Universität Stuttgart

1. Übersicht über die verschiedenen Kommunikationsarten

In jüngerer Zeit gewinnt die elektronische Textkommunikation durch die technologischen Fortschritte auf dem Gebiet der Mikroelektronik und den dadurch verbesserten Bedienungskomfort der Endgeräte sehr stark an Beachtung. Die älteste Form der elektronischen Textkommunikation stellt die Telegraphie dar, die im vorigen Jahrhundert eine große Bedeutung besaß /1/. Ab etwa 1880 fand dann das Fernsprechen eine immer größere Verbreitung, da es in der Handhabung wesentlich einfacher war und eine direkte Sprachkommunikation ermöglichte. Wie Tabelle 1 zeigt, gibt es daneben noch weitere Telekommunikationsarten, nämlich die Datenkommunikation, die oft sehr eng mit der Textkommunikation verwandt ist, die Einzelbildkommunikation und die Bewegtbildkommunikation. Bei der Einzelbildkommunikation handelt es sich um die Übertragung ruhender Bilder, wie z.B. von Skizzen, Graphiken, Wetterkarten oder Schriftstücken. Sie erfüllt damit in vielen Anwendungsfällen ähnliche Aufgaben wie die Textkommunikation. Wesentlich davon verschieden ist die Bewegtbildkommunikation, zu der z.B. der Fernsehrundfunk und das noch im Forschungsstadium befindliche Bildfernsprechen gehören. Sie benötigen schnelle, breitbandige Übertragungskanäle und damit einen erheblichen Aufwand.

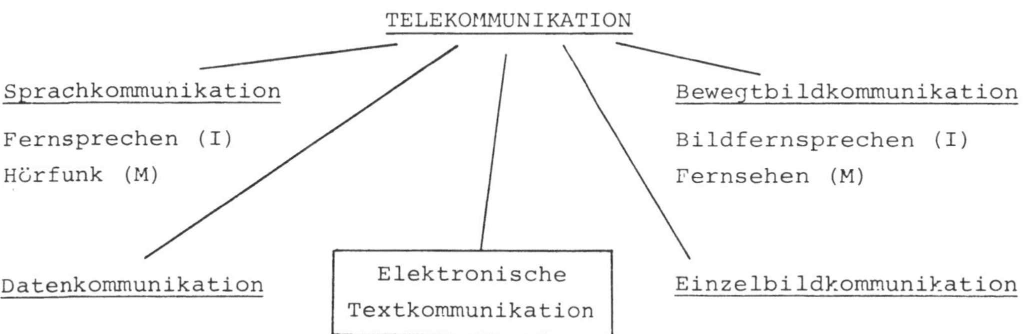

M = Massenkommunikation
I = Individualkommunikation

Tabelle 1 Telekommunikationsarten

Neben der elektronischen, immateriellen Übermittlung von Texten ist Textkommunikation natürlich auch durch materielle Textübermittlung möglich, was dann als Schreib- bzw. Printkommunikation bezeichnet wird (Tabelle 2). Hierzu gehört das gegenseitige Zusenden von Briefen oder die Verteilung von Zeitungen, Zeitschriften und Büchern.

Bei allen Kommunikationsarten kann man unterscheiden zwischen solchen Formen, die der Individualkommunikation zuzuordnen sind, und den Formen der Massenkommunikation. Im ersten Fall ist ein Vermittlungs- oder Sortiervorgang erforderlich, während bei der Massenkommunikation lediglich eine Verteilfunktion auszuführen ist.

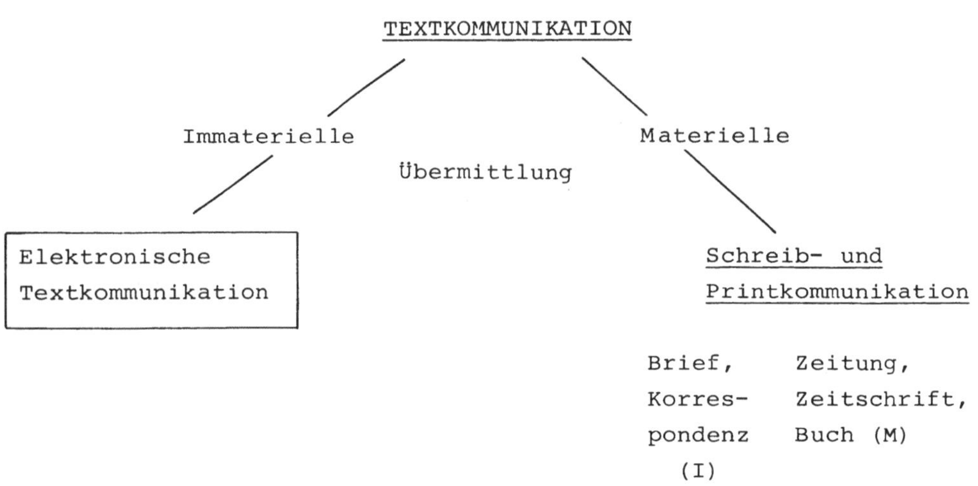

Tabelle 2 Textkommunikation mit materieller und immaterieller Übermittlung

Die unterschiedlichen Übermittlungsprinzipien bei der elektronischen Textkommunikation und der Schreib- bzw. Printkommunikation äußern sich vor allem in der Dauer der Übermittlung. Bild 1 zeigt einen Vergleich verschiedener Kommunikationsarten hinsichtlich der Übermittlungsdauer und der Zahl der Kommunikationsteilnehmer. Die elektronische Textkommunikation umfaßt dabei Formen der Individualkommunikation als auch solche der Massenkommunikation mit Teilnehmerzahlen bis hin zu denjenigen bei Hörfunk und Fernsehen. Charakteristisch ist in jedem Falle die im Vergleich zur Schreib- und Printkommunikation äußerst kurze Übermittlungsdauer im elektronischen Vertriebsweg.

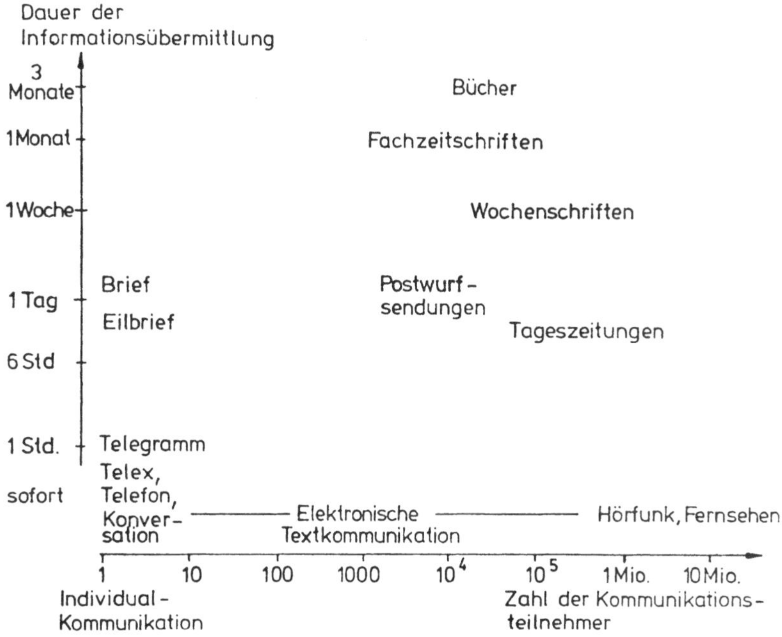

Bild 1 Dauer der Übermittlung von Informationen, die in aufbereiteter Form vorliegen

2. Die Entwicklung der Mikroelektronik und ihr Einfluß auf die Telekommunikation

Wie so häufig in der Entwicklungsgeschichte, so werden auch bei der Weiterentwicklung der Telekommunikation die neuen Möglichkeiten weitgehend durch die auf dem Gebiet der Technologie und hier vor allem durch die in der Halbleitertechnologie erzielten Fortschritte geprägt. Die Halbleitertechnologie hat in den vergangenen zwei Jahrzehnten eine ungewöhnlich steile Entwicklung erfahren. Bereits heute ist die Miniaturisierung so weit fortgeschritten, daß auf einem Siliziumplättchen (Chip) von ca. 25 mm^2 Fläche mehrere zehntausend Transistorfunktionen in Großintegration angeordnet werden können. Momentan erhöht sich diese Zahl etwa um den Faktor 1,8 je Jahr, so daß, wie Bild 2 zeigt, erwartet werden kann, daß Mitte der achtziger Jahre anstatt der heute üblichen 64K-Schreib-/Lesespeicher solche mit einer Kapazität von 1 Million Bit je Chip zur Verfügung stehen werden /2,3/. Gleichzeitig werden die Kosten eines derartigen Speicherchips im wesentlichen konstant bleiben, so daß sich das Preis-/Leistungsverhältnis weiterhin drastisch verbessern wird. Dies wird erreicht durch den Übergang von der heutigen Großintegration zur sog. Größtintegration, bei der die Chipfläche weiter vergrößert und die Dimensionen erneut verkleinert werden z.B. durch Anwendung der Röntgen- und Elektronenstrahllithographie, die Leiterbreiten von weniger als 0,001 mm erlauben. Damit verbunden wird die Zuverlässigkeit je Gatterfunktion steigen. Diese technologischen Verbesserungen prägen auch die weitere Entwicklung der Mikrorechner, bei denen man im Laufe der nächsten Jahre Systeme mit einer Wortlänge von 32 bit, komplexerer Rechnerarchitektur und höherer Arbeitsgeschwindigkeit erwarten kann.

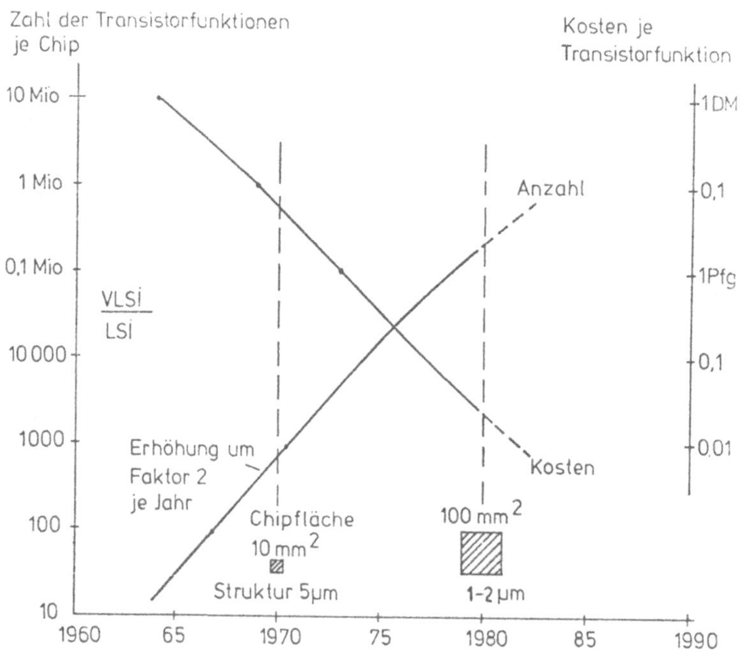

Bild 2 Entwicklung der Mikroelektronik

Die weitere Entwicklung ist schwer vorhersehbar. Eine noch höhere Integration erscheint zwar technisch möglich, ist aber wirtschaftlich problematisch. Der erforderliche Investitionsaufwand ist beträchtlich und lohnt nur, wenn ausreichend große Stückzahlen erwartet werden können. Jedoch bereits der heutige Entwicklungsstand und die damit verbundene Verbilligung der Transistorfunktionen hat den Siegeszug der Mikroelektronik in viele Gebiete unseres heutigen Lebens ermöglicht. Integrierte Schaltkreise und Mikroprozessoren werden zum Steuern, Messen und Regeln eingesetzt und ersetzen in vielen Fällen die bisher verwendete Mechanik. Dieser technologische Strukturwandel wird andauern und dazu führen, daß die Möglichkeiten der Nachrichtenverarbeitung, insbesondere der Daten- und Textverarbeitung, praktisch jedermann in Form von dezentraler, am Arbeitsplatz vorhandener technischer Intelligenz zur Verfügung stehen werden. Damit können u.a. auch die steigenden Anforderungen, die von den Endgeräten an das Können der Bedienungsperson an der Mensch-Maschine-Schnittstelle gestellt werden, gemildert werden. Da die mikroelektronischen Systeme kleiner, leichter, preiswerter und trotzdem meist qualitativ besser als bisherige Einrichtungen sind, werden sie vielseitig eingesetzt werden und damit auch einen Beitrag zur Energie- und Rohstoffeinsparung und zur Verbesserung unserer Umwelt leisten.

Neben den Endgeräten werden auch die Einrichtungen zur Übertragung und Vermittlung von Nachrichtensignalen durch diese Entwicklung nachhaltig beeinflußt. Darauf wird im 5. Abschnitt noch näher eingegangen.

3. Bestehende Netze für die Text-, Daten- und Einzelbildkommunikation

Die verschiedenen Arten der Text-, Daten-und Einzelbildkommunikation stellen aus übertragungstechnischer Sicht ähnliche Anforderungen an das Übermittlungsnetz, so daß die allgemein für die Datenübertragung geeigneten Übertragungskanäle auch für die Textübertragung oder Einzelbildübertragung genutzt werden können. Bei der Einzelbildkommunikation gilt dies natürlich nur dann, wenn die geforderte Auflösung bzw. Qualität der Reproduktion nicht in erheblichem Maße über diejenige hinausgeht, die für die Darstellung von Skizzen, Handschriften oder Schreibmaschinentext als ausreichend angesehen wird.

Wesentliche Bestandteile einer Telekommunikationsform sind zum einen die Endgeräte und zum andern die diese Endgeräte verbindenden Netze. Bild 3 veranschaulicht diesen Sachverhalt für die beiden bereits erwähnten Kategorien der Individualkommunikation und der Massenkommunikation. Die Individualkommunikation erfordert ein Vermittlungsnetz, wie es z.B. das Fernsprechnetz darstellt, während die Massenkommunikation lediglich ein Netz mit Verteilstruktur, wie z.B. die Rundfunksendernetze oder die Kabelfernseh- bzw. Gemeinschaftsantennenanlagen, benötigt,bei dem nur ein einseitig gerichteter Informationsfluß existiert. Die dritte, weniger greifbare aber dennoch nicht zu unterschätzende Komponente einer Telekommunikationsform ist die spezifische, vom Teilnehmer zu erbringende Leistung.

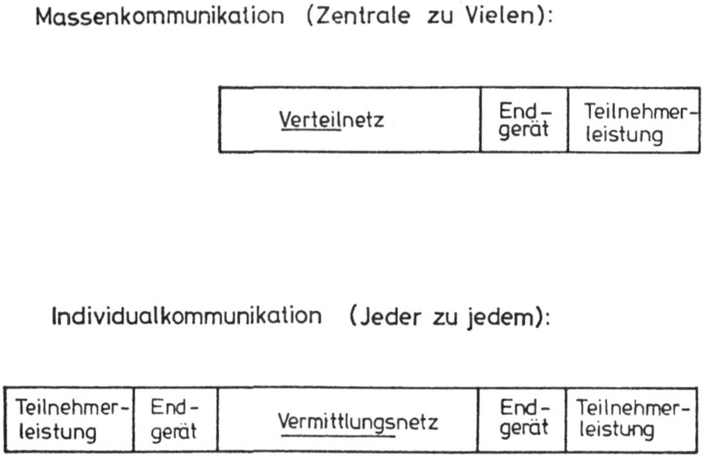

Massenkommunikation (Zentrale zu Vielen):

Verteilnetz	End-gerät	Teilnehmer-leistung

Individualkommunikation (Jeder zu jedem):

Teilnehmer-leistung	End-gerät	Vermittlungsnetz	End-gerät	Teilnehmer-leistung

Bild 3 Zum Begriff Telekommunikationsform

Die Entwicklungsgeschichte der Telegraphie verdeutlicht, wie wichtig es für die rasche Verbreitung einer Telekommunikationsform ist, die vom Teilnehmer zu erbringende Leistung so niedrig wie möglich zu halten. Obwohl wesentliche Grundbegriffe und deren technische Verwirklichung, wie z.B. Zeichen, Code, serielle Übertragung, Zeitmultiplex usw. bereits in der ersten Hälfte des letzten Jahrhunderts zur Verfügung standen, blieb die Nutzung der Telegraphie speziell geschulten Personen vorbehalten. Diese mußten entweder das Morsealphabet beherrschen oder eine Tastatur im vorgeschriebenen Synchronrhythmus bedienen können. Eine entscheidende Verbesserung brachte um das Jahr 1922 die Entwicklung eines Fernschreibapparates, des sog. Springschreibers, der die einzelnen Zeichen nach dem Start-Stop-Prinzip aussandte und damit so einfach zu bedienen war, daß er in die Hand von Teilnehmern gegeben werden konnte, die mit einer Tastatur umzugehen wußten. Zusammen mit der Einführung von automatischen Wählsystemen entwickelte sich daraus die heutige Fernschreib- oder Telextechnik.

Die wichtigsten öffentlichen und für die Textübertragung genutzten Netze in der Bundesrepublik Deutschland sind in Tabelle 3 zusammengestellt, wobei die Rundfunksendernetze mit ihrer Verteilstruktur von Betriebsversuchen mit Videotext abgesehen bis heute nicht für die Textübertragung herangezogen werden. Die beiden anderen Netze, das Fernsprechnetz und das Integrierte Fernschreib- und Datennetz, sind Vermittlungsnetze, die eine individuelle Text- oder Datenübertragung zwischen beliebigen, an das Netz angeschlossenen Partnern erlauben.

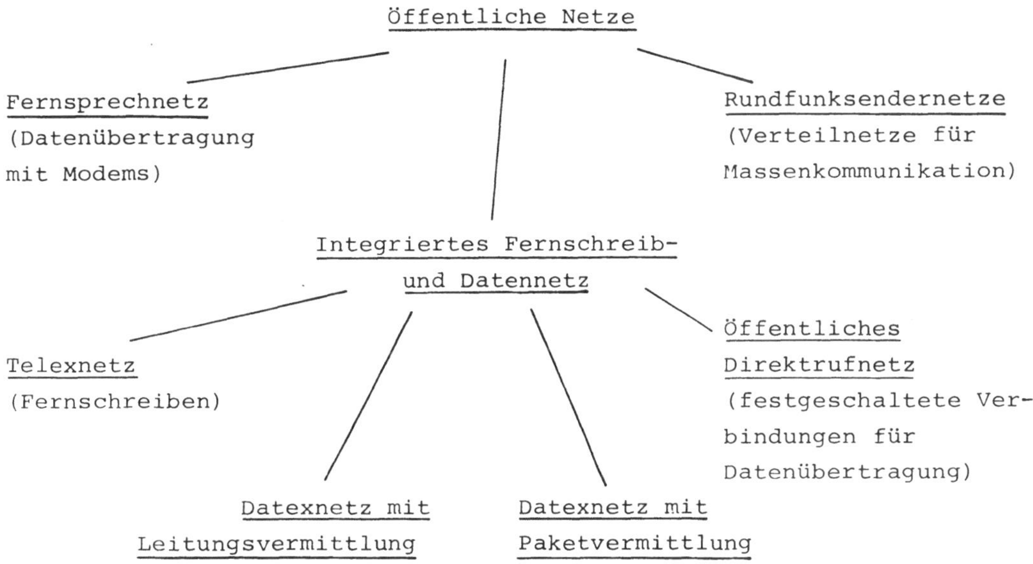

Tabelle 3 Öffentliche Netze in der Bundesrepublik Deutschland

Das Fernsprechnetz wurde ursprünglich ausschließlich für die Sprachkommunikation konzipiert. Für die Datenübertragung sind daher besondere Modulator-Demodulator-Einrichtungen, sog. Modems, erforderlich. Dennoch wird dieses Netz wegen seiner flächendeckenden Verbreitung sehr häufig für die Datenübertragung eingesetzt. Speziell auf die Datenübertragung ausgerichtet ist das Integrierte Fernschreib- und Datennetz (IDN), das die vier Netze Telexnetz, Datexnetz mit Leitungsvermittlung, Datexnetz mit Paketvermittlung und das sog. Öffentliche Direktrufnetz in sich vereint. An das Telexnetz sind derzeit etwa 130 000 Fernschreibmaschinen in der Bundesrepublik Deutschland angeschlossen. Es stellt damit verkehrsmäßig den größten Anteil am IDN dar. Das Datexnetz mit Leitungsvermittlung (Datex-L) erlaubt prinzipiell höhere Übertragungsgeschwindigkeiten als sie beim Fernschreibbetrieb üblich sind, nämlich bis zu 300 Baud bei asynchroner Übertragung und die standardisierten Geschwindigkeiten 1200 bit/s, 2400 bit/s, 4800 bit/s, 9600 bit/s und 48 000 bit/s bei synchroner Übertragung.

In der Planung befindet sich das Datexnetz mit Paketvermittlung (Datex-P). Während bei der Leitungsvermittlung nach einem erfolgreichen Verbindungsaufbau ständig ein Übertragungskanal zwischen den beiden Partnern bereitgehalten wird, der ausschließlich diesen Teilnehmern reserviert bleibt, können bei der Paketvermittlung einzelne Abschnitte des Übertragungsweges auch von den Nachrichtensignalen anderer Teilnehmer belegt werden. Dazu müssen die Daten- oder Textinformationen zu Blöcken (sog. Paketen) zusammengefaßt und mit zusätzlicher Steuerinformation versehen werden. Dieses Prinzip ist in Bild 4 dargestellt. In den Knoten des Netzes befinden sich Vermittlungsrechner, die die paketweise Übertragung steuern. Der Vorteil der Paketvermittlung liegt vor allem in der besseren Ausnutzung der Übertragungswege, allerdings auf Kosten komplizierterer Vermittlungsoperationen in den Vermittlungsrechnern, was jedoch durch die Fortschritte der Mikroprozessoren bewältigt werden kann.

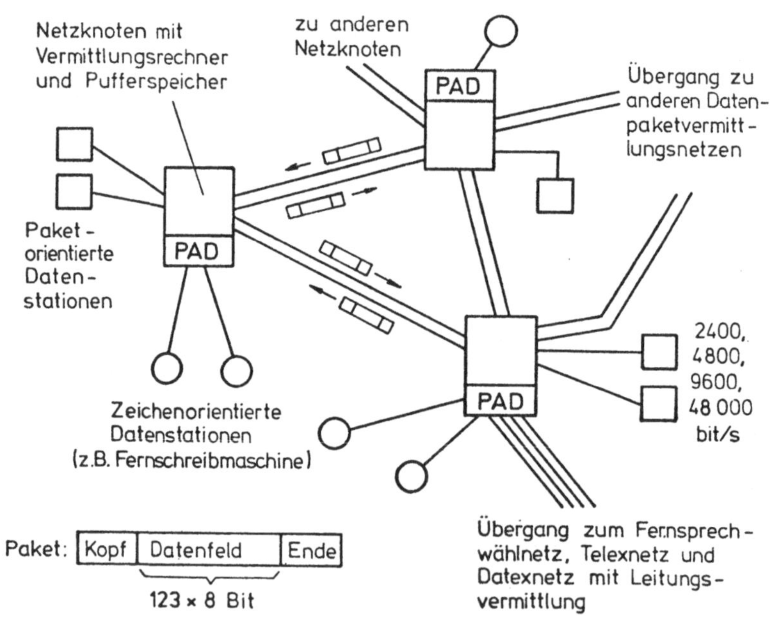

Bild 4 Paketvermittlungsnetz (Datex-P)

An die Vermittlungsrechner können sowohl paketorientierte Datenstationen angeschlossen werden als auch die zeichenorientierten Datenstationen, die seither an den herkömmlichen, leitungsvermittelten Netzen betrieben wurden. Bei nicht paketorientierten Datenstationen wird die Paketbildung in der sog. Packet Assembly/Disassembly-Einrichtung (PAD) des Vermittlungsrechners vorgenommen, wobei auch Code- und Geschwindigkeitsumsetzungen durchgeführt werden können. Über diese Einrichtungen ist dann auch ein Übergang in das Fernsprechnetz, das Telexnetz und das Datexnetz mit Leitungsvermittlung möglich. Darüber hinaus ist auch ein Übergang zu anderen Paketvermittlungsnetzen, wie z.B. EURONET, vorgesehen.

Das vierte Teilnetz des Integrierten Fernschreib- und Datennetzes, das Öffentliche Direktrufnetz, stellt kein Wählnetz dar, sondern besteht aus festgeschalteten Verbindungen zwischen Datenstationen. Über diese Netze wird heute ein erheblicher Anteil der Datenfernverarbeitung abgewickelt. Bild 5 zeigt die Zunahme der Zahl der Datenstationen in den vergangenen Jahren.

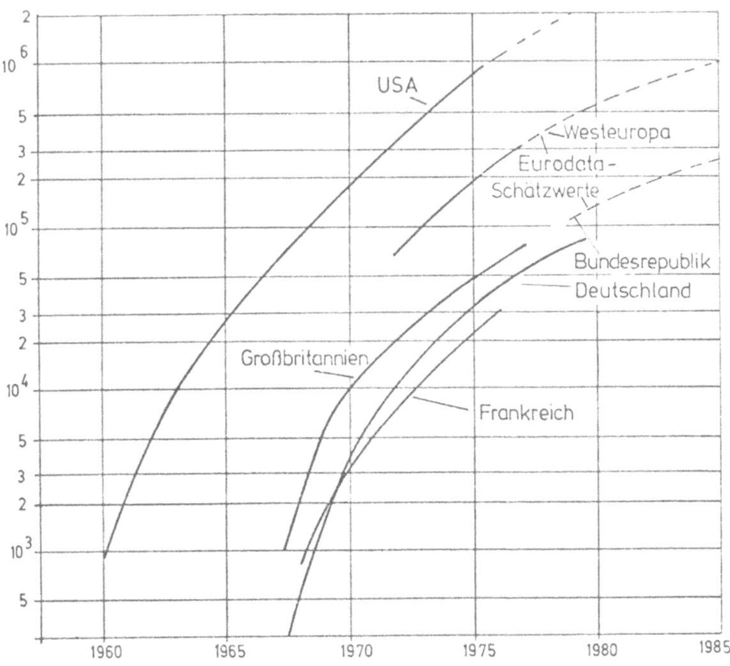

Bild 5 Entwicklung der Anzahl der Datenstationen an Fernmeldewegen

4. Neue Textkommunikationsformen in bestehenden Netzen und die dazu benötigten Endgeräte

4.1 Einteilung der Endgeräte

Die zur Textübertragung verwendeten Endgeräte lassen sich in zwei Gruppen einteilen und zwar in papiergebundene Wiedergabeverfahren und in bildschirmorientierte Verfahren (Tabelle 4). Bei den papiergebundenen Verfahren kann man wiederum unterscheiden zwischen einer zeichenweisen Textdarstellung, wie man sie z.B. bei der Fernschreibmaschine vorfindet, und einer rasterweisen Bilddarstellung nach dem Faksimileprinzip. Bei den bildschirmorientierten Verfahren liegt von der Wirkungsweise der Endgeräte her gesehen immer eine rasterweise Text- oder Bilddarstellung vor. Erfolgt dabei die Textübertragung zeichenweise, wobei jedes alphanumerische Zeichen durch ein Codewort repräsentiert wird, so ist im Sichtgerät oder Fernsehempfänger ein Zeichengenerator erforderlich.

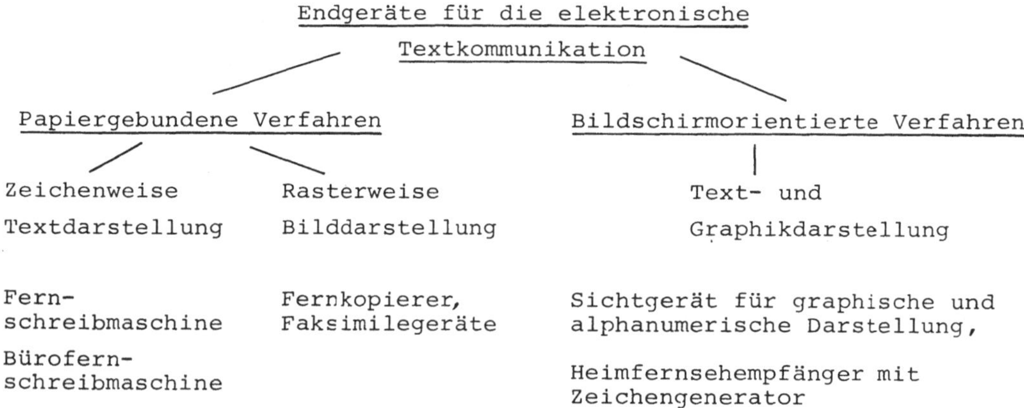

Tabelle 4 Endgeräte für die elektronische Textkommunikation

Entsprechend dieser Gruppierung der Endgeräte lassen sich auch die verschiedenen, damit arbeitenden Telekommunikationsformen unterscheiden. Selbstverständlich können dabei die bildschirmorientierten Verfahren zum Festhalten besonders interessierender Nachrichten auch durch einen Druckerzusatz (Hardcopy) oder die papiergebundenen Endgeräte zur einfachen Texteditierung durch ein Sichtgerät erweitert werden.

4.2 Das Bürofernschreiben

Das Bürofernschreiben (international: Teletex) stellt eine Form der Textkommunikation dar, bei der Texte in codierter Form, Zeichen für Zeichen, übertragen werden. Im Unterschied zum heutigen Telexdienst erlaubt dieser neue Dienst eine sehr viel höhere Übertragungsgeschwindigkeit und die Nutzung des gesamten Zeichenvorrats einer Schreibmaschine einschließlich der Groß- und Kleinschreibung. Damit wird es möglich, derartige Geräte dezentral in Büros an Stelle der heute üblichen Büroschreibmaschinen einzusetzen. Jedermann, der an den Umgang mit einer elektrischen Schreibmaschine gewöhnt ist, wird auch in der Lage sein, diese neue Telekommunikationsform zu nutzen.

Durch vielfältige Speichereinrichtungen und mikroprozessorgesteuerte Funktionseinheiten soll nicht nur die Textübertragung, sondern auch die Textbe- und -verarbeitung verbessert und erleichtert werden, so daß das Korrigieren und Redigieren von Texten sowie das Einfügen ganzer Textbausteine möglich wird. Bild 6 zeigt das Blockschaltbild einer Bürofernschreibmaschine.

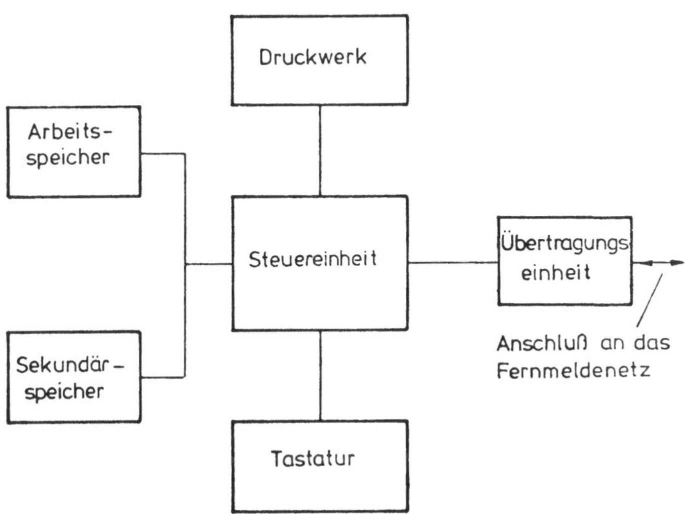

Bild 6 Bürofernschreibmaschine

Tastatur, Druckwerk und Übertragungseinheit sind Funktionsblöcke, die dem Prinzip nach auch in den heute üblichen Fernschreibmaschinen vorkommen. Entscheidend für den Büroeinsatz sind die Funktionsblöcke für die Steuerung und Speicherung.

Die notwendige Standardisierung dieses Verfahrens wird momentan sowohl auf internationaler Ebene als auch in mehreren Arbeitskreisen der Deutschen Bundespost vorangetrieben, so daß erste Versuchsgeräte bereits zur Hannover-Messe 1980 gezeigt werden können und eine generelle Einführung etwa im Jahre 1981 unter der Bezeichnung TELETEX-Dienst möglich erscheint.

Die Verbindung der Endgeräte untereinander erfolgt über das Integrierte Fernschreib- und Datennetz, wobei eine Übertragungsgeschwindigkeit von 2400 bit/s und eine Verbindungsprozedur nach der CCITT-Empfehlung X.21 vorgesehen ist.

Die charakteristische Übertragungsdauer für eine normal beschriebene Seite DIN A4 (etwa 2000 Zeichen) beträgt dann etwa 1/8 Minute entsprechend 240 Zeichen/sec. Bei Druckwerten mit mechanischem Typendruck und einer Druckgeschwindigkeit von maximal 30 Zeichen/sec ist dadurch eine Zwischenspeicherung am Empfangsort notwendig. Höhere Druckgeschwindigkeiten erreicht man durch Seriendruckwerke mit Rasterdruck oder nichtmechanischem Druck.

4.3 Das Fernkopieren

Fernkopieren (auch Faksimile-Technik genannt) stellt eine Form der Fest- oder Einzelbildkommunikation dar, bei der die Bildvorlage nicht nur Text, sondern auch graphische Elemente (z.B. Briefkopf, Unterschrift, Zeichnung, Wetterkarte usw.) enthalten kann /4/. Die Vorlage wird in Form eines Rasters optisch abgetastet, z.B. mit Hilfe eines Lichtstrahls, einer Photodiodenzeile oder von Lichtleitfasern. Das Abtastsignal wird in analoger oder digitaler Form über das öffentliche Fernmeldenetz übertragen. Zur Aufzeichnung am Empfangsort verwendet man häufig Spezialpapier (elektrolytisch, elektrosensitiv oder elektrographisch). Verfahren für Normalpapier sind, abgesehen von den einfachen, aber langsamen Tintenschreibern, aufwendiger und können daher nur bei höherem Verkehrsaufkommen wirtschaftlich eingesetzt werden.

Dabei gibt es zwei konstruktionsmäßig verschiedene Ausführungen. Bei der Trommelausführung wird sowohl das abzutastende Original als auch das auf der Empfangsseite zur Aufzeichnung notwendige Blatt Papier auf einer trommelförmigen Unterlage aufgespannt. Beide Trommeln drehen sich während der Übertragung synchron, wobei der Schreib- und der Lesekopf schraubenförmig über die Trommel geführt werden. Da der Schreib- und der Lesekopf konstruktiv vereint sind, kommen diese Geräte mit einer einzigen Trommel aus.

Das zweite, modernere und flexiblere Verfahren besitzt eine Einrichtung zur Flachbettabtastung und -aufzeichnung, bei der die Vorlage und die Kopie flach auf einer Grundplatte aufliegen. Mit diesem in Bild 7 dargestellten Verfahren ist nicht nur der bedienungsfreie Betrieb, sondern auch die Anwendung redundanzreduzierender Codes einfacher realisierbar.

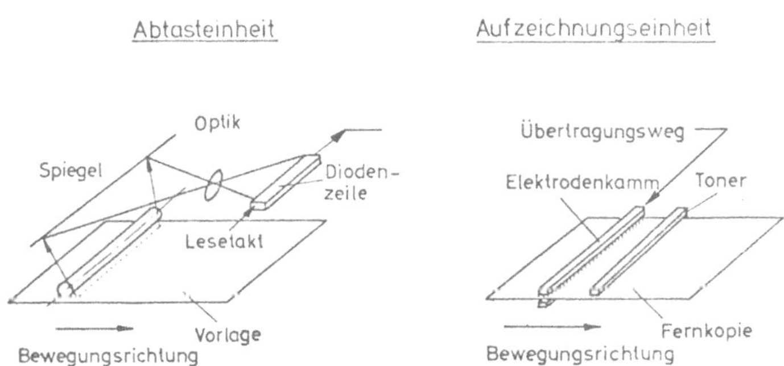

Bild 7 Prinzipdarstellung eines modernen Fernkopierverfahrens

Gegliedert nach der typischen Übertragungsdauer für eine Seite DIN A4 unterscheidet man nach CCITT vier Gruppen von Fernkopiergeräten (Tabelle 5). Die bisher üblichen Geräte der Gruppe 1 benötigen 6 Minuten für die Übertragung einer Seite DIN A4 und sind damit für viele Anwendungen wesentlich zu langsam. Die Geräte der Gruppe 2 erlauben durch bessere Nutzung des zur Verfügung stehenden Übertragungskanals eine Reduzierung dieser Dauer auf 3 Minuten. Der seit Januar 1979 eingeführte Telefaxdienst basiert auf Geräten der Gruppe 2.

Nur etwa 1 Minute oder weniger benötigen Geräte der Gruppen 3 und 4, bei denen das Bildsignal in eine Folge digitaler Zeichen übergeführt und die Übertragungsdauer durch Ausnutzung statistischer Abhängigkeiten reduziert wird. Diese Geräte sind allerdings auch wesentlich teurer als Geräte der Gruppen 1 und 2. Bild 8 zeigt das Blockschaltbild eines derartigen Fernkopiergerätes der Gruppe 3 für den Betrieb am Fernsprechnetz und das Prinzip der digitalen Lauflängencodierung.

Die in Bild 5 angegebenen Übertragungsdauern in den Gruppen 3 und 4 basieren auf einer Übertragungsgeschwindigkeit von 4800 bit/s. Während die Geräte der Gruppe 3 weiterhin für den Betrieb am Fernsprechnetz vorgesehen sind, sollen Geräte der Gruppe 4 an das Datennetz angeschlossen werden. Durch Erhöhung der Bitrate z.B. auf 9600 bit/s

Gruppe	1	2	3	4
Übertragungsdauer für 1 Seite DIN A4	6 min	3 min 2 min*	etwa 1 min	etwa 1 min
Übertragungsweg	Fernsprech-netz	Fernsprech-netz	Fernsprech-netz	Daten-netz
Übertragungsverfahren (Modulation)	analog FM (AM)	analog RSB-AM/PM	digital mit 4 800 bit/s u. Redundanzreduktion	
Vertikale Auflösung in Zeilen/mm	3,85	3,85 3,1*	3,85 7,7ˣ	3,85 7,7ˣ
Horizontale Auflösung in Bildpunkte/Zeile	1 728	1 728	1 728	1 728
Grautonfähig ?	ja	ja	nein	nein
Bemerkungen	für viele Anwendungen zu langsam	Basis für TELEFAX *nicht genormt	Ein- oder zweidimensionale Lauflängencodierung ˣ Verbesserte Auflösung einstellbar	

Tabelle 5 Faksimile-Endgeräte, Gruppeneinteilung nach CCITT

Blockschaltbild

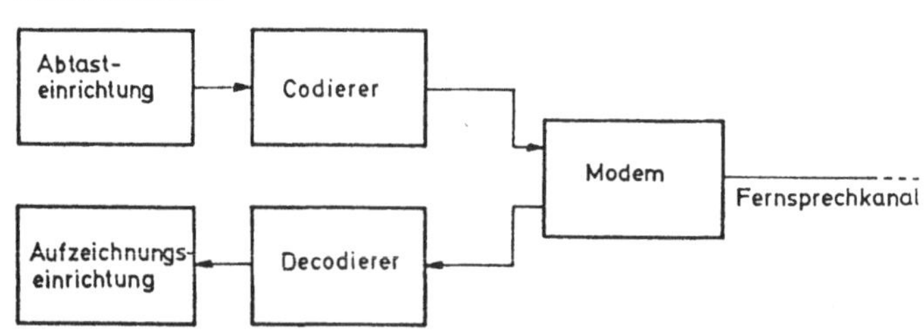

Redundanzreduktion durch Lauflängencodierung (z.B. Huffman-Code):

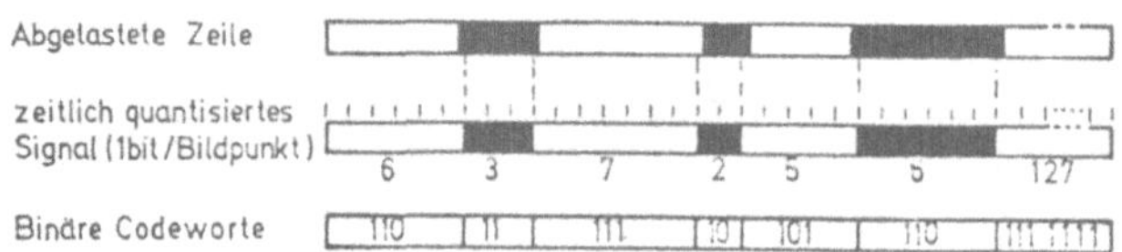

Standardauflösung: vertikal: 3,85 Zeilen/mm

horizontal: 1728 Bildpunkte/Zeile (entspr. 8 Bildpunkte/mm)

Bild 8 Blockschaltbild und Prinzip der Lauflängencodierung eines digitalen Fernkopierers (Gruppe 3)

kann die Übertragungsdauer halbiert oder die vertikale Auflösung verbessert werden. Zunächst ist hier allerdings nur Schwarz-Weiß-Übertragung vorgesehen. Die Übertragung von Graustufen oder gar verschiedenen Farben ist mit einer zusätzlichen Erhöhung des zu übertragenden Informationsflusses verbunden. Für die Zukunft ist die Entwicklung hochwertiger Fernkopiergeräte für die schnelle Übertragung von Einzelbildern (auch in Farbe) denkbar, die mit einer Übertragungsgeschwindigkeit von 48 000 bit/s arbeiten. Als Übertragungswege stehen dafür in Zukunft neben den Verbindungen im Datexnetz auch z.B. digitale PCM-Sprachkanäle zur Verfügung. Außerdem ist zu erwarten, daß es in einigen Jahren integrierte Text- und Graphikterminals geben wird, deren Druckorgan für das Aufzeichnen von Fernkopien und das Drucken von Schrifttext gleichermaßen gut geeignet sind. Damit läßt sich die Übertragungszeit einer Vorlage weiter verringern, indem man die graphischen Elemente punktweise (d.h. uncodiert), den Text dagegen codiert überträgt und die gesamte Information in einem Halbleiterspeicher für die Aufzeichnung bereithält.

Fernkopieren und Bürofernschreiben erlauben die elektronische Übermittlung von bereits vorhandenem Schriftgut bzw. gerade zu erstellenden Briefen. Damit könnte der bisherige, an die materielle Zustellung gebundene Postdienst durch die elektronische Zustellung ersetzt werden. Dies setzt allerdings voraus, daß entsprechende Endgeräte vorhanden sind, was aus Kostengründen in der Regel nur bei Geschäftsteilnehmern (Büros usw.) der Fall sein wird.

4.4 Bildschirmorientierte Textkommunikation

Die Textkommunikation ist nicht auf die Wiedergabe der Nachricht auf Papier beschränkt. Häufig genügt die flüchtige Darstellung auf einem Bildschirm anstelle der Aufzeichnung auf Papier. Verwendet man dazu die Bildröhre eines üblichen Heimfernsehempfängers, so kann diese Art der Textübermittlung mit geringem Investitionsaufwand erfolgen, was ihrer Verbreitung vor allem in Privathaushalten sehr entgegenkommt. Zwei derartige Dienste sind momentan in Vorbereitung:

<u>Videotext</u> (international: Broadcast Videotex), der die Leerzeilen des Fernsehsignals ausnutzt, und

<u>Bildschirmtext</u> (international: Interactive Videotex), ein Textabrufsystem im Fernsprechnetz, das 1980 in Feldversuchen in Berlin und Düsseldorf getestet wird.

Beide Verfahren weisen grundsätzliche Unterschiede auf, die in Tabelle 6 gegenübergestellt sind.

Telekommunikations-form	Über-tragungs-prinzip	Über-tragungs-geschwindigk.	Mittlere Wartezeit für eine Textseite	Text-volumen	Auswahl der gewünschten Textseite
Videotext (VT)	eingelagert in Fernsehsignal	maximal 9 kbit/s je Fernsehzeile	12 sec bei nebenstehend. Textvolumen	4 Magazine mit je 100 Seit. in 8 Zeilenpaaren	aus zyklisch gesendetem Text
Bildschirm-text (BT)	mittels Daten-modems im Fernspr.-Netz	Empfang: 1200 bit/s Abruf: 75 bit/s	5 – 6 sec	praktisch unbegrenzt	Suchvorgang im Dialog mit Zentrale

Tabelle 6 Typische Eigenschaften von Videotext und Bildschirmtext

Bei Videotext werden die Textsignale in den für den Zuschauer unsichtbaren Leerzeilen eines Fernsehsignals, sozusagen im Huckepackverfahren, übertragen, am Empfangsort in Zusatzbausteinen des Fernsehempfängers decodiert und gespeichert und schließlich auf dem Bildschirm sichtbar gemacht. Bild 9 zeigt dazu den Aufbau eines 625-Zeilen-Fernsehbildes auf dem Bildschirm. Die einzelnen Bildzeilen werden, getrennt durch den jeweiligen Zeilensynchronisierimpuls, zeitlich hintereinander übertragen. Am Ende jedes Halbbildes ist eine Austastlücke von jeweils 25 Zeilen angeordnet. Momentan können nur einige dieser Leerzeilen für Videotext genutzt werden, wobei man je Zeilenpaar pro Sekunde etwa vier Textseiten mit 24 Zeilen zu je 40 Zeichen (Buchstaben, Ziffern, Symbole) übertragen kann. Die Videotext-Informationen werden fortlaufend ausgesendet und zyklisch wiederholt. Mittels einer Tastatur kann der Zuschauer eine bestimmte Seite auswählen. Die Wiedergabe auf dem Bildschirm erfolgt aber erst nach einer mehr oder weniger langen Wartezeit, die bei einem Magazin von 100 Seiten im ungünstigsten Fall 24 Sekunden beträgt.

Im Gegensatz zu der für Videotext gewählten Fernsehübertragung verwendet man für Bildschirmtext das Fernsprechwählnetz, das bekanntlich eine Übertragung in beiden Richtungen erlaubt und daher dem Teilnehmer über die Betätigung der Fernbedienungstastatur im Dialog mit der Informationsbank eine gezielte Auswahl einzelner Textseiten ermöglicht. Die Übertragung der Textsignale von der Zentrale zum Teilnehmer erfolgt mittels einfacher Datenmodems, die eine Geschwindigkeit von 1200 bit/s zulassen. Daher vergehen etwa 5 - 6 Sekunden, bis ein vollständiges, die ganze Seite füllendes Textbild zur Verfügung steht. Bild 10 zeigt

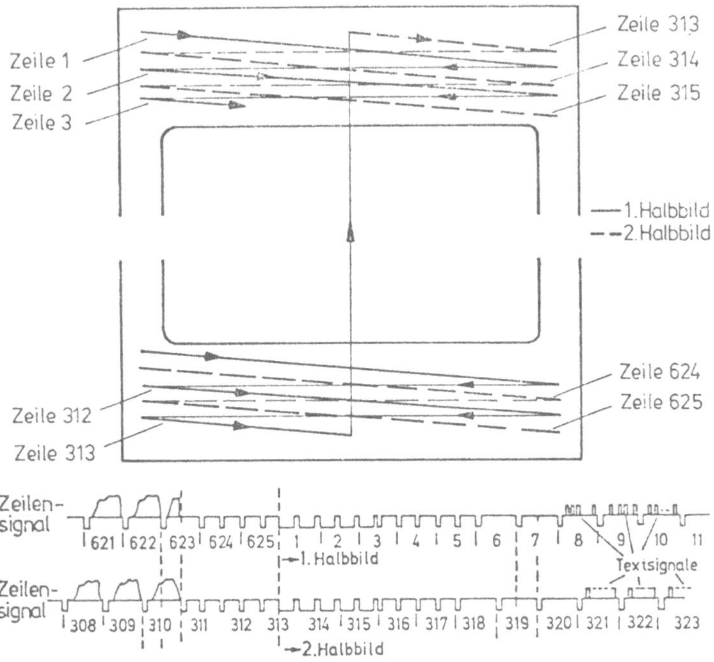

Bild 9 Bildaufbau und Zeilenanordnung beim Fernsehen

das Systemkonzept. Die einzelnen Bildschirmtext-Zentralen sind dabei durch ein Datenpaketvermittlungsnetz zum gegenseitigen Austausch von Textinformationen untereinander verbunden.

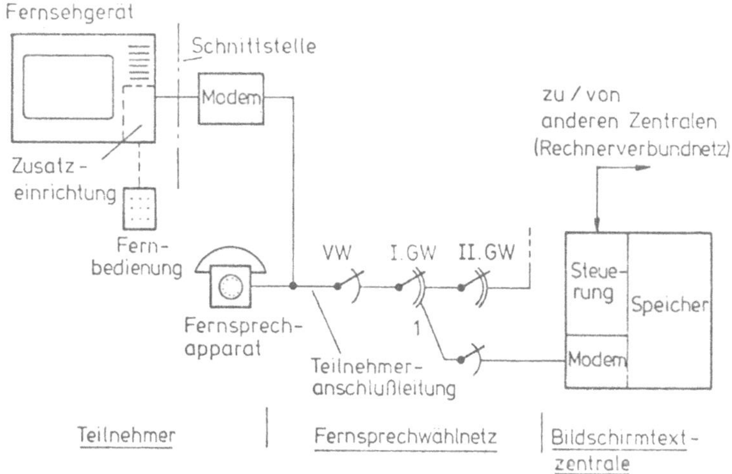

Bild 10 Systemkonzept für einen Bildschirmtext-Dienst

Die Deutsche Bundespost plant, 1980 einen größeren Feldversuch mit Bildschirmtext sowohl in Düsseldorf-Neuss als auch in Berlin für je etwa 2000 Privat- und 1000 Geschäftsteilnehmer durchzuführen, und wird, sofern der Versuch ein positives Ergebnis zeigt, etwa im Jahr 1982 einen allgemein zugänglichen Bildschirmtext-Dienst einführen. Zur Vorbereitung darauf wurden in mehreren Arbeitskreisen die notwendigen einheitlichen Standards erarbeitet und die Zulassungsbedingungen für die Anbieter von Informationen festgelegt, wobei die Deutsche Bundespost das Prinzip der strikten Trennung von Netz und Nutzung anwendet. Mit Bildschirmtext verfügt der Teilnehmer in der Zukunft über ein integriertes Informations- und Kommunikationsterminal, das er in vielfältiger Weise nutzen kann, so z.B. zum Abruf von Informationen, für programmierten Unterricht, für den Dialog mit dem Computer, aber auch für die Weitergabe von Textmitteilungen an andere oder auch einfach zur Unterhaltung (z.B. Computerspiele).

Wie beim Fernkopieren erweist sich auch bei diesen beiden Telekommunikationsformen die erreichbare Übermittlungsgeschwindigkeit in manchen Anwendungsfällen als zu niedrig. Eine spürbare Verbesserung kann dabei nur mit der Einführung neuer Breitbandkommunikationsnetze erzielt werden.

5. Schnelle Textübertragung in künftigen Breitbandkommunikationsnetzen

5.1 Breitbandverteilnetze

Die in modernen Gemeinschaftsantennenanlagen verwendeten Breitbandkabelnetze bieten technisch die Möglichkeit, außer den Rundfunk- und Fernsehprogrammen weitere Breitbandkommunikationsdienste zu tragen. Eine dieser Möglichkeiten ist z.B. die schnelle Textkommunikation, die mit Kabeltext bezeichnet wird und in der prinzipiellen Handhabung dem Videotextverfahren entspricht /5,6/. Bei dieser Art der Textübermittlung ist in der Zentrale des Breitbandverteilnetzes eine Textbank angeordnet, aus der in zyklischem Wechsel Texte ausgelesen und über das Verteilnetz den Teilnehmern zugeführt werden (Bild 11). Ein üblicher Fernsehkanal mit einer Bandbreite von 7 MHz gestattet die Textübermittlung mit einer Geschwindigkeit von ca. 800 Seiten/sec. Dies bedeutet, daß wegen der großen, zur Verfügung stehenden Bandbreite pro Sekunde und Kanal ungefähr der Inhalt einer 32seitigen Tageszeitung übertragen werden kann. Benutzt man mehrere Kanäle mit Fernsehbandbreite, so kann ein nahezu unbegrenztes Textvolumen angeboten werden. In der gleichen Weise können auch graphische Darstellungen (auch in Farbe) mit einer gegenüber Videotext wesentlich verbesserten Auflösung verteilt werden.

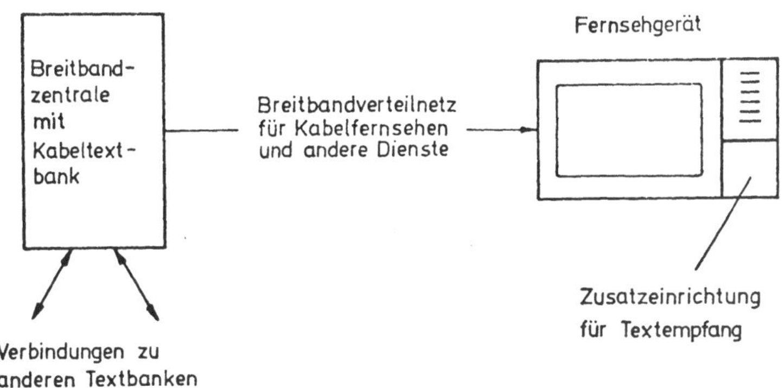

Bild 11 Kabeltext (Prinzip)

Die im Fernsehempfänger notwendige Zusatzeinrichtung ist nicht wesentlich aufwendiger als diejenige für Videotext und Bildschirmtext. Bei geeigneter Dimensionierung läßt sich auch ein schnelles "Umblättern" und "Durchschieben" der Textinformation erreichen.

Stehen in solchen Breitbandnetzen Rückkanäle zur Verfügung, so kann auch die Telekommunikationsform Kabeltextabruf verwirklicht werden, die weitgehend der Telekommunikationsform Bildschirmtext entspricht, aber wegen der höheren Übertragungsgeschwindigkeit ein sehr viel schnelleres und damit effizienteres Suchen von Informationen ermöglicht. Typische Eigenschaften dieser beiden Telekommunikationsformen sind in Tabelle 7 zusammengestellt.

Telekommunikations-form	Übertragungs-netz	Übertragungs-geschwindigk.	Mittlere Wartezeit für eine Textseite	Text-volumen	Auswahl der gewünschten Textseite
Kabeltext (KT)	Verteilnetz	ca. 800 Seiten / sec	n·0,05 sec bei n Magazinen mit je 40 Seiten	praktisch unbegrenzt	aus zyklisch gesendetem Text
Kabeltext-abruf (KT-A)	Verteilnetz mit Rück-kanälen	Verteilung: ca. 800 Seiten/sec Abruf: z.B. 300 bit/s	abhängig von Verkehr und Adressierung		Schneller Such-dialog

Tabelle 7 Typische Eigenschaften von Kabeltext und Kabeltextabruf

Der Heimfernsehempfänger entwickelt sich immer mehr zu einem vielseitig genutzten, "intelligenten" Heimterminal, das neben der Wiedergabe von Fernsehsendungen allgemein zur Darstellung von Texten und Bildern eingesetzt werden kann und mit Hilfe eines eingebauten Mikrorechners häufig auch noch in der Lage ist, Verarbeitungsfunktionen durchzuführen (Bild 12).

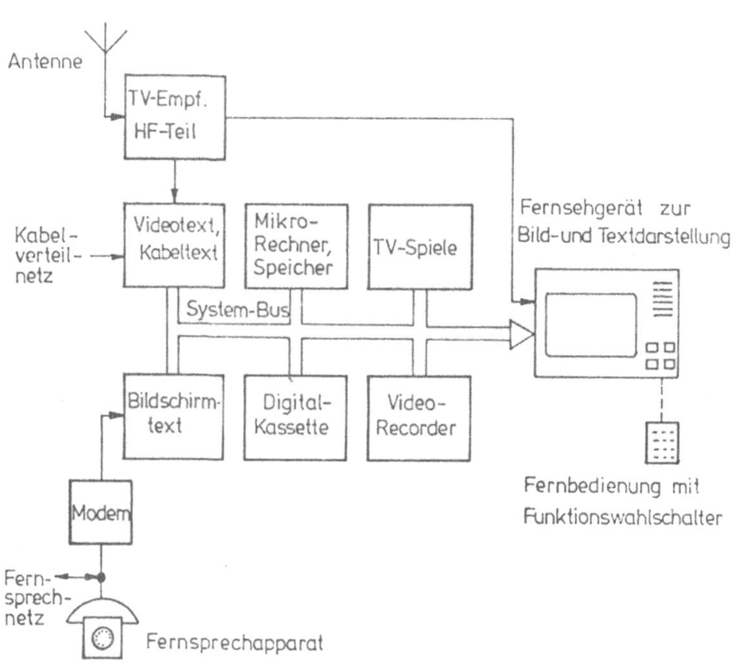

Bild 12 "Intelligentes" Heim-Terminal

Offen ist, wie schnell ungeübte Personen den Umgang mit diesen neuen Formen der Mensch-Maschine-Kommunikation erlernen können. Hier ist wohl noch viel Pionierarbeit zu leisten, um das Verhalten der Teilnehmer zu erforschen und die Darstellungsformen an die Fähigkeiten und Bedürfnisse des Menschen als Kommunikationspartner möglichst gut anzupassen. Was bisher nur wenigen, geschulten Personen vorbehalten war, nämlich direkt mit Maschinen, wie z.B. Rechnern und Speichern, zu kommunizieren, könnte in Zukunft für einen Großteil der Bevölkerung zum Alltäglichen werden. Natürlich haben dabei auch die Gesichtspunkte des Datenschutzes große Bedeutung, wobei die Mikroelektronik erneut helfen kann, indem sie Bausteine zur Daten- und Textverschlüsselung in miniaturisierter Form bereithält.

Die flüchtige Wiedergabe von Texten auf dem Bildschirm eines Fernsehempfängers oder Sichtgerätes bringt eine Reihe von Vorteilen, aber auch einige Nachteile mit sich. Vorteilhaft ist zweifelsohne die immaterielle, im Hinblick auf Energie- und Rohstoffverbrauch anspruchslose Art der Textdarstellung, die eine große Vielfalt von Zeichen- und Bildelementen zuläßt. Günstig ist auch, daß bestimmte Informationen mit geeigneter EDV-Unterstützung durch den Teilnehmer schnell ausgewählt werden können, so daß die gezielte Suche nach Informationen besonders wirkungsvoll erfolgen kann. Besonders wichtig ist schließlich, daß die Texte, anders als beim Bedrucken von Papier, unmittelbar nach der Eingabe in die Datenbank verfügbar sind und damit hohe Aktualität gewährleisten.

Nachteilig empfunden werden bei der bildschirmorientierten Textkommunikation wohl der relativ kleine Textausschnitt, die verminderte Lesbarkeit der Zeichen und ein geringfügiges Flimmern des Bildes. Weiterhin darf die Tatsache nicht übersehen werden, daß der Fernsehempfänger als Endgerät relativ groß, schwer und weitgehend ortsgebunden ist und nicht, wie beispielsweise ein Taschenbuch oder eine Zeitung, in der Hand gehalten werden kann. Die sich abzeichnenden technologischen Weiterentwicklungen werden jedoch die Realisierung von Bildschirmen ermöglichen, bei denen das genannte Flimmern vollständig entfällt und die Schriftzeichen mit genügend guter Auflösung wiedergegeben werden. Auch der relativ kleine Textausschnitt wird kaum mehr nachteilig empfunden, wenn man diesen Ausschnitt wie ein Fenster schnell über ein großes Textvolumen hinwegschieben und damit das gewohnte "Überfliegen" von Texten nachbilden kann. Voraussetzung hierfür ist allerdings eine hohe Übertragungsgeschwindigkeit, um den Inhalt des Textspeichers im Fernsehgerät schnell verändern zu können.

So steht zu erwarten, daß es in Zukunft neben dem materiellen Transport von auf Papier gedruckten Informationen mehr und mehr auch den immateriellen, elektronischen Vertriebsweg geben wird. Grundsätzlich jedoch können Breitbandverteilnetze, insbesondere solche mit Rückkanal, auch für die papiergebundene Textkommunikation eingesetzt werden. Allerdings sind die dafür benötigten Endgeräte für Privathaushalte heute noch zu teuer.

Breitbandige Rückkanäle werden vor allem mit der Einführung optischer Nachrichtenübertragung in relativ einfacher und wirkungsvoller Weise realisiert werden können.

5.2 Breitbandvermittlungsnetze und Dienstintegration

Die optische Übertragung von Nachrichten auf Lichtleitfasern hat in den letzten Jahren große Fortschritte gemacht und verspricht, eine echte Alternative zu der heute verwendeten elektrischen Übertragung auf Kabeln mit Kupferleitern zu werden. Ein optisches Nachrichtensystem besteht aus dem Lichtsender mit dem elektro-optischen Wandler (z.B. einer Laserdiode oder einer lichtemittierenden Diode LED) auf der Sendeseite, dem Lichtleitfaserkabel, das den Lichtstrahl führt, und dem opto-elektrischen Wandler (z.B. einer Photodiode PD oder einer Avalanche-Photodiode APD) auf der Empfangsseite. Die Nachrichten werden digital in Form von sehr kurzen Lichtimpulsen übertragen /7-10/. Bild 13 veranschaulicht das Prinzip und gibt einige typische Werte für den Betrieb bei einer Wellenlänge λ =0,85 µm und damit einer Frequenz von etwa f = 350 000 GHz. Neuere Forschungsergebnisse zeigen, daß bei der optischen Nachrichtenübertragung im Bereich λ = 1,2 ... 1,3 µm geringere Streu- und Absorptionsverluste auftreten und damit noch größere Feldlängen überbrückt werden können.

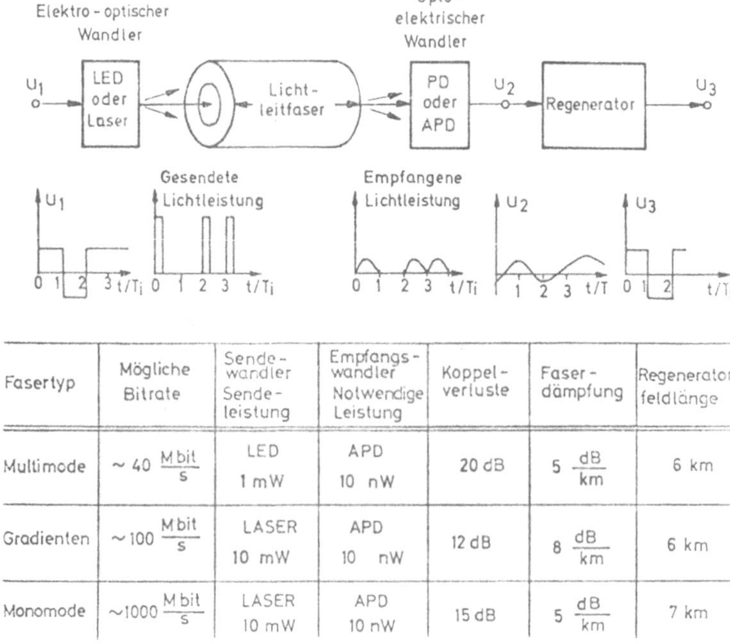

Fasertyp	Mögliche Bitrate	Sende-wandler Sende-leistung	Empfangs-wandler Notwendige Leistung	Koppel-verluste	Faser-dämpfung	Regenerator-feldlänge
Multimode	~ 40 $\frac{\text{Mbit}}{\text{s}}$	LED 1 mW	APD 10 nW	20 dB	5 $\frac{\text{dB}}{\text{km}}$	6 km
Gradienten	~ 100 $\frac{\text{Mbit}}{\text{s}}$	LASER 10 mW	APD 10 nW	12 dB	8 $\frac{\text{dB}}{\text{km}}$	6 km
Monomode	~1000 $\frac{\text{Mbit}}{\text{s}}$	LASER 10 mW	APD 10 nW	15 dB	5 $\frac{\text{dB}}{\text{km}}$	7 km

Bild 13 Prinzip der Nachrichtenübertragung in Lichtleitfasern

Versuchsweise wurden in Berlin bereits Übertragungsstrecken mit Lichtwellenleiterkabeln aufgebaut und erprobt, die eine Übertragungsgeschwindigkeit von 34 Mbit/s je Faser und damit z.B. die gleichzeitige Übertragung von 480 Telefongesprächen auf einer Faser ermöglichen. Übertragungseinrichtungen dieser Art werden in naher Zukunft serienmäßig zur Verfügung stehen. Systeme mit höherer Übertragungskapazität (z.B. 565 Mbit/s) befinden sich noch in der Entwicklungsphase, werden aber voraussichtlich in der zweiten Hälfte dieses Jahrzehnts die Serienreife erreichen.

Sind eines Tages die Teilnehmer über solche Lichtwellenleiter an eine Vermittlungsstelle angeschlossen, wie in Bild 14 veranschaulicht ist, so steht eine nahezu unbegrenzte Übertragungskapazität zwischen den Teilnehmern zur Verfügung. Dann können alle bis dahin vorhandenen Dienste einschließlich der Bewegtbildkommunikation in einem einzigen Netz, dem sog. dienstintegrierten, digitalen Netz (ISDN Integrated Services Digital Network) zusammengefaßt werden. Hinsichtlich der Text- und Bildkommunikation kann dadurch eine voraussichtlich allen Anwendungsfällen gerecht werdende Übertragungsgeschwindigkeit bereitgestellt werden, so

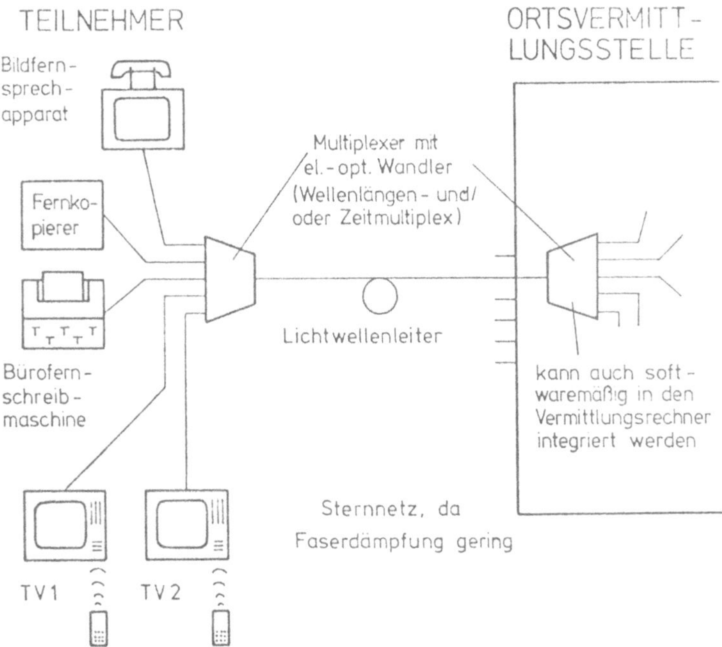

Bild 14 Teilnehmeranschluß an einem dienstintegrierten digitalen Netz (ISDN)

daß die beim Fernkopieren, bei Videotext und bei Bildschirmtext festgestellten Nachteile bezüglich der Dauer der Bildübermittlung entfallen. Eventuell kann dabei auch auf die in jüngster Zeit für die Fernkopiergeräte der Gruppen 3 und 4 standardisierten Redundanzreduktionsverfahren verzichtet werden.

Allerdings wird eine lange Zeit vergehen, bis alle Teilnehmeranschlüsse mit Hilfe optischer Übertragungseinrichtungen für die Breitbandkommunikation ausgelegt sein werden.

In bescheidenerem Umfang ist jedoch auch heute schon eine Dienstintegration auf den Teilnehmeranschlußleitungen möglich und zwar durch digitale Übertragung und Zeitmultiplexbildung /11-14/. Eine derartige Einrichtung zeigt Bild 15. Auf beiden Seiten der Anschlußleitung, also beim Teilnehmer und in der Vermittlungsstelle, befinden sich je eine Multiplexeinrichtung, in denen die Bitströme der einzelnen Dienste zu einem Multiplexsignal zusammengefaßt bzw. am anderen Ende der Leitung wieder voneinander getrennt werden. Dazu ist der teilnehmerseitige Multiplexer mit den verschiedenen Endgeräten verbunden, wobei für das Fernsprechen ein digitales Sprachübertragungsverfahren (z.B. Pulscodemodulation) verwendet werden muß. Die Digitalisierung wird in einem Codier-Decodier-Baustein (Codec) ausgeführt. Der vermittlungssei-

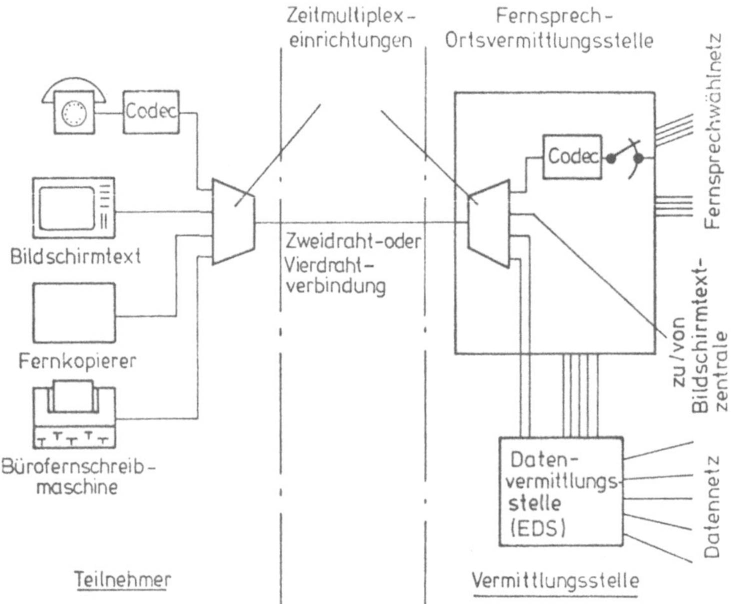

Bild 15 Bürokommunikation bei einem dienstintegrierten digitalen Teilnehmeranschluß

tige Multiplexer ist nicht nur mit der (digitalen oder analogen) Fernsprechvermittlungsstelle verbunden, sondern auch mit der Datenvermittlung (EDS) des IDN und der Bildschirmtextzentrale.

Da im allgemeinen nur eine zweidrähtige Anschlußleitung zur Verfügung steht, jedoch eine gleichzeitige Übertragung in beiden Richtungen möglich sein muß, sind in den Multiplexeinrichtungen entsprechende Vorkehrungen zu treffen. Eines der dafür geeigneten Verfahren ist das sog. Zeitgetrenntlageverfahren, das in Bild 16 veranschaulicht ist. Dabei werden die Datenströme zu Paketen zusammengefaßt, die abwechslungsweise in der einen und in der anderen Richtung über die Leitung geschickt werden. Auf der Empfangsseite wird aus den ankommenden Blöcken wieder ein kontinuierlicher Datenstrom für die einzelnen Endgeräte gebildet. Ist die Leitungslänge kleiner als diejenige, für die das Zeitgetrenntlageverfahren ausgelegt wurde, so tritt eine Schutzzeit T_G auf, die bei der maximalen Leitungslänge verschwindet.

Auf diese Weise steht eine Einrichtung zur Verfügung, die bereits heute die gleichzeitige Inanspruchnahme verschiedener Text- oder auch Einzelbildkommunikationsdienste und des Fernsprechdienstes gestattet.

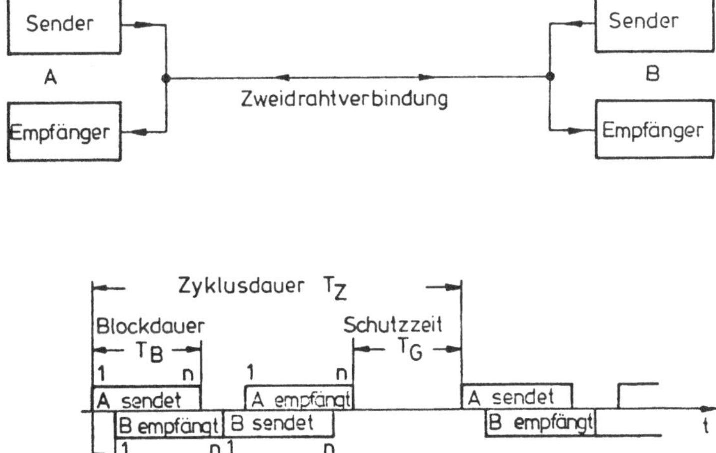

Bild 16 Richtungstrennung bei Zweidrahtverbindungen durch Zeitgetrenntlage

6. Zusammenfassung

Die verschiedenen Formen der elektronischen Textkommunikation und ihre Leistungsmerkmale werden geprägt durch die Konstruktionsweise der Endgeräte und die Art und Eigenschaften des Netzes, an das sie angeschlossen sind. Tabelle 8 zeigt die in jüngster Zeit eingeführten oder erprobten Dienste in bereits bestehenden Netzen und die neuen Möglichkeiten in diesen oder künftigen Netzen. Es zeigt sich, daß für die Textkommunikation das Datexnetz universell einsetzbar und geeignet ist und sich die Dienste TELEFAX und BILDSCHIRMTEXT nur deshalb des Fernsprechnetzes bedienen, weil dieses die weiteste Verbreitung bei den derzeitigen Vermittlungsnetzen aufweist. Die Leistungsmerkmale dieser beiden Dienste sind auch dadurch eingeschränkt, daß das Fernsprechnetz in seiner heutigen Form speziell auf die Erfordernisse der Sprachkommunikation zugeschnitten ist. Umfangreiche Möglichkeiten der schnellen Textkommunikation bietet sich mit KABELTEXT in Kabelfernsehverteilnetzen, so lange es sich nur um die Verteilung von Information handelt.

In Breitbandnetzen mit Rückkanälen kann dagegen KABELTEXT-ABRUF verwirklicht werden. Falls darüber hinaus in einem derartigen Netz die Zentrale auch Vermittlungsfunktionen auszuführen in der Lage ist, kann

Netz \ Endgerät	Schreibmaschine mit Kommunikationszusatz	Fernkopiergerät	Sichtgerät, Fernsehempfänger
Fernsprechnetz		TELEFAX	BILDSCHIRM-TEXT
Datexnetz	TELETEX (Bürofernschreiben)	Dig. Faksimile	Schneller Bildschirmtext
Rundfunk-Verteilnetze			VIDEOTEXT
Kabelfernseh-Verteilnetze			KABELTEXT
Breitbandnetze mit Rückkanal	z.B. Elektronische Post		KABELTEXT-ABRUF
Dienstintegriertes Netz (ISDN)	erlaubt umfangreiches Kommunikationsangebot		

Tabelle 8 Elektronische Textkommunikation
Netze und Dienste

in begrenztem Umfang auch eine individuelle Textkommunikation zwischen Teilnehmern stattfinden. Schließlich erlauben die in fernerer Zukunft erwarteten dienstintegrierten digitalen Netze vielfältige Formen der schnellen, elektronischen Textkommunikation.

Schrifttum

/1/ Kaiser,W.: Telegrafen- und Datenübertragungstechnik. NTG-Fachberichte 60, 73-114 (1977)

/2/ Lorenz,G.: Impact of Microelectronics on Consumer products and medical systems, in:Kaiser/Proebster, From Electronics to Microelectronics, Proceedings Eurocon 80, Verlag North Holland (1980)

/3/ Weinerth,H.: Mikroelektronik der 80er Jahre. Elektronik (1979), H.1, S.33-37

/4/ Kaiser,W.(Herausgeber): Elektronische Textkommunikation (Vorträge gehalten auf dem Symposium des Münchner Kreises). Heidelberg: Verlag Springer, 1978

/5/ Kaiser/Lange/Langenbucher/Lerche/Witte: Kabelkommunikation und Informationsvielfalt. München: Oldenbourg 1978

/6/ Kaiser,W.: Kabeltext und Kabeltextabruf in: Elektronische Textkommunikation. Heidelberg: Verlag Springer 1978

/7/ Richard,H., Richard,G.: Die Prinzipien der optischen Nachrichtenübertragung mit Glasfaserleitern. Fernmeldeingenieur 32, H.5, 1-32 (1978)

/8/ Unger,H.G.: Optische Nachrichtentechnik. Berlin: Elitera Verlag, 1976

/9/ Sandbank, C.P.: Nachrichtenübertragung durch Lichtleitfasern. Elektr. Nachrichtenwesen 50, 21-29 (1975)

/10/ Gruß,R.: Optische Nachrichtenübertragung mit Glasfasern. Zeitschr. f.d. Post- und Fernmeldewesen H 9, 28-32 (1977)

/11/ Kaiser,W.: Strategies for the introduction of new services into existing local networks. IEEE Zurich Seminar 1978 and IEEE Communications Magazine 17, 4-12 (July 1979)

/12/ Kaiser,W.A., Hagmeyer,H.T.: Digital two-wire local connection providing office subscribers with speech, data and new teleinformation services. Proc. Int. Symposium on Subscriber Loops and Services, Atlanta 1978, S.126-130

/13/ Hagmeyer,H.T.: Die Übertragung von Impulses im Fernsprechanschlußnetz bei einem digitalen Teilnehmeranschluß. NTG-Fachberichte 64, 74-80 (1978)

/14/ Kaiser,W.: Zukünftige Formen und Wege der Informationsübermittlung in: Informationsverarbeitung und Kommunikation. München:Oldenbourg 1979

DIE INTEGRATION DES NEUEN TEXTKOMMUNIKATIONSDIENSTES TELETEX IN DAS "INTEGRIERTE FERNSCHREIB- UND DATENNETZ" DER DEUTSCHEN BUNDESPOST MIT DEM SIEMENS SYSTEM EDS

Peter WEIDNER
SIEMENS AG
Hofmannstr. 51
D-8000 München 70

ZUSAMMENFASSUNG

Für die wirtschaftliche Abwicklung der allgemeinen Korrespondenz in Wirtschaft und Verwaltung sind neue Kommunikationsformen notwendig. Aufgrund der Ergebnisse der "Kommission für den Ausbau des technischen Kommunikationssystems" (KtK) im Jahre 1976 entschloss sich die Deutsche Bundespost, Anfang 1981 den neuen Textkommunikationsdienst TELETEX einzuführen.

Als attraktive Ergänzung zu den bestehenden Kommunikationsdiensten, wie zum Beispiel TELEX, ermöglicht dieser Dienst einen Verkehr "Jeder mit Jedem" mit Endgeräten, bei denen moderne Büromaschinentechnik zur Erstellung von Schriftstücken sowie schnelle und sichere Methoden zur Übertragung dieser Schriftstücke vereinigt sind.

Über diese Möglichkeiten hinaus ist der TELETEX-Dienst auch für weitergehende Anwendungen, zum Beispiel Rechner-Rechner-Verkehr geeignet.

Um eine möglichst problemfreie und schnelle Einführung zu ermöglichen, wird dieser Dienst in den leitungsvermittelten Teil des "Integrierten Fernschreib- und Datennetzes" der Deutschen Bundespost eingebettet, ein leistungsfähiges Datennetz mit dem weltweit bewährten speicherprogrammierten Vermittlungssystem SIEMENS SYSTEM EDS.

DER NEUE TEXTKOMMUNIKATIONSDIENST TELETEX

Der international eingeführte TELEX-Dienst ist ein Beispiel für einen bewährten Textkommunikationsdienst. Durch eine jahrelange intensive Normung ist es gelungen, einen weltweiten Teilnehmerkreis miteinander zu verbinden, ohne daß durch den unterschiedlichen Entwicklungsstand der einzelnen nationalen Netze ernsthafte Schwierigkeiten in der Zusammenarbeit entstanden sind.

Im Jahre 1976 wurde von der "Kommission für den Ausbau des technischen Kommunikationssystems" (KtK) ein Bürofernschreiben empfohlen, das als Textkommunikationsform weitergehenden Ansprüchen genügen sollte. /1/, /2/ Im wesentlichen sollten zwei Teilaufgaben des modernen Bürobetriebs, die bisher getrennt durchgeführt wurden, nämlich Erstellung und Verteilung von Schriftstücken, in einer kompakten Textstation integriert werden.

Aus dieser Grundidee entwickelte sich der Textkommunikationsdienst TELETEX. Die notwendige internationale Normung ist noch in vollem Gange; die Deutsche Bundespost plant jedoch, bereits Anfang 1981 den Dienst einzuführen. /3/ Netz und Vermittlungen werden zu diesem Zeitpunkt bereitstehen.

Der TELETEX-Dienst bietet zwei grundlegende Voraussetzungen für die Integration, nämlich

- eine Anschlußmöglichkeit für eine leistungsfähige Speicherschreibmaschine mit Korrigier- und Redigierfunktionen
- und ein leistungsfähiges öffentliches Wählnetz.

Über die Anforderungen für das Bürofernschreiben hinaus bietet der TELETEX-Dienst Anschlußmöglichkeiten für verschiedenartige Terminals, von der Speicherschreibmaschine bis hin zu rechnergesteuerten Textverarbeitungssystemen. Voraussetzung für die Teilnahme an dem TELETEX-Dienst ist jedoch, daß alle Terminals einen bestimmten Satz von Grundfunktionen besitzen, so daß innerhalb dieser Grundfunktionen Kompatibilität besteht; mit anderen Worten: Eine TELETEX-fähige Speicherschreibmaschine kann ohne besondere Zusätze mit einem an den TELETEX-Dienst angeschlossenen Rechner so verkehren, wie mit einer anderen Speicherschreibmaschine. Die Kompatibilität wird durch eine intensive internationale Normung gewährleistet. /4/

Zu den genormten Grundfunktionen gehören im Bereich des Lokalteils der Terminals alle Funktionen, die die Wiedergabe der Schriftstücke betreffen, zum Beispiel

- Format der Schriftstücke
- abdruckbarer Zeichenvorrat
- Papierformate

und nahezu alle Funktionen des Kommunikationsteils, zum Beispiel

- Datenübertragungsprozedur,
- handshaking-Prozeduren

Der Großteil der Funktionen des Kommunikationsteils der Terminals hängt von dem Netz ab, in dem der TELETEX-Dienst angesiedelt wird, zum Beispiel die Datenübertragungsgeschwindigkeit und die Signalisierungsprozedur.

Bei den derzeitigen Diskussionen werden durchaus weitergehende Anwendungen des TELETEX-Dienstes diskutiert, wie zum Beispiel Rechner-Rechner-Verkehr, der Schwerpunkt liegt jedoch bei der Anwendung für die Bürokommunikation. Dies erklärt die starke Betonung der Lokalfunktionen, zum Beispiel wie Schriftstücke dargestellt werden oder welcher Zeichenvorrat zugelassen wird. Auch die Kommunikationsfunktionen werden unter diesem Aspekt betrachtet. Es wird zum Beispiel großer Wert auf eine seitenorientierte Übertragung gelegt. Grundlegende Forderung ist, daß die Schriftstücke bei Sender und Empfänger identisch sind.

Das TELETEX-Terminal soll für die Verwendung im Büro alle Funktionen besitzen, die man von einer leistungsfähigen Speicherschreibmaschine erwarten kann, nämlich

- Groß- und Kleinschreibung,
- übliche Sonderzeichen,
- verschiedene Papierformate (hoch, quer),
- Korrigierfunktionen,
- Redigierfunktionen

und einen durch die Übertragung unbeeinflußten Lokalbetrieb. Das Terminal soll einfach wie eine Schreibmaschine zu bedienen sein und am Arbeitsplatz als Tischgerät benutzt werden können.

Das bei TELETEX verfolgte Konzept ermöglicht, bei stets vorhandener Kompatibilität durch die Grundfunktionen, technische Weiterentwicklungen bei Terminals und Netzen und eine Funktionserweiterung über die Grundfunktionen hinaus durch einen Satz von "standardized options". Eine solche Funktionserweiterung könnte zum Beispiel eine Faksimileübertragung während eines Schriftstücks sein (Briefkopf und Unterschrift in Faksimile).

In der Wahl des Netzes für den TELETEX-Dienst haben die zuständigen Verwaltungen völlige Freiheit. Es können sowohl Datennetze als auch Fernsprechnetze benutzt werden, jedoch muß gewährleistet werden, daß Terminals in verschiedenen Netzen miteinander verkehren können - auch im internationalen Bereich -.

Um die Akzeptanz des TELETEX-Dienstes zu erhöhen und um bereits in der Anfangsphase Zugang zu einem weltweiten Teilnehmerkreis zu bieten, ist die Übergangsmöglichkeit zu dem TELEX-Dienst gefordert. Dieser Übergang wird mit Hilfe von speziellen Umsetzern durchgeführt.

Wesentliches Merkmal des TELETEX-Dienstes ist eine hohe Dienstgüte, gekennzeichnet durch eine geringe Belegtwahrscheinlichkeit. Dies führt unter anderem zu der Forderung, daß trotz Lokalbetriebs ein unbedienter Empfang möglich sein muß.

DAS "INTEGRIERTE FERNSCHREIB- UND DATENNETZ" DER DEUTSCHEN BUNDESPOST

In dem "Integrierten Fernschreib- und Datennetz" der Deutschen Bundespost (IDN), das 1976 in Betrieb ging, sind eine Vielzahl von unterschiedlichen Diensten und Netzen zusammengefaßt. Neben dem bereits eingeführten Direktrufnetz und dem paketvermittelten Teil, der Anfang der achtziger Jahre eingeführt werden soll, gibt es die große Gruppe der Dienste im leitungsvermittelten Teil.

Zum leitungsvermittelten Teil gehören zum Beispiel die bereits eingeführten Start-Stop-Dienste,

- der Textkommunikationsdienst TELEX,
- der Datendienst DATEX 200
- und der Datendienst DATEX 300.

Eine weitere Gruppe sind die Datendienste, die nach einer Start- Stop-Wahl mit 200 Bd mit synchronen Übertragungsverfahren und einer end - to-end-Synchronisierung der beteiligten Endgeräte bei Übertragungsgeschwindigkeiten von 2400, 4800 oder 9600 bit/s arbeiten.

Die dritte Gruppe sind die ab Anfang 1981 angebotenen synchronen Datendienste mit einer Schnittstelle nach CCITT-Empfehlung X.21 und damit Wahl mit der Datenübertragungsgeschwindigkeit.

- DATEX 2400,
- DATEX 4800 und
- DATEX 9600.

In der Bundesrepublik sind in 18 Städten 23 Datenvermittlungen vorgesehen, davon wurden bis Mitte 1979 20 Datenvermittlungen in Betrieb genommen. Jede dieser Vermittlungen kann nach entsprechenden Erweiterungen alle im IDN eingebetteten leitungsvermittelten Dienste bedienen. Dabei dient das im weltweiten Einsatz bewährte speicherprogrammierte SYSTEM EDS als Vermittlungssystem.

Als Leistungsmerkmale bietet das IDN unter anderem

- Kurzwahl
- Direktruf
- Anschlußkennung
- geschriebene Dienstsignale
- Datum/Uhrzeit

Ein wesentliches Merkmal des IDN sind die kurzen Verbindungsauf- und -abbauzeiten für die synchronen Dienste; sie liegen unterhalb von einer Sekunde.

DAS VERMITTLUNGSSYSTEM EDS

Das SYSTEM EDS ist ein modulares Multiprozessorsystem mit Verdopplung der zentralen Einheiten zur Erhöhung der Verfügbarkeit und mit geringer Ausfallbreite im Bereich der Leitungsanschlüsse. /5/ Die Struktur des EDS ist in Bild 1 skizziert.

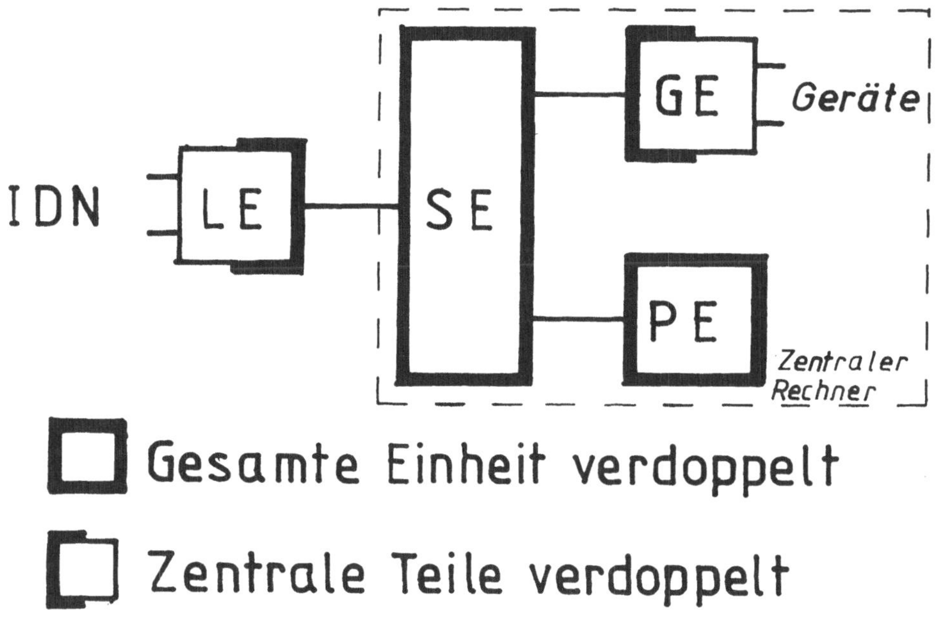

GE : Geräteanschlußeinheit
IDN : Integriertes Fernschreib- und Datennetz
LE : Leitungsanschlußeinheit
PE : Programmsteuerungseinheit
SE : Speichereinheit

Bild 1: Struktur des SIEMENS SYSTEM EDS

Die Programmsteuerungseinheit (PE) hat im wesentlichen zwei Aufgaben,

- die Ausführung der Programme für Vermittlungsfunktionen, Diagnose und Lokalisierung
- und die Koordinierung der anderen Einheiten.

Die Speichereinheit (SE) dient als zentraler Knoten, über den alle Einheiten miteinander verkehren. Sie ist modular aufgebaut, so daß die Speichergröße in weiten Grenzen variiert werden kann. Ebenso können nebeneinander verschieden schnelle Speicher verwendet werden.

Die SE enthält sowohl die für die PE notwendigen Programme einschließlich der allgemeinen Datenbereiche, als auch die bei einer Vermittlung notwendigen speziellen Datenfelder, zum Beispiel für die Leitungsbeschreibungen. Schließlich stellt die SE noch, wie im nächsten Kapitel beschrieben, einen Teil des Koppelfelds dar.

An die Geräteanschlußeinheit (GE) sind die peripheren Speicher angeschlossen, zum Beispiel die Plattenspeicher,und die Wartungsblattschreiber.

Diese Einheiten - PE, SE und GE - bilden den zentralen Rechner.

Zum Anschluß der Leitungen dient die Leitungsanschlußeinheit (LE), auf die im nächsten Kapitel eingegangen wird.

Zur Erhöhung der Verfügbarkeit sind entweder die ganzen Einheiten (PE, SE) oder die zentralen Teile der Einheiten (GE, LE) verdoppelt, so daß im Fehlerfall nach entsprechender Umkonfiguration immer noch ein funktionsfähiges Restsystem vorhanden ist.

In der Leitungsperipherie der LE ist aus Aufwandsgründen keine Verdopplung durchgeführt, jedoch ist durch entsprechende Maßnahmen sichergestellt, daß durch einen Fehler höchstens 128 Leitungen betroffen werden.

Die Redundanz alleine genügt jedoch noch nicht, um die hohen Anforderungen zu erfüllen, die an ein Vermittlungssystem gestellt werden. Fehler müssen schnell erkannt, diagnostiziert und durch Umkonfiguration neutralisiert werden, bevor an die Reparatur gedacht werden kann. Die Fehlererkennung wird durch taktsynchronen Parallellauf der verdoppelten Einheiten und Überwachung durch Vergleicher durchgeführt. Zur Lokalisierung der Fehler, zur Durchführung der Umkonfiguration und zur Diagnose besitzt das EDS leistungsfähige Programme.

DIE LEITUNGSANSCHLUSSEINHEIT DES SYSTEMS EDS

Mit Hilfe der Leitungsanschlußeinheit des SYSTEMS EDS werden die Leitungen an den zentralen Rechner angeschlossen (Bild 2).

Die zentralen Teile der LE sind verdoppelt. Die Übertragungsablaufsteuerung (UEAS) führt unter anderem unabhängig von der PE die Durchschaltung durch. Von der PE werden dazu während der Verbindungsaufbauphase die "Internen Leitungsnummern" der an einer Verbindung beteiligten Partner, im wesentlichen die geometrische Lage der Leitungen innerhalb der LE, in Speicherzellen niedergelegt, die diesen Leitungen

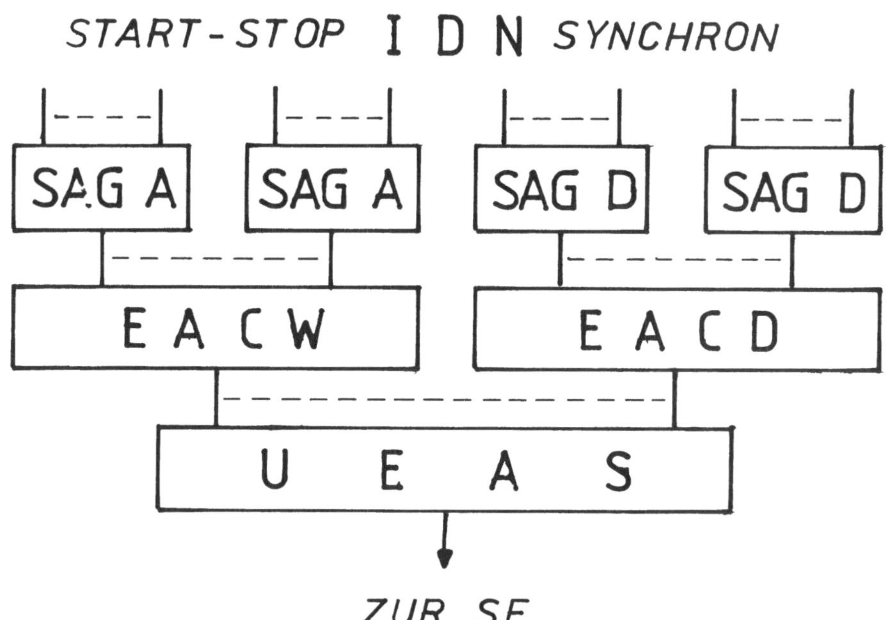

EACD : Ein-/Ausgabecodierer
EACW : Ein-/Ausgabecodewandler
IDN : Integriertes Fernschreib- und Datennetz
SAG A : Systemanschlußgruppe A
SAG D : Systemanschlußgruppe D
SE : Speichereinheit
UEAS : Übertragungsablaufsteuerung

Bild 2: Struktur der Leitungsanschlußeinheit

fest zugeordnet sind. Die UEAS liest diese Zellen aus und kann aufgrund des Inhalts die Daten durchschalten. Auf diese Weise wird die SE zu einem Teil des Koppelfelds.

Erst in der LE muß unterschieden werden, ob es sich um Anschlüsse von Start-Stop-Netzen oder synchronen Netzen handelt, wenn man von den Vermittlungsprogrammen absieht, die selbstverständlich von dem Netztyp, der Anschlußart und dem Dienst abhängen. Für die beiden Netztypen gibt es in der LE spezielle Systemanschlußgruppen (SAG), die SAG A für den Anschluß von Start-Stop-Leitungen und synchronen Leitungen mit Start-Stop-Wahl und die SAG D für die synchronen Leitungen (Klassen 3 - 6 nach CCITT-Empfehlung X.1). Für spezielle Aufgaben gibt es weitere SAG-Typen.

Die SAG werden über die Ein-/Ausgabecodewandler, die im wesentlichen Schnittstellenvervielfacherfunktionen haben, an die UEAS angeschlossen.

Die SAG D sind - im Gegensatz zu den SAG A - mit Mikrocomputern ausgerüstet. Sie übernehmen einen Großteil der während der Signalisierungsphase anfallenden Vorverarbeitung. Hierdurch werden der zentrale Rechner entlastet und die Leistungsfähigkeit des Vermittlungssystems wesentlich erhöht.

Ein wichtiger Punkt ist noch das Durchschalteverfahren. Für Start-Stop-Netze ist ein code- und geschwindigkeitsunabhängiges Verfahren notwendig; anders ist die große Vielfalt der Geschwindigkeiten und Coderahmen nicht rationell zu bewältigen. Das EDS arbeitet daher mit dem "Adressencodemultiplex-Verfahren", bei dem einzelne Polaritätswechsel von der Sendeleitung zu der Empfangsleitung übertragen werden. Dieses Verfahren ist sehr flexibel, belastet aber den zentralen Rechner, vor allem bei höheren Geschwindigkeiten, erheblich.

In dem geplanten synchronen Datennetz sind die möglichen Geschwindigkeiten und Signalisierungsarten stark eingeschränkt, die Übertragung der Daten erfolgt in "Envelopes", die formal den Coderahmen vereinheitlichen. Aus diesen Gründen kann ein leistungsfähigeres Verfahren benutzt werden, nämlich das Aufsammeln und Durchschalten von "Bitgruppen".

Bei der Bildung eines Envelopes werden von der Übertragungseinrichtung jeweils acht Datenbits zusammengefaßt und durch zwei weitere Bits, das Synchronisierbit und das Zustandsbit, ergänzt. Die acht Datenbits müssen nicht unbedingt zu einem Datenzeichen gehören. Damit die beiden zusätzlichen Bits übertragen werden können, wird die Datenübertragungsgeschwindigkeit um 25 % erhöht, beispielsweise von 2400 bit/s auf 3000 bit/s. Die Synchronisierbits aufeinanderfolgender Envelopes bilden eine alternierende (...0101...) Bitfolge, aus der der Empfänger die Lage der Envelopes im Datenstrom ermitteln kann. Die Zustandsbits dienen zum Verbindungsauf- und -abbau. Die in einem Envelope zusammengefaßten Bits werden von der SAG D als eine Bitgruppe behandelt und parallel durchgeschaltet.

DIE EINBETTUNG DES NEUEN TEXTKOMMUNIKATIONSDIENSTES TELETEX IN DAS IDN

Zur Einbettung des TELETEX-Dienstes in das IDN sind keine besonderen zusätzlichen Entwicklungen notwendig, denn der TELETEX-Dienst kann dieselben Einrichtungen und Programme wie die anderen synchronen Datendienste verwenden. Auf diese Weise können die Investitionskosten niedrig gehalten werden, die Einführung gestaltet sich problemloser als bei einem neuen Netz und vor allem kann der Dienst frühzeitig eingeführt werden.

Im folgenden Bild 3 sind die wichtigsten Eigenschaften des TELETEX-Dienstes zusammengefaßt, sowohl Parameter, die für das TELETEX-Terminal festgelegt sind, als auch Parameter, die sich aus der Einbettung in das IDN ergeben.

Signalisierung	entspr. CCITT-Empfehlung X.21
Datenstruktur	(8+2)-Envelope
Zeichenlänge	8 bit
Übertragungsgeschwindigkeit	2400 bit/s
Übertragungsverfahren	synchron
Textübertragungs-prozedur	High-Level-Data-Link-Control(HDLC)-Prozedur + Stationsprotokolle
Alphabet	IA-Nr. 5 (Zeichenvorrat für TELETEX)
Identifikation	Automatischer Kennungsaustausch
Vorleistungen für den Übergang zu dem TELEX-Dienst	Repräsentation und Erzeugung eines Schriftstücks im TELEX-Modus

Bild 3: Die wichtigsten Eigenschaften des TELETEX-Dienstes

DER VERKEHR ZWISCHEN TELETEX-TERMINALS IN VERSCHIEDENEN NETZEN

Es ist eine grundlegende Forderung für den Dienst, daß alle TELETEX-Terminals auf der Basis gewisser Grundfunktionen miteinander verkehren können, auch im internationalen Bereich, gleichgültig in welchem Netz sie sich befinden. Der Verkehr "Jeder mit Jedem" muß notfalls an den Netzgrenzen oder an internationalen Schnittstellen durch spezielle Umsetzer gewährleistet werden.

Die Deutsche Bundespost hat sich entschlossen - wie schon erwähnt -, den leitungsvermittelten Teil des IDN zu verwenden. Sie läßt jedoch auch zu, daß private TELETEX-Netze innerhalb von Fernsprechnebenstellen aufgebaut werden, ein großer Vorteil für Benutzer des Dienstes, die einen beträchtlichen Anteil an internem Verkehr haben. Wird der Bereich der Nebenstellen jedoch verlassen, so muß an der Grenze zwischen Fernsprechnebenstelle und IDN ein Umsetzer angebracht werden, der "TELETEX-Umsetzer für Fernsprechnebenstellen am IDN" (TUFI) (Bild 4).

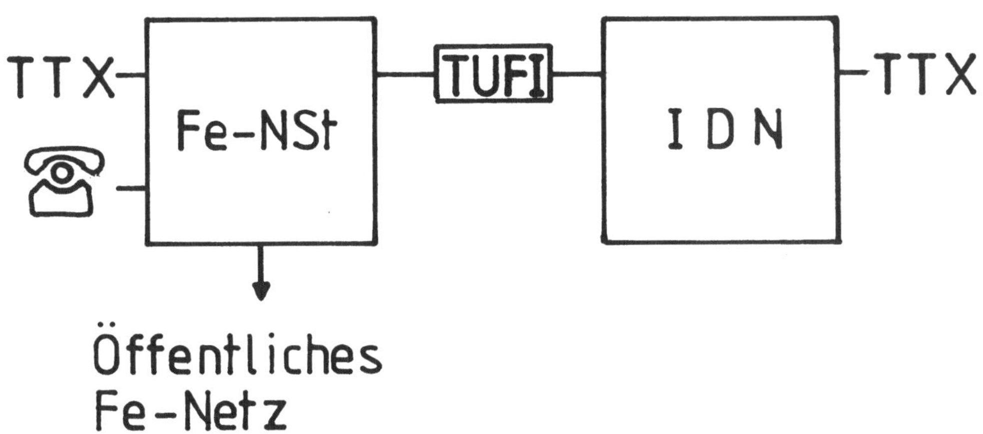

Fe-Netz : Fernsprechnetz
Fe-NSt : Fernsprechnebenstelle
IDN : Integriertes Fernschreib- und Datennetz
TTX : TELETEX-Terminal
TUFI : TELETEX-Umsetzer für Fernsprechnebenstellen am IDN

Bild 4: Stellung des TUFI im Netz

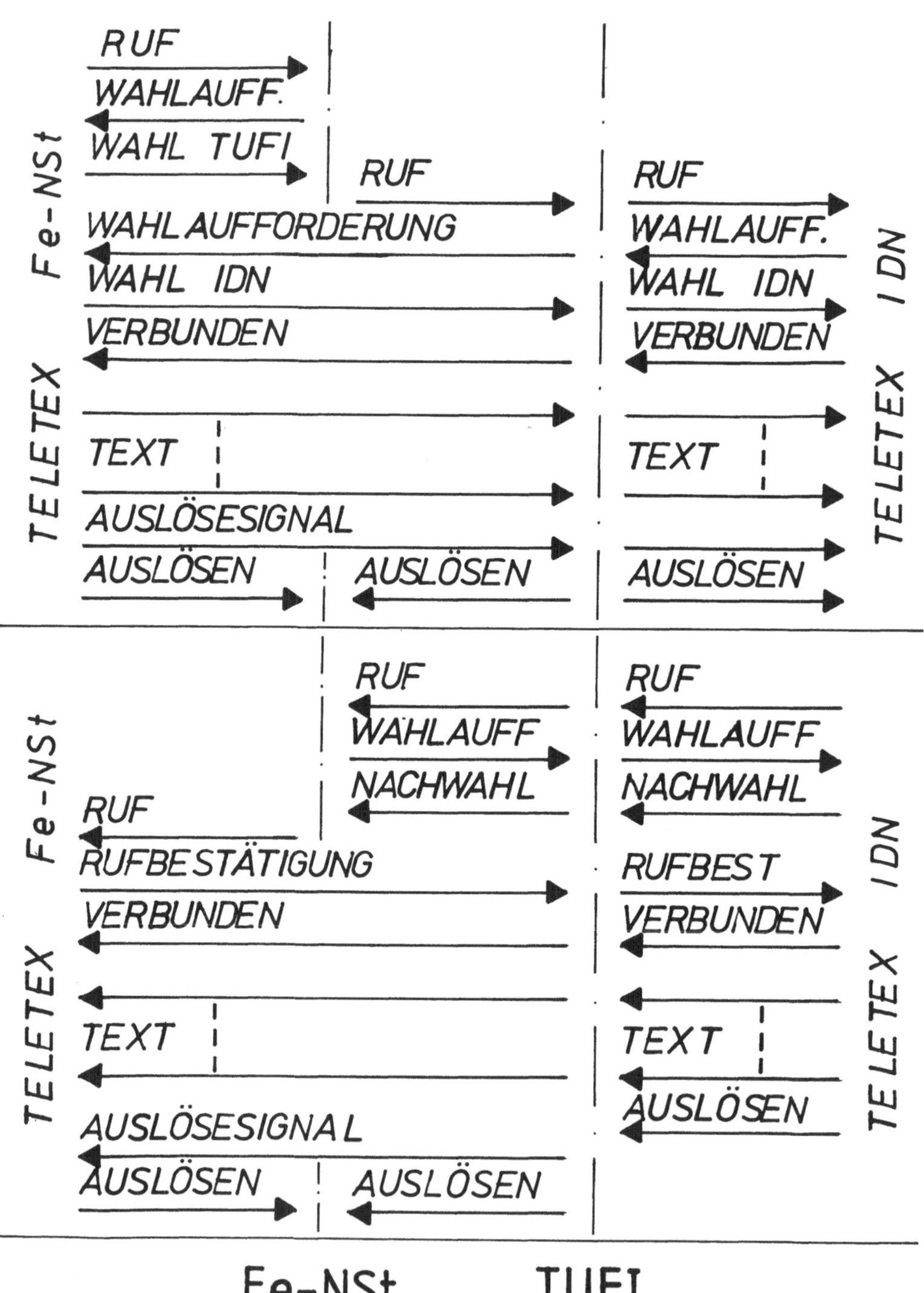

Bild 5: Übergangsprozeduren des TUFI

Der TUFI hat im wesentlichen drei Aufgaben,

- die Umsetzung in der Signalisierungsphase
- Bereitstellung von Steuerfunktionen in der Textübertragungsphase und
- die Taktanpassung zwischen IDN und Nebenstelle

Als Beispiel für die Umsetzfunktionen des TUFI sind in Bild 5 die Übergangsprozeduren skizziert.

Während der Signalisierungsphase muß der TUFI das TELETEX-Terminal, das über die Nebenstelle mit ihm verbunden worden ist - ein Teil der Wahlinformation dient zu diesem Zweck-, mit der IDN-Vermittlungsstelle und durch eine Nachwahl mit dem gewünschten Teilnehmer verbinden.

In der Textphase müssen die verschiedenen Übertragungsverfahren umgesetzt werden (Modem -- Envelopes). Diese Umsetzung genügt jedoch noch nicht, es müssen noch weitergehende Aufgaben durchgeführt werden. Ein wesentlicher Grund hierfür ist die Tatsache, daß das IDN duplexfähig ist und die in der Nebenstelle verwendeten Modems im allgemeinen nicht: das bedeutet, daß der TUFI die Modem-Strecke entsprechend steuern muß.

DER QUERVERKEHR ZWISCHEN DEM TELETEX-DIENST UND ANDEREN TEXTKOMMUNIKATIONSDIENSTEN

Eine wesentliche Forderung bei der Einführung des TELETEX-Dienstes ist der Querverkehr zu anderen Textkommunikationsdiensten. Diskutiert werden Übergänge zu TELEFAX, Bildschirmtext und TELEX. Konkrete Formen hat bisher nur der Übergang zu TELEX angenommen. /6/ Mit der Einführung des TELETEX-Dienstes in der Bundesrepublik wird auch die Querverkehrsmöglichkeit zu dem TELEX-Dienst geboten. Normende Gremien, zum Beispiel CCITT, haben sich bereits dieses Komplexes angenommen.

Beim Querverkehr zwischen TELETEX und TELEX verkehren zwei Terminals mit extrem unterschiedlichen Prozeduren und Übertragungsgeschwindigkeiten miteinander. Dies bedingt wiederum Umsetzer, die "TELETEX-TELEX-Umsetzer" (TTU). Außerdem enthält das TELEX-Alphabet keine grossen und kleinen Buchstaben und vor allem fehlen übliche Sonderzeichen. Ein Seitenwechsel innerhalb eines Schriftstücks ist nicht vorgesehen, ebenso sind Sonderfunktionen, wie zum Beispiel Rückschalten auf die vorhergehende Zeile nicht möglich. Die Umsetzung eines beliebigen TELETEX-Schriftstücks in ein identisches TELEX ist aus diesen Gründen nicht möglich.

Um dennoch einen Querverkehr zu ermöglichen und um den notwendigen Zusatzaufwand in Grenzen zu halten, wird eine Aufgabenteilung zwischen Terminal und Umsetzer durchgeführt. Das TELETEX-Terminal verwendet bei dem Verkehr mit einem Fernschreiber nur den TELEX-Zeichenvorrat und nur Steuerfunktionen, die dieser beherrscht, zum Beispiel "Wagenrücklauf" und "Zeilenvorschub". Die Zeilenlänge wird auf 69 Zeichen begrenzt. Alle darüber hinaus notwendigen Umsetzungen, die Umsetzung von Übertragungsgeschwindigkeit, Code und Signalisierungsprozeduren übernimmt der TTU.

Damit die Qualität des TELETEX-Dienstes, die vor allem durch eine geringe Belegtwahrscheinlichkeit gekennzeichnet ist, durch den langsameren Fernschreiber nicht beeinträchtigt wird, muß der TTU eine speichernde Einrichtung sein.

Der TTU ist Bestandteil des Netzes. Die Umsetzer sind in den Vermittlungsstellen angeordnet; sie werden bei Bedarf den einzelnen Teilnehmern durch das Vermittlungsprogramm zugeordnet.

Der Anschluß an eine Vermittlungsstelle ist in Bild 6 dargestellt.

Die Prozeduren des TTU sind in Bild 7 skizziert.

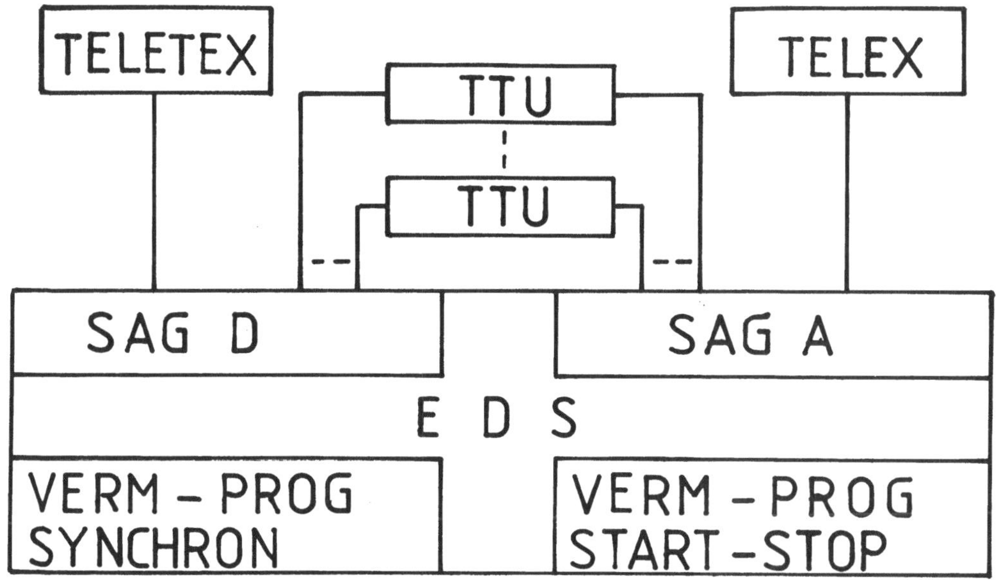

SAG A : Systemanschlußgruppe A
SAG D : Systemanschlußgruppe D
TTU : TELETEX-TELEX-Umsetzer

Bild 6: Stellung des TTU im Netz

Das TELETEX-Terminal kann seinen Text mit seiner hohen Übertragungsgeschwindigkeit an den TTU aussenden ("Textruf") und dann die Verbindung wieder auslösen. Während sich der TTU um den Verbindungsaufbau zu dem Fernschreiber kümmert, kann sich das TELETEX-Terminal anderen Aufgaben zuwenden. Wenn der TTU den Text übertragen hat oder wenn dies nicht möglich ist, meldet er sich bei dem TELETEX-Terminal mit einem "Quittungsruf" zurück, der über die Ausführung des Auftrags Aufschluß gibt.

In der anderen Richtung prüft der TTU zunächst nur mit einem "Kennungsruf", ob das TELETEX-Terminal funktionsfähig ist, fordert dessen Kennung ab und überträgt sie zu dem Fernschreiber. Während der Text zu dem TTU übertragen wird, ist das TELETEX-Terminal frei. Ist die Textübertragung beendet, so wählt der TTU das TELETEX-Terminal zum zweiten Mal an und übergibt ihm den Text mit dem "Textruf".

Der Fernschreiber erhält nach der Textübertragung ebenfalls eine Quittung. Er bleibt in beiden Verkehrsrichtungen die gesamte Zeit mit dem TTU verbunden.

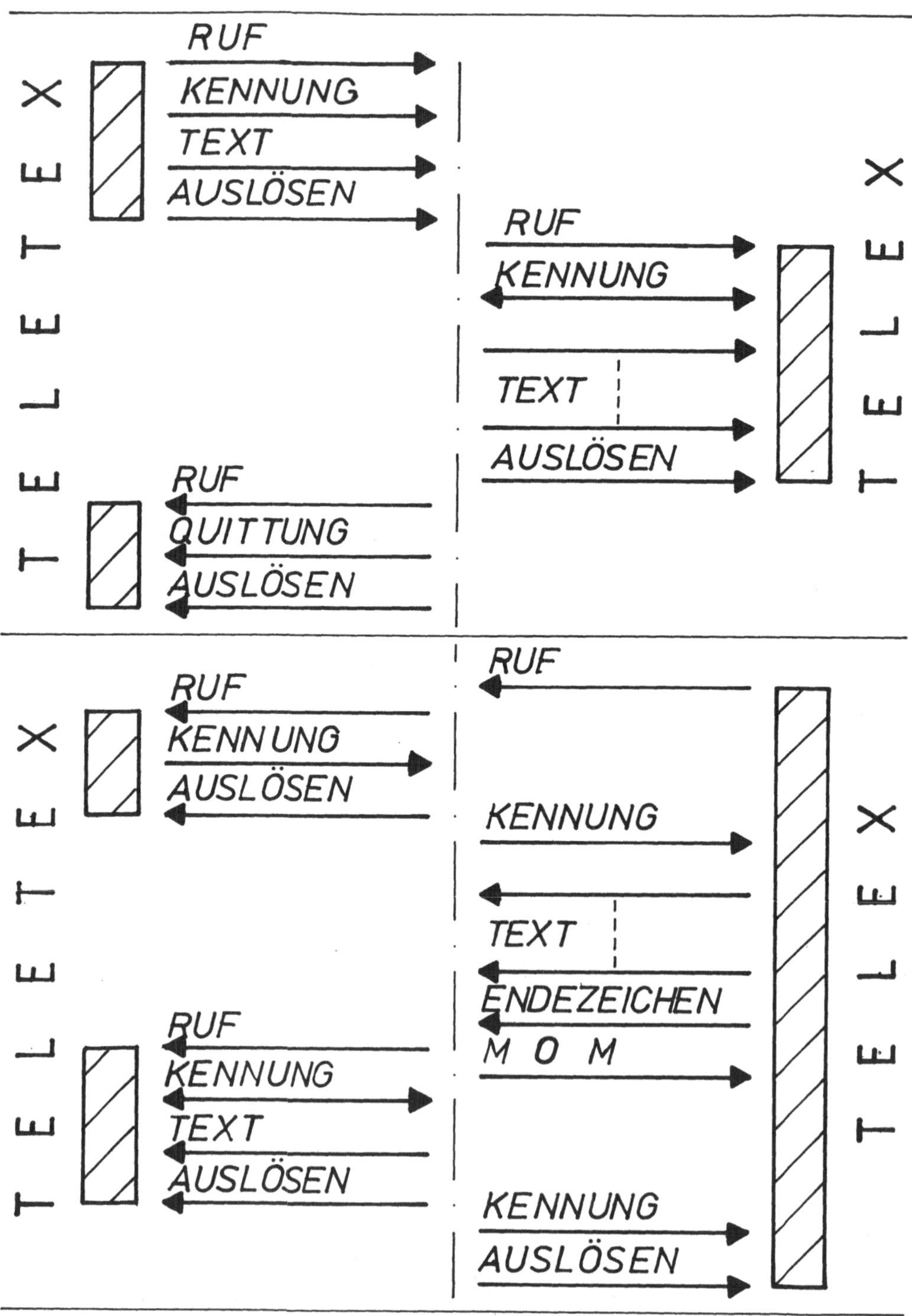

Bild 7: Übergangsprozeduren des TTU

Ausblick

Die Einführung des TELETEX-Dienstes wird die Möglichkeiten der Textkommunikation wesentlich erweitern. Es ist anzunehmen, daß sich im Gegensatz zu dem TELEX-Dienst, nicht TELETEX-Zentralen entwickeln werden, sondern daß das TELETEX-Terminal an dem Arbeitsplatz, in Vorzimmern und Sekretariaten zu finden sein wird. Daß der Dienst akzeptiert werden wird, steht wohl außer Zweifel, denn hier sind echte Bedürfnisse vorhanden.

Die Einflüsse auf andere Textkommunikationsdienste, vor allem auf den TELEX-Dienst, der - bezogen auf die Kommunikation - ähnliche Ziele hat, jedoch andere Einsatzschwerpunkte, sind nur schwer abzuschätzen. Allgemein wird jedoch angenommen, daß der TELETEX-Dienst neue Anwendungsgebiete erschließen wird, ohne daß herkömmliche Textkommunikationsformen beeinträchtigt werden.

Die Einbettung des Dienstes in das IDN, in ein bestehendes leistungsfähiges Datennetz, bringt die Möglichkeit, den Dienst sehr früh einzuführen. Es muß jedoch damit gerechnet werden, daß die internationale Normung noch lange Zeit andauern wird, d.h. einige Merkmale des Dienstes werden noch längere Zeit Änderungen unterworfen sein. Das Netz der Deutschen Bundespost und das SYSTEM EDS werden davon nicht betroffen sein, bei Terminals und Umsetzern können jedoch unter Umständen neue Überlegungen notwendig werden.

\- - - -

Literatur

/1/ Kommission für den Ausbau des technischen Kommunikations-Systems (KtK)
Telekommunikationsbericht 1976

/2/ H. Helmrich, K. Rupp:
Bürofernschreiben - eine Kommunikationsform der Zukunft
NTZ 29 (1976) H.3, S. 218-221

/3/ W. Staudinger:
Digital Data Networks:
Activities of the Deutsche Bundespost
Kongreßband ISS, Paris 1979, S. 530-534

/4/ Draft Recommendation F.x (TELETEX Service)
Draft Recommendation S.c (TELETEX Terminal)
u.v.a.
International Telegraph and Telephone Consultative Committee (CCITT)

/5/ E. Mair, B. Schaffer, R. Schubert:
Struktur des SIEMENS SYSTEM EDS
SIEMENS-Z. 51 (1977), S. 82-87

/6/ R. Hagen:
Interworking between different text communication networks with special emphasis on the transition from teletex to telex
Kongreßband ISS, Paris 1979, S. 435-440

TELETEX -
EIN NEUER INTERNATIONALER FERNMELDEDIENST FÜR DIE TEXTKOMMUNIKATION

K. Schenke,

Bundesministerium für das Post- und Fernmeldewesen, Bonn

TELETEX - EIN NEUER INTERNATIONALER FERNMELDEDIENST FÜR DIE TEXTKOMMUNIKATION

1. Ansätze für das Bürofernschreiben

Nach Erreichen eines hohen Rationalisierungsgrades im Bereich der industriellen Produktion gilt es, entsprechende Möglichkeiten im Verwaltungs-, d. h. Bürobereich zu suchen. Immerhin werden dort in Kürze die Hälfte aller abhängig Beschäftigten in unserem Lande tätig sein. Die vom Büro ausgehende zunehmende Informationsflut und Routinearbeiten im Schreibbereich gaben nun erste Ansätze für Rationalisierungsüberlegungen. Schreibautomaten und mit Schreibfunktionen ausgestattete EDV-Anlagen begannen sich auszuweiten.

Das Schreiben individueller Briefe im geschäftlichen Bereich bleibt jedoch nach wie vor der Schreibmaschine vorbehalten. Verbesserungen beim Erstellen bzw. Korrigieren von Schreibmaschinentexten und durch Einführung und Verbreitung elektrischer Schreibmaschinen und durch Bereitstellen von Korrekturband oder -farbe führten nicht zu nennenswerten Einsparungen an Schreibkräften. Eher war das schon der Fall bei der Einführung zentraler Schreibdienste in größeren Verwaltungseinheiten, wenngleich diese Maßnahmen bis heute umstritten geblieben sind.

Einen ganz neuen Ansatz bieten hier die elektronischen Schreibmaschinen. Sie wurden erst möglich durch eine technologische Entwicklung, die sich in wahrhaft atemberaubender Geschwindigkeit vollzogen hat und als weitere "industrielle Revolution" bezeichnet wird:

- Eine Miniaturisierung der Bauelemente der Elektronik,
- eine zunehmend höhere Integration von Bauelementen und den Verknüpfungen zwischen ihnen und
- eine weitestgehend automatische Fertigung bei entsprechend hohen Stückzahlen zu niedrigsten Preisen je Stück

haben dazu geführt, daß, wo immer möglich, Mechanik verdrängt wird. Der Mikroprozessor, als Gipfel dieser Entwicklung, mit fester Hardware und anwendungsspezifischer Software erweitert den Bereich der Informationsverarbeitung um ein Vielfaches. Er ermöglicht erst die Konstruktion sogenannter "intelligenter" elektronischer Schreibmaschinen, die Korrigier- und Redigierfunktionen ausführen können, ohne daß der Text überklebt, überpinselt oder gar neu geschrieben werden muß. Dazu wird der eingetippte Text nicht nur - wie üblich - auf ein eingespanntes Papier geschrieben oder - wenn vorhanden - auf einem Display sichtbar gemacht, sondern gleichzeitig wird in einem in der Maschine befindlichen elektronischen Speicher ein ebensolches Abbild des Textes niedergelegt. An diesem im Speicher abgelegten Text können dann die Textbearbeitungsfunktionen wahrgenommen werden.

Wenn aber schon Brieftexte komplett im Speicher solcher Schreibmaschinen abgelegt sind, liegt es nahe, die beabsichtigte Kommunikation nicht materiell, sondern elektronisch abzuwickeln: dem Brief kann jeweils eine codierte Empfängeranschrift vorangestellt werden, so daß er dann via Fernmeldewählnetz zu einer beim Empfänger stehenden ebensolchen "Kommunikationsschreibmaschine" gelangen kann. Dort wäre er, sofern die Maschine nicht gerade als lokale Schreibmaschine arbeitet, umgehend auszudrucken. Eben dies ist die Grundvorstellung für einen Bürofernschreibdienst.

2. Empfehlung der "Kommission für den Ausbau des technischen Kommunikationssystems (KtK)" für einen neuen Fernmeldedienst "Bürofernschreiben"

Die 1974 von der Bundesregierung eingesetzte, regierungsunabhängige "Kommission für den Ausbau des technischen Kommunikationssystems (KtK)" hat in ihrem 1976 vorgelegten Abschlußbericht, dem sog. Telekommunikationsreport, im Abschnitt über "Neue Telekommunikationsformen in bestehenden Netzen" zum Thema Bürofernschreiben folgende Feststellungen getroffen:

(1) Die neue Telekommunikationsform des Bürofernschreibens ist im bestehenden Fernmeldenetz möglich und wird durch ein neuartiges Endgerät charakterisiert, das sowohl der Erstellung als auch der Übermittlung von Texten mit dem vollen Zeichenvorrat einer Schreibmaschine dient.

(2) Das Bürofernschreiben kann bereits heute für die Textkommunikation von Unternehmen und Behörden im Verkehr untereinander eine wirtschaftliche Telekommunikationsform sein.

(3) In Wirtschaft und Verwaltung besteht bereits heute ein Bedarf an Bürofernschreiben.

Aus diesen Feststellungen leitet die KtK die Empfehlung ab:

> Es wird empfohlen, die neue Telekommunikationsform des Bürofernschreibens einzuführen.

Noch einmal: Grundvorstellung für einen Bürofernschreibdienst soll sein, daß Geräte, die der normalen Texterstellung im Büro dienen und auch als solche weiter genutzt werden sollen, um einen Kommunikationszusatz erweitert werden, so daß zusätzlich auch eine elektronische Übertragung der in ihnen gespeicherten Texte möglich wird. Dabei ging die KtK davon aus, daß von den täglich 20 Millionen in unserem Lande im geschäftlichen Bereich geschriebenen Briefen (Bild 1) ca. 8 Millionen Empfänger wiederum in Wirtschaft und Behörden gehen; d. h. die rd. 40 % der täglichen Geschäftsbriefe wären elektronisch übertragbar. Die anderen 60 % allerdings, die an Empfänger im privaten Bereich gerichtet sind, werden auf absehbare Zeit wegen zu hoher Kosten für den Privatmann nicht in die elektronische Übertragung einbezogen werden können.

3. Der Teletexdienst

Die Bundesregierung griff die Empfehlung der KtK auf und beauftragte den zuständigen Minister für das Post- und Fernmeldewesen, umgehend die notwendigen Vorbereitungen für die Einführung eines neuen Fernmeldedienstes für das Bürofernschreiben zu treffen. In enger Zusammenarbeit mit der Fernmelde-, EDV- und Büromaschinenindustrie wurden die technischen Details für die Standardisierung der Endgerätefunktionen festgelegt. Gemeinsam mit Herstellern und Anwenderverbänden gelang es, den geplanten Dienst konzeptionell zu gestalten und das Dienstprofil im einzelnen zu erarbeiten. Parallel dazu war die Deutsche Bundespost von vornherein bemüht, den Dienst zu einem international kompatiblen Textkommunikationsdienst zu machen. Eine entsprechende Studienfrage wurde vom CCITT (Comité Consultative international Télégraphique et Téléphonique), einer Unterorganisation der UNO, angenommen, und seit 1977 wird dort an der Standardisierung des Bürofernschreibdienstes, international nunmehr Teletex genannt, gearbeitet.

3.1 Neuer öffentlicher Fernmeldedienst für Teilnehmer

Der Teletexdienst - wie er jetzt auch in unserem Land genannt wird - soll ein neuer öffentlicher Fernmeldedienst für Teilnehmer werden. Seine Nutzung ist also im wesentlichen auf den Kreis der Teilnehmer wie beim Fernsprech-, Telex- oder Telefaxdienst beschränkt (Bild 2).

Entscheidendes Merkmal eines jeden Teilnehmer-Fernmeldedienstes ist die Kompatibilität der Endeinrichtungen; d. h. alle Geräte, die im Rahmen dieses internationalen Dienstes weltweit an das Teletexnetz angeschlossen sind, müssen miteinander korrespondieren können. Im einzelnen bedeutet dies, daß die empfangenen Texte nicht nur inhaltlich, sondern auch in Form und Layout mit dem gesendeten Text übereinstimmen müssen. Ferner müssen bei erkennbar fehlerhaft empfangenen Texten automatische abschnittsweise Textwiederholungen vorgenommen werden können, ohne daß dies in der engültigen Präsentation des Textes beim Empfänger erkennbar wird. Schließlich muß ein verbindlicher

Kennungstext für alle Teilnehmer festgelegt sein, der die eindeutige Zuordnung von Sender und Empfänger ermöglicht.

Weiteres wesentliches Merkmal eines Teilnehmer-Fernmeldedienstes ist die von den Fernmeldeverwaltungen oder -betriebsgesellschaften garantierte Dienstgüte. Hierunter versteht man im Telexdienst, daß der Verlust oder die endgültig fehlerhafte Übertragung von Texten einen festgelegten statistischen Mittelwert nicht übersteigen darf. Dazu werden vom Netzbetreiber entsprechende Maßnahmen zu treffen sein, soweit die Übermittlung im öffentlichen Netz betroffen ist. Für das Endgerät ist zunächst der Teilnehmer selbst verantwortlich. Damit aber die Kompatibilität überhaupt sichergestellt ist und Störungen möglichst vom Netz ferngehalten werden, werden die Teletexendgeräte in der Bundesrepublik Deutschland von der Deutschen Bundespost zugelassen.

Auch im Teletexdienst wird es selbstverständlich ein Teilnehmerverzeichnis geben. Es enthält die notwendigen Informationen, wer an diesem Dienst teilnimmt und wie man ihn erreichen kann.

Schließlich müssen und werden die Fernmeldegebühren für den Dienst in angemessenem Verhältnis zu der erbrachten Dienstleistung stehen.

3.2 Dienstleistung und Gebührenansätze

Wie sieht nun die Dienstleistung im Teletextdienst aus? Gefordert ist, daß Büroschreiben im Format A 4 oder A 4-quer von kommunikationsfähigen Schreibmaschinen oder Textverarbeitungsanlagen unter Benutzung der jeweiligen nationalen Tastaturen und damit der nationalen Zeichensätze in allen am Teletexdienst teilnehmenden Ländern und auch zwischen diesen elektronisch ausgetauscht werden können.

Da war zunächst ein gemeinsamer Zeichenvorrat festzulegen. Man einigte sich international auf einen sog. Basiszeichenvorrat. Zu ihm gehören alle großen und kleinen Buchstaben, alle Ziffern und sonstigen Zeichen, die in den Sprachen vorkommen, die lateinische Schriftzeichen verwenden. Das sind in der Summe allerdings erheblich mehr Zeichen, als eine Schreibmaschine mit herkömmlichem Schreibwerk (mit Typenhebeln oder Kugelkopf beispielsweise) drucken kann. Im Teletexdienst hat man sich deshalb darauf geeinigt, daß das Teletexendgerät

- Zeichen des internationalen Basiszeichenvorrates erzeugen können muß und
- alle Zeichen des internationalen Basiszeichenvorrates darstellen können muß.

Soweit nationale Tastaturen - wie z. B. die DIN-Tastatur in der Bundesrepublik Deutschland - genormt sind, müssen deren Zeichen im internationalen Basiszeichenvorrat enthalten sein. Schwieriger ist es schon für eine empfangende Maschine mit herkömmlichem Schreibwerk, wenn Zeichen ausgedruckt werden sollen, für die beispielsweise kein Typenhebel vorhanden ist; in diesem Fall ist für den internationalen Verkehr vorgeschrieben, daß das entsprechende Zeichen, das vom Sender her ja eindeutig codiert ist, in möglichst angenäherter Form dargestellt werden muß. (So kann z. B. das Französische ç dargestellt werden durch Kombination von c und ,!). Für moderne Drucker wie Matrix- oder Ink-Jet-Drucker gibt es keine Probleme, da sie beliebige Zeichen abdrucken können. Um herkömmlichen Druckern entgegenzukommen, hat man vereinbart, daß im Rahmen des Teletexprotokolls eine Tastaturkennung gesendet wird, so daß der Empfänger die Möglichkeit erhält, bereits vor dem Ausdruck das Druckwerk entsprechend auszutauschen.

Auf die Möglichkeit, auch noch andere als lateinische Schriftzeichensätze zu verwenden, soll an dieser Stelle nicht weiter eingegangen werden.

Korrespondierend zu der Aussage, daß eine geeignete kommunikationsfähige Büroschreibmaschine als Grundtyp für ein Teletex-Endgerät anzusehen ist, steht die Forderung, die SEITE als kleinste zu übertragende Texteinheit zu behandeln. Da ein üblicher Bürobrief, bestehend aus einer oder mehreren Seiten, in der Regel auf der ersten Seite zumindest einen Briefkopf enthält, einen solchen zu übertragen im Basis-Teletexdienst nicht möglich ist, ist im Dienst die Bereitstellung einer sog. Kommunikationsdatenzeile vorgesehen. Sie enthält neben der Kennung des gerufenen auch die des rufenden Endgerätes, darüber hinaus Datum und Uhrzeit sowie ein zusätzliches Feld, über das der Sender frei verfügen kann (z. B. für Bezugsangaben). Für den Ausdruck der Kommunikationsdatenzeile ist die erste bedruckbare Zeile auf dem Papier reserviert. Die Deutsche Bundespost wird vorschreiben, daß sie jeweils auf der ersten Seite eines hintereinanderweg übertragenen Briefes ausgedruckt werden muß - sozusagen als Briefkopfersatz und zu Dokumentationszwecken.

Nach diesen Aussagen zum übertragbaren Schriftgut nun einige Informationen zum Netz und zum Anschluß von Teletexendgeräten:

3.2.1 Das öffentliche Teletexnetz; Anschluß von Endgeräten; Dienstgüte

Ausgehend von den unbefriedigenden Erfahrungen im weltweiten Telexnetz mit der Übertragungsgeschwindigkeit von 50 bit/sec hat man sich schnell national und international auf die fast 50fache für den Teletexdienst geeinigt: 2400 bit/sec! Berücksichtigt man, daß ein zu übertragendes Zeichen bei Telex im 5 bit Code des Internationalen Telegraphenalphabetes Nr. 2, bei Teletex dagegen 7 bit entsprechend dem Internationalen Alphabet Nr. 5 benötigt werden, und daß darüber hinaus der Bitrahmen pro Zeichen etwas aufwendiger ist für die Datensicherung bei der Übertragung, so kommt man auf eine um den Faktor 36 höhere effektive Übertragungsgeschwindigkeit. Das heißt, eine durchschnittlich voll geschriebene Textseite von dem Format DIN A 4 mit rd. 1500 Zeichen wird bei Telex in etwa 3 Minuten, bei Teletex in ca. 5 Sekunden übertragen! (Bild 3).

Grundsätzlich ist die Übertragung von 2400 bit/s in 3 verschiedenen Netzen möglich und international bewußt offengehalten worden:

- in öffentlichen Datennetzen mit Leitungsvermittlung,
- in öffentlichen Datennetzen mit Paketvermittlung und
- im öffentlichen Fernsprechnetz (über Modem).

Die Deutsche Bundespost hat sich in Abstimmung mit der nationalen Industrie für die Benutzung des Integrierten Fernschreib- und Datennetzes, konkret über die Nutzung des synchronen Datexnetzes mit Leitungsvermittlung der Geschwindigkeitsklasse 2400 bit/s entschieden. Andere Länder, die nicht über ein solches Netz verfügen, werden auf neu entstehende Paketnetze oder auf das Fernsprechnetz zurückgreifen. Definitive Entscheidungen waren zum Zeitpunkt des Abfassens dieses Textes nur von den nordischen Ländern bekannt. Dort wird wie bei uns ein synchrones, leitungsvermittelndes Datennetz benutzt werden.

Zur Einführung des Teletexdienstes in unserem Land wird erstmals auch die volldigitale Schnittstelle X. 21 zur Verfügung stehen, bei der die Teilnehmerwahl in der Übertragungsgeschwindigkeit der Text- und Datenübertragung erfolgt. Das bedeutet, daß für Verbindungsauf- und -abbau im Teletexdienst nur ca. 1,5 Sekunden benötigt werden!

Der Teletexverkehr ist ein automatischer Verkehr zwischen (Text-)Speichern; der eigentliche Kommunikationsvorgang besteht aus
- Auslesen des Textes aus dem Sendespeicher,
- Übertragen über das Teletexnetz und
- Einlesen des Textes in den Empfangsspeicher.

Dadurch ist es möglich, einen von der augenblicklichen lokalen Benutzung des Gerätes (wie z. B. Schreiben eines Briefes) unabhängigen Sende- oder Empfangsvorgang abzuwickeln. Im Rahmen des Dienstes wird eine einstündige ungestörte Lokalbetriebszeit gefordert. Aus der Zahl der in dieser Stunde wahrscheinlich eintreffenden Nachrichten und dem maximal zugelassenen Verlust von 5 % auf der Anschlußleitung und 5/‰ durch vollgelaufenen Empfangsspeicher ergibt sich die minimale Empfangsspeichergröße des Teletexendgerätes. So benötigt ein Teilnehmer mit hohem Verkehrsaufkommen, der täglich etwa 50 Schreiben von durchschnittlich eineinhalb Seiten sendet und empfängt, eine Mindestempfangsspeichergröße von 42 Kilo Byte (= 336 000 bit). Ein Durchschnittsteilnehmer mit 5 gehenden und 5 kommenden Schreiben kommt bereits mit einem 12 K-Speicher aus.

Grundsätzlich fordert der Teletexdienst, daß empfangene Nachrichten sofort vom flüchtigen Empfangsspeicher in einen nichtflüchtigen Speicher zu übertragen sind, damit die Nachricht beim Empfänger bis zur Wiedergabe gegen Stromausfall oder zufälliges Löschen gesichert ist.

3.2.2 Der Kommunikationsablauf

Wie läuft nun ein Textkommunikationsvorgang im Rahmen des Teletexdienstes ab? (Bild 4).

In einer Vorbereitungsphase wird zunächst der Text erstellt: Bei einer Teletex-Schreibmaschine wird er in einen Speicher eingetippt, bei einer teletexfähigen Textverarbeitungsanlage werden Textbausteine im Speicher aneinandergereiht. Durch zusätzliche Eingabe einer Wahlinformation wird die Nachricht in einem Sendespeicher bereitgestellt.

Nun folgt die bereits erwähnte automatische Übertragungsphase. Sie kann eingeleitet werden durch einen Druck auf den Startknopf oder selbsttätig nach Erreichen einer voreingestellten Sendebeginnzeit. Zunächst wird entsprechend der Wahlinformation die Verbindung aufgebaut; dann wird in einer Vorinformationsphase, in der die Verbindung bereits durchgeschaltet ist, ein protokollarischer automatischer Check vorgenommen (beispielsweise: Welche Tastatur wurde benutzt? Ist der Empfangsspeicher voll?) und die Textübertragung vorbereitet. Die eigentliche Textübertragungsphase von Speicher zu Speicher schließt sich an. Sowohl auf der Leitung als auch von Endgerät zu Endgerät wird die Übertragung durch eine HDLC-Prozedur und das Teletex-Übertragungsprotokoll gesichert, so daß eine hochgradige Sicherheit für einen unverfälschten Empfangstext besteht. Erkannte Fehler, die auch nach wiederholten Übertragungsversuchen nicht abgestellt sind, führen zum Abbruch der Übertragung und zum Auslösen der

Verbindung. In der anschließenden Nachinformationsphase wird die Textübertragung abgeschlossen. Die automatische Übertragungsphase wird beendet durch das Auslösen der Verbindung.

Der Textkommunikationsvorgang selbst ist erst abgewickelt, wenn die Nachricht aus dem nicht-flüchtigen Empfangsspeicher lokal ausgelesen und entweder ausgedruckt oder auf einem Bildschirm sichtbar gemacht worden ist.

Eine erfolgreiche und damit gebührenpflichtige Verbindung kann auch zustandekommen, wenn die Teletexempfangsstation zwar erreicht wird, ihr Empfangsspeicher aber vollgelaufen ist. Damit ist eine Textübertragung unmöglich. In diesem Fall wird beim Kommunikationsablauf nach der Vorinformationsphase, in der die Sendestation über den Zustand des Empfangsspeichers noch unterrichtet wird, die Verbindung wieder ausgelöst.

Die Verantwortung der Fernmeldeverwaltungen erstreckt sich in bezug auf den gesamten Kommunikationsvorgang nur auf den mittleren Teil, die automatische Übertragungsphase.

An dieser Stelle sei nochmals auf den Zeitvergleich hingewiesen: 12 Textseiten DIN A 4 werden im Teletexdienst in einer Minute übertragen; der gleiche Text bzw. das gleiche Blatt als Telex bzw. über ein Telefaxgerät der Gruppe 2 übertragen, würde 36 Minuten Übermittlungszeit in Anspruch nehmen!!!

3.2.3 Besondere Dienstleistungen im Rahmen des nationalen Teletexdienstes

Als besondere Dienstleistungen sind alle diejenigen zu verstehen, die über das reine Herstellen einer Übertragungsmöglichkeit hinausgehen (Bild 5). Die gleichen Dienstleistungen werden bereits im Telex- und zum Teil im Datexdienst angeboten. Bei Teletex wird eine besondere Dienstleistung für alle Teilnehmer die Ausgabe von Datum und Uhrzeit aus dem Netz beim Kennungsaustausch sein (gebührenfrei).

Als Sonderdienstleistung aus dem Netz, die pro Verbindung angefordert werden kann, wird

- Rundsenden (bis an 30 Teilnehmer)

angeboten.

Sonderdienstleistungen, die teilnehmerindividuell in Anspruch genommen werden können, sind

- Direktruf,
- Kurzwahl,
- Teilnehmeridentifizierung durch das Netz (Anschlußkennung),
- Anschlußsperre mit Ansagetext.

Noch nicht vorgesehen ist bisher als besondere Dienstleistung die vollständige Speicherung von Nachrichten mit der Absicht einer verzögerten Zustellung. Sollte sich ein Bedarf für eine derartige Dienstleistung erkennen lassen, der den Aufwand rechtfertigt, kann eine solche Möglichkeit vorgesehen werden.

3.2.4 Optionale Betriebsweisen

Die Erweiterung eines Basisdienstes um standardisierte Optionen, die nicht von jedem Endgerät verstanden oder ausgeführt werden können, ist an sich problematisch. Läßt man zuviele solcher Optionen in einem schmalen Basisdienst zu, erhält man sozusagen eine "standardisierte" Inkompatibilität; es können sich jeweils nur solche Geräte verstehen, die über gleiche Optionen verfügen! Verhält man sich aber zu restriktiv in der Zulassung von optionalen Betriebsweisen, wird der Vorwurf erhoben, man schöpfe die technischen Möglichkeiten nicht aus und behindere den technischen Fortschritt!

Ob der gefundene Kompromiß vernünftig war, wird erst die Zukunft zeigen.

Drei Bereiche der Optionen sind im wesentlichen zu benennen:

(1) Optionsbereich zur Verwendung nationaler Schriftzeichensätze außerhalb des Basiszeichenvorrats (z. B. bei Sprachen, die

nicht das lateinische Alphabet benutzen). Alle Sprachen, die über eine Transliteration in die lateinischen Schriftzeichen verfügen, können jedoch auch im Basiszeichenvorrat dargestellt und damit im Basisdienst übertragen werden.

(2) Option der Faksimilebetriebsweise. Diese Option darf nicht mit einem eigenständigen Faksimiledienst verwechselt werden. Hier wird im Rahmen des Teletexprotokolls zu Beginn der Übertragung einer Seite auf Wunsch des Senders auf Faksimilebetriebsweise umgeschaltet. So können beispielsweise in einer Overlay-Technik auch Briefköpfe und Unterschriften mitübersandt oder auch sonst bebilderte Anlagen beigelegt werden.

(3) Option zum Ausstieg aus dem Teletexprotokoll in den "privateuse"-Betrieb. Dies ist zweifelsohne die problematischste Option: Sie erlaubt zwei korrespondierenden Teletexstationen den Ausstieg aus der Teletexprozedur, die das Übertragen von Texten auf Seiten unterstützt, auf irgendeine andere, nur zwischen diesen beiden Stationen vereinbarte Firmenprozedur, die wiederum ganz andere Anwendungen im Rahmen der Datenfernverarbeitung unterstützen kann. Entscheidend für die Teilnahme am Teletexdienst ist für solche Stationen, daß sie auch im Rahmen des Teletexprotokolls Texte empfangen und bereitstellen können. Insofern ist eine Grundkompatibilität auch weiter gewahrt.

3.2.5 Kommunikation mit Datex-Teilnehmern

Vorher wurde erwähnt, daß in der Bundesrepublik Deutschland der Teletexdienst das Datexnetz mit Leitungsvermittlung der Geschwindigkeitsklasse 2400 bit/s benutzen wird. Damit läßt sich auch unter gewissen Einschränkungen ein Text- oder Datenverkehr zwischen bestimmten Datex- und bestimmten Teletexteilnehmern ermöglichen.

Jeder Teletexteilnehmer kann Datexteilnehmern der gleichen Geschwindigkeitsklasse 2400 bit/s Text- oder Datensendungen übermitteln, sofern er auch dessen Sprache versteht und das Anwendungsprotokoll der angewählten Station abwickeln kann.

Jede Datexstation kann Nachrichten an einen Teletexanschluß aussenden, sofern sie selbst diese Nachricht im Rahmen des Teletexprotokolls übermitteln kann oder wenn sie die Partnerstation und ihr im private use-Betrieb verwendetes Übertragungsprotokoll kennt und dieses entsprechend selbst fahren kann. Auf jeden Fall muß sie das Teletexprotokoll bis zur Optionenabfrage (das ist allerdings nicht viel) zunächst abwickeln können.

Treffen Teletex- und Datexteilnehmer der gleichen Geschwindigkeitsklasse durch Fehlwahl aufeinander und verstehen sie ihre Protokolle gegenseitig nicht, so wird die Verbindung nach in den jeweiligen Protokollen vorgesehenen Zeitspannen von den Endgeräten jeweils selbständig ausgelöst.

3.2.6 Teletexverkehr über Nebenstellenanlagen

So wie bei Fernsprechern und Fernschreibern wird sich auch bei Teletexendgeräten in größeren Organisationseinheiten die Notwendigkeit herausstellen, daß diese im Rahmen der Organisation einen eigenen Kommunikationsknoten erhalten: die Teletexnebenstellenanlage.

Die Deutsche Bundespost wird aber auch die Anschließung von Teletex- oder Textendstellen über Fernsprech- bzw. Telexnebenstellenanlagen an das Teletexnetz ermöglichen. Damit können vorhandene Vermittlungseinrichtungen, sofern sie um eine entsprechende Anpassungseinrichtung zwischen Nebenstellenanlage und Teletexnetz ergänzt worden sind, für die Vermittlung, ggf. auch für eine teilweise Abwicklung von Teletexverkehr mit genutzt werden.

Eine Abwicklung von Teletexverkehr über das öffentliche Fernsprechnetz oder das öffentliche Datexnetz mit Paketvermittlung ist nicht vorgesehen.

3.2.7 Gebührenansätze

Über die absolute Höhe der Teletexgebühren gibt es z. Z. (Jan. 1980) noch keine Aussagen. Gleichwohl kann man davon ausgehen, daß zumindest die Verbindungsgebühren denen der entsprechenden Datexklasse gleichen werden. Interessant ist ein ungefährer Kostenvergleich einer Briefsendung

- einmal als Originalversendung über die Briefpost,
- einmal als Versand einer Kopie im Rahmen des Telefaxdienstes und
- einmal als Teletex.

Die Gebührenstrukturen von Brief- und Fernmeldediensten sind jedoch so unterschiedlich abhängig von Entfernung und Zeit, daß Kostengegenüberstellungen nur individuell gemacht werden können.

So kostet beispielsweise ein normaler 2-Seiten-Brief DIN A 4 von München nach Hamburg als Brief 0,60 DM, Zustellung am nächsten Tag. Eine Telefaxverbindung zur Übertragung eines Briefes würde ca. 6 Minuten in Anspruch nehmen und tagsüber 6,90 DM, zu ermäßigten Zeiten 2,30 DM an Verbindungsgebühren kosten.

Bei Teletex würde die Übertragung in ca. 17 Sekunden abgewickelt werden, die tagsüber 0,29 DM, zur ermäßigten Nachtgebühr I 0,18 DM und zur nochmals ermäßigten Nachtgebühr II 0,12 DM an Verbindungsgebühren aufkommen ließen.

Bei der Gesamtbewertung solcher Vergleiche sind noch die anteiligen Geräte- und Grundgebührkosten zu berücksichtigen. Es ist auch zu berücksichtigen, daß die neuen Fernmeldedienste Telefax und noch mehr Teletex zusätzlich Möglichkeiten zur Rationalisierung im Verantwortungsbereich von Absender und Empfänger bieten.

4. Kompatibilität zweier Fernmeldedienste: Teletex und Telex

Sie sind nicht nur im Namen ähnlich. Beide, Teletex und Telex sind Textkommunikationsdienste. Die Kommunikationsmöglichkeit mit Telexteilnehmern bedeutet für die Teletexteilnehmern, vom ersten Tage an weltweit 1 Million Kommunikationspartner zu haben.

4.1 Unterschiede und Gemeinsamkeiten

Worin unterscheiden sich nun die Dienste? Was haben sie gemeinsam?

Sie unterscheiden sich ganz offensichtlich im übertragbaren Zeichenvorrat (bei Telex: nur kleine Buchstaben, beschränkte Zeichenzahl; bei Teletex: voller Zeichenvorrat der Büroschreibmaschine inclusive Groß- und Klein-Schreibung) und seiner Codierung (Teletex 7/8. bit Code). Sie unterscheiden sich ferner in der Übertragungsgeschwindigkeit, wie schon dargestellt (Telex 36mal langsamer als Teletex); anders ist auch das Papierformat (Telex: endlos; Teletex DIN A 4 hoch und quer bzw. amerikanisches Format). Die Abwicklung von Textverkehr wird unterschiedlich gehandhabt werden (Telexverkehr von Bediener zu Bediener, in der Regel direkt manuell; Teletexverkehr von Speicher zu Speicher, automatisch mit entsprechenden Datensicherungsverfahren). Auch das für den Dienst jeweils genutzte Endgerät hat andere Anwendungsziele (Telexgerät ausschließlich Kommunikationsgerät; Teletexgerät vorwiegend zur lokalen Nutzung).

Gemeinsam haben sie die digitale Übermittlung von Texten. Ferner ist die Menge der Telexzeichen eine Untermenge der Teletexzeichen.

Diese beiden Gemeinsamkeiten, die von der Anwendung her interessant sind, haben schnell den Plan reifen lassen, beide Dienste miteinander kompatibel zu machen, wobei der geringerwertige Dienst Telex letztlich die Qualität der Gesamtdienstleistung bestimmt.

4.2 Zur Technik des Netzüberganges

Wollte man den Berührpunkt der beiden Dienste an den Rand des Netzes legen, müßte von allen Endgeräten der Anschluß an beide Netze und die Fähigkeit, beide Übertragungsprotokolle fahren zu können, verlangt werden. Dieser Aufwand ist sicherlich für alle mittleren und kleinen Geräte zu hoch. So bleibt als Alternative der Übergang von einem Netz in das andere in den gemeinsamen Netzknoten.

Die dort zu installierende Übergangseinrichtung, TTU (für Telex-Teletex-Umsetzer) genannt, hat die Aufgabe, beiden Kommunikationspartnern vorzutäuschen, der andere Partner sei im jeweils eigenen Netz angeschlossen, d. h. der TTU kommuniziert mit dem Teletexteilnehmer gem. Teletexprotokoll und gleichzeitig mit dem Telexteilnehmer im Telexverfahren. Dabei wird nur von der Teletexmaschine verlangt, daß sie sich sozusagen auf das Telexformat bezüglich der Papierbreite einschränkt und auch nur die im Telexverkehr verwendeten Zeichen des ITA Nr. 2 benutzt. Dem Telexgerät sind solche Beschränkungen nicht auferlegt. Die Protokollwandlung, die Geschwindigkeitsumsetzung wie auch die Codewandlung ITA Nr. 2/IA Nr. 5 nimmt die Umsetzeinrichtung vor. Weitere Anforderung an diesen TTU ist, daß Verbindungen Telex-Teletex und umgekehrt ohne Bedienkräfte im Netz abzuwickeln sind und daß die zu erwartende hohe Dienstgüte im Teletexdienst durch diese Dienstleistung nicht belastet wird. Das ist gewährleistet, da der wegen der Geschwindigkeitsumsetzung im Netz erforderliche Speicher auch bewirkt, daß die Teletexleitung nur solange wie bei normalen Teletexverbindungen belegt werden muß.

4.3 Gebührenansätze

Wie schon ausgeführt, bestimmt bei zwei kommunizierenden Diensten der schwächere die Gesamtdienstleistung. Es ist daher damit zu rechnen, daß im Telex-Teletex-Verkehr in beiden Richtungen Telexgebühren erhoben werden.

5. Internationale Standardisierung

Die Standardisierungsbemühungen konzentrieren sich zum einen auf einen internationalen Rahmen für den Dienst, zum anderen auf die Standardisierung der technischen Parameter, die das Endgerät mit seinen Funktionen charakterisieren, sowie auf die Normierung der zu verwendenden Zeichenvorräte und deren Codierungen und die Festlegung eines einheitlichen Übertragungsprotokolls. Die 1977 im CCITT begonnenen Standardisierungsarbeiten sind insgesamt soweit fortgeschritten, daß bei der bevorstehenden Vollversammlung der größte Teil der Empfehlungsentwürfe zur Beschlußfassung vorgelegt werden kann. Der fehlende Rest wird in absehbarer Zeit zu bewältigen sein.

6. Verordnungsmäßige Regelung des Teletexdienstes

Der Teletexdienst wird verordnungsmäßig im Rahmen der Vorschriften für den Fernschreib- und Datexdienst (VFsDx) geregelt werden. Entwürfe dazu sind bereits mit Vertretern aus Hersteller- und Anwenderverbänden diskutiert worden. Auch der Entwurf zu einer Rahmenregelung für die Abwicklung von Teletexverkehr über Fernsprech- oder Telexnebenstellenanlagen, der auch eigene Teletexnebenstellenanlagen ermöglichen wird, liegt bereits vor.

7. Eröffnung des Dienstes - Prognosen

Wenn Terminpläne international und national eingehalten werden können, kann der Dienst in der Bundesrepublik Deutschland zum 01. 01. 81 eingeführt werden.

Auf jeden Fall sind technische Erprobungen für die Abwicklung von Teletexverkehr aus Teletexendeinrichtungen (allerdings mit einem nur vorläufigen Kommunikationsprotokoll) bereits 1980 von der Deutschen Bundespost durchgeführt worden bzw. werden noch durchgeführt. Öffentlich wurde der Dienst erstmals in der soeben vergangenen Hannover-Messe vorgestellt.

Nach uns vorliegenden Prognosen sind bei einem Dienstbeginn in 1981 bis Ende 1985 in unserem Land rd. 40 000, bis Ende 1990 130 000 Teletexanschlüsse zu erwarten. Gleichzeitig wird ab Mitte der 80er Jahre ein merkliches Absinken der Telexanschlüsse erwartet; internationalen Telexverkehr wird es jedoch noch langfristig geben, da die Einführung des Teletexdienstes auf lange Jahre im allgemeinen den hochindustrialisierten Nationen mit entsprechend hochwertigen Fernmeldenetzen vorbehalten bleiben wird.

8. Zusammenfassung und Ausblick

Ausgehend von der technologischen Entwicklung der Mikroelektronik haben wir gesehen, daß durch relativ geringe Ergänzungen bisher ausschließlich dem Büromaschinenbereich zugeordnete Geräte, wie Schreibmaschinen und Textverarbeitunganlagen zu Telekommunikationsgeräten werden. Ein neuer, auf diese Entwicklung aufsetzender Fernmeldedienst, der Teletexdienst, reift heran. Er verspricht,

- durch die verwendete hohe Übertragungsgeschwindigkeit von 2400 bit/s,
- durch die Kompatibilität zum bestehenden Telexdienst,
- durch die Möglichkeit, im optionalen Betrieb auch Faksimileübertragungen durchführen zu können und
- durch die gleichzeitige Nutzbarkeit der Endgeräte für ungestörten lokalen Betrieb,

gute Voraussetzungen für eine rasche Akzeptanz am Markt zu bieten.

Die mögliche Entwicklung eines digitalen Faksimiledienstes im Datexnetz mit gleichem Rahmen des Übertragungsprotokolls wie bei Teletex läßt bei ggf. gleicher Übertragungsgeschwindigkeit eine künftige Kompatibilität auch dieser beiden Dienste in naher Zukunft möglich erscheinen. Damit ist ein weiterer Schritt auf dem Wege zu einer Verschmelzung der Textkommunikationsdienste Teletex und Telefax in Richtung auf einen einheitlichen "TexFax"-

Dienst absehbar. Die Deutsche Bundespost verfolgt diese Entwicklung mit Aufmerksamkeit, um rechtzeitig weitere Standardisierungen zum Nutzen der Kommunikationspartner vorantreiben zu können.

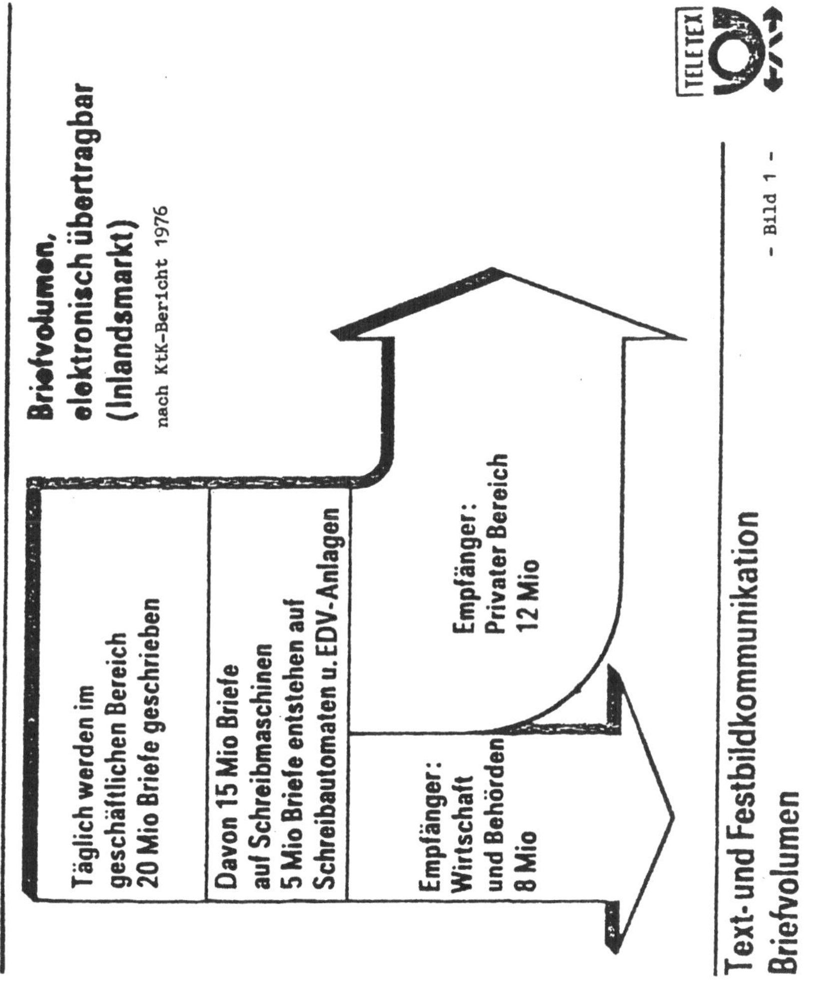
Briefvolumen, elektronisch übertragbar (Inlandsmarkt)
nach KtK-Bericht 1976
Täglich werden im geschäftlichen Bereich 20 Mio Briefe geschrieben
Davon 15 Mio Briefe auf Schreibmaschinen
5 Mio Briefe entstehen auf Schreibautomaten u. EDV-Anlagen
Empfänger: Privater Bereich 12 Mio
Empfänger: Wirtschaft und Behörden 8 Mio
TELETEX
Text- und Festbildkommunikation
Briefvolumen
- Bild 1 -

Merkmale eines öffentlichen Teilnehmer-Dienstes
Kompatibilität (CCITT)
Garantierte Dienstgüte
Teilnehmer-Verzeichnis
Angemessene Fernmeldegebühren
TELETEX
Textkommunikation – Teletex
Merkmale

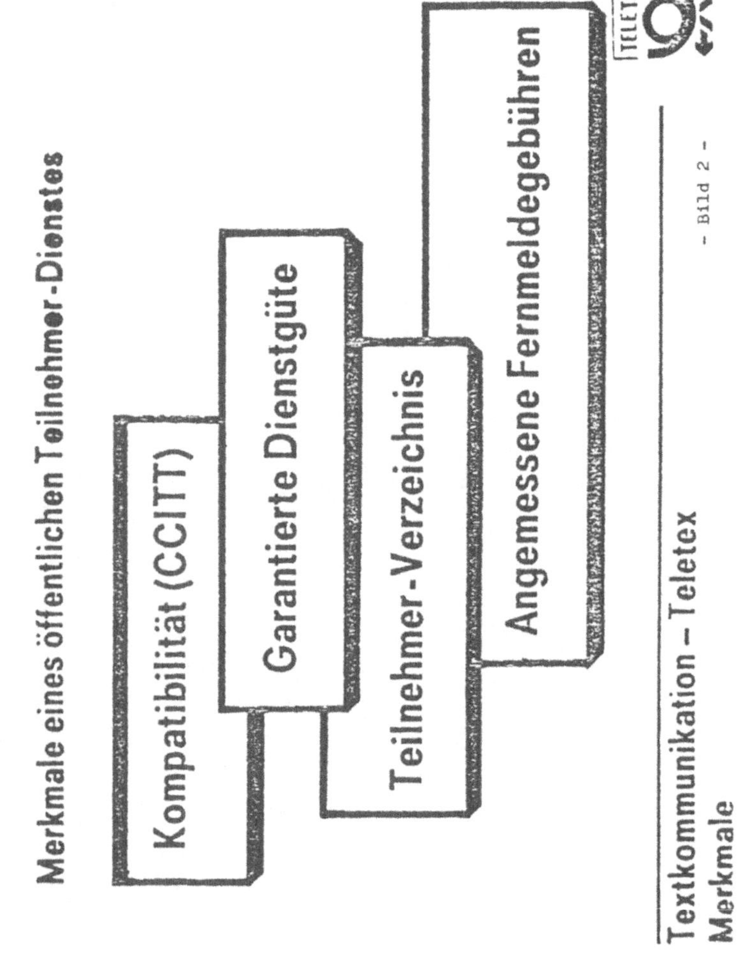

- Bild 2 -

Teletexverkehr

über das synchrone

Datexnetz mit Leitungsvermittlung
der Geschwindigkeitsklasse
2400 bit/s

Schnittstelle X. 21, vollduplex,

systemeigene Wahl mit 2400 bit/s

Eine Stunde ungestörter Lokalbetrieb

maximal zugelassener Verlust
von 5 % auf der Anschlußleitung
von 5 ‰ durch vollen Empfangsspeicher

Nachricht beim Empfänger bis zur Wiedergabe

gegen Stromausfall oder
zufälliges Löschen
gesichert

Bild 3: Das öffentliche Teletexnetz/Anschluß von Endgeräten/ Dienstgüte

Der Kommunikationsablauf

1 Vorbereitungsphase
- Texterstellung
- Bereitstellung im Sendespeicher

2 Automatische Übertragungsphase
- Verbindungsaufbau
- Vorinformationsphase
- Textübertragungsphase
- Nachinformationsphase
- Auslösen der Verbindung

3 Textausgabephase
(Sichtbarmachung)

Bild 4: Teletex-Kommunikationsablauf

Besondere Dienstleistungen aus dem Netz
im nationalen Teletexdienst der DBP:

für alle Teilnehmer:

- automatische Ausgabe von Datum und Uhrzeit beim Kennungsaustausch

pro Verbindung:

- Rundsenden bis an 30 Teilnehmer

teilnehmerindividuell:

- Direktruf
- Kurzwahl
- Teilnehmeridentifizierung durch das Netz
- Anschlußsperre mit Ansagetext

Bild 5: Teletex-Sonderdienstleistungen aus dem Netz

DAS GMD-PROGRAMM 'TEXTKOMMUNIKATION'

P. Wißkirchen
Gesellschaft für Mathematik und Datenverarbeitung
Postfach 1240
D 5205 St. Augustin 1

1. Einführung

Die Gesellschaft für Mathematik und Datenverarbeitung (GMD), St.Augustin, plant für die nächsten 5-7 Jahre die Durchführung eines Forschungs- und Entwicklungsprogramms mit dem Namen 'Textkommunikation'. Das Programm soll der öffentlichen Verwaltung Orientierungshilfen für die Einführung neuer informationstechnisch gestützter Kommunikationsformen geben und theoretisch sowie empirisch gestützte Konzepte erarbeiten.
Um in einer realen Organisation Erfahrungen zu sammeln, soll zur Unterstützung von Aufgabenbereichen innerhalb der GMD ein Textkommunikationssystem aufgebaut werden, das beispielhaft ist für seine Unterstützung prototypischer dispositiver, operativer und kommunikativer Prozesse.

2. Problemfeld

Der Begriff 'Textkommunikation' wird als ein Arbeitsbegriff betrachtet, der erst im Verlaufe der Programmaktivitäten präzisiert werden kann. Zunächst soll unter Text ein im allgemeinen aus Schrift, Tabellen, Zeichnungen und Bildern bestehender realer Text verstanden werden; Kommunikation geht über die reine Informationsvermittlung hinaus und bezieht Verfahren der geregelten und nachweisbaren Kommunikation (Signieren, Quittieren, Autorisieren) mit ein. Im Programm Textkommunikation soll auch die 'Texterstellung' einbezogen werden. Dabei sind unter Texterstellung auch Aktivitäten auf dem Weg von der gedanklichen Konzeption eines Textes bis zu dessen endgültiger physischen Realisierung mit zu verstehen z.B. Vorentwurf, Revision, Abstimmung.

2.1 Textkommunikation heute; Entwicklungstrends

Heute arbeiten etwa 30% aller Erwerbstätigen der Bundesrepublik Deutschland im Büro, davon 16% im Bereich der öffentlichen Verwaltung. Nur etwa 7% der im Büro Tätigen sind zum eigentlichen Infrastrukturbereich des Büros (Stenotypisten, Stenographen, Maschinenschreiber, Datentypisten, Bürohilfskräfte) zu rechnen.

Die wesentlichen technischen Hilfsmittel im Büro bestehen heute überwiegend noch aus Schreibmaschine und Telefon. Die Arbeitsplatzinvestitionen belaufen sich auf etwa 1000 DM pro Arbeitsplatz (im Vergleich zu 10.000 DM pro Arbeitsplatz im gewerblichen Bereich).
In diesem Zusammenhang wird dann auch von einer geringen Produktivität im Büro- und Verwaltungsbereich gesprochen, die es unter Einsatz preisgünstiger Informationstechnik zu erhöhen gilt. Der Industrie eröffnen sich hier große Marktchancen: so geht man auf dem Bürocomputer- und Endgerätesektor von einer Erhöhung der Stückzahlen um jährlich 20% in den nächsten fünf Jahren aus.

Weitgehend ungeklärt sind heute die zu erwartenden Auswirkungen des angegebenen Trends auf die Gesamtbeschäftigungslage. Hier wird die durch Produktivitätserhöhung gewonnene Arbeitskapazität für Qualitätsverbesserungen genutzt oder durch Arbeitszeitverkürzungen ausgeglichen werden müssen.

Wesentliche Wirkungen hat der Einsatz neuer Techniken jedoch auch auf die Arbeitsplatzsituation des einzelnen Beschäftigten im Bürobereich. So wurden bisher häufig unter dem Diktat technisch-ökonomischer Zwänge isolierte Einzelaufgaben wie Text- und Datenerfassung aus der gewohnten Büroumgebung ausgelagert, was zu einer Zersplittung in unvollständige und von vielen Bearbeitern als monoton empfundene Teilaufgaben führte.

Die technische Entwicklung der nächsten Jahre, die von einer stufenweise Integration von klassischer Datenverarbeitung, Nachrichtentechnik und Mikroelektronik geprägt ist, eröffnet im Bürobereich die Möglichkeit, mehrfunktionale Arbeitsplätze preisgünstig anzubieten. Bei diesen handelt es sich um Endgeräte, die Textverarbeitung, Textübermittlung, Großrechnerzugang, Zugang zu externen Informationssystemen und Dokumentationsdiensten gestatten. Auf der Basis dieser technischen Komponenten, für die übrigens größte Zuwachsraten prognostiziert werden, lassen sich aufgabengerechte organisatorische Konzepte entwickeln mit dem Ziel, eine Zersplitterung in unvollständige Teilaufgaben zu vermeiden bzw. rückgängig zu machen ('Reintegration'). Dies dürfte am ehesten dadurch möglich sein, daß man entsprechende systemanalytische Aktivitäten von globalen Gesamtaufgaben der Organisation her entwickelt.

2.2 Zielgruppen

Wie aus den oben genannten Zahlen hervorgeht, kann die bloße Organisation der Textverarbeitung im eigentlichen Infrastrukturbereich des Büros bestenfalls eine Teiloptimierung darstellen. Dies wird auch von Untersuchungen der Firmen IBM und SIEMENS gestützt, die zeigen, daß mehr als 2/3 aller Kosten der Textkommunikation im Bereich der Fach- und Führungskräfte entstehen. Aus diesem Grunde ist sorgfältig zu analysieren, welche Art von Aufgaben von diesen Kräften im Rahmen der Gesamtorganisation durchgeführt werden. Erst dann lassen sich Zielgruppen im engeren Sinne ermitteln, d.h. diejenigen, die ein neues Textkommunikationssystem nutzen sollen.

Für diese Zielgruppen will die GMD in den nächsten Jahren ein Textkommunikationssystem (GMDTKS) aufbauen, um die oben beschriebenen Probleme zu studieren und ihre Erfahrungen Externen zur Verfügung zu stellen.

3. Einsatzbereiche

3.1 Aufgabentyp

Das soziotechnische System 'Organisation' läßt sich beschreiben durch seine organisatorische Struktur, in der die Rollen (Kompetenzen,....) und Aufgaben der einzelnen Partner sowie die formalen Kommunikationsbeziehungen zwischen diesen festgelegt sind.

- Die Erledigung einer komplexen Aufgabe erfolgt im Rahmen eines formal vorgegebenen organisationsbezogenen Ablaufplanes.
- Sie erfordert das Zusammenwirken von Durchführungs- und Entscheidungsprozessen.
- Die kreative Lösung einer Teilaufgabe setzt jedoch weitere Prozesse in Gang, bei denen

  a) die Kommunikationsregeln und -rollen nicht a priori vorgegeben sind, sondern erst definiert werden (Arbeitsgruppen, Diskussionsrunden,..)

  b) weitgehend nur informelle Kommunikationskanäle ausgenutzt werden (auch quer zur Organisation).

Die Einführung neuer organisationsbezogener Kommunikationstechniken setzt deshalb flexible Lösungen voraus, die dynamisch an die jeweilige Situation anpaßbar sind und auch die für die Problemlösung wichtigen nicht formalisierbaren Kommunikationsbeziehungen mit unterstützen.

3.2 Ein Beispiel

In Analogie zu herkömmlichen Kommunikationsmedien (Papier, Telefon, Fernschreiber) soll das GMD-Textkommunikationssystem GMDTKS ein Kommunikationsmedium darstellen, an das - soweit dieses irgendwie machbar ist - Bearbeiter einzelne ihnen sinnvoll erscheinende Aufgaben delegieren können. Deshalb kann und soll der Systementwurf nicht auf die Erledigung vorher definierter Aufgaben beschränkt sein oder gar die Art der Aufgabenerledigung im Einzelnen vorschreiben.

Dennoch erscheint die Orientierung an gegebenen Aufgabenkomplexen sinnvoll, um die in diesem Zusammenhang auftretenden Probleme des Übergangs von vorwiegend papiergebundener Information auf Informationstechnik an konkreten Beispielen in der eigenen Organisation studieren zu können. Ein Beispiel eines derartigen Aufgabenkomplexes in der GMD ist der Forschungs-und Entwicklungsplanungsprozeß mit der Teilaufgabe der Erstellung des jährlichen Forschungs-und Entwicklungsplans (FE-Plan).

Die Erstellung des FE-Planes kann als eine Aufgabe vom in 3.1 beschriebenen Aufgabentyp gesehen werden.

Ein organisationsbezogener Ablaufplan ergibt sich z.B. durch den Gesellschaftsvertrag der GMD. Dieser schreibt vor, daß bei der Erstellung des FE-Plans zunächst eine fachliche Beratung innerhalb einzelner Institute erforderlich ist; dann muß der Vorstand dem Wissenschaftlich Technischen Rat den Plan zur Beratung vorlegen, zuletzt ist die Zustimmung des Aufsichtsrates erforderlich.

Der FE-Plan durchläuft komplexe Durchführungs- und Entscheidungsprozesse bei seiner Abstimmung mit dem Wirtschaftsplan der Gesellschaft, bei der Berücksichtigung hausinterner Vorgaben (Zeitplan, Angaben zu Aufbau und Inhalt) sowie im Laufe seiner Beratung in den verschiedenen Gremien (Rückweisung, Ergänzungshinweise, Genehmigung).

Eine kreative Lösung von Teilaufgaben stellt die Formulierung der geplanten Einzelvorhaben des FE-Planes dar, an der einzelne Gruppen von Mitarbeitern mitwirken. Es erfolgen informelle Abstimmungen mit auf ähnlichen Gebieten arbeitenden Organisationen, der interne bzw. externe Wissensstand ist aufzuarbeiten. Hier werden eher ad hoc Kommunikationsregeln und -rollen definiert, z.B. wenn der mit der Erstellung des FE-Planes seines Arbeitsbereiches beauftragte Institutsleiter Teilaufgaben delegiert.

4. Vorgehensweise

Ziel des Programms 'Textkommunikation' ist es, der öffentlichen Verwaltung Orientierungshilfen für die Einführung neuer informationstechnisch gestützter Kommunikationsformen zu geben und theoretisch sowie empirisch gestützte Konzepte und beispielhafte Realisierungen zukünftiger Kommunikationssysteme zu erarbeiten. Im Schwerpunkt stehen dabei Unternehmungen zur Kommunikation zwischen Personen und Organisationen unter Nutzung von Informationstechnik. Dies führt zu der in Abbildung 1 dargestellten Vorgehensweise.

Notwendige Voraussetzung zur Erreichung der Programmziele sind Analysen:

- Von Einsatzbereichen in der GMD (da hier ein beispielhaftes Textkommunikationssystem aufgebaut werden soll) sowie von ausgesuchten Bereichen der öffentlichen Verwaltung.
- Von existierenden Produkten und Verfahren zur Textkommunikation und deren Bewertung insbesondere bezüglich ihrer möglichen Auswirkungen auf die Qualität und Art der Aufgabenerfüllung bei dem in 3.1 genannten Aufgabentyp.

Bei der Analyse artikulierte Probleme und Fragestellungen werden bei der Erprobung und bei der Entwicklung vorhandener und in der GMD entwickelter DV-Komponenten berücksichtigt. Dies gilt insbesondere für das in der GMD entwickelte Computer Konferenzsystem KOMEX, für das ein Feldtest GMD intern und extern geplant ist.

Erste Ergebnisse der Erprobung sollen bereits bei den Analysearbeiten Berücksichtigung finden.

FIGUR 1

ZIELSETZUNG
DES PROGRAMMS
TEXTKOMMUNIK.
ANALYSE UND
ENTWICKLUNG
VON
RAHMENVORSTELLUNG
PROBLEME
FRAGESTELLUNGEN
ERGEBNISSE
DV-ERFAHRUNG
TECHNISCHE
VORSTELLUNGEN
ERPROBUNG
VORHANDENER
DV - KOMPONENTEN
ANALYSEERGEBNISSE
RAHMENVORST.
AUFBAU EINER
TECHNISCHEN
INFRASTRUKTUR
ERFAHRUNGEN
GMD TKS:
- KONZEPTION
- REALISIERUNG
- ERPROBUNG
- BEWERTUNG
- TRANSFER
INFRASTRUKTUR

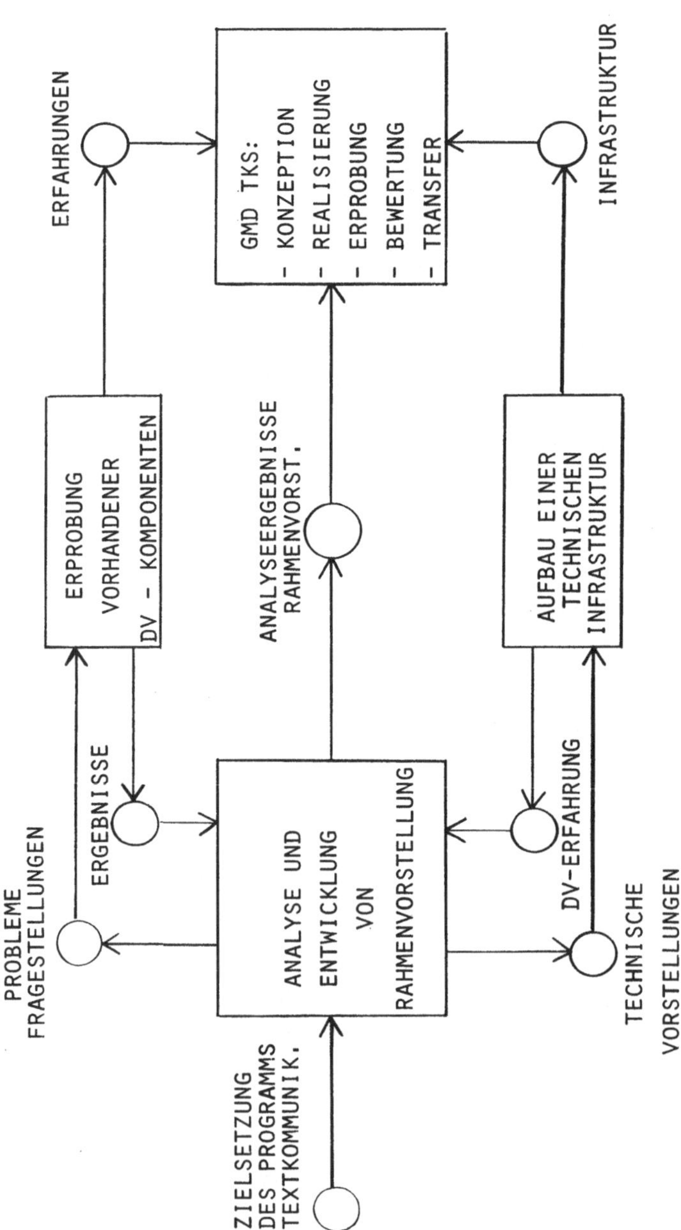

Bei den Analysen sollen auch Rahmenvorstellungen für Textkommunikationssysteme in ausgewählten Anwendungsbereichen erarbeitet werden. Die dabei gewonnenen technischen Vorstellungen sind, neben den bereits jetzt absehbaren notwendigen Diensten, wie z.B. elektronische Post- und Konferenzdienste, Ausgangspunkt für den Aufbau einer technischen Kommunikationsinfrastruktur. Umgekehrt wird von dieser Aktivität DV-Erfahrung für die Analysen benötigt, damit die dort entwickelten Rahmenvorstellungen technisch umsetzbar sind.

Von allen beschriebenen Aktivtäten werden Ergebnisse geliefert für den Aufbau des GMD-Textkommunikationssystems GMDTKS, nämlich:

- Bei der Untersuchung vorhandener DV-Komponenten erhaltene Erfahrungen für die Erprobung und Bewertung,
- die technische Infrastruktur für die Infrastruktur,
- die Rahmenvorstellung und weitere Analyseergebnisse (z.B. welche methodischen Hilfsmittel sich bewährt haben) für die Konzeption und Realisierung.

Bei Aufbau des Textkommunikationssystems soll versucht werden, die Interessen von Benutzern und Betroffenen schon bei der Analyse und Planung zu berücksichtigen. Ein methodischer Ansatz für die Partizipation wird erarbeitet.

Bei der Bewertung dieses Systems werden insbesondere die Benutzerakzeptanz sowie die organisatorischen Auswirkungen des GMDTKS empirisch untersucht. Wir erwarten, daß der Transfer von einzelnen Komponenten (dazu gehören sowohl technische Lösungen als auch bewährte Konzepte und Methoden zur Gestaltung des Systems) des Textkommunikationssystems vor allem in Form von Pilotprojekten mit der öffentlichen Verwaltung und mit Herstellern stattfinden wird. Zusätzlich wird eine Beratungskapazität in der GMD aufgebaut durch Erweiterung des Lehrangebotes des Informatikkollegs der GMD.

5. Vorgesehene Forschungs- und Entwicklungsarbeiten

Es würde im Rahmen dieser Darstellung zu weit führen, alle in der GMD gegenwärtig durchgeführten und für die Zukunft zum Programm Textkommunikation geplanten Forschungs- und Entwicklungsaktivitäten aufzulisten. Deshalb soll hauptsächlich auf einige Aktivitäten hingewiesen werden, die (gegenwärtig noch) nicht zum engeren Kern der Informatik gezählt werden.

5.1 Organisations- und Kommunikationsanalysen

Das Ziel der Aktivitäten wird darin gesehen, organisatorische Systemkonzepte für die Einführung neuartiger Textkommunikationssysteme in (vorwiegend behördlichen) Organisationen zu erarbeiten. Die Arbeiten begann mit der Auswahl formaler Beschreibungsmittel für Organisations- und Kommunikationsstrukturen. Um sich bei der Vielzahl der bekannten Beschreibungsmittel zu beschränken, wurden einige Kriterien erarbeitet:

- Als gemeinsame Verständigungsgrundlage für die interdisziplinäre Arbeit und für die Information der Betroffenen ist eine leicht verständliche grafische Notation mit wenigen Symbolen erforderlich.
- Die Darstellungsmethode muß Vergröberungen und Verfeinerungen zulassen.
- Tätigkeiten (Ereignisstruktur) und Daten (Zustandsstrukturen) müssen sich eindeutig unterscheiden lassen.
- Die Modellbildung muß alle Phasen einer Systementwicklung (Analyse, Planung, Entwurf, Entwicklung, Implementierung) berücksichtigen.

Zur Erprobung und Bewertung der formalen Beschreibungsmittel wurden zunächst in überschaubaren Bereichen der GMD Organisationsanalysen durchgeführt. Für die nächste Zukunft ist die Untersuchung und Beschreibung des FE-Planungsprozesses der GMD vorgesehen. Diese Arbeiten werden ergänzt durch eine externe Organisations-und Kommunikationsanalyse, um die Übertragbarkeit von Erkenntnissen von Kommunikationsstrukturen zwischen GMD und öffentlicher Verwaltung überprüfen zu können. So soll z.B. überprüft werden, welche Gemeinsamkeiten zwischen dem FE-Planungsprozeß der GMD und Planungen einer Kommune (Bauleitplanung, Haushaltsplanung) bestehen.
Wesentliches wissenschaftliches Ziel der Organisations- und Kommunikationsanalysen wird darin gesehen, daß die entwickelten Modelle und Beschreibungsmittel die Qualität der Aufgabenerfüllung in einer Organisation sowie die Art der Aufgabenerfüllung durch Einzelne oder Gruppen transparent verdeutlichen können. Es wäre dann insbesondere möglich, die Wirkungen der Einführung des GMDTKS zu bewerten. Denkbare Wirkungen könnten aus heutiger Sicht darstellen:

- Abbau raum-zeitlicher Koordinierungsschwierigkeiten
- Förderung/Erschwernis von Konsensfindung
- Änderung von Verteilungen der Teilnahme an kommunikativen Prozessen
- Bereicherung/Verarmung von Tätigkeitsfeldern am Arbeitsplatz
- Änderung zwischenmenschlicher Kommunikationsbeziehungen.

5.2 Produktanalysen

Produktanalysen herkömmlicher Art bewerten Produkte in der Regel hinsichtlich ihrer technischen Leistungsfähigkeit in engerem Sinne (Speichergröße, Reaktionszeiten des Systems, Bildschirmauflösung etc.). Die über diesen Verfahren gewonnenen Merkmale reichen in der Regel nicht, ausgehend von zu lösenden Aufgaben innerhalb einer Organisation auf geeignete oder wünschenswerte Produkte zu schließen.

Die in der GMD geplanten Forschungsaufgaben auf dem Gebiet Produktanalysen versuchen aus einer über grafische Beschreibungsmittel modellierten Kommunikations- und Ablaufstruktur eines Aufgabenfeldes auf Art und Umfang möglicher informationstechnischer Unterstützung zu schließen. Erreicht werden soll dies durch Erarbeitung eines Gerüstes von Standardfunktionen, die als Bindeglied zwischen "Aufgaben und Produkt" angesehen werden können.

Die Entwicklung derartiger Standardfunktionen ist ein iterativer Prozeß. Zunächst soll die nach Methoden von 5.1 modellierte Aufgabenerfüllung in einer Organisation mit und ohne Einsatz von moderner Informationstechnik auf grundlegende Aspekte der Kommunikation untersucht werden. Solche Aspekte, wie Adressierung , Kopieren, Autorisieren, Delegieren, Identifizieren, liefert etwa die in der GMD von C.A. Petri begründete Theorie der Kommunikationsdisziplinen. Umgekehrt erscheint es aussichtsreich, existierende bzw. neu zu entwickelnde Produkte (Hardware, Software, Verfahren) von diesen Aspekten ausgehend zu analysieren und zu beschreiben. Eine Synthese beider Verfahren könnte dann zu einer aufgabengerechten und arbeitsplatzgerechten Bewertung führen.

5.3 Feldtests

Um die Einsatzmöglichkeiten, die Akzeptanz und die Auswirkungen des in den nächsten Jahren aufzubauenden GMD-Textkommunikationssystems abschätzen zu können, sollen möglichst frühzeitig Feldtests mit in der GMD vorhandenen DV-Komponenten durchgeführt werden.

Diese Feldtests sollen Aussagen liefern über:

- die Änderungen des Kommunikationsverhaltens hinsichtlich Umfang, Inhalt, Struktur und Stil
- die möglichen Einsatzfelder
- die sozialpsychologischen und organisatorischen Konsequenzen

beim Einsatz eines neuen Kommunikationsmediums, das sowohl einen teilweisen Ersatz der face-to-face Kommunikation als auch der papiergebundenen Kommunikation bietet.

Insbesondere soll das in den letzten Jahren in der GMD entwickelte Computer Konferenzsystem KOMEX sowohl GMD-intern als auch bei Pilotanwendern aus dem Bereich der Hochschulforschung kontrolliert in Feldtests eingesetzt werden.

Das Computer-Konferenzsystem KOMEX faßt einzelne bislang weitgehend isolierte unterstützende Funktionen wie den Austausch schriftlicher Informationen, Bearbeitung von Dokumenten (Entwicklung, Produktion, Retrieval und Archivierung) sowie die Verwaltung, Kontrolle und Steuerung der Kommunikation in einem integrierten DV-System zusammen. KOMEX integriert damit typische Kommunikationsfunktionen mit klassischen Bürofunktionen.

5.4 Wirkungsforschung im Programm Textkommunikation

Im Programm Textkommunikation wirken auch Sozialwissenschaftler auf dem Gebiet der Wirkungsforschung mit. Wirkungsforschung beschäftigt sich im Programm mit der Identifikation von sozialen Problemen, die durch den Einsatz von Textkommunikationssystemen in

Organisationen hervorgerufen werden, sowie der Erarbeitung von Lösungsvorschlägen. Dabei ist zunächst an arbeitsplatzbezogene Probleme gedacht. Inwieweit auch auf Auswirkungen im Reproduktionsbereich eingegangen wird, läßt sich z.Zt. nicht abschätzen. Um die angesprochenen Aufgaben zu lösen werden

- Sekundäranalysen bisher festgestellter Auswirkungen ausgewertet,
- technikbegleitende Organisationsanalysen durchgeführt (s. 5.1),
- Konzeptionen entwickelt, angewendet und evaluiert, die die Beteiligung der Betroffenen an dem Prozess der Technikgestaltung und deren Einsatz ermöglichen,
- an der Evaluation des Einsatzes und seiner Ergebnisse mitgearbeitet, um neben technischen, organisatorischen und wissenschaftlichen Erwägungen besonders soziale Aspekte zu berücksichtigen.

6. Umfang des Programms

Das Programm hat eine Laufzeit von 5 - 7 Jahren. An dem Programm arbeiten aus der GMD etwa 30 Wissenschaftler mit; kooperiert wird mit Industrie, Behörden und anderen Forschungseinrichtungen.

Der Referent dankt den Herren H. Jünger, P. Mambrey, H. Rampacher, H. Santo und G. Wurch für die tatkräftige Unterstützung bei der Abfassung dieses Berichtes.

ANWENDUNGEN DER TEXTVERARBEITUNG

INTELLIGENTE TEXTERFASSUNG MIT FEHLERKONTROLLE AUF EINEM MIKROPROZESSORSYSTEM (KLAUKON*))

Schneider, W., J. Dudeck, W. Sager

Institut für Medizinische Statistik und Dokumentation der Universität Gießen
Heinrich-Buff-Ring 44, D-6300 Gießen - Tel. 0641/702-4500

1. EINLEITUNG

a) Hintergrund

Das Texterfassungsystem, das hier vorgestellt wird, entstand im Rahmen eines Forschungsprojektes über den Einsatz von Dokumentennachweissystemen in der klinischen Dokumentation vor folgendem Hintergrund:
In einer Klinik - insbesondere einer Universitätsklinik - fällt täglich eine große Menge von klartextlichen Dokumenten an (Diagnose-, Röntgen-, Operationsberichte etc.), die nach Erfüllung ihres primären Zwecks - der Kommunikation innerhalb der Klinik und mit dem Hausarzt - nach einem formalen Kriterium abgelegt werden und für Forschungszwecke (z.B. Dissertationen), also für die Suche nach inhaltlichen Kriterien, nur sehr schwer und, falls überhaupt, unter großem Zeitaufwand zugänglich sind.

Zur Lösung dieses Problems mit Hilfe der EDV werden seit langem verschiedene Wege beschritten, die grob eingeteilt werden können in

- Schlüsselsysteme und
- klartextverarbeitende Systeme.

Schlüsselsysteme versuchen medizinische Sachverhalte, insbesondere Diagnosen, in eindeutiger Weise zu kodieren. Klartextverarbeitende Systeme extrahieren in der Regel Deskriptoren aus dem Dokumenttext, über die (nach evtl. Bearbeitung wie Lemmatisierung etc.) auf die Dokumente zugegriffen werden kann. Zu letzteren zählen sog. Stichwortsysteme, die alle im Dokumenttext vorkommenden Zeichenketten - mit Ausnahme einer vorher festgelegten, nicht sehr umfangreichen Menge von nicht sinntragenden Zeichenketten, den Stoppwörtern - als Deskriptoren verwenden. Solche Stichwortsysteme werden seit mehreren Jahren von kommerziellen Herstellern angeboten und in sehr unterschiedlichen Fachgebieten (insbesondere Literaturretrieval) angewendet.

---

*) Gefördert von der Gesellschaft für Information und Dokumentation (GID) in Frankfurt/M., Projekt-Nr. PT 254.02.

Gegenstand des Forschungsprojektes war nun, die Einsetzbarkeit eines solchen Stichwortsystems - im Pilotfall STAIRS/VS von IBM - in der klinischen Praxis zu erproben. Dabei waren zwei Hauptschwierigkeiten zu überwinden:
Die erste resultierte aus der offensichtlichen Unmöglichkeit, in der Routine des befunderhebenden Personenkreises zusätzlich zum bisherigen Erstellen der Schriftstücke auch noch je eine maschinenlesbare, dem nicht gerade einfachen Eingabeformat der vorhandenen Systeme entsprechende Version eines Dokumentes zu erzeugen. Dieser doppelte Aufwand würde nur in Ausnahmefällen akzeptiert werden.

Die zweite Schwierigkeit ist allen Stichwortsystemen gemeinsam: Retrievalergebnisse sind in hohem Maße von der Schreibfehlerfreiheit der Texte abhängig.

b) Das Erfassungssystem KLAUKON

Inhalt der ersten Projektstufe war daher die Konzeption und Implementierung eines benutzernahen Erfassungssystems mit dem Namen KLAUKON (KLartexterfassung mit AUtomatischer FehlerKONtrolle). Das erste Ziel für KLAUKON war das gleichzeitige Erstellen von maschinenlesbaren und gedruckten Exemplaren des Dokuments in einem Arbeitsgang, der nahezu keine Mehrbelastung für das Erfassungspersonal beinhalten durfte.
Zur Lösung der zweiten Schwierigkeit wurde folgende Strategie gewählt: Parallel zur Eingabe wird jedes eingegebene Wort an einem lokal verfügbaren, dynamischen Wörterbuch überprüft. Im Wörterbuch vorhandene Wörter gelten als korrekt, alle anderen werden - unmittelbar nach der Erfassung - zur Revision vorgelegt und von der Erfassungskraft korrigiert und/oder bestätigt (näheres: Kap. 4a)).

Aus mehreren Gründen wurde das Erfassungssystem auf einem Mikroprozessorsystem, einem intelligenten Terminal mit Floppy-Disk als Sekundärspeicher, implementiert. Dieses soll gleichzeitig als Terminal für den Hintergrundrechner in der Retrievalphase dienen. Hauptgrund war jedoch die hohe Verfügbarkeit durch Unabhängigkeit vom Hintergrundrechner (s. Kap. 2).

Mit Hilfe von KLAUKON wurden in einer Pilotanwendung ca. 3500 Dokumente aus drei verschiedenen Abteilungen der Universitätsklinik Gießen erfaßt und zu einer STAIRS-Datenbank aufgebaut (s. Kap. 5).

c) Einsatzmöglichkeiten

Obwohl KLAUKON im Umfeld der Medizin entstand, ist sein Einsatz keinesfalls auf diesen Rahmen beschränkt: KLAUKON kann überall sinnvoll eingesetzt werden, wo Klartext und/oder strukturierte Dokumente formulargesteuert erfaßt und maschinenlesbar in einem beliebigen Eingabeformat für ein Hostsystem ausgegeben werden sollen. Die Kontrolle an einem Wörterbuch kann dabei auch zu anderen Zwecken als dem der Orthographieprüfung benutzt werden (Bsp.: Vergabe eindeutiger Dokumentnamen, Messung des Wortschatzumfangs etc.). Insbesondere könnte sich das System für kleinere linguistische Anwendungen eignen, in denen Texte und Wortschatz nach verschiedenen Kriterien kontrolliert und beobachtet werden sollen. Gerade linguistische Anwendungen könnten von den in Entwicklung befindlichen Erweiterungen des Systems profitieren, wie spezielle Wörterbuchmanipulationen, halbautomatisches Indexing etc. (Kap.6).

Eine der Beschränkungen des Systems besteht im Kapazitätsproblem für das Wörterbuch: Die derzeitige Konzeption erlaubt einen Wörterbuchumfang von maximal ca. 10000 Wörtern. Diese Begrenzung läßt das System nur in einem terminologisch eingeschränkten Fachgebiet, wie beispielsweise einer Kliniksabteilung, sinnvoll erscheinen (näheres Kap. 3 und 5).

2. ZIELE

- Texterfassung ohne nennenswerten Mehraufwand als Routinevorgang:

  Der Vorgang der Erfassung soll sich möglichst wenig vom bisherigen Vorgehen bei der Erstellung eines Dokuments unterscheiden. Eine (für das Retrieval sehr sinnvolle) stärkere Gliederung der Dokumente soll durch Eingabeformulare mit Benutzerhinweisen in sinnvoller Weise unterstützt werden.

- Plausibilitätskontrollen für formatierte Daten:

  Spezielle Daten (Tagesdaten, Laborwerte etc.) eignen sich für eine formatierte Darstellung in eigens dafür vorgesehenen Formularfeldern (wesentliche Verbesserung des Retrievals). Diese sollen bei der Eingabe auf formale Korrektheit überprüft werden können.

- Schreibfehlerprüfung für Klartexte:

  Anhand eines dynamischen Wörterbuchs sollen alle eingegebenen Zeichenketten auf korrekte (evtl. einheitliche) Schreibweise überprüft werden. Neu auftretende Wörter sollen erst nach Inspektion durch einen Terminologen in das Wörterbuch eingefügt werden.

- Implementierung auf dezentralem Mikroprozessorsystem:

  Die Erfassung soll den Hintergrundrechner nicht belasten (CPU-Zeit, Übertragungsleitungskosten); Reaktionen des intelligenten Terminals auf Benutzereingaben erfolgen erheblich schneller als die eines Großrechners im Timesharing; das Mikroprozessorsystem ist als stand-alone-Rechner ständig verfügbar.
  Darüber hinaus soll es als Terminal zum Hintergrundrechner dienen.

- Übertragung der Daten zum Hintergrundrechner in jedem gewünschten Format:

  Die erfaßten Daten sollen in einfacher Weise in das Eingabeformat verschiedener Retrievalsysteme überführt und entweder auf eine Magnetbandeinheit vor Ort oder direkt zum Hintergrundrechner übertragen werden können.

3. PROBLEME

Der oben beschriebene Zielkatalog stellt einige Anforderungen an Hardware und Software, die einerseits eine sorgfältige Rechnerauswahl, andererseits eine gut durchdachte Konzeption von Datenstruktur und Programmablauf verlangen. Die sich stellenden Probleme werden im Folgenden aufgegliedert in Platz, Zeit und Flexibilität.

a) Platz:

Das geringere Problem ist der Hauptspeicherplatzbedarf. Bei Verwendung von Overlaytechnik werden vom Programmcode (einschl. Betriebssystem) zu keinem Zeitpunkt mehr als ca. 30 K Byte beansprucht; es gilt lediglich zu entscheiden, welche Hauptspeicherausbaustufe man voraussetzen will, um genügend große Teile der erfaßten Daten zu Korrekturzwecken im Hauptspeicher zu halten, bevor sie auf Floppy Disk weggeschrieben werden.

Auch das Abspeichern der Dokumente auf fortlaufend numerierten Disketten stellt kein Problem dar. Das Platzproblem konzentriert sich auf die Systemdiskette, die neben den Programmoduln das Wörterbuch enthalten soll. Bei den üblichen 250 K Byte-Disketten verbleiben neben Programmen und einigen anderen Systemfiles weniger als 180 K Byte für das Wörterbuch.

Das Wörterbuch soll alle Zeichenketten in der Form enthalten wie sie im (korrekten) Text auftreten, da eine Wortstammreduktion aus Zeitgründen nicht möglich ist. Die Hauptanforderung an das Wörterbuch ist die nach einer möglichst schnellen Suche: Bei einer Datenstruktur, die durch diese Forderung bestimmt ist, ist jedoch ein beträchtlicher Overhead und Speicherverschnitt nicht zu vermeiden (näheres in Kap. 4 und 5).

Mehrere Lösungen des Kapazitätsproblems bieten sich an:
Zur Zeit wird eine Verbesserung durch Einsparung gleicher Präfixe untersucht.
In andere Größenordnungen gelangt man durch Verwendung der neuerdings angebotenen (allerdings technisch wohl noch nicht ganz ausgereiften) 1 Mega Byte Floppies.

Ein weiterer Lösungsvorschlag, 'periodische Elimination von Exoten', wird in Kap. 6 angesprochen.

b) Zeit:

Offensichtlich ist die absolute Forderung, daß der Programmablauf auch von der schnellsten Erfassungskraft nicht 'überrannt' werden kann, d.h., daß das System durch keine praktisch mögliche Schreibgeschwindigkeit in undefinierte Situationen geraten kann. Davon abgesehen ist das zeitliche Verhalten des Systems von ausschlaggebender Bedeutung für seine Akzeptanz.

Hier sind zwei Gesichtspunkte zu unterscheiden: die unmittelbare Reaktion des Systems auf Bedienungsfunktionen (Menueauswahl, Bedienungsfehlermeldungen etc.) und der Zugriff auf das Wörterbuch.

Für ersteres gilt, daß intelligente Terminals in aller Regel einem Großrechner hier weit überlegen sind: Bei Programmen aus dem hier betrachteten Problemgebiet ist die Reaktionszeit des Mikroprozessorsystems, wenn kein Diskettenzugriff erfolgt (eine geeignete Programmiersprache vorausgesetzt), mit Benutzermaßstäben gemessen gleich Null.

Für Operationen auf der Diskette hingegen - in unserem Fall also das Suchen eines Wortes im Wörterbuch, zeitlich prallel zur Eingabe eines Textes, - ist das Zeitproblem gerade das entscheidende und vom Gesichtspunkt des Infomatikers eines der interessantesten des vorgestellten Verfahrens.

Mehr noch als aus Platzgründen ist daher aus Zeitgründen eine optimale Datenstruktur für das Wörterbuch zu implementieren. Neben der abstrakten Datenstruktur müssen physikalische Gegebenheiten mitberücksichtigt werden (z.B. Plattengeometrie), ebenso wie die Organisation der Zugriffsroutinen und die Koordination mit der Benutzerbedienung. Hierbei gilt es, die Möglichkeiten von zeitlicher Parallelität auszunutzen. Optimalität bedeutet hier in erster Linie: eine Minimierung der Diskettenzugriffe, besser noch: eine Minimierung der Plattenarmbewegungen.

c) Flexibilität:

Unter Flexibilität verstehen wir hier die Anpassung an verschiedene Anwendungen sowohl auf der Seite der Erfassung wie auf der Seite des Retrievalsystems. Den ersten Punkt soll ein Beispiel verdeutlichen:
In unserer Pilotanwendung wurden Dokumente von verschiedenem Typ aus drei verschiedenen Kliniksabteilungen erfaßt. Alle 3500 Dokumente sollten in einer Datenbank zusammengeführt werden und somit eine einheitliche Gliederung erhalten (STAIRS-Kategorienschema). Die Benutzerfreundlichkeit verlangt jedoch ein auf den Typ des Dokuments zugeschnittenes Erfassungsformular. In einigen Fällen wurde während der Erfassung eine Änderung des Formulars notwendig. Insgesamt wurden etwa 15 verschiedene Formulare nur für diese (nicht allzu große) Anwendung erstellt. Dieses zeigt, daß es sowohl leicht möglich sein soll, ein Formular zu erzeugen, ohne das Erfassungsprogramm zu ändern (Erfassungskräfte sollten dazu

in der Lage sein), als auch auf einfache Weise die mit verschiedenen Formularen erstellten Datensätze in ein einheitliches Format zu überführen. Dieses erzeugte Format sollte damit gleichzeitig das Eingangsformat eines beliebigen Zielrechners sein. Terminalemulatoren für verschiedene Großrechner sollten vorhanden sein und - neben dem Dialog - auch die Übertragung der Datensätze von der Diskette gestatten.

4. LÖSUNG

a) Konzept

An einer typischen KLAUKON-Anwendung sind drei verschiedene Benutzergruppen beteiligt: ein Systemmanager, die Erfassungskräfte und ein Terminologe. Durch streng modulare Programmierung kann der Zugang zu Programmteilen für eine Benutzergruppe eingeschränkt sein. Diese Einteilung bietet sich weniger durch den Schwierigkeitsgrad in der Bedienung als durch die Logik des Arbeitsvorganges an.

Vom Gesamtkonzept des Systems her gesehen teilen sich die Moduln in fünf Gruppen auf:

- Systeminitialisierung
- Datenerfassung
- Wörterbuchaufbau
- Datenausgabe
- andere (Dienst-) Programme

Systeminitialisierung:

Zur Systeminitialisierung rechnen wir eine Erstellungsroutine und zwei Formatgeneratoren, alle drei sind interaktiv und fallen hauptsächlich in den Zuständigkeitsbereich des Systemmanagers.

Für eine konkrete Anwendung werden am Bildschirm auf einfache Weise mit Hilfe des Formulargenerators FORM ein oder mehrere Formulare definiert, welche aus beliebig vielen Teilformularen bestehen können. (Im Erfassungsvorgang werden die Teilformulare in einer definierten Reihenfolge einzeln vorgespielt). Ein Teilformular besteht aus einer Menge von geschützten und ungeschützen Feldern, die jeweils in einem von sechs verschiedenen Anzeigemodi erscheinen (normal, low intensity, underlined, inverted video, blinking, invisible). Geschützte Felder dienen zur Benennung und zur Begrenzung der ungeschützten und zu Hinweisen für die Erfassungskraft (Definition von Kodierungen u.ä.).

Die ungeschützten Felder dienen zur Datenaufnahme und sind unterteilt in Kannfelder und Mußfelder (Eingabe kann/muß erfolgen), diese wiederum in die Datentypen 'numerisch', 'alphanumerisch' und 'Klartext'. Weitere Datentypen sind möglich und geplant, z.B. Typ 'Datum' und Typ 'Benutzeranschluß': bei letzterem wird die Eingabe von einer speziellen, von Benutzerwünschen abhängigen Routine überprüft.

Die Typen 'numerisch' und 'alphanumerisch' (später auch 'Datum') sind von beliebiger, aber fester Länge und heißen formatierte Felder. Klartextfelder erscheinen beim Erfassungsvorgang zunächst in vorgegebener Länge auf dem Bildschirm, können jedoch dynamisch um beliebig viele Zeilen verlängert werden.

Die Bedienung des Generators FORM ist so einfach, daß sie auch von den Erfassungskräften geleistet werden kann.

Der zweite Formatgenerator ITEMAG (Internal To External Mapping Generator) definiert einen Parametersatz, mit dessen Hilfe aus dem Eingabeformular und den erfaßten Datensätzen ein Ausgabeformat (z.B. das Eingabeformat eines Retrievalsystems) erzeugt werden kann. Er erlaubt in beliebiger Kombination das Zuammenfügen, Aufsplitten, Weglassen und Umordnen von Feldern sowie das Einfügen von Konstanten (Zahlen und Zeichenreihen) an beliebiger Stelle. Auf diese Weise ist es z.B. leicht möglich, einer Auswahl von Feldern aus dem Eingabeformat eine STAIRS-Kategoriennummer voranzustellen. Auch können so verschiedene Felder für das ausgedruckte Dokument weggelassen werden, die in der maschinenlesbaren Version jedoch enthalten sein sollen und umgekehrt. Eine Ausgabe mit unverändertem Erfassungsformat ist in jedem Fall möglich.

Mit der Systemerstellungsroutine wird ein (zunächst leeres) Wörterbuch von wählbarem Maximalumfang angelegt; in dieses kann jedoch ein bereits vorhandenes Basiswörterbuch hineinkopiert werden. Ferner wird eine sog. Wortvorschlagsliste in Form eines FIFO-Stacks (Ringpuffer) angelegt (s. weiter unten), die benötigten Programm hinzugeladen und bereits vorhandene Teilformulare in einer beliebigen Reihenfolge zu Formularen zusammengebunden und ebenfalls auf der Systemdiskette abgelegt. Unmittelbar nach Beendigung dieser Routine ist das generierte System zur Datenerfassung bereit.

Datenerfassung:

Zur Datenerfassung wird der Schreibkraft ein Formular ihrer Wahl auf Bildschirm vorgespielt. Eingaben in formatierte Felder werden entsprechend ihrer Definition (s. oben) kontrolliert. Der interessante Fall ist jedoch die Eingabe in ein Klartextfeld. Hierbei wird jedes Wort, zeitlich parallel zur Eingabe des Textes, im Wörterbuch gesucht. Ist es vorhanden, so wird es als korrekt betrachtet. Wird es nicht gefunden, so sind zwei Fälle denkbar:

(a) das Wort ist falsch geschrieben,

(b) das Wort ist richtig geschrieben, aber im Wörterbuch noch nicht enthalten.

Die Schreibkraft wird in keinem dieser Fälle unterbrochen, aber unmittelbar nach Beendigung der Eingabe oder jeweils bei Aufruf des Korrekturmodus springt der Cursor jedes nicht gefundene Wort auf dem Bildschirm an.
Im Fall (a) kann das Wort korrigiert werden: es wird daraufhin sofort wieder gesucht.

Im Fall (b) bestätigt die Schreibkraft das ihrer Meinung nach richtige Wort und veranlaßt damit dessen Aufnahme in die bereits erwähnte Wortvorschlagsliste.
Es ist nicht möglich, das Klartextfeld zu verlassen, bevor alle Worte korrigiert bzw. bestätigt worden sind.

Wörterbuchaufbau:

Die auf diese Weise aufgefüllte Wortvorschlagsliste ist die Grundlage für den Wörterbuchaufbau, der von einem Terminologen, d.h. von einer mit der Fachsprache des Anwendungsgebietes vertrauten Person, diskontinuierlich vorgenommen wird. Dieser läßt sich dabei die einzelnen Worte aus der Liste vorspielen, überprüft sie erneut und fügt sie, nach evtl. Korrektur, per Tastendruck in das Wörterbuch ein.

Jederzeit kann im Wörterbuch geblättert werden, kann es kopiert oder ausgedruckt werden, sowohl in alphabetischer Reihenfolge als auch in der internen Struktur. Die Funktion des Terminologen kann bedeutsam erweitert werden, wie in Kap. 6 gezeigt wird.

Datenausgabe:

Das Ausdrucken der Dokumente sowie das Überspielen zum Hintergrundrechner bzw. auf Magnetband wird im Normalfall wiederum von der Erfassungskraft zu leisten sein; es setzt voraus, daß der Parametersatz zur Formatumwandlung bereits vorhanden ist.

Ein Unterprogramm zur optischen Aufbereitung der Klartexte (Rand, Zeilenabstand, Seitennumerierung etc.) steht zur Verfügung.

Folgende Abbildung zeigt noch einmal die Komponenten des Systems und ihre Interaktion:

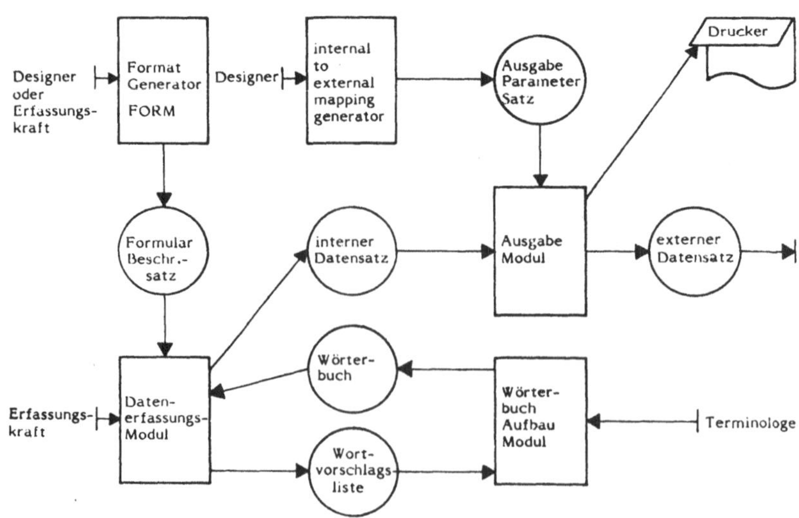

Abb. 1

Dienstprogramme:

Dienstprogramme letztlich sind entweder für den Anwender transparent (Betriebssystem) oder nur dem Systemmanager zugänglich. Hierunter fällt ein Teil der Herstellersoftware und andere Hilfsroutinen (Testprogramme, Disketteneditor u.ä.).

b) Hardware

Nach sorgfältiger Marktanalyse wurde zur Realisierung von KLAUKON das intelligente Terminal TDV 2114 von TANDBERG (Norwegen) ausgewählt. (Das gleiche Gerät wird inzwischen auch von SIEMENS unter der Bezeichnung SIEMENS 6.610 vertrieben.)

Der TDV 2114 basiert auf dem Mikroprozessor SAB 8080, sein Hauptspeicher ist in Stufen von 16 K Byte ausbaubar bis 48 K. Das System umfaßt

- einen Bildschirm mit 25 Zeilen á 80 Spalten,
- Tastatur mit zusätzlichen Funktionstasten,
- Anschlußmöglichkeit von 4 Diskettenstationen,
- Interruptverarbeitung auf 8 Ebenen,
- DMA-Feature für Diskettencontroller,
- asynchronen Druckeranschluß,
- asynchrones und synchrones Interface zur Datenübertragung,
- quarzgenaue Clock,
- einige weitere Funktionseinheiten, die für KLAUKON nicht relevant sind (Cluster-Interface, Kassettenanschluß, ladbarer Zeichengenerator).

Die Herstellersoftware umfaßt u.a. Assembler, einige Compiler (z.B. PL/M), einige Terminalemulatoren und andere Fernverarbeitungsprogramme.

KLAUKON benutzt folgende Konfiguration:

- TDV 2114 mit (vorläufig noch) 32 K Byte Hauptspeicher,
- 2 Diskettenstationen,
- synchrones Interface zum Host,
- Drucker.

Alle Routinen sind im Assembler geschrieben; den 3270-Emulator nutzen wir zum Retrieval auf einer IBM 370.

c) Datenstruktur

Die Datensätze werden auf Disketten abgelegt, welche außer Daten aus Kontrollgründen zusätzlich eine Kopie des zugehörigen Erfassungsformulars enthält. Programme, die Vorschlagsliste und das Wörterbuch liegen auf der Systemdiskette. Wie bereits erwähnt, ist die Vorschlagsliste als einfacher Ringpuffer (FIFO-Stack) organisiert.

Auf die Struktur des Wörterbuches soll wegen ihrer zentralen Bedeutung - insbesondere für das zeitliche Verhalten des Systems - näher eingegangen werden.

Die in Kap. 3 genannten Gründe sprechen für eine Organisation des Wörterbuchs als B-Baum. Das B-Baum-Verfahren wird in der Literatur in mehreren Varianten ausführlich dargestellt /1,2/. Es ist für Datenstrukturen auf langsamen Hintergrundspeichern entwickelt worden, die in schnelleren Speichern bearbeitet werden. Das Prinzip dieses Verfahrens sei hier kurz wiedergegeben:

Ein B-Baum der Ordnung m wird unter der Annahme, daß m ungerade ist, durch folgende Eigenschaften charakterisiert:

(1) Jeder Knoten hat höchstens m Nachfolger.

(2) Jeder Knoten (außer der Wurzel und den Blättern) hat mindestens $\lceil m/2 \rceil$ Nachfolger.

(3) Die Wurzel hat mindestens zwei Nachfolger.

(4) Die Wege von der Wurzel zu jedem Blatt haben die gleiche Länge.

(5) Die Blätter tragen keine Information (leere Zeiger).

(6) Jeder Knoten (außer den Blättern), der k Nachfolger hat, enthält k-1 Schlüsselbegriffe (SB).

Für Zahlenschlüssel und m = 5 kann sich somit anschaulich folgende zweistufige Baumstruktur ergeben:

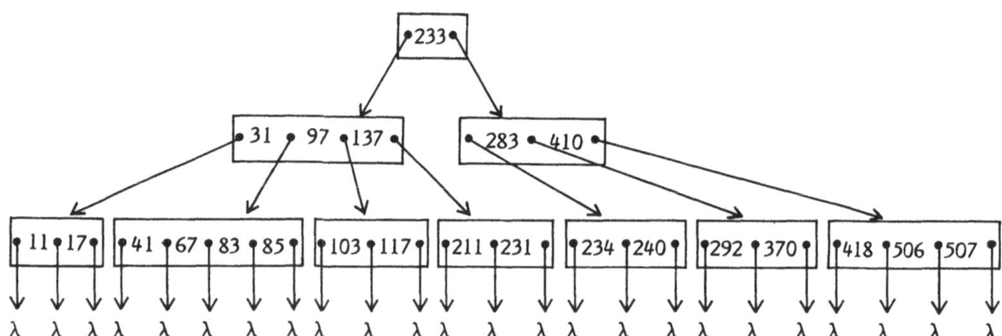

In diesem Baum sind die Operationen 'Suchen', 'Einfügen' und 'Alphabetisch Auslisten' leicht durchführbar. Die Suche nach einem gegebenen Schlüssel kann innerhalb der Knoten linear erfolgen, weil sie im Hauptspeicher mit gegenüber dem Hintergrundspeicher vernachlässigbarer Zeit stattfindet. (Da einem Knoten physikalisch meist ein Speicherbereich entspricht, werden die Knoten auch als Bereiche angesprochen.)

Wenn Gleichheit von Schlüsselbegriff SB_k und Suchbegriff während der linearen Suche in einem Bereich festgestellt wird, ist das gesuchte Element gefunden. Wird SB_k während der linearen Suche in einem Knoten größer als der Suchbegriff, so wird die Suche in dem Bereich auf analoge Art fortgesetzt, auf den der Pointer zwischen den Schlüsselbegriffen k-1 und k zeigt. Der Begriff ist nicht gefunden worden, wenn ein Blatt λ (leerer Zeiger) erreicht wird.

Das Einfügen eines Schlüssels erfolgt nach dem folgenden Algorithmus:

(1) Zuerst wird der Schlüssel im B-Baum aufgesucht. Wird der Schlüssel im B-Baum gefunden, erübrigt sich das Einfügen. Bei Nichtauffinden des Schlüssels wird ein leerer Pointer (Blatt) erreicht.

(2) An dieser Stelle wird der neue Schlüssel folgendermaßen eingefügt:

   (a) Enthält der Bereich auf der untersten Stufe weniger als m-1 Elemente, so wird der Begriff eingeordnet und ein neuer leerer Pointer geschaffen.

   (b) Enthält der Bereich m-1 Elemente, so kommt es beim Einordnen des neuen Begriffes zu einem Bereichsüberlauf. Daher wird dieser Bereich, wie die gestrichelte Linie der folgenden Abb. zeigt, in zwei Bereiche gespalten.

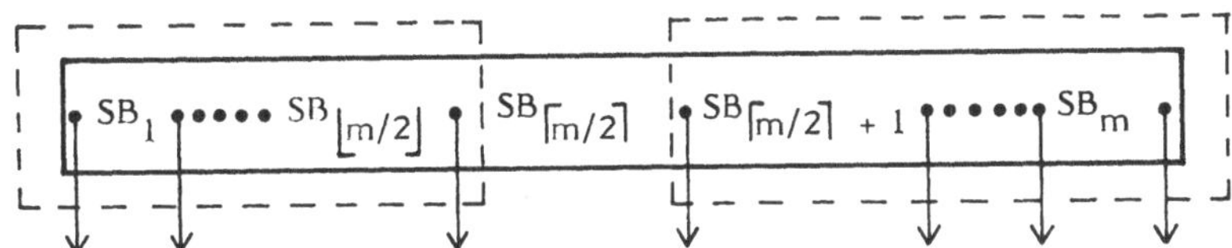

   Jeder neu entstandene Bereich enthält $\lfloor m/2 \rfloor$ Elemente. Der übriggebliebene Suchbegriff $SB_{\lceil m/2 \rceil}$ wird nach dem gleichen Verfahren in den Bereich nächst höherer Stufe eingeordnet. Anstelle eines neuen leeren Pointers wird jedoch ein Verweis auf den zweiten neu entstandenen Bereich eingeführt, während auf den ersten der Pointer verweist, der vor der Bereichsspaltung auf den ungeteilten Bereich zeigte.

   (c) Kommt es im Wurzelbereich zu einem Überlauf, so wird dieser wie oben geteilt und ein neuer geschaffen, der nur den Begriff $SB_{\lceil m/2 \rceil}$ und zwei Pointer auf die beiden Teile des ursprünglichen ersten Bereiches enthält. Dieses rekursive Verfahren nimmt keine Rücksicht auf die Baumtiefe. Es wird solange fortgeführt, wie freie Bereiche zur Verfügung stehen. Mit der Anzahl der Stufen des B-Baumes erhöht sich lediglich die Suchzeit.

Modifikation des B-Baumes

In der Realisierung des KLAUKON-Wörterbuches finden Schlüssel variabler Länge Berücksichtigung. Damit wurde die feste Anzahl von m-1 Schlüsselbegriffen pro Bereich aufgegeben, während die Bereiche in konstanter Größe gehalten werden. Aufgrund dieser Variation wird eine Pufferwirkung innerhalb jedes Bereiches erzielt. Die Aufspaltung eines Bereiches erfolgt jetzt mit dem Begriff SB_k, der physikalisch in der Bereichsmitte steht.

Organisation eines Bereichs im KLAUKON-Wörterbuch

Für das Wörterbuch sind zur Zeit maximal 64 Spuren (=212992 Byte) auf der Floppy Disk reserviert. Jede Spur hat sechs Bereiche, ein Bereich hat vier Sektoren. Die zu einem Bereich gehörenden Sektoren werden nicht unmittelbar (physikalisch) hintereinander, sondern verschränkt abgelegt. Es entstehen sechs Typen von Bereichen. Zum Typ i (i=1,...,6) gehören die Sektoren i, i+6, i+2*6, i+3*6. Von den 26 Sektoren einer Spur sind somit nur 24 belegt. Die restlichen beiden können anderweitig (Programme, Wortvorschlagsliste) vergeben werden. Die vier zu einem Bereich gehörenden Sektoren werden durch diese Organisation in einer Umdrehung gelesen.

Die WB-Bereiche mit Worteintragungen variabler Länge können folgendermaßen beschrieben werden:

Füllanzeige	Pointer 1	Wortattribut	Worteintrag	Pointer 2	......	Pointer m
2 Byte	2 Byte	z.Z. 1 Byte	$\leq$ 125 Byte	2 Byte		2 Byte

Die Füllanzeige enthält die Länge des beschriebenen Teils des Bereiches. Pointer 1 verweist auf den ersten linken Nachfolgerknoten. Ein Pointer besteht aus Typnummer und Spurnummer des Bereiches, auf den er zeigt. Das Feld 'Wortattribut' ist zur Zeit noch unbenutzt; es soll zukünftig Zusatzinformationen (Attribute) zu jedem Wort aufnehmen (s. Kap. 6).

Nach dem Worteintrag folgt der Verweis auf den nächsten Nachfolgerknoten. Dieser rechte Nachfolgerbereich des Worteintrages ist gleichzeitig der linke Nachfolger des nächsten Worteintrages, falls dieser existiert.

Auf der WB-Diskette wird ein Bereichsbelegungsverzeichnis in Form eines Bitvektors geführt. Das Wörterbuch ist voll, wenn in diesem Vektor alle Bits gesetzt, d.h. alle zur Verfügung stehenden Bereiche vergeben sind. In diesem Fall erfolgt eine entsprechende Systemmeldung.

Kapazitätsbetrachtungen

Ein Bereich umfaßt 512 Byte. Folglich kann ein Bereich bei einer (empirisch festgestellten) mittleren Wortlänge von 10 Zeichen im Schnitt maximal 39 Einträge aufnehmen, d.h. er hat höchstens 40 Nachfolger. Für die einzelnen Stufen ergibt sich somit unter der Annahme, daß jeder Bereich zu ca. 60 % gefüllt ist (s. unten), folgende Tabelle für den Maximalfall:

Stufe	Anzahl der Bereiche	Anzahl der Einträge	Anzahl der Nachfolger
Wurzelbereich	1	1 - 39	40
1. Stufe	40	40*24 = 960	961
2. Stufe	961	961*24 = 23064	
Summe	1002	24063	

Da die 64 Spuren, die auf der Diskette für das Wörterbuch reserviert sind, nur 384 Bereiche umfassen, kann der B-Baum auch im ungünstigsten Fall höchstens drei Stufen besitzen (d.h. alle Bereiche sind vergeben, bevor es zu einer dritten Spaltung des Wurzelbereiches kommt). Auch bei umfangreichen Wörterbüchern wird folglich mit maximal drei Diskettenzugriffen für ein Wort entschieden, ob es vorhanden ist.

Dadurch, daß bei Spaltung eines Bereiches aus einem vollen Bereich zwei halbe entstehen, verteilen sich die Füllraten nicht gleich über das Intervall (0.5:1), sondern es kommen im Schnitt zwei halbvolle Bereiche auf einen vollen Bereich, so daß im zeitlichen Mittel 2/3 des belegten Platzes tatsächlich ausgenutzt ist. Bedenkt man fernerhin, daß selbst 'voll' und 'halbvoll' nur zufällig erreicht und im Mittel um die halbe Länge eines durchschnittlichen Wortes unterschritten wird, so kann man eine Füllrate von etwas weniger als 67 % erwarten. Diese Überlegungen werden durch unsere Beobachtungen gestützt: Die Füllrate der KLAUKON-Wörterbücher schwankt geringfügig um 60 %. Beim Bayer'schen Ansatz mit fester Schlüssellänge müßte die Füllrate gegen 67 % konvergieren.

Die 384 Bereiche beschränken allerdings die Kapazität des so organisierten Wörterbuches auf etwa 9250 Einträge.

Zur Erweiterung des maximalen Wörterbuchumfanges bietet sich eine effiziente Möglichkeit an, indem man Präfixe, die wiederholt auftreten, nur einmal speichert. Bisher wurden die Wörterbucheintragungen wie folgt alphabetisch geordnet gespeichert:

Abort	Abstriche
Abszess	Abszesse
Antibiotika	Antibiotikatherapie
Antibiotikum	Antikoerper
Antikoerpernachweis	Bad
Bakterien	Bakteriologie
....	....

Nach einer neuen Variante müssen mehrfach auftretende Präfixe nur noch beim ersten Vorkommen gespeichert werden. Der Restzeichenkette wird die Anzahl der sich wiederholenden Zeichen folgendermaßen vorangestellt:

0Abort	2striche
3zess	7e
1ntibiotika	11therapie
10um	4koerper
11nachweis	0Bad
2kterien	7ologie
....	....

Nach Zählergebnissen, die anhand von bereits angelegten Wörterbüchern ermittelt wurden, wird die Kapazität des Wör erbuches durch dieses Verfahren um 50 % erhöht.

Durch Verschieben von Schlüsseln aus einem vollen Bereich in einen benachbarten Bereich, der freie Kapazität besitzt, kann eine Teilung vermieden und damit der Speicherverschnitt bei fester Bereichsgröße reduziert werden. Eine effizientere Datenverdichtung kann durch eine Reorganisation des Wörterbuchs erzielt werden. Hierbei werden alle Bereiche oder Teilbäume bis zu einem vorgegebenen Prozentsatz aufgefüllt. Ein für die Auffüllung günstiger Prozentsatz müßte empirisch ermittelt werden, da ein zu hoch gewählter Prozentsatz bei weiteren Einfügungen allzufrüh neue Bereichsteilungen veranlaßt. Durch die beiden letzten Maßnahmen können auf den herkömmlichen Disketten Wörterbücher mit einem maximalen Umfang von ca. 20000 Wörtern erstellt werden. 1 Megabyte Disketten wären demnach in der Lage, ein Wörterbuch mit mehr als 80000 Einträgen zu halten.

d) Programmablauf

Die Interaktion der Moduln des Gesamtsystems wird in Abb. 1 illustriert. Von weitergehendem Interesse ist lediglich das Verhalten des Datenerfassungsprogramms bei der Bearbeitung eines Klartextfeldes. Dieser Vorgang wird von einem Hauptprozeß (Prozeß I) gesteuert, der mehrere Unterprozesse koordiniert.

Der über Tastatur eingegebene Text wird zeichenweise über einen Hardware-Interrupt in einem Tastaturpuffer abgelegt. Eine Interrupt-Routine (Prozeß II), die in festen Zeitintervallen von 260 ms (das entspricht bei einer Schreibgeschwindigkeit von 500 Anschlägen pro Minute etwa der Eingabezeit für zwei Zeichen) aufgerufen wird, arbeitet den Tastaturpuffer ab, indem sie die Zeichen sowohl auf den Bildschirm als auch in den Textpuffer des Hauptprozesses überträgt. Sobald der Hauptprozeß Zeichen im Textpuffer vorfindet, beginnt er diese auf Wortbegrenzungszeichen zu untersuchen, um so einzelne Wörter zu erkennen und unmittelbar den Suchvorgang einzuleiten. Der Suchprozeß stößt Disketten-Lesevorgänge an, die dann zeitlich parallel zur weiteren Verarbeitung im Hauptprogramm ablaufen.

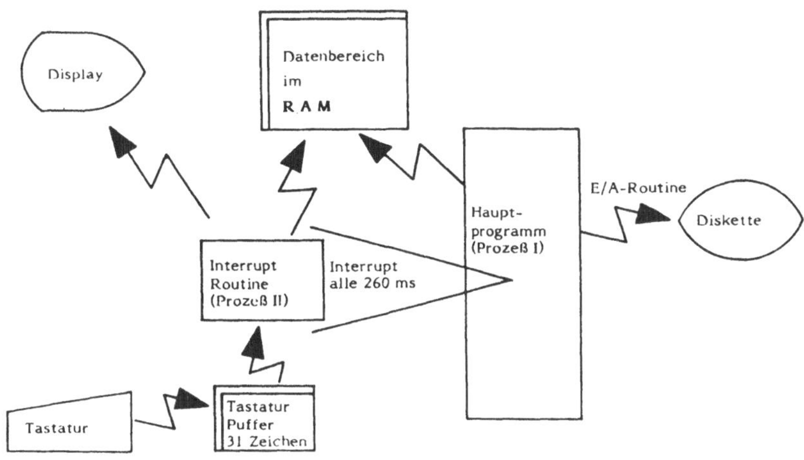

Abb. 4 zeigt eine schematische Darstellung des Programmablaufs.

In Abb. 5 ist die zeitliche Abfolge der einzelnen Prozesse nochmals im Diagramm dargestellt. Das Hauptprogramm (Prozeß I) wird alle 260 ms vor der Interrupt-Routine (Prozeß II) verdrängt. Parallel zu beiden Prozessen laufen die bereits angestoßenen Lesevorgänge (E/A-Routinen) ab.

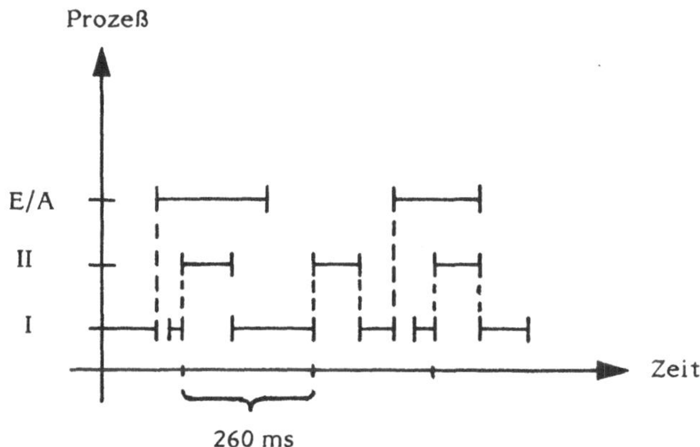

Abb. 5

Die Suche im Wörterbuch erfolgt für mehrere Wörter gleichzeitig. Dazu erhält ein Wort, sobald es im Textpuffer erkannt ist, einen Eintrag in einer Zugriffstabelle. Diese Tabelle enthält u.a. zu jedem Wort die Adresse des Diskettenbereiches, in dem die Suche nach diesem Wort fortzusetzen ist. Sie wird stets nach diesen Bereichsadressen sortiert, so daß der

Plattenarm seine Bewegungsrichtung erst nach einem Überarbeiten der gesamten Tabelle umkehren muß (Fahrstuhlstrategie). Durch diese Minimierung der Plattenarmbewegungen wird eine Verkürzung der Gesamtsuchzeit erreicht. Wörter im selben Diskettenbereich werden in einem Suchvorgang bearbeitet.

Wird ein Wort im Wörterbuch gefunden, so wird sein Eintrag in der Zugriffssteuertabelle gelöscht. Wird ein leerer Pointer erreicht, ist das Wort also nicht vorhanden, so wird es ebenfalls entfernt, seine Textpufferadresse jedoch in den Stack der nicht-gefundenen Wörter, die im späteren Korrekturmodus auf dem Bildschirm angezeigt werden, eingetragen.

Wie im vorigen Abschnitt beschrieben werden die vier Sektoren eines Bereiches während einer Plattenumdrehung eingelesen. Dabei erfolgt die Suche innerhalb eines Sektors zeitlich parallel zum Einlesen des Folgesektors. Durch die beschriebene Organisation wird das Ziel der zeitlich zur Eingabe parallelen Textkontrolle voll erreicht: Die Schreibkraft wird in ihrem Tempo nicht gebremst, lediglich nach Beendigung der Eingabe kann es zu einem kurzen Nachlauf von maximal 2 sec kommen.

5. ERFAHRUNG

Mehrere Anwendungen, insbesondere der erwähnte Aufbau einer STAIRS-Datenbank, gaben Gelegenheit, das Verhalten des Systems zu beobachten. Engpässe im zeitlichen Verhalten sind erwartungsgemäß, auch bei sehr schnellen Schreibkräften, nicht aufgetreten. Die Erfassung wurde zum Teil von sehr versierten Sekretärinnen, zum Teil aber auch von ungeübten Schreibkräften vorgenommen. Die Akzeptanz des Systems war in beiden Fällen zufriedenstellend, die Eingewöhnungszeit zur sicheren Bedienung beträgt weniger als eine halbe Stunde. Die 3500 Dokumente der STAIRS-Datenbank haben einen Umfang von ca. 400000 laufenden Worten. Der Wortschatz umfaßt dabei etwas mehr als 20000 verschiedene Worte. Im Laufe der Erfassung entstanden - nach Dokumenttypen getrennt - sechs Wörterbücher, deren umfangreichstes 8400 Einträge enthält; in diesem sind von den reservierten Bereichen 90 % belegt.

Ein KLAUKON-Wörterbuch ist im Prinzip zu Beginn der Erfassung leer und jedes Wort wird als unbekannt angezeigt. (Es kann jedoch ein Basiswortschatz vorgegeben werden.) Die Aufmerksamkeit der Schreibkraft und die Akzeptanz des Systems sind sicherlich abhängig von der Rückweisungsquote, d.h. dem Prozentsatz der korrekt geschriebenen Worte, die noch nicht im Wörterbuch enthalten sind. Die Quote sinkt jedoch nach der Eingabe einiger Dokumente - entsprechend der Häufigkeitsverteilung von Worten in einer natürlichen Sprache - rasch ab.

Folgende Tabelle gibt die grob gemittelten Ergebnisse einer Untersuchung bei einem durchschnittlichen Dokumentumfang von ca. 250 Wörtern wieder:

Eingegebene Dokumente	Einträge im Wörterbuch	Rückweisungsquote in %
0	0	100
10	600	40
20	1100	30
40	2000	20
100	4000	15
200	6000	12
400	7000	< 10

Diese statistischen Untersuchungen werden zur Zeit weiterverfolgt.

6. ERWEITERUNG

Die Anwendungen erbrachten eine Menge von Verbesserungsvorschlägen, die meisten bezüglich bequemerer Textverarbeitungsfunktionen, so daß sich bald das Konzept für eine zweite, elegantere Version anbot. (Dabei führte die Erfahrung mit einigen Verbesserungsversuchen zunächst einmal zu dem Entschluß, eine nächste Version, bis auf einige zeitkritische Routinen, völlig umzuschreiben: von Assembler in die höhere Programmiersprache PL/M.)

Eine konzeptionelle Erweiterung drängte sich jedoch bei der Diskussion mit Linguisten auf, besonders durch die Ausschöpfung der Möglichkeiten beim Wörterbuchaufbau. So ist für die laufende Projektphase die Entwicklung eines erheblich mächtigeren Systems KLAUKON II geplant, dessen Schwerpunkte im folgenden skizziert seien.

a) Hilfsmittel für linguistische Anwendungen

Wenn zu Beginn einer KLAUKON-Erfassung ein Basiswörterbuch vorgegeben wird, dann geht die Eigenschaft des Wörterbuchs (WB) verloren, genau die Wörter zu enthalten, die im erfaßten Text vorkamen. Gerade diese Eigenschaft könnte jedoch von besonderem Interesse sein, z.B. um den spezifischen Wortschatz bestimmter terminologischer Umfelder zu beobachten.

In KLAUKON II wird es spezielle WB-Manipulationsfunktionen geben, wie z.B. das Bilden von Durchschnitt, Vereinigung und Differenz zweier WB's, die solche Beobachtungen unterstützen. Andererseits könnte der Durchschnitt mehrerer verschiedener WB's ein gutes Basis-WB für weitere Anwendungen liefern.

Solche Manipulationsfunktionen können zurückgreifen auf eine in der jetzigen Version bereits vorhandene, jedoch nicht ausgenutzte Einrichtung: die Wortattributierung (Zusatzangabe zu jedem WB-Eintrag, beliebige aber feste Anzahl von Bytes). Diese Attribute können permanent oder temporär sein; sie sind als Bitmuster zu interpretieren, wobei einzelne Bits (oder Bitgruppen) für Attribute stehen wie

- 'preferred term'
- 'forbidden term'
- 'gelöschter Eintrag'

usw. Die Attributierung ist Angelegenheit des Terminologen und geschieht wie bisher bei der Abarbeitung der Wortvorschlagsliste. Andere Attribute wie

- 'Dieses Wort wurde vor Einfügen in das WB korrigiert und muß daher im Text irgendwo unkorrekt auftreten'

können automatisch vergeben werden.

Temporäre Attribute dienen zur vorübergehenden Kennzeichnung eines Eintrages; sie könnten die Manipulationsfunktionen unterstützen, z.B. das Schneiden zweier WB's mit nur zwei Diskettenstationen.

Eine weitere Verwendung der Attribute könnte helfen, das Kapazitätsproblem zu verringern: ein WB wird beträchtlich aufgebläht durch sog. 'Exoten': Wörter, die sehr selten auftreten, viele nur einmal oder nur in einem Dokument während der gesamten Erfassung. Durch ein Attribut namens

- 'bisher erst einmal aufgetreten',

das beim zweiten Auftritt des Wortes gelöscht wird, könnte ein WB-Überlauf durch eine 'garbage collection', d.h. die Eliminierung aller 'Exoten', mehrmals vermieden werden.

Zähler für jedes Wort mitzuführen, würde dem Konzept von KLAUKON widersprechen, da dies für jedes laufende Wort einen zusätzlichen Schreibzugriff bedeuten würde; im vorgeschlagenen Verfahren findet jedoch für jeden WB-Eintrag höchstens ein schreibender Zugriff während der gesamten Erfassung statt.

Nicht nur die Bearbeitung des WB's, sondern auch die der bereits erfaßten Dokumente soll in KLAUKON II verbessert werden, u.a. durch die Möglichkeit eines Batch-Laufs. Neben anderen denkbaren Anwendungen wird die wichtigste darin bestehen, alle Texte noch einmal gegen ein Wörterbuch vergleichen zu lassen: das momentan noch ungelöste Problem, daß die Schreibkraft ein Wort als korrekt bestätigt, der Terminologe jedoch später anderes entscheidet, ist auf diese Weise zu beheben.

b) Automatisches Indexing

Da KLAUKON aus Zeitgründen nicht in der Lage ist, Wortanalysen wie Lemmatisierung oder Phonetisierung durchzuführen, sondern verschiedene Zeichenketten als verschiedene Wörter interpretiert, werden alle auftretenden Flexionsformen und gültigen Schreibweisen gespeichert. Dies führt in vielen Fällen zu erheblichen Nachteilen bei nicht-linguistischen Textverarbeitungsverfahren. Für das Klartextretrieval ist es oft wünschenswert, Vorzugsbenennungen und eine einheitliche Nomenklatur zu verwenden. Hierzu bietet KLAUKON II weitgehende Unterstützung. Mittels Attributen wird ein Eintrag gekennzeichnet als

(1) eine Vorzugsbenennung für einen Deskriptor oder
(2) eine Ableitung oder ein Synonym eines Deskriptors oder
(3) ein nicht erlaubter Ausdruck oder
(4) ein nicht sinntragendes Wort.

Wird in einem eingegebenen Text eine Vorzugsbenennung entdeckt, so wird sie in ein spezielles Feld, das Deskriptorfeld, eingetragen, das dem Dokument angehängt wird, das in der gedruckten Kopie jedoch weggelassen wird. Im Fall (2) wird statt des gefundenen Wortes dessen Vorzugsbenennung in das Deskriptorfeld eingetragen. Im Fall (3) wird auf die nicht erlaubte Schreibweise hingewiesen und die korrekte Schreibweise vorgeschlagen. Insbesondere durch diesen Fall kann zu einer einheitlichen Nomenklatur beigetragen werden.

Bei dem geschilderten Vorgehen wird es einige Konsistenzprobleme geben, die zum großen Teil jedoch durch den im vorigen Abschnitt erwähnten Batch-Lauf behoben werden können.

c) Eingeschränktes Retrieval

Es besteht nach unseren Erfahrungen ein gewisses Interesse an einem - wenn auch bescheidenen - Retrievalsystem auf einem Mikrocomputer, z.B. als Ersatz für Verfahren, wie Sichtlochkarten, Karteikasten u.ä.

Mit Hilfe des oben erwähnten Deskriptorfeldes lassen sich leicht invertierte Dateien der Vorkommen von Deskriptoren erstellen. Sinnvollerweise werden interne Dokumentnummern vom System vergeben. Beschränkt man sich auf die Referenz auf ein Dokument (und nicht Teile derselben, z.B. Sätze), so läßt sich auch auf den herkömmlichen 250 K Byte-Disketten eine beträchtliche Kapazität erreichen wie folgendes Beispiel zeigt: Bei Verwendung von ca. 1000 Deskriptoren und durchschnittlich 10 Deskriptoren je Dokument lassen sich mehr als 10000 Dokumente deskribieren.

Die Möglichkeiten eines solchen eingeschränkten lokalen Retrievalsystems auf einem intelligenten Terminal sollen in der gegenwärtigen Projektphase ausgelotet werden.

7. ZUSAMMENFASSUNG

Das Erfassungssystem KLAUKON ist in der Lage, in einem Arbeitsgang in hohem Maße schreibfehlerfreie Texte sowie einen Input für weiterverarbeitende Systeme in beliebigem Format zu erzeugen. Die Kontrolle der Textwörter an einem lokal auf Diskette verfügbaren Wörterbuch geschieht zeitlich parallel zur Eingabe. Die damit verbundenen Probleme bezüglich Datenstruktur und Zugriffsgeschwindigkeit werden dargestellt, eine Lösung wird ausführlich entwickelt. Eine Kapazitätsbetrachtung zeigt, daß auf herkömmlichen Disketten Wörterbücher bis über 20000 Einträgen aus der natürlichen Sprache denkbar sind.

Über Erfahrungen in der Pilotan wendung wird berichtet, geplante Weiterentwicklungen werden vorgestellt.

8. LITERATUR

/1/ Bayer, R., McCreight, E.M.: Organization and maintenance of large ordered indexes. Acta Informatica 1 (1972), 173-189.

/2/ Knuth, D.E.: The art of computer programming. Vol. 3: Sorting and searching. Addison-Wesley Publishing Comp., Reading, Mass. 1973, 473 ff.

/3/ Sager, W.K.H.: Ein Programmsystem zur Prüfung von Klartextdaten in der dezentralen Datenerfassung. In Wingert, F. (Hrsg.): Klartextverarbeitung, Springer Verlag, Berlin 1977.

/4/ Sager, W.K.H., Dudeck, J., Kinnling, J.: KLAUKON - A microprocessorsystem for free text acquisition with automatic error checking. In Anderson, J. (Ed.): Medical Informatics Europe 78, Springer Verlag Berlin, Heidelberg, N.Y. (1978), 73-81.

ANWENDUNG DER TEXTVERARBEITUNG ZUR ERSTELLUNG VON OPERATIONSBERICHTEN

J. Schöffel, R. Thurmayr
Institut für Medizinische Statistik und
Epidemiologie der Fakultät für Medizin
der Technischen Universität München
(Vorstand: Prof. Dr. med. H.-J. Lange)

Zusammenfassung

Für die Erstellung medizinischer Berichte, insbesondere von Operationsberichten, wird seit 10 Jahren im Klinikum rechts der Isar der TU München die Textsynthese verwendet. 1978 wurde das Textsynthesesystem auch auf ein Mikrorechnersystem übertragen. Die Daten werden auf selbstcodierenden Fragebogen erfaßt. Die Berichterstellung wird nicht von den eingegebenen Daten sondern vom Textvorrat, der deshalb einen besonderen Aufbau aufweist, gesteuert. Durch Fehlerkontrollen und Mahnsystem konnte eine hohe Vollständigkeit, hohe Vollzähligkeit und niedere Fehlerrate erreicht werden. Die erhobenen Daten werden für wissenschaftliche Fragestellungen gespeichert. Die Berichterstellung am Mikrorechnersystem hat gegenüber der Erstellung in Datenfernverarbeitung mit einer großen Rechenanlage den Vorteil der größeren Verfügbarkeit und eines erheblichen Zeitgewinns. Die Datensicherung muß gezielt durch den Benutzer erfolgen. Die endgültige Speicherung der großen Datenmengen ist nur am Großrechner möglich, weshalb das Kleinrechnersystem in eine Großanlage integriert sein muß.

1. Einführung

In der Medizin ist es notwendig, die Daten der Patienten zu dokumentieren. Um die Flut aller Angaben besser zu bewältigen, werden immer wieder neue Methoden gesucht. Für die Dokumentation medizinischer Berichte haben sich verschiedene Verfahren der Textverarbeitung ergeben, die verschiedene Ziele unterschiedlich stark anstreben (GOCKEL). Die Textverarbeitung mit Schreibautomaten sieht ihr Ziel vorwiegend in der Erleichterung der Briefschreibung und -korrektur, wobei kaum Wert auf die Speicherung der Daten gelegt wird. Die Textanalyse (RÖTTIGER, WINGERT) dagegen kümmert sich vor allem um die nachträgliche Formatierung der erfaßten Berichte; dabei müssen die Berichte genommen werden, wie sie diktiert wurden, ohne Einfluß der EDV auf die inhaltliche Qualität. Insgesamt sind aber folgende Ziele der Dokumentation medizinischer Berichte zu nennen:

- Erleichterung der Berichtschreibung und -korrektur
- Speicherung der Daten
- Formatierung der Information
- Qualitätsverbesserung.

Seit 1971 wird am Klinikum rechts der Isar (Technische Universität München) ein Programmsystem im Routineeinsatz verwendet, das alle genannten Ziele berücksichtigt (THURMAYR 1970, 1978). Am Beispiel der halbautomatischen Erstellung von Operationsberichten soll das Programmsystem beschrieben werden. Dabei wird besonders auf die Verwendung eines Mikrorechnersystems (MRS) eingegangen. Ein besonderes Mahnsystem, auf das nicht eingegangen wird, ermöglicht eine hohe Vollzähligkeit von 96,1% der Berichte (SCHÖFFEL, THURMAYR 1978).

2. Hardwarekonfiguration

Der klinischen Datenverarbeitung im Klinikum re.d.Isar steht eine Universalrechenanlage (Siemens 7.760 (vor Okt. 1979: 4004/151) mit BS 2000) und seit Oktober 1978 ein Mikrorechnersystem (MRS) zur Verfügung. Über zwei Datensichtstationen wird der Dialogverkehr mit dem Universalrechner geführt, der etwa 4 km entfernt im Institut für Medizinische Informatik und Systemforschung der GSF (MEDIS) steht.
Das MRS besteht aus einem INTEL-8080-Mikroprozessor, einem AEG-Sichtgerät, 2 Floppy-Disk-Laufwerken als Hintergrundspeicher und einem DIABLO-Drucker. Das System ist in der Diplomarbeit von GEYER beschrieben.

3. Berichterstellung

Zur Zeit werden die Berichte von 12 Operationsgebieten halbautomatisch erstellt. Es fallen jährlich etwa 1500 bis 1600 Berichte zum Diktat an. Im Jahre 1978 wurde das Berichterstellungsprogramm auch auf das MRS übertragen, wo Datenerfassung, Textsynthese, Datenprüfung und Zwischenspeicherung durchgeführt werden (WALBERT). Nur die Dauerspeicherung und die Auswertung blieben wegen größerer Speicherkapazität und Vorhandensein eines Informationssystems zur Auswertung ausschließlich auf der Universalrechenanlage. Im Folgenden wird vorwiegend auf das MRS eingegangen, da das Prinzip der Textsynthese bei beiden Rechnern gleich ist.
Als Programmiersprachen wurden am Universalrechner FORTRAN und am Mikrorechnersystem ASSEMBLER verwendet.

3.1 Datenerfassung zur Textverarbeitung

Bei der halbautomatischen Berichterstellung wird der Bericht in einem Programmlauf mit der Erfassung der Daten aus einem Textvorrat synthetisiert. Bei einem automatischen Verfahren sind Datenerfassung und Berichterstellung zeitlich getrennt, wie z.B. bei der automatischen Arztbrieferstellung, bei der die Daten während des stationären Aufenthaltes erfaßt werden, und der Brief bei Entlassung automatisch synthetisiert wird. Im hier beschriebenen Verfahren erfolgt die Datenerhebung während eines Interviews mit dem Arzt auf einem Fragebogen mit vorgeschlagenen, selbstcodierenden Antworten zur Auswahl (Abb. 1). Festgelegte Zeichen und Pfeile leiten die Dokumentationsassistentin durch den Bogen. Obligate Alternativangaben sind mit 4 'X'-Zeichen, Kombinationsangaben sind mit 2 'X'-Zeichen am Zeilenende gekennzeichnet und Wahlangaben besitzen keine 'X'-Zeichen. Vorgegebene Zahlenangaben und Klartexteingaben (halboffene bzw. offene Fragen) sind durch negative Codenummern angezeigt. Durch die hierarchische Gliederung der Fragen können in Abhängigkeit von den Markierungen nicht zutreffende, durch seitliche Pfeile gekennzeichnete Abschnitte übersprungen werden. Für jedes Operationsgebiet wurde ein eigener Fragebogen entwickelt.
Der Fragebogen wird während eines Interviews mit dem Operateur in den Arbeitsräumen der Dokumentationsgruppe von einer Dokumentationsassistentin ausgefüllt. Da jede Codenummer durch Setzen eines negativen Vorzeichens vom Benutzer mit freiem Klartext versehen werden kann- wahlweise Ergänzung oder Ersetzen des vorgegebenen Standardtextes - , sind auch atypische Operationsverläufe in das Schema einzuordnen. Dabei ist auf sinngemäße Verwendung der Codenummern zu achten. Für Rückfragen steht ein Dokumentationsarzt der Dokumentationsassistentin zur Seite.
Nach dem Interview werden die Codenummern, Meßwerte und freie Klartexte zusammen am Sichtgerät des MRS bzw. an der Universalrechenanlage eingegeben. Bei der Übertragung des Programms auf das MRS wurde vor allem darauf Wert gelegt, die ursprüngliche Eingabeform zu vereinfachen und stark zu entformatieren.

```
O P E R A T I O N S B E R I C H T / M A G E N
---------------------------------------------

A) INDIKATION ZUR OPERATION
   ------------------------
                    ULCUS.............................XXXX   2
                    ULCERA............................XXXX  21
                    HAEMORRHAGISCHE GASTRITIS.........XXXX   1
                    PYLORUSSTENOSE....................XXXX   3
                    MAGENKARZINOM ....................XXXX   4
                    VERDACHT AUF MAGENKARZINOM........XXXX 540
                    MAGENPOLYP........................XXXX   5
                    MAGENPERFORATION..................XXXX  20
                    SONSTIGE DIAGNOSE.................XXXX  -6 *)

   1) BEI ULCUS (2) ODER ULCERA (21) +++++++++SONST SPRUNG +
        VERLAUF DES ULCUS                                  !
                    AKUTES ULCUS----------------------XXXX   8     !
                    CHRONISCHES ULCUS-----------------XXXX   9     !
                    STRESSULCUS-----------------------XXXX  10     !
        SITZ DES ULCUS                                     !
                    VENTRICULI------------------------XXXX  11     !
                    DUODENI---------------------------XXXX  12     !
                    ULCERA VENTRICULI ET DUODENI------XXXX 110     !
   2) KOMPLIKATIONEN                                       V
                    KEINE KOMPLIKATIONEN +++++++++++++XXXX  13
                    PENETRATION-------------------------XX  14
                    PERFORATION-------------------------XX  15
                    AKUTE BLUTUNG-----------------------XX  16
                    Z.N. BLUTUNG------------------------XX 541
                    PYLORUSSTENOSE----------------------XX  17
                    ULKUSKARZINOM-----------------------XX  18
                    SONSTIGE KOMPLIKATION---------------XX-542 *)

B) DIAGNOSE NACH DER OPERATION
                    ULCUS.............................XXXX  30
                    ULCERA............................XXXX  24
                    HAEMORRHAGISCHE GASTRITIS.........XXXX  29
                    PYLORUSSTENOSE....................XXXX  31
                    MAGENKARZINOM.....................XXXX  32
                    MAGENPOLYP (NICHT MALIGNE)........XXXX  33
                    SONSTIGER LOKALBEFUND.............XXXX-506 *)
                    KEIN LOKALBEFUND AM MAG. OD.DUOD. XXXX 152
                    SONSTIGE DIAGNOSE.................XXXX -34 *)
```

Abb. 1: Ausschnitt aus einem Fragebogen für die Operationsberichterstattung (z.B.: Magenoperation).
Zeichenerklärung:
XXXX = obligate Alternativabgabe
XX = Additivangabe (obligat)
++++ = sprungauslösende Angabe
---- = Angaben nach einem Sprung
*) = vorgegebene Klartextangabe
Codenummern ohne vorstehende 'X' (nicht abgebildet) stehen für nicht obligate Wahlangaben.

3.2 Textzusammenstellung aus dem Textvorrat

Das MRS bzw. der Universalrechner setzt entsprechend der Eingabe den Bericht aus dem Textvorrat zusammen, der für jedes Operationsgebiet getrennt vorliegt. Dabei steuert dieser und nicht die Codenummern die Textsynthese (feste Ablaufsteuerung). Die Codenummern bestimmen zwar die Textauswahl, die Reihenfolge der Textausgabe ist dagegen durch den Textvorrat festgelegt. Fehler, die gegen diese feste Steuerung verstoßen, werden innerhalb des Berichtes am Bildschirm und im Ausdruck durch Sternzeichen mit Codenummer angezeigt (z.B. nicht beantwortete Fragen, Beantwortung nicht zutreffender Fragen oder unstatthafte Mehrfachbeantwortung). Im gleichen Dialog können diese Fehler in einem temporären Speicher korrigiert werden (Verbesserungsschleife). Daraufhin wird der Bericht erneut synthetisiert.
Für eine solche Steuermöglichkeit ist eine Festlegung der Struktur des Textvorrates nötig (Abb. 2). Er ist in Blöcke aufgeteilt. Jeder Block besteht aus Kopfzeile und Textzeilen. Der schematische Aufbau der Kopfzeile lautet:

$$n,\ c_i,\ tv_i \quad (i = 1, \ldots, n)$$

wobei n die Anzahl der folgenden Codenummern (Verzweigungen), c_i die Codenummern, die in diesem Block danach abgefragt werden, ob sie für diesen Bericht eingegeben wurden und tv_i die Verweise auf die Zeilen sind, in denen der zur i-ten Codenummer gehörende Text (Textkonserve) steht. Eine Textzeile ist folgendermaßen aufgebaut:

bv, k, Text

wobei bv auf die Zeile im Textvorrat verweist, in der die nächste Kopfzeile steht, k ist die Längenangabe (modulo 4) der auszudruckenden Textkonserve (Text). Beim Durchlaufen des Textvorrates werden die den Codenummern in der Eingabe entsprechenden Textkonserven zum Bericht aneinandergereiht. Durch die Verweise auf die Folgeblöcke ist die Reihenfolge der Textkonserven in Abhängigkeit von der Eingabe festgelegt, so daß grammatikalisch vollständige Sätze aus mehreren Merkmalen gebildet werden können. Besitzt ein Block nur eine einzige Verzweigung (n = 1) und wird als Codenummer '0' vorgegeben, so handelt es sich um einen feststehenden, an dieser Stelle eingabeunabhängigen Text. Bei nur einer Verzweigung und einer definierten Codenummer bedeutet es, daß diese Angabe nicht obligat ist. Bei mehr als einer Verzweigung muß eine, aber auch nur eine, Codenummer markiert sein, andernfalls erfolgt eine Fehlermeldung. Bei zulässigen Mehrfachantworten ist die Text-

```
32 ¦  1   0  33
33 ¦ 34   8    Indikation zur Operation: @@
34 ¦  9   1  2  3  4 540  5 20 21  6 36 37 38 39 40 41 42 43 44
35 ¦
36 ¦ 62   7haemorrhagische Gastritis @@
37 ¦ 45   0
38 ¦ 62   4Pylorusstenose @
39 ¦ 62   4Magenkarzinom @@
40 ¦ 62   7Verdacht auf Magenkarzinom @
41 ¦ 62   3Magenpolyp @
42 ¦ 79   5Magenperforation @@@
43 ¦ 55   0
44 ¦ 62   0
45 ¦  3   8  9 10 46 47 48
46 ¦ 49   4akutes Ulcus @@@
47 ¦ 49   5chronisches Ulcus @@
48 ¦ 49   3Stressulcus
49 ¦  2  11 12 50 51
50 ¦ 52   3ventriculi @
51 ¦ 52   2duodeni
52 ¦  2  211000 53 54
53 ¦ 55   0
54 ¦ 62   0
55 ¦  2   8  9 56 57
56 ¦ 58   4akute Ulcera @@@
57 ¦ 58   5chronische Ulcera @@
58 ¦  3  11 12 110 59 60 61
59 ¦ 62   3ventriculi @
60 ¦ 62   2duodeni
61 ¦ 62   6ventriculi et duodeni @@
62 ¦  2  131000 63 64
63 ¦ 79   0
64 ¦ 65   1mit
65 ¦  1  14 66
66 ¦ 67   3Penetration,
67 ¦  1  15 68
68 ¦ 69   3Perforation,
```

Abb. 2: Ausschnitt aus dem Textvorrat für Magenoperationen. Aufbau der Zeilen modulo 4. (1. und 2. Spalte: Zeilennummer hinzugefügt). Zeilen 32-33, 34-44, 45-48, 49-51, 52-54 usw. sind "Blöcke". Ein Block beginnt mit einer Kopfzeile, die von Zeilen mit Textkonserven gefolgt werden.

Kopfzeile:

- 1. Zahl : Anzahl der Code-Nr. (n)
- n Zahlen: Codenummern des Blockes
- n Zahlen: Zeilenverweis auf die Textzeile mit dem Text, der zur i-ten Code-Nr. gehört (i = 1, ..., n).

Textzeile:

- 1. Zahl : Zeilenverweis auf die nächste Kopfzeile
- 2. Zahl : Längenangabe (modulo 4) des auszugebenden Textes
- Text : Wird im Falle der markierten Code-Nr. ausgedruckt ("@" = Füllzeichen).

konserve besonders gekennzeichnet und bei ihrer Kombination werden sie per Programm durch Komma bzw. durch 'und' getrennt. Manche Blöcke mit mehr als einer Verzweigung und leeren Textkonserve dienen nur zur Steuerung, so daß ein nichtzutreffender Textvorratteil übersprungen bzw. auch im Textvorrat zurückgesprungen werden kann oder grammatikalische Besonderheiten gebildet werden können. Bei Bedarf können auch von der Eingabe her durch 'Sprungadressen' Abschnitte im Textvorrat übergangen werden. Am Ende der Synthese wird der Bericht am Bildschirm zum Lesen angeboten und kann gegebenenfalls korrigiert werden (Verbesserungsschleife). Am Schluß der Textverarbeitung werden die Eingabedaten am MRS auf einer Floppy-Disk zwischengespeichert. Am Universalrechner dienen zur Zeit noch Lochkarten als Zwischenspeicher.
So entstehen Berichte, die etwa 70% mehr Information enthalten als konventionell diktierte Protokolle (THURMAYR, 1974). Die Berichte sind durch die Standardisierung für wissenschaftliche Zwecke auch gut vergleichbar, da eine hohe Vollständigkeit der Angaben durch die Kontrolle bei der Textverarbeitung erreicht wird. Die Operationsberichte stehen beim MRS sofort und beim Universalrechner mit einer Verzögerung von 1 Tag zur Verfügung. Zum Beispiel ist ein einfacher Bericht einschließlich des Diktates in 15 bis 20 Minuten am MRS fertiggestellt.
Abb. 3 zeigt einen fertigen Bericht. Der Text besteht aus ganzen Sätzen und die Textergänzungen sind grammatikalisch richtig eingefügt.
Abb. 4 gibt die zwischengespeicherten Daten auf Floppy-Disk bzw. auf Lochkarten wieder.

3.3 Speicherung in Spezialdatenbank

Die erhobenen und zwischengespeicherten Daten werden einer Plausibilitätsprüfung unterzogen, bei der auf medizinisch logischen Inhalt kontrolliert wird. Zum Beispiel widerspricht sich der Befund eines reizlosen Wurmfortsatzes mit der Diagnose einer akuten Blinddarmentzündung. Diese Prüfung ist sowohl am Universalrechner als auch am MRS möglich. Sie kann an Hand von Prüfbedingungen, die für jedes Operationsgebiet erstellt werden, falsche Eingabedaten finden (z.B. sich gegenseitig ausschließende oder bedingende Codenummern). Außerdem werden Grenzwertüberschreitungen von Meßwerten angezeigt. Ein Vergleich mit den Patientenstammdaten (Name, Geburtsdatum usw.) kann nur am großen Rechner erfolgen, da diese nur

CHIRURGISCHE KLINIK RE. D. ISAR DER TU MUENCHEN 03.01.80

OPERATIONSBERICHT

D u m m y Josef STATION: 8 ALTER: 76

OPERATEUR: Hinz
ASSISTENT(EN): Mayer
ANAESTHESIST: Bayer

Geburtsdatum: 23.06. 1903
Indikation zur Operation: chronisches Ulcus ventriculi
Diagnose nach der Operation: c h r o n i s c h e s U l c u s v e n t r i c u l i mit P e n e t r a t i o n
Ausgefuehrte Operation: Ulkusexzision und Legen einer Magensonde

Histologie: Magenpraeparat, Schnellschnitt: tumorfrei

Eroeffnung der Bauchdecken mit Oberbauchmedianschnitt. Die Magenschleimhaut ist normal, die Magenwand normal dick und normoton. Das Duodenum erscheint normal. Man findet ein 20 mm grosses Ulkus im Angulusbereich, 8 cm vom Pylorus entfernt. Das harte Geschwuer liegt an der Vorderwand, ist regelmaessig und breiter als tief, sein Randwall glatt und maessig ausgepraegt. Das Ulkus penetriert in Richtung kleines Netz. Maessige Verwachsungen existieren zwischen Magen und Netz. Die Ursache der Verwachsungen ist eine abgelaufene Entzuendung.
Skelettierung im Bereich des Angulus an der kleinen Kurvatur mit weichen Darmklemmen. Laengsexzision des Ulkus, zweischichtiger Verschluss. Die entgueltige Position des Kopfes der eingelegten Magensonde ist im Duodenum. Sorgfaeltige Blutstillung im Bereich der Wunde durch Abbinden und Verkochen. In den Exzisionsbereich Einlegen von 1 Silikondrainage(n) mit Ausleitung durch (je) eine Stichinzision. Schichtweiser Wundverschluss durch fortlaufende Naht des Peritoneums mit Catgut, Einzelknopfnaehten der Fascie mit Seide und Adaption der Haut atraumatisch mit Einzelnaehten aus Monofil. Der Zustand des Patienten nach der Operation ist gut. Dauer der Operation: 60 Minuten. Die Angaben machte der Operateur. Lagerung, Instumentierung: Herr Huber, Schwester Inge

Abb. 3: Beispiel eines Operationsberichtes, der mit Hilfe des Mikrorechnersystems halbautomatisch erstellt wurde. (Textergänzungen sind unterstrichen).

```
*** OP/D u m m y   Josef /03.01.80/05/0042***
9996 503.01.80 8D u m m y   Josef                                    Dummy001
   075Hinz          Mayer                                 Bayer      Dummy002
-9932306-9941903-995 031-9961967-997 795 991 999   2   9  11  13  30  36Dummy003
  38  41  66  68-362   0 528 380 534  98  99-102   0 107 112 114 128 138Dummy004
 141 143 147 150 156 -19  20-163   0-168   8 198 170 173 175 177 179 181Dummy005
-517   0 282 283 285 287 293-306   0-402   0 465 466 468 471-531   01000Dummy006
-478   1 481 483 484 492 488 496 498 500 521 570 501 504-505  60 5121000Dummy007
-294   0-490   0   0   0   0   0   0   0   0   0   0   0   0   0   0   0Dummy008
-362 000Ulkusexzision und Legen einer Magensonde @@@                  Dummy009
-102 000Schnellschnitt: tumorfrei @@                                 Dummy010
-163 000     im Angulusbereich,@@                                    Dummy011
-517 000kleines Netz. @@                                             Dummy012
-306 100      Skelettierung im Bereich des Angulus an der kleinen KurvatuDummy013
-306 1 0r mit weichen Darmklemmen. Laengsexzision des Ulkus, zweischichtDummy014
-306 0 0iger Verschluss.@@@@@@@@@@@@@@@@@@@@@@@@@@@@@@@@@@@@@@@@@ 275Dummy015
-402 100      Die endgueltige Position des Kopfes der eingelegten MagensoDummy016
-402 0 0nde ist im Duodenum.@@@@                                     Dummy017
-531 000In den Exzisionsbereich @@@@                                 Dummy018
-294 000@@@@@@@@@@@@@@@@@@@@@@@@@@@@@@@@@@@@@@@@@@@@@@@@@@@@@@@@@ 460Dummy019
-490 000Huber, Schwester Inge @@                                     Dummy020
```

Abb. 4: Ausdruck der Zwischenspeicherung auf Floppy-Disk bzw. Lochkarten am Beispiel des Operationsberichtes aus Abb. 3.

dort durch den Aufnahmedialog in der aktuellen Datei gespeichert sind. Nach Abschluß der Prüfungen werden die Berichte in codierter Form in eine Datenbank am Universalrechner gespeichert und stehen der Auswertung für wissenschaftliche Fragestellungen zur Verfügung.
Einen Überblick über den gesamten Dokumentationsablauf für das MRS gibt Abb. 5 wieder. Einen Datenflußplan für die Textverarbeitung am Universalrechner zeigt Abb. 6.

4. Vergleich Universalrechner und Mikrorechnersystem

Seit einem Jahr läuft die Textverarbeitung für Operationsberichte sowohl über das MRS als auch über Datenfernverarbeitung am Universalrechner. Dabei zeigen sich sowohl Vor- und Nachteile des MRS.

4.1 Vorteile des Mikrorechnersystems

Ein wesentlicher Vorteil des Mikrorechnersystems sind die Ein- und Ausgabe am Ort der Datenerfassung. Zeitaufwendige Transporte vom und zum Rechenzentrum entfallen. Die fertigen Berichte sind sofort greifbar. Falls in einem Bericht Korrekturen nötig werden, kommt am Universalrechner eine zusätzliche Verzögerung von 1 - 2 Tagen zum Tragen. Beim Kleincomputer können die zwischengespeicherten Daten auf der Diskette unverzüglich verbessert und der Bericht

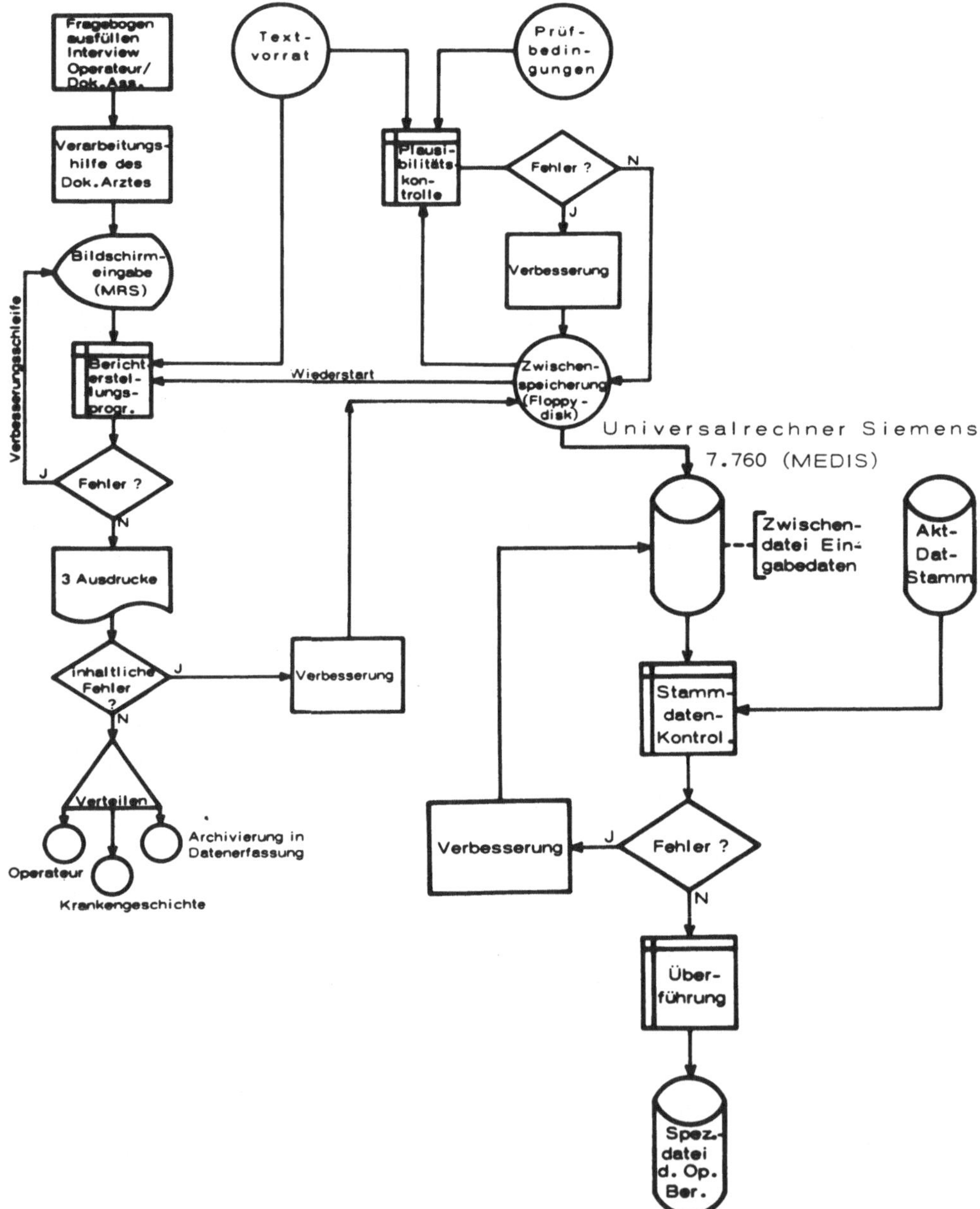

Abb. 5: Halbautomatisch erstellte Operationsberichte mit Hilfe eines Mikrorechnersystems (MRS) und die endgültige Speicherung am Universalrechner (Datenflußplan).

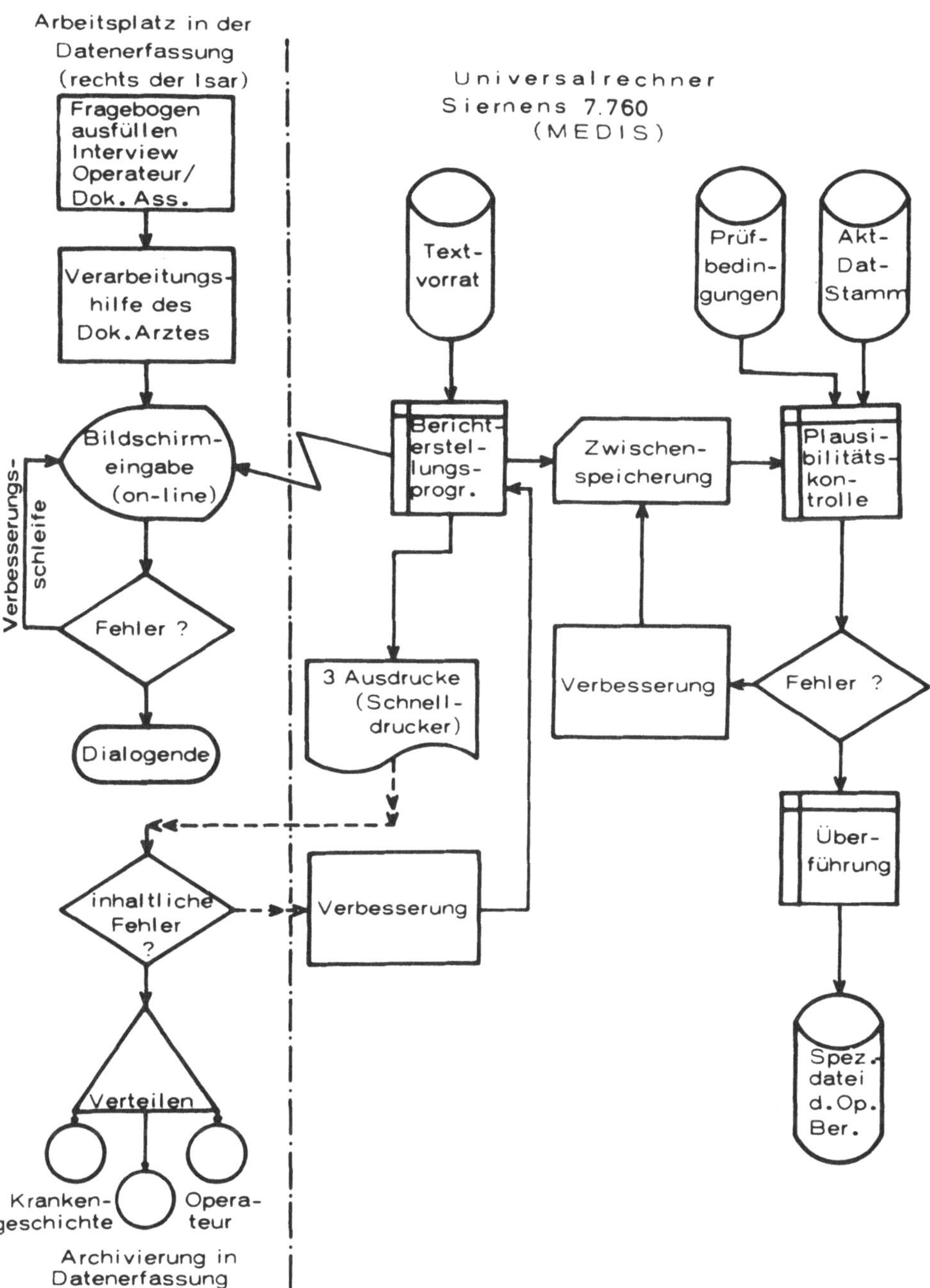

Abb. 6: Halbautomatisch erstellte Operationsberichte mit Hilfe des Universalrechners (Datenflußplan).

sofort erneut erstellt werden. Es ist beim MRS ein entscheidender-Zeitgewinn gegenüber der Arbeit mit Datenfernverarbeitung gegeben.

Da über Programm tiefgreifende Plausibilitätsprüfungen der gespeicherten Daten erfolgen, bietet auch hier der Mikrorechner den Vorteil der Verarbeitung am Ort der Erfassung, so daß rasch auf den Urbeleg zurückgegriffen werden kann.
Vorteile zugunsten des Kleinrechners zeigen sich nicht nur bei diesem Zeitvergleich, sondern auch in der Responsezeit der Systeme. Die Verarbeitungszeit am Mikrocomputer ist nur von der internen Arbeitszeit abhängig. Bei der Großrechenanlage steigt die Zeitverzögerung mit zunehmender Belastung an. Ein an Stichproben (20 Berichte) gemessener Vergleich zeigt eine Rechenzeit - vom Abschluß der Eingabe bis zum ersten Durchlauf des fertigen Textes - von 10 bis 30 Sekunden am MRS in Abhängigkeit von der Berichtlänge. Dem gegenüber stehen Zeiten der Universalrechenanlage von mindestens 30 Sekunden, die aber bei voller Belegung der Anlage auf über 3 Minuten ansteigen. Wenn man bedenkt, daß diese Wartezeit für das Personal keine Erholung, sondern eine Anspannung ist, so ergibt sich eine deutliche Belastung des Dokumentationspersonals durch das Arbeiten mit der großen Anlage, wodurch sich die Fehlerrate erhöht.
Die Datensicherung erfolgt beim Mikrorechner nach Bedarf des Anwenders gezielt, z.B. nach jeder Verbesserung in einer Datei; sie wird nicht wie bei der großen Anlage nach festgelegtem Zeitschema durchgeführt. Beim Mikrorechnersystem ist der Anwender alleiniger Benutzer, er verwaltet seine Dateien selbst, ist eigenverantwortlich, kann seine Dateien ohne allzu großen Aufwand bei Bedarf sichern und auf dem aktuellen Stand halten. Es kommt dann nicht wie bei großen Anlagen vor, daß bei Systemregenerierungen auch unverbesserte Versionen bereitgestellt werden.
Gegenüber einem Textautomaten bringt das Mikrorechnersystem den Vorteil, bei der Textsynthese auch Plausibilitäts- und Vollständigkeitskontrollen durchführen zu können. Außerdem ist das System auch für weitere Gebiete einsetzbar. So bereiten wir zur Zeit ein Programm vor, das einfache Datenerfassung, Speicherung und Abfragemöglichkeiten für Datenmengen bietet, die Ärzte auf persönlichen Dateien halten.

4.2 Nachteile des Mikrorechnersystems

Als Nachteil des MRS erwies sich die Lärmbelästigung durch den Drucker am Arbeitsplatz. Sie konnte durch eine Schallschutzhaube nur gemindert werden.
Die gezielte Datensicherung benötigt zusätzliche Zeit, die sonst vom Rechenzentrum aufgebracht wird. Auch die Dateienverwaltung muß durch den Anwender erfolgen.
Durch den begrenzten Speicher, vor allem durch den kleinen Langzeitspeicher, können nur kleine Datenmengen auf einmal ausgewertet werden. Eine Datenspeicherung über einige Jahre, von z.B. jährlich über 1000 Patienten, und ihre gemeinsame Auswertung ist nicht möglich. Daher muß die Erfassung durch den Mikrocomputer in ein System an einer großen Rechenanlage integriert werden.
Eine off-line-Übertragung der Daten vom MRS zum Universalrechner wie sie zur Zeit realisiert ist, erfordert weiteren Arbeitsaufwand und bietet Fehlermöglichkeiten. Ein Direktanschluß an die große Rechenanlage erweist sich als notwendig, um die gesammelten Daten täglich in die Datenbank überführen zu können.

Literaturverzeichnis

Geyer, J.: Entwurf und Realisierung eines Betriebssystems für ein Mikrorechnersystem. Diplomarbeit 1977 - TU München

Gockel, H.P.: Vorschläge zur Diskussion automatischer Befundverarbeitungssysteme. Radiologie 14, 340-345 (1974)

Röttiger, P., Reul, H., Sunkel, L. et al.: Neue Auswertungsmöglichkeiten pathologisch-anatomischer Befundberichte. Klartextanalyse durch Elektronenrechner. Meth.Inform.Med. 9, 35-44 (1970)

Schöffel, J.: Der halbautomatisch erstellte Operationsbericht. in: Klinische Datenverarbeitung in der Fakultät für Medizin der Technischen Universität München. Hrsg.: Lange, H.-J., Thurmayr, R. Technische Universität München 1979 , 104-127

Thurmayr, R.: Ein Dokumentationssystem zur Erfassung der Operationsdaten mit Fragebogen und Erstellung eines programmierten Operationsberichtes. Meth.Inform.Med. 9 218-224 (1970)

Thurmayr, R.: Über ein neues Verfahren der Dokumentation digitaler Daten und der automatischen Berichterstattung in der Klinik. Habilitationsschrift 1974 - GSF-Bericht MD 85, München

Thurmayr, R.: Erfahrungen mit der Erstellung halbautomatischer medizinischer Berichte. Verhandlungen d.dtsch.Ges.f.Innere Medizin 8, 937-940 (1974)

Thurmayr, R., Stieber, J.: Erfahrungen mit dem Routineeinsatz der Textsynthese für medizinische Berichte. 23. Jahrestagung der GMDS, Köln, 1978

Walbert, R.H.: Halbautomatische Erstellung medizinischer Texte auf einem Mikrorechnersystem. Diplomarbeit 1978 - TU München

Wingert, F.: Klartextverarbeitung In Medizinischer Informatik und Statistik, Bd. 4: Klartextverarbeitung. Frühjahrstagung, Gießen 1977 Hrsg.: F. Wingert. Berlin-Heidelberg-New York: Springer 1978, 1-20

Dr.med.Josef Schöffel, PD Dr.med.Rudolf Thurmayr
Institut für Medizinische Statistik und Epidemiologie der Technischen Universität München.
Sternwartstr. 2, 8000 München 80 (Tel.: 4140-4227)

DIE KLARTEXTVERARBEITUNG UND INFORMATIONSERSCHLIESSUNG VON MEDIZINISCHEN BEFUNDTEXTEN

D.Köberl, W.Feigl, M.Scherer und H.Schier
Institut für Pathologische Anatomie, Universität Wien

ZUSAMMENFASSUNG

Die Probleme, die bei der automatischen Verarbeitung medizinischer Texte auftreten, werden beschrieben. Ansätze zu ihrer Lösung werden aufgezeigt und die Wahl des AGK - Thesaurus zur Informationserschliessung pathologisch-anatomischer Befundtexte wird begründet. Die Auswertung der Texte erfolgt mit einem Retrieval-System in Stapelverbeitung. Durch eine semantische Satzanalyse, die von einer begrifflichen Klassifikation der Standardworte und der Facettenstruktur des Thesaurus ausgeht, wird die Informationswiedergewinnung verbessert.

1. ASPEKTE DER KLARTEXTVERARBEITUNG IN DER MEDIZIN

1.1 Einleitung

Sprachlich formulierte Daten haben in der medizinischen Kommunikation große Bedeutung, die meisten Nachrichten über medizinische Tatbestände und Zusammenhänge werden in verbaler Form übermittelt. Eine Strukturierung der in Textform erfaßten Daten erfolgt häufig nicht nur in Hinblick auf die Informationswiedergewinnung, sondern auch als Voraussetzung für die analytische Betrachtung und logische Folgerungen. Wenn nicht der einzelne Arzt zu einem strengen Formalismus der sprachlichen Äusserungen gezwungen werden soll, muss eine solche Strukturierung der Befundaussage in einem zweiten Schritt vom Klartext ausgehend erfolgen. Eine manuelle Übersetzung des Klartexts in ein Klassifikations- oder Nomenklatursystem wird in gewissem Umfang an mehreren Stellen durchgeführt (z.B. die

Klassifizierung der Todesursachen nach dem WHO - Code), im allgemeinen sind Ärzte dazu nicht ohne Einarbeitung in der Lage und nicht dazu bereit. Die Ausführung solcher Arbeiten durch entsprechend ausgebildetes nichtärztliches Personal ist mit einer erheblichen Fehlerrate verbunden.

Der Erfolg einer Übersetzung des Textes in ein Nomenklatur- oder ein Klassifikationssystem ist an der Qualität der Informationswiedergewinnung zu messen und daran, ob sie statistische Aussagen über das zugrundeliegende Datenmaterial ermöglicht. Dieselben Kriterien sind auch auf automatische Verfahren anwendbar, welche unmittelbar vom Klartext ausgehen. Ideal erscheint ein Verfahren, das frei formulierte Texte übernimmt und sie intern und für den Benutzer transparent zu einer Strukturierung und Formalisierung führt /1/.

1.2 Nomenklaturen - Klassifikationssysteme

Um eine geordnete Zerlegung der Information in disjunkte und vollständige Mengen, welche verschiedenwertigen Einheiten entsprechen, zu erzielen, wurden mehrere Klassifikationssysteme entwickelt. Eines davon ist die ICD (International Classification of Diseases), die auf das Jahr 1855 zurückgeht und alle zehn Jahre revidiert wird. Diese Liste von Krankheiten und Todesursachen wird zur Erstellung von Mortalitäts- und Morbiditätsstatistiken verwendet, welche von der WHO auf internationaler Ebene durchgeführt werden (Abb.1).

193	Bösartige Neubildung der Schilddrüse
194.–	Bösartige Neubildung sonstiger endokriner Drüsen
194.0	Nebenniere
194.1	Nebenschilddrüse
194.3	Hypophyse
194.4	Zirbeldrüse

Abb. 1: Ausschnitt aus der ICD

Die beste Struktur zur Darstellung pathologisch-anatomischer Aussagen hat zur Zeit die Systematized Nomenclature of Pathology (SNOP). Sie besteht aus vier hierarchisch strukturierten Listen (Topographie, Morphologie, Aetiologie und Funktion - etwa 15000 Deskriptoren) und geht von der Voraussetzung aus, dass eine Diagnose im allgemeinen aus einer Kombination von Elementen der vier Listen besteht /2/ (Abb.2).

TOPOGRAPHIE	MORPHOLOGIE
CARDIOVASCULAERES SYSTEM	TRAUMATISCHE ABNORMITÄTEN
30 CARDIOVASCULAERES SYSTEM	10 TRAUMA
T 3000 KREISLAUFSYSTEM	M 1000 VERLETZUNG, NNB
T 3000 SYSTEM, CARDIOVASCULAERES	M 1000 TRAUMA, NNB
	M 1001 GEBURTSTRAUMA
T 3010 HERZ UND LUNGE ALS GEMEINSAME LOKALISATION	
	11 HITZE-, KAELTE- UND STRAHLENEINWIRKUNG
31 PERICARD	110 VERBRENNUNGEN
T 3100 PERICARD, NNB	M 1100 VERBRENNUNG, NNB
T 3101 PERICARD, LAMINA VISCERALIS	M 1101 VERBRENNUNG, ERSTER GRAD
T 3101 EPICARD	M 1102 VERBRENNUNG, ZWEITER GRAD
T 3102 PERICARD, LAMINA PARIETALIS	M 1103 VERBRENNUNG, DRITTER GRAD
T 3103 PERICARD, MESOTHEL	M 1104 VERBRENNUNG, VIERTER GRAD
	M 1104 VERKOHLUNG
	M 1105 VERBRUEHUNG
32 HERZ	
	111 ERFRIERUNGEN
T 3201 HERZ; SEITE, RECHTE	M 1110 KAELTESCHADEN
T 3202 HERZ; SEITE, LINKE	M 1111 ERFRIERUNG
T 3203 HERZ; BASIS	M 1112 ERFRIERUNG, ERSTER GRAD
T 3204 HERZ; SPITZE	

Abb. 2: Ausschnitte aus den beiden Informationskategorien Topographie und Morphologie der SNOP

Den großen Vorteilen aller Klassifikationssysteme und Nomenklaturen bei der übersichtlichen Darstellung der Daten stehen die Nachteile gegenüber, daß sie nur mit großem Zeit- und Personalaufwand eingeführt werden können und ihre eher starre Struktur nur eine begrenzte Genauigkeit bei der Abbildung der komplexeren mehrdimensionalen Realität zuläßt. Obwohl ein Klassifizierungsversuch niemals etwas endgültiges sein kann und das Kriterium der Praxis eine ständige Überprüfung fordert, ist jede spätere Änderung eines eingeführten Systems mit großem Aufwand verbunden - alte, bereits klassifizierte Daten können kaum mehr neuerlich umcodiert werden. Die Forderung, daß

Klassifikationssysteme polyhierarchische, offene Systeme darstellen sollen, welche einfach zu ändern sind und auf möglichst breiter Basis akzeptiert werden, scheint nicht erfüllbar. Besonders deutlich wird dies am Beispiel der Systematized Nomenclature of Medicine (SNOMED), die eine Erweiterung der SNOP darstellt und mit etwa 50000 Einträgen bereits so groß ist, daß eine manuelle Verwendung nicht mehr in Frage kommt /3/.

Die Notwendigkeit, bestehende Nomenklatursysteme zur Auswertung von Befundtexten zu verwenden, kann jedoch durchaus in Frage gestellt werden. Die Bereitstellung der Daten medizinischer Texte für eine automatische Verarbeitung erscheint auch ohne diesen Umweg mit Hilfe der Klartextanalyse durchführbar. Geht man von der Voraussetzung aus, daß alle verwendeten Begriffe eindeutig definiert sind und ein Wörterbuch mit den semantischen Beziehungen zwischen den Begriffen existiert, scheint das ideale Verfahren durchaus realisierbar, das frei formulierte Texte übernimmt und diese durch eine geeignete semantische und syntaktische Analyse für Auswertungen und logische Folgerungen geeignet strukturiert.

1.3 Die Terminologie und Form medizinischer Aussagen

Beim Vergleich von Fachsprachen stellt man fest, daß die Sprache der Medizin mehrdeutiger und unpräziser zu sein scheint, als diejenige der exakten Naturwissenschaften, auch wenn jede dieser Disziplinen eine hochentwickelte Terminologie besitzt. Eine Ursache dafür liegt im Kompliziertheitsgrad der Medizin: "Menschen gehören zu den komplexesten Systemen, die wir kennen und jede Schematisierung und Vereinfachung zum Zweck der Algorithmisierung fordert ihre Opfer hinsichtlich der Genauigkeit der Abbildung der Realität. Die Medizin ... ist ein Konglomerat empirisch und historisch gewachsener Meinungen, die sich im allgemeinen widersprechen." /4/

Trotz internationaler Bemühungen ist das Terminologie - Problem in den letzten Jahrzehnten noch größer geworden. So wurde von Experten des CIOMS (International Council of Organisations in Medicine and

Health) festgestellt, daß die Schwierigkeiten bei der automatischen Verarbeitung und dem Information Retrieval eine große Barriere für die Durchführung wissenschaftlicher Forschungsarbeiten sind. Die Verständigungsprobleme in der Medizin nehmen mehr und mehr zu, da Autoren dasselbe Konzept mit verschiedenen Namen benennen, mit Namen, die oft unbekannt, unkorrekt oder veraltet sind oder aus irgendeinem anderen Grund Verwirrung stiften. So gibt es für einzelne Krankheiten zwanzig bis dreißig synonyme Bezeichnungen /5/.

Dieser babylonische Zustand wird durch mehrere Faktoren verursacht:
- die zunehmende Spezialisierung in der Medizin, welche Hand in Hand mit der Multidisziplinarität in vielen Bereichen geht,
- die Rolle verschiedener Medizinischer Schulen mit ihrem Mangel an Präzision in vielen medizinischen Konzepten,
- die Geschwindigkeit der tatsächlichen Entwicklung in der Medizin.

Während die Probleme mit der Terminologie die automatische Verarbeitung medizinischer Texte erheblich erschweren, gibt es auch eine Reihe von Gründen, die für die Klartextanalyse sprechen. Es sind dies vor allem die starke Nominalisierung und einfache syntaktische Struktur der zu analysierenden Texte, die fast ausschließlich aus Nominal- und Präpositionalphrasen bestehen.

1.4 Automatische Interpretation von Texten in natürlicher Sprache.

Mit der automatischen Verarbeitung (Analyse, Interpretation, Generierung) von Texten in natürlicher Sprache beschäftigen sich viele Projekte, seit die technischen Möglichkeiten durch leistungsfähige Rechenanlagen mit großen Externspeichern gegeben erscheinen. Zur Lösung der damit verbundenen Probleme wurden verschiedene Modelle entwickelt, entweder von linguistischen Ansätzen ausgehend /6/ oder Artificial Intelligence Systeme /7/. Die automatischen Interpretation der natürlichen Sprache ist offensichtlich kein Problem der Rechnerkapazität und es scheint, daß dieses Ziel ohne Restriktionen zu hoch angesetzt und nicht realisierbar ist. Die Linguistik ist von einer geschlossenen Theorie der Sprache weit entfernt und die Semantik ist erst im letzten Jahrzehnt zu einem Gegenstand primärer Bedeutung für die Linguisten geworden /8/. Die verschiedenen Artificial Intelligence Systeme liefern zwar eindrucksvolle Teillösungen, lassen aber keinen allgemeinen Ansatz zur Interpretation der natürlichen Sprache erkennen, die kommunikative Kompetenz dieser Systeme ist immer von vornherein auf ein bestimmtes Teilgebiet beschränkt /9/.

Auf Grund dieser Überlegungen wird verständlich, daß die Leistungsfähigkeit von Verfahren zur Klartextverarbeitung umgekehrt proportional zur Breite des Anwendungsgebiets ist. Eine automatische Verarbeitung von Fachsprachen mit einem überschaubaren Wortschatz, wie etwa einer Fachsprache der Medizin, erscheint daher durchaus erfolgversprechend. Als besonders leistungfähige Methode zur Analyse von Texten in natürlicher Sprache hat sich die ATN-Grammatik bewährt /10/, welche von W.Woods für das Frage-Antwort-System LUNAR entwickelt wurde. Sie erlaubt die Formulierung von kontextsensitiven Grammatiken für Teilbereiche der natürlichen Sprache, unabhängig von den Computerprogrammen, welche die Analyse bzw. die Generierung der Texte durchführen.

Eine vollständige automatische syntaktische Analyse (Parsing) von natürlichsprachlichen Texten mit Hilfe einer ATN - Grammatik für die Zwecke der Dokumentation und Informationserschließung wird unseres Wissens nirgends durchgeführt und ist wohl auch in nächster Zukunft nicht zu erwarten. Der Wert der syntaktischen Information für das Retrieval ist umstritten und allgemein herrscht die Einstellung, daß solche Systeme den ungleich höheren Aufwand gegenüber herkömmlichen Systemen nicht lohnen. (Für Texte der oben angedeuteten Struktur erscheint im allgemeinen auch die Anwendung einer kontextfreien Grammatik für die Analyse ausreichend /11/.)

Voraussetzung für eine Textanalyse ist die Zuordnung von semantischen und syntaktischen Kategorien zu den einzelnen Begriffen (Unterscheidung zwischen den einzelnen Präpositionen, zwischen modifizierenden Begriffen und Befundbegriffen etc.), Voraussetzung für eine erfolgreiche Informationswiedergewinnung ist ein Thesaurus mit einem semantischen Netz, das eine Synonymzusammenführung und die Implikationserschließung ermöglicht. Mit dem AGK - Thesaurus, der zur Zeit vorwiegend für das Information Retrieval eingesetzt wird, wurde in den letzten Jahren ein Werkzeug geschaffen, das diese Voraussetzungen für eine Analyse von Texten pathologisch-anatomischer Befunde erfüllt.

2. DER AGK - THESAURUS

Dieser Thesaurus ist der umfangreichste Thesaurus der medizinischen Sprache auf dem Fachgebiet der Pathologie im deutschen Sprachraum . Er wurde von Mitarbeitern der Arbeitsgruppe für Klartextverarbeitung der Gesellschaft für Medizinische Dokumentation, Informatik und Statistik empirisch aufgebaut und besteht aus drei logisch zusammengehörigen Dateien: (1) Eingangswortdatei (e-File), (2) Standardwortdatei (s-File) und (3) invertierte Standardwortdatei (f-File) /12/.

2.1 Die Eingangswortdatei

Dieses Wörterbuch enthält 66683 Wortformen (einschließlich Wörter mit verschiedenen Endungen zur Erleichterung der automatischen Fehlerkorrektur - ohne diese Wörter wäre der Umfang der Datei nur etwa 30360 Wortformen). Mit der Ausnahme der Stopworte (z.B. Artikel) ist bei jedem Eingangswort ein Zeiger auf das entsprechende Standardwort in der Standardwortdatei angegeben.

e–File	s–File		
	Standardwort	Facettennotation	semantische Kategorie
PERFORIEREND	PERFORIEREND (m)	PERFORATION (f)	–
ULCUS GESCHWUER	ULCUS (f)	INFLAM/LOCAL (F)	F
VENTRICEL VENTRICULI	VENTRICEL (l)	–	–
MAGENULCUS MAGEN- GESCHWUER	MAGENULCUS (f)	MAGEN (L) INFLAM/LOCAL (F) ULCUS (f)	D
MAGEN	MAGEN (L)	–	D/F

Abb. 3: Logischer Zusammenhang zwischen Eingangs- und Standardwortdatei.

2.2 Die Standardwortdatei

Die Standardwortdatei umfaßt 18700 Standardworte und ist in Form eines Facettensystems aufgebaut. Darunter ist ein Begriffssystem zu verstehen, für das die Kombination von semantischen Merkmalen bestimmend ist (maximal 18 Merkmale pro Deskriptor). Die Merkmale (oder Zusatznotationen) sind dabei ebenfalls als Standardworte in der Datei enthalten. Bei einer solchen logischen Verknüpfung von Deskriptoren untereinander gibt es eine Vielzahl möglicher Hierarchien, da jedes Standardwort grundsätzlich mit jedem anderen kombinierbar ist (Abb.3).

2.3 Die invertierte Standardwortdatei

Diese Datei mit 51699 Eintragungen ermöglicht den logischen Zugriff zu allen Standardworten, die mit einem bestimmten Standardwort facettiert sind (d.h. dieses als Facettennotation enthalten). Aus dem Verhältnis der Anzahl von Eintragungen dieser Datei zu jenen der Standardwortdatei ist zu ersehen, daß die durchschnittliche Anzahl von Facettennotationen pro Standardwort zwischen zwei und drei liegt.

Jedes Standardwort ist einer von sechs Facettenklassen zugeordnet :

F Befundoberbegriff (186)

f Befundbegriff

L Lokalisationsoberbegriff (112)

l Lokalisationsbegriff

m Modifier (Attribut)

v Varia (Standardworte, die keiner der anderen Klassen angehören, z.B. Funktionsworte wie Präpositionen, Konjunktionen, Negation etc.)

Diese Klassifikation ist keine semantische: modifizierende Begriffe enthalten häufig die Information über Lokalisations- oder Befundbegriffe (die entsprechenden Deskriptoren sind dann als Zusatznotationen bei den Modifiern angegeben), sie werden im Rahmen unseres Thesaurus nicht als synonym mit diesen (Lokalisations- oder Befund-) Begriffen betrachtet (Unterscheidung der verschiedenen Diagnosen "entzündliche Zyste" - "zystische Entzündung"). Die Klassifizierung der Oberbegriffsklassen und die Zuordnung von Facettennotationen beruht auf dem Konzept, daß jede Diagnose zumindest die Information eines Befundoberbegriffs und im allgemeinen auch eines Lokalisationsoberbegriffs enthalten sollte. (Beispiele solcher Oberbegriffskonstellationen sind in Abb.4 angegeben.)

L \ F	MORPHOLOGIE		AETIOLOGIE		FUNCTION	
	Carcinom	Inflam/chron	exogene Noxen	Traumata	Kreislauf/ art	Kreislauf/ pulmonal
Aorta	/		/			/
Herz	/					/
Leber						/
Lunge						
Nieren						
Knochen	/					/
keine Lokalisationsangabe	/	/		/	/	/

Abb. 4: Beispiele von L/F – Konstellationen
(/ bezeichnet semantische Inkompatibilitäten)

3. DATENERFASSUNG UND FEHLERKORREKTUR

Die Erfassung von Textdaten unterscheidet sich im Prinzip nicht von der Erfassung numerischer Daten, sieht man vom großen Speicherplatzbedarf dieser Daten und der Problematik der größeren Fehleranfälligkeit der Texterfassung ab. Die Erfahrungen mit den von uns verwendeten Methoden und die angestrebten weiteren Entwicklungen bei der Datenerfassung sollen in diesem Zusammenhang nur kurz erwähnt werden.

Die OCR -A - Schrift (optical character recognition) wird seit über acht Jahren zur Erfassung von Wiener Autopsiebefunden verwendet /13/. Diese Methode erfordert lediglich geeignete Schreibmaschinen und ermöglicht daher auch eine dezentrale Datenerfassung. Da die auf den OCR-Formularen erfaßten Texte nur in größeren Zeitabständen auf einen für die weitere Verarbeitung geeigneten Datenträger (Magnetband) übertragen werden, muß mit einer Verzögerung der Auswertung von erfaßten Daten gerechnet werden.

Mit dem Dokumentationssystem des Wiener Allgemeinen Medizinischen Informationssystems WAMIS /14/ werden histo - pathologische Diagnosetexte erfaßt. Dieses Dokumentationssystem dient zur Eingabe von numerischen und nichtnumerischen Daten in die WAMIS - Datenbank. Plausibilitätskontrollen von numerischen Daten sind dabei möglich. Mehrere Jahrgänge von histo-pathologischen Diagnosen (pro Jahr fallen etwa 20000 Befunde an) sind in der aktiven Befunddatei enthalten /15/.

Bei beiden oben angeführten Methoden werden Schreibfehler (Wörter, die zwar im vorgegebenen Vokabular enthalten, aber fehlerhaft geschrieben sind) erst bei der Standardisierung des Textes (vgl. 4.2.1) erkannt, die off-line zu einem späteren Zeitpunkt erfolgt. Nimmt man eine geringere Wiederauffindungsrate bei der Informationswiedergewinnung in Kauf, dann kann eine Korrektur der Schreibfehler in einigen Befundabschnitten unterbleiben - die dadurch verursachte geringere Wiederauffindungsrate wird zum Teil durch redundante Formulierungen des Befundtextes ausgeglichen. Eine Korrektur der fehlerhaft geschriebenen Worte in einigen Befundabschnitten ist meist unerläßlich und mit erheblichem Arbeitsaufwand verbunden, auch bei Verwendung eines Verfahrens zur halbautomatischen Fehlerkorrektur /16/. Eine nachträgliche Fehlerkorrektur beim Vorliegen großer Datenmengen bringt große Nachteile mit sich, wie die Vergrößerung des Zeitraums zwischen Erfassung und Auswertung, außerdem können die Formulare erst nach der Korrektur abgelegt werden. Eine Lösung dieser Probleme ist auch kaum durch eine Verbesserung der Algorithmen zur voll- oder halbautomatischen Fehlerkorrektur zu erreichen, sondern nur durch ein Verfahren, das bereits bei der Datenerfassung die eingegebenen Worte mit den Worten eines Lexikons (z.B. den Eingangsworten) vergleicht, wie dies zum Beispiel beim Mikrocomputersystem KLAUKON (Klartexterfassung mit automatischer Textkontrolle) der Fall ist /17/. Das System liefert eine Meldung bei allen eingegebenen Worten, die nicht im Wörterbuch enthalten sind und ermöglicht so eine unmittelbare Überprüfung, ob es sich um einen zu korrigierenden Schreibfehler oder ein im Thesaurus bisher nicht enthaltenes Wort handelt.

Etwas schwieriger, aber in gleicher Weise bereits bei der Datenerfassung anzustreben, wäre eine Überprüfung des eingegebenen Textes auf formale Richtigkeit (Vollständigkeit, Konsistenz, Plausibilität), d.h. im Fall von Diagnosetexten, ob bestimmte Minimalinformationen vorhanden sind, welche von einer Diagnose erwartet werden. Damit könnten bestimmte Nachteile vermieden werden, die eine Erfassung der Diagnose im Klartext aufweist im Vergleich zur Verwendung eines Klassifikationssystems, das den Befunder zwingt, seine Diagnose in das System einzuordnen. Unter formaler Richtigkeit des Diagnosetextes im Rahmen unseres Systems verstehen wir, daß die Diagnose in einen bestimmten vorgegebenen Raster von Befund- und Lokalisationsoberbegriffen eingeordnet werden kann (Abb.4). Eine solche formale Überprüfung des eingegebenen Textes kann mit einem Erkennungsalgorithmus erfolgen, der von semantischen Kategorien ausgeht, welche den einzelnen Eingangsworten zugeordnet sind (entsprechend der Facettenstruktur des Thesaurus). Die Freiheit in der Formulierung des Befundtextes würde dabei voll erhalten bleiben und dennoch die Möglichkeit der Einordnung in ein flexibles und leicht veränderbares Verschlüsselungssystem gewährleistet sein.

4. TEXTRETRIEVAL UND TEXTANALYSE

Gute Ergebnisse beim Retrieval von Befundtexten können im Prinzip mit allen Informationswiedergewinnungssystemen erzielt werden, in denen sich das semantische Netz des AGK- Thesaurus verwirklichen läßt (z.B. die on-line Systeme GOLEM von Siemens, STAIRS/TLS von IBM). Möglichkeiten des off-line Textretrievals und Erfahrungen mit eigenen Systemen werden im folgenden kurz beschrieben. Der Nachteil, den ein Offline-System gegenüber Online-Systemen aufweist, kann bei den beschriebenen Auswertungen in Kauf genommen werden, da nicht das Auffinden von einzelnen Dokumenten, sondern die Suche von Kollektiven im Vordergrund steht. Häufigkeitslisten der einzelnen Deskriptoren geben eine ausreichende Vorinformation über das zu erwartende Retrievalergebnis.

4.1 Textretrieval durch Aufsuchen von L/F - Oberbegriffskonstellationen.

Da Befund - (F) und Lokalisationsoberbegriffe (L) im Rahmen unseres Systems als wesentliche Informationen eines Diagnosetextes

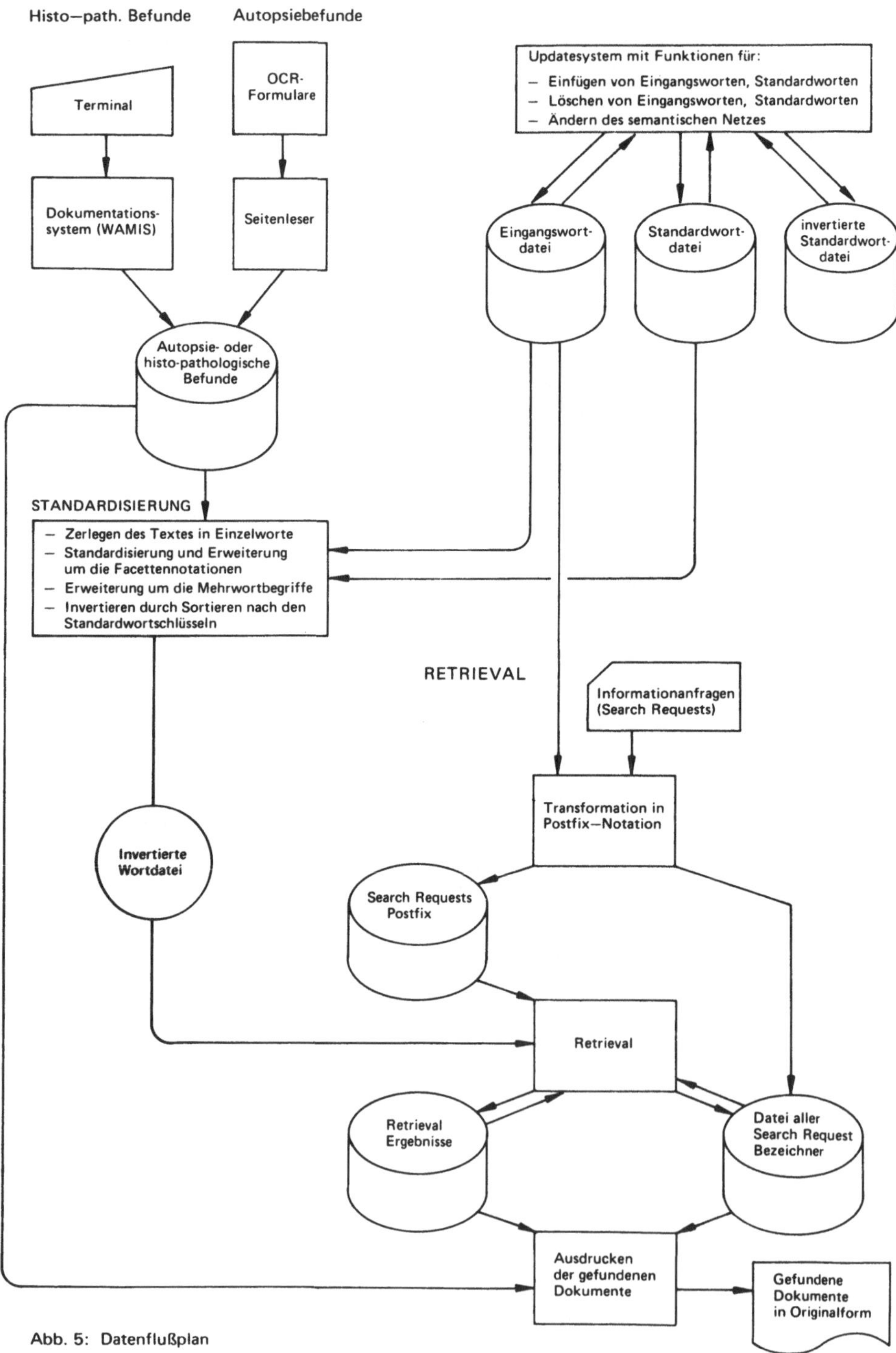

Abb. 5: Datenflußplan

angesehen werden, ist auch das Textretrieval durch Abfrage auf verschiedene L/F - Konstellationen naheliegend: Jede Diagnose müßte bei zumindest einer L/F - Konstellation aufscheinen. Der Vorteil dieser Form der Informationswiedergewinnung liegt darin, daß ein einmaliges Erstellen von Listen aller Oberbegriffskonstellationen mit Namen und Nummern der relevanten Befunde für einen bestimmten Datenbestand genügt, um einen großen Teil der Retrievalerfordernisse off-line befriedigen zu können. Das System ist dem Benutzer leicht verständlich zu machen und erspart ihm die Formulierung logischer Ausdrücke mit Hilfe Bool'scher Operatoren. Das Erstellen solcher Listen kann mittels eigens für diesen Zweck geschriebenen Programmen, aber auch mit dem unten beschriebenen Auswertungssystem erfolgen.

4.2 ASK - ein Informationswiedergewinnungssystem zur Auswertung standardisierter Klartextdaten.

Das Programmsystem ASK wurde zur Auswertung der mit dem AGK - Thesaurus standardisierten Befundtexte entwickelt, ist aber nicht an den AGK - Thesaurus gebunden. Durch die rationelle Verwaltung von Speicherplatz (nur die für eine bestimmte Auswertung benötigten Daten werden auf eine Direkt-Zugriffsdatei gelegt) eignet es sich besonders für die Auswertung der großen Datenmengen, welche sich bei Volltextsystemen ergeben. Um bei der Ermittlung des Retrieval-Ergebnisses nicht die Einzelbefunde durchsuchen zu müssen, wird wie bei den meisten anderen Textretrieval-Systemen von einer invertierten Wortdatei ausgegangen (Abb.5).

4.2.1 Standardisierung und Erstellen der invertierten Wortdatei.

Die invertierte Wortdatei entsteht durch (Abb.6):

- Zerlegen des Befundtextes in die Einzelworte und Abspeicherung mit Befund-, Abschnitts-, Satz- und Wortnummer.
- Ersetzen der im Eingangswortregister enthaltenen Worte durch die entsprechenden Standardworte (bzw. die Standardwortnummern oder -schlüssel) und Eliminierung der Stopwörter. Die nicht im Thesaurus enthaltenen Wörter werden zur Korrektur bzw. Thesauruserweiterung auf eine eigene Datei geschrieben.

- Erweiterung der standardisierten Wortdatei um die Zusatznotationen der Standardworte (mit gleicher Befund-, Abschnitts- und Satznummer wie dieses, jedoch als Zusatznotation gekennzeichnet)
- Invertieren der erweiterten standardisierten Datei durch Sortieren nach Standardwortschlüssel, Befund-, Abschnitts- und Satznummer
- Die so erstellte invertierte Wortdatei wird im Verlauf der sogenannten zweiten Standardisierung noch um jene Mehrwortbegriffe erweitert, deren Implikation sich erst aus dem Satzzusammenhang ergibt. (So implizieren die beiden Begriffe "ulcus" und "ventricel" im selben Satz den Deskriptor "Magenulcus" und damit auch die Facettennotationen dieses Terms.)

Die Erweiterung der invertierten Datei um die Zusatznotationen führt zwar zu einer gewissen Redundanz in den Daten, dies kann jedoch in Hinblick auf die damit verbundene Vereinfachung und Effizienzerhöhung der Auswertung ohne weiteres in Kauf genommen werden.

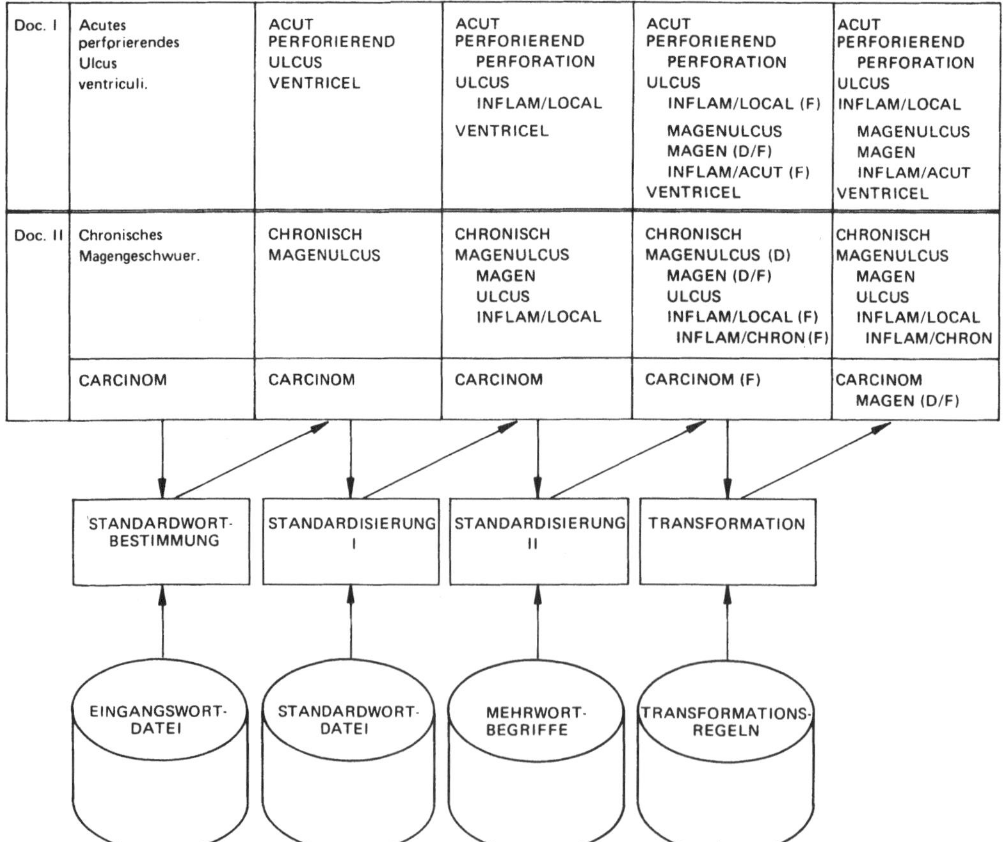

Abb. 6: Standardisierung und Transformation.

4.2.2 Formulierung von Informationsanfragen (Search-Requests)

Fragen können gebildet werden durch die Verknüpfung von (im Thesaurus enthaltenen) Worten als Operanden mit den logischen Operatoren UND, ODER bzw. UND NICHT (der Operator NICHT allein ist nicht zulässig). Diese Operatoren werden durch die Symbole "&", "|" und "&¬" repräsentiert. (Die Frage CARCINOM & METASTASE führt im allgemeinen genauso wie die Frage CARCINOM & MAGEN zu weniger Auswertungsergebnissen als die Frage CARCINOM allein, während CARCINOM | SARCOM wieder auf mehr Befunde zutreffen wird.)

Jede Informationsanfrage beginnt mit der Fragenidentifikation, welche von der eigentlichen Frage durch einen Doppelpunkt getrennt ist. Das Ende der Frage ist durch einen Strichpunkt gekennzeichnet.

Prioritäten innerhalb einer Frage können durch die Verwendung von Klammern gesetzt werden. Auf das Ergebnis der Auswertung einer Frage kann bei späteren Fragen wieder zugegriffen werden. Dies geschieht durch Verwendung dieser Fragenidentifikation als Operand mit einem vorgesetzten Nummernzeichen ("#"). Sollen bei der Auswertung einer Frage die als Zusatznotationen eingefügten Worte unberücksichtigt bleiben, so ist dies durch ein dem Operanden vorgesetztes kommerzielles Zu-Zeichen("@") anzugeben. Durch einfache PL/I - Unterprogramme können auch beliebige Felder des formatierten Teils im Befundprotokoll in die Auswertung einbezogen werden (z.B. Alter, Gewichtsangaben). Der Unterprogrammname ist dann als Operand mit einem vorgesetztem Dollarzeichen ("$") in der Frage anzuführen.

4.2.3 Ebenen eines Dokuments - Auswertungoptionen

Ähnlich wie zwischen einer Befund- und einer Patientenorientierten Dokumentation unterschieden werden muß, sind bei der Textauswertung verschiedene Ebenen eines Dokuments zu unterscheiden. Als ein Dokument verstehen wir in diesem Zusammenhang einen Autopsiebefund mit mehreren Textabschnitten bzw. die Gesamtheit der histologischen Befunde eines Patienten. Der Auswertungsmodus ist mittels einer eigenen Optionenkarte vor den Informationsanfragen festzulegen und gibt an, auf welcher Ebene die Frage erfüllt sein soll. Abgesehen vom einzelnen Wort, das die kleinste Informationseinheit des Textes darstellt, können im Auswertungssystem ASK drei verschiedene Ebenen eines Dokuments unterschieden werden. Diese haben für die beiden erwähnten Anwendungen die angegebenen Bedeutungen:

Auswertungs-modus	Autopsiebefunde	histo-path.Befunde
P	gesamter Befund	alle Befunde eines Patienten
A	einzelner Abschnitt	einzelner Befund (Arbeitsnr.)
S	Satz	Satz

Die zur Unterscheidung dieser drei Ebenen notwendigen Informationen (Befund-, Abschnitts- und Satznummer bzw. I-Zahl, Arbeitsnummer und Satznummer) sind auf der invertierten Wortdatei bei den einzelnen Standardworten angegeben. Soll das Retrieval-Ergebnis einer bereits ausgewerteten Frage bei einer anderen Frage in die Auswertung einbezogen werden (Verwendung der Fragenidentifikation mit vorgestelltem Nummernzeichen als Operand), so ist zu berücksichtigen, daß dies nur möglich ist, wenn die frühere Auswertung auf keiner höheren Ebene erfolgt ist, als der Auswertungsmodus der noch zu bestimmenden Informationsanfrage angibt.

Voraussetzung für einen optimalen Einsatz des Auswertungsmodus ist, daß sich die befundenden Ärzte an die Regel halten, nur voneinander zu trennende Sachverhalte in verschiedene Sätze zu stellen, dies jedoch immer. Ist die Voraussetzung nicht erfüllt (z.B. durch die Formulierung "CARCINOM DES MAGENS UND LUNGENEMBOLIE." oder die Formulierung "MAGENULCUS.CARCINOM.") dann werden dadurch die Werte der beiden Retrievalparameter Precision (Verhältnis der gefundenen relevanten Dokumente zur Gesamtzahl der gefundenen Dokumente) oder Recall (Verhältnis der gefundenen relevanten Dokumente zur Gesamtzahl der relevanten Dokumente) ungünstig beeinflußt. Im Fall der beiden Beispiele würde der erste Text als Retrievalergebnis zur Frage "CARCINOM & LUNGE" erhalten, obwohl es sich um kein relevantes Dokument handelt, während das Magencarcinom des zweiten Beispiels bei einer satzweisen Auswertung nicht wiedergefunden wird, da die Information über die Lokalisation in einem anderen Satz steht. Durch derartig ungünstige Formulierungen des Befundtextes liegen die Werte von Recall und Precision zum Teil erheblich unter dem Idealwert (1:1). Durch eine allgemeinere Formulierung der Informationsanfragen können zwar höhere Recall-Werte erzielt werden, dies hat jedoch meist eine verminderte Precision zur Folge.

Die oben erwähnten Mehrwortbegriffe können bei Vorliegen so kurzer Sätze, wie es bei den zu verarbeitenden Befundtexen der Fall ist (durchschnittlich zwei bis drei Worte pro Satz) am einfachsten so berücksichtigt werden, daß für diejenigen Wortkombinationen, welche andere Standardbegriffe implizieren, das Retrievalergebnis (Auswertungsmodus "satzweise") bestimmt und die invertierte Wortdatei um die implizierten Begriffe erweitert wird (2.Standardisierung).

Neben dem Auswertungsmodus können noch andere Optionen gesetzt werden, welche die Auswahl eines bestimmten Abschnitts oder eines bestimmten Jahrgangs betreffen.

4.3 Ein Modell zur semantischen Satzanalyse von Befundtexten

Der Nachteil vieler Systeme, welche im Vergleich zu Klassifikationssystemen vom Klartext ausgehen und Wort-Thesauri verwenden ist ihre Unfähigkeit, die Fakten-Komponente eines Dokuments zu erkennen und zu repräsentieren /18/. Sie dienen nur zur Inhaltserschließung aufgrund des Vorkommens oder Nichtvorkommens einzelner Worte. Eine Lösung der oben erwähnten Probleme bei der Informationswiedergewinnung, die letztlich auf diesen Nachteil zurückzuführen sind, könnte zwar durch die Anwendung eines Artificial-Intelligence-Systems erreicht werden, der Aufwand eines solchen Instrumentariums erscheint jedoch für die praktischen Bedürfnisse in den Informationswissenschaften nicht gerechtfertigt.

Da die zu analysierenden Texte viele semantisch eindeutige, aber syntaktisch inkorrekte Konstruktionen enthalten, wird in unserem Modell eine semantische Satzanalyse der standardisierten Texte (nach der Erweiterung um die Mehrwortbegriffe in der zweiten Standardisierung) mit Hilfe einer semantischen Klassifikation der Standardworte durchgeführt (ausgehend von der Facettenstruktur und den Facettenklassen des AGK-Thesaurus). Bei diesem Modell des Textverstehens wird die Aussage eines gegebenen Satzes nicht nur mit dem semantischen Netz des Thesaurus in Verbindung gebracht (durch die Erweiterung um die Zusatznotationen und die Mehrwortbegriffe bei der Standardisierung), sondern bei fehlenden Angaben (vgl. Abb.4) auch mit den Aussagen der benachbarten Sätze. Dies ist vor allem bei nicht optimalen Formulierungen des Befundtextes von Bedeutung.

Ausgehend von der Forderung, daß jeder Diagnosesatz zumindest die Information über einen Befund- und einen Lokalisationsoberbegriffs enthalten sollte, werden für die semantische Satzanalyse lediglich die beiden fundamentalen semantischen Kategorien
"D" vollständiger Diagnosesatz und
"F" Befundoberbegriff
unterschieden. (Dies ist analog zur Kategorialgrammatik, wo die beiden syntaktischen Kategorien "Satz" und "Nominalphrase" verwendet werden. /19/) Die Kategorie von Lokalisationsoberbegriffen, die zusammen mit Befundoberbegriffen den vollständigen Diagnosesatz bilden, wird mit "D/F" symbolisiert. Ziel der semantischen Satzanalyse ist das Erkennen unvollständiger Sätze und eine Transformation in die Form vollständiger Diagnosesätze, indem fehlende Information (Oberbegriffe) aus dem Zusammenhang, in dem der Satz steht, eingebracht wird. Durch diese Transformation wird die Wiederauffindungsrate beim Retrieval verbessert, ohne daß die Precision beeinträchtigt wird. Unsinnige Transformationen werden durch eine Überprüfung der semantischen Plausibilitäten vermieden. Diese Basisüberprüfung des Befundtextes führt nicht nur zu einer Erhöhung der Transparenz des Systems, sondern ermöglicht auch ein rasches Feedback in Bezug auf die optimale Formulierung von Sachverhalten und eine laufende Kontrolle der im Thesaurus festgelegten semantischen Relationen. Beide Funktionen erscheinen uns für die Akzeptanz von Systemen zur Textanalyse von grundlegender Bedeutung.

DISKUSSION UND AUSBLICK

Das Auswertungssystem ASK wird seit Juli 1978 zur Auswertung von Autopsiebefunden eingesetzt. Die Größe der Datenbasis beträgt derzeit 49 295 Autopsiebefunde (etwa 2 500 000 Worte) und 63 709 histopathologische Befunde (etwa 1 169 000 Worte). Die Erweiterung des Thesaurus um bisher nicht enthaltene Deskriptoren bzw. Eingangsworte stellt eine der Hauptarbeiten bei der Pflege des Systems dar (Facettennotationen). Eine andere Ursache für die Verzögerung der Auswertung erfaßter Texte ist die notwendige Korrektur von Schreibfehlern zumindest im wichtigsten Befundabschnitt (Grobklassifikation der Krankheit in Bezug auf die Todesursache). Die Durchführung der semantischen Satzanalyse konnte natürlich nur für die Texte dieses Abschnitts erfolgen und führte zu einer verbesserten Informationswiedergewinnung. Ein anderer Vorteil dieser Satzanalyse liegt darin, daß Befunde mit unvollständigen Diagnosetexten (ohne die Minimalinformationen bestimmter Befund- und Lokalisationsoberbegriffe) automatisch gefunden werden können, ohne daß eine Auswertung mit mehreren hundert Informationsanfragen notwendig ist (Vollständigkeitsüberprüfung der erfaßten Texte). Die Anwendung dieser Methode auf eine on-line Datenerfassung (Überprüfung des eingegebenen Vokabulars mit gleichzeitiger Erkennung von Mehrwortbegriffen und Durchführung der semantischen Satzanalyse) erscheint durchaus möglich und würde zu einer wesentlichen Qualitätsverbesserung der erfaßten Daten führen.

DANKSAGUNG

Teile des Programmsystems ASK wurden im Rahmen der Lehrveranstaltung "Interdisziplinäres Praktikum" an der Sozial- und Wirtschaftswissenschaftlichen Fakultät der Universität Wien enwickelt. Wir danken den daran beteiligten Kollegen Ing.R.Berthold, A.Nagl, R.Thaler und W.Vogler für ihre Mitarbeit.

Den Mitarbeitern des Rechenzentrums der Medizinischen Fakultät der Universität Wien (Vorstand: Prof.Dr.G.Grabner) sind wir für die Unterstützung und das Entgegenkommen bei der Durchführung unserer Arbeiten zu großem Dank verpflichtet.

Das Projekt wird vom Österreichischem Bundesministerium für Gesundheit und Umweltschutz finanziell unterstützt.

LITERATUR

/1/ Reichertz, P.L.: Die zentrale Bedeutung textverarbeitender Systeme in der Medizinischen Informatik. In: Reichertz, P.L.; Holthoff, G. (Herausgeber): Methoden der Informatik in der Medizin, Springer 1975 (3.Hannoversche Tagung für Medizinische Informatik 28.3.-30.3.74)

/2/ Wingert, F., Graepel, P.: Systematized Nomenclature of Pathology, Deutsche Übersetzung, Schriftenreihe des Instituts für Medizinische Informatik und Biomathematik, Nr.1, Münster 1975

/3/ Wingert, F.: Klartextverarbeitung in der Medizin. In: Wingert, F.(Herausgeber): Klartextverarbeitung, Frühjahrstagung der GMDS 1977 (Springer 1978)

/4/ Ueberla, K.: Probleme zwischen Informatik und Medizin - die Sicht des Anwenders. Informatik-Spektrum 2,4-11(1979)

/5/ Wolff-Terroine, M.:Terminology and Nomenclatures. In: Schneider, W.; Sagvall-Hein, A.L.: Computational Linguistics in Medicine (North-Holland Publ. Comp. 1977)

/6/ Chomsky, N.:Aspects of the Theory of Syntax (MIT 1965)

/7/ Charniak, E.; Wilks, Y.(Herausgeber): Computational Semantics. In der Reihe: Fundamental Studies in Computer Science, Band 4 (North Holland Publ. Comp. 1976)

/8/ Sparck Jones, K.; Kay, M.: Linguistics and Information Science (Academic Press 1973)

/9/ Weizenbaum,J.: Computer Power and Human Reason (W.H.Freeman 1976)

/10/ Bates, M.: The Theory and Practice of Augmented Transition Network Grammars. In Bolc, L.(Herausgeber): Natural Language Communication with Computers, Lecture Notes in Computer Sciences 63 (Springer 1978)

/11/ Seelbach, D.: Computerlinguistik und Dokumentation (Verlag Dokumentation München UTB 468)

/12/ Röttger, P.: Theoretische Grundlagen, empirische Generierung und Anwendungsstruktur eines Textverarbeitungssystems für die Pathologie. Habilitationsschrift (Johann-Wolfgang-Goethe Universtät, Frankfurt/Main 1979)

/13/ Feigl, W.: Der Klarschriftbeleg zur Dokumentation medizinischer Daten, IBM-Nachrichten 213, 428-430(1972)

/14/ Grabner H.; Lejhanec, J.: Das universelle Dokumentationssystem im Rahmen des Informationssystems WAMIS. EDV in Medizin und Biologie VII, Heft 2, 53-56 (1975)

/15/ Köberl, D.; Dorda, W.; Feigl, W.; Kogler, W.: Konzeption und Realisation der Biopsieverarbeitung im Rahmen eines allgemeinen Medizinischen Informationssystems. In: Informationsverarbeitung in der Medizin - Wege und Irrwege. Bericht über die 22.Jahrestagung der GMDS vom 3.-5.Oktober 1977 in Göttingen. (Springer 1979)

/16/ Küsel, W.: Automatische Fehlererkennung und Korrektur. Interaktive Datenverarbeitung in der Medizin. Jahrestagung der GMDS, Heidelberg 1975.

/17/ Schneider, W.: Intelligente Texterfassung mit Fehlerkontrolle auf einem Mikroprozessorsystem. Beitrag zur Fachtagung: Textverarbeitung und Informatik, Bayreuth 29.5.-30.5.1980 (Springer 1980)

/18/ Pratt, A.W.: The Use of Categorized Nomenclatures for Representing Medical Statements. In: Schneider, W; Sagvall-Hein, A,L: Computational Linguistics in Medicine (North Holland Publ.Comp.1977)

/19/ Lyons, J.: Introduction to Theoretical Linguistics (Cambridge University Press 1968)

TEXTERFASSUNG AM DATENSICHTGERÄT MIT VARIABLEM ZEICHENSATZ

R. Remke
Sonderforschungsbereich 7
Westf. Wilhelms-Universität
Salzstraße 41, D-4400 Münster

W. Kaspar, S. Stiller
Rechenzentrum
Westf. Wilhelms-Universität
Roxeler Straße 60, D-4400 Münster

ZUSAMMENFASSUNG

Bei der Erfassung von Texten entstehen häufig Probleme, weil der Zeichenvorrat des Erfassungsgerätes zu klein und zu wenig flexibel ist. Das gleiche Problem tritt auf, wenn man den erfaßten Text mit Hilfe eines Druckers ausgeben will. Bei solchen Geräten ist daher neben einem festen Zeichensatz ein variabler Zeichensatz sinnvoll. Der vorliegende Aufsatz beschreibt, wie die Integration eines solchen variablen Zeichensatzes in eine vorhandene Software eines Datensichtgerätes vorgenommen werden kann. Es soll deutlich gemacht werden, daß eine derartige Erweiterung notwendig, leicht konzipierbar und aus bestehenden Systemen entwickelbar ist.

1. GRÜNDE FÜR DIE VERWENDUNG VON VARIABLEN ZEICHENSÄTZEN

Heute sind moderne Datensichtgeräte verfügbar, die die Texterfassung wesentlich unterstützen und erleichtern. Bei der Textaufnahme und Korrektur mit Datensichtgeräten besteht gegenüber der Lochkarten- und OCR-Erfassung der Vorteil, daß zahlreiche Edit-Funktionen zur Verfügung stehen, z.B. zum Einfügen und Löschen von Zeichen, Verschieben und Kopieren von Textabschnitten, Ersetzen von Ausdrücken usw.. Weiterhin kann man systematische Änderungen über das gesamte aufgenommene Datenmaterial vom

Bildschirmcomputer automatisch durchführen lassen durch Iteration einer Folge von Edit-Anweisungen. Während dieser Aspekt der Texterfassung somit zufriedenstellend gelöst ist, gibt es bei bestimmten Anwendungen Probleme, weil bei den üblichen Datensichtgeräten nur Zeichensätze mit weniger als 100 darstellbaren Zeichen (etwa ASCII-Zeichensatz) angeboten werden, die nur durch Änderung der Hardware variiert werden können. Es ist also nicht daran zu denken, daß bei einem Erfassungsgerät jeder Benutzer mit seinem persönlichen Zeichensatz arbeiten kann, was bei sehr unterschiedlichem Textmaterial sicher wünschenswert und notwendig wäre. Gerade im natur- und geisteswissenschaftlichen Bereich müssen häufig Texte erfaßt werden, die besondere Anforderungen an den Zeichenvorrat der Erfassungsgeräte stellen. Man denke etwa an komplizierte Formeln, mathematische Sonderzeichen, griechische Buchstaben, Akzentbuchstaben, Indizes usw..Derartige Texte erfordern umfangreiche Maßnahmen, um sie der EDV zugänglich zu machen. Da nämlich nicht für jedes Zeichen eine Taste vorhanden ist, müssen solche durch Kombination vorhandener Tasten verschlüsselt werden. Dies kann die Aufnahme und die Lesbarkeit des Textes erheblich erschweren. Ein weiterer Nachteil ist, daß ein Schnelldruckerprotokoll als Arbeitsexemplar zumindest für Außenstehende dann nicht mehr zumutbar ist.

Um solche Texte dennoch ohne bzw. mit möglichst wenig Verschlüsselungen aufnehmen zu können, wird ein Datensichtgerät benötigt, das neben einem festen Zeichensatz (etwa ASCII) über einen variablen Zeichensatz verfügt, der vom Benutzer selbst festgelegt werden und ohne Änderung der Hardware gewechselt werden kann, z.B. durch Laden von einem Datenträger. Der feste Zeichensatz ist nötig, um eine einfache Bedienung des Gerätes mit Edit-Anweisungen usw. zu gewährleisten. Um die gespeicherten Texte drucken zu können, wäre die Installation eines Nadeldruckers mit variablem Zeichensatz sinnvoll, der vom Datensichtgerät gesteuert wird, so daß die Zeichen in derselben Form zu Papier gebracht werden können, wie sie auf dem Bildschirm erscheinen.

Ein derartiges Texterfassungssystem wurde am Sonderforschungsbereich 7 'Mittelalterforschung' an der Universität Münster mit den vorhandenen Datensichtgeräten und mit einem Nadeldrucker realisiert. Eine Übertragung auf andere Datensichtgeräte erscheint ohne prinzipielle Schwierigkeiten möglich.

2. INTEGRATION IN DIE VORHANDENE TEXTVERARBEITUNGSSOFTWARE

Zur Verfügung stand ein programmierbares Datensichtgerät (Intel 8080 Assembler) mit Grundsoftware für Textverarbeitung. Dieses Gerät war außer mit einem festen noch mit einem ladbaren Zeichengenerator ausgestattet, der allerdings vom Hersteller nur benutzt wurde, um hardwaremäßig Änderungen des festen Zeichensatzes vorzunehmen. Es konnten dazu Zeichen auf einer vergrößerten Punktmatrix entworfen und mit Hilfe einer Unter-Routine in Originalgröße auf den Bildschirm gebracht werden. Die Gesamtheit der Bitkombinationen, die die Form der einzelnen Zeichen fest legen, wurde dann als Zeichensatz auf einer Floppy-Disk gespeichert. Hiermit konnte dann ein neuer PROM programmiert werden. Mit der oben erwähnten Routine war es also möglich, neben den festen Zeichen auch die neuentwickelten Zeichen nebeneinander auf dem Bildschirm zu benutzen. In den Erfassungsprogrammen für den Benutzer konnte allerdings nur mit den festen Zeichen gearbeitet werden.

Eine Möglichkeit, die variablen Zeichen dem Benutzer zur Verfügung zu stellen, wäre gewesen, die bestehenden Programme zu verändern oder neu zu erstellen. Dies hätte jedoch bei den umfangreichen Programmen einen zu großen Arbeitsaufwand erfordert, zumal bei jeder neuen Softwareversion möglicherweise eine erneute Änderung nötig gewesen wäre. Außerdem standen die symbolischen Programme nicht vollständig zur Verfügung. Deshalb wurde ein anderer Weg eingeschlagen, um den ladbaren Zeichengenerator in die bestehende Software zu integrieren. Es wurden Schnittstellen zu den bestehenden Programmen geschaffen und der Zeichengenerator so gesteuert, daß eine einfache Eingabe über die Tastatur und eine eindeutige Codierung der variablen Zeichen sichergestellt ist.

Bei den vorhandenen Geräten standen 95 feste darstellbare Zeichen und 33 Kontrollzeichen zur Verfügung. Außerdem bot sich die Möglichkeit, bis zu 31 variable Zeichen in den Zeichengenerator zu laden. Da für die Codierung der festen ASCII-Zeichen die Hexadezimalwerte von 00H bis 7FH belegt sind, konnten für die variablen Zeichen die Codes von 81H bis 9FH genommen werden. Bei der weiteren Verarbeitung der Daten muß natürlich dann berücksichtigt werden, mit welchem Zeichensatz diese aufgenommen worden sind. Die Beschränkung auf 31 zusätzlich zu ladende Zeichen ist durch die Konzeption des vorhandenen Datensichtgeräts vorgegeben. Eine Erweiterung auf insgesamt 128 zusätzlich zu ladende Zeichen schied bei dem vorhandenen Gerät aus Kostengründen aus, würde aber keine prinzipiellen Schwierigkeiten bereiten. In diesem Fall müßten für die Codierung die Hexadezimalwerte von 80H bis FFH genommen werden.

Für die Ein- und Ausgabe von Zeichen - soweit von der Einführung der zusätzlichen variablen Zeichen betroffen - standen bei den vorhandenen Geräten die folgenden Unter-Routinen zur Verfügung:

TTI Eingabe eines Zeichens über die Tastatur:
Es können die Hexadezimalcodes von 01H bis 7FH eingegeben werden. Eine Eingabe über 7FH hinaus ist nicht möglich.

TTO Ausgabe eines Zeichens auf dem Bildschirm:
Die Hexcodes 00H bis 1FH und 7FH werden als Kontrollzeichen und die Hexcodes 20H bis 7EH als darstellbare Zeichen über den festen Zeichengenerator ausgegeben.

TTONC Ausgabe eines Nichtkontrollzeichens auf dem Bildschirm:
Die Hexcodes 01H bis 1FH werden über den ladbaren Zeichengenerator und die Hexcodes 20H bis 7EH über den festen Zeichengenerator als darstellbare Zeichen ausgegeben.

INDISP Lesen eines darstellbaren Zeichens vom Bildschirm:
Die über den festen Zeichengenerator ausgegebenen Zeichen liegen im Bereich von 20H bis 7EH und die über den ladbaren Zeichengenerator ausgegebenen im Bereich von 01H bis 1FH. Kontrollzeichen sind nicht auf dem Bildschirm darstellbar und kommen daher auch nicht für diese Unter-Routine in Betracht, so daß keine Mehrdeutigkeit auftreten kann.

Die beschriebenen Unter-Routinen wurden in den Benutzer-Programmen des vorhandenen Datensichtgerätes aufgerufen. Um mit den variablen Zeichen arbeiten zu können, waren Änderungen an diesen Schnittstellen und neue Unter-Routinen notwendig.

3. NEUE UNTER-ROUTINEN FÜR DIE EIN-UND AUSGABE VON ZEICHEN

3.1. Eingabe über die Tastatur

Die vorhandene Tastatur ließ keine direkte Eingabe - etwa mit Hilfe von Shift-Tasten - von Codes über 7FH hinaus zu. Daher mußte eine Taste als Umschalttaste programmiert werden. Hierzu wurde die Taste mit den Codes 40H und 60H (mit Shift) genommen (LCG-Taste):

Eingabe 40H: Diese Eingabe bewirkt das Einschalten des LCG-Modus nur für das nächste Zeichen, d.h. der nächste über die

Tastatur eingegebene Code wird mit Hilfe einer Übersetzungstabelle (TRANS) transformiert. Damit können Codes über 7FH hinaus eingegeben werden.

Eingabe 6OH: Hiermit wird der LCG-Modus für alle folgenden Zeichen eingeschaltet, bis die Eingabe 4OH oder 6OH erfolgt.

Da eine Übersetzungstabelle eingebaut wurde, kann man die Belegung der Tastatur bzgl. der variablen Zeichen individuell festlegen. Außerdem haben im LCG-Modus nicht alle Tasten einen geänderten Code zur Folge, d.h. man kann die Tastatur so programmieren, daß man etwa beim Arbeiten mit geladenen griechischen Buchstaben bei ein- und ausgeschaltetem LCG-Modus die Satzzeichen zur Verfügung hat.

Die Struktur der neuen Unter-Routine ergibt sich aus dem folgenden Diagramm. Dabei wird der LCG-Modus über die Variable MOD gesteuert. Bei ausgeschaltetem LCG-Modus hat MOD den Wert Null und bei eingeschaltetem LCG-Modus den Wert Eins oder Zwei, je nachdem ob nur das nächste Zeichen oder alle folgenden Eingaben anders interpretiert werden sollen. Beim Einschalten des Gerätes wird MOD mit Null initialisiert.

TTILCG

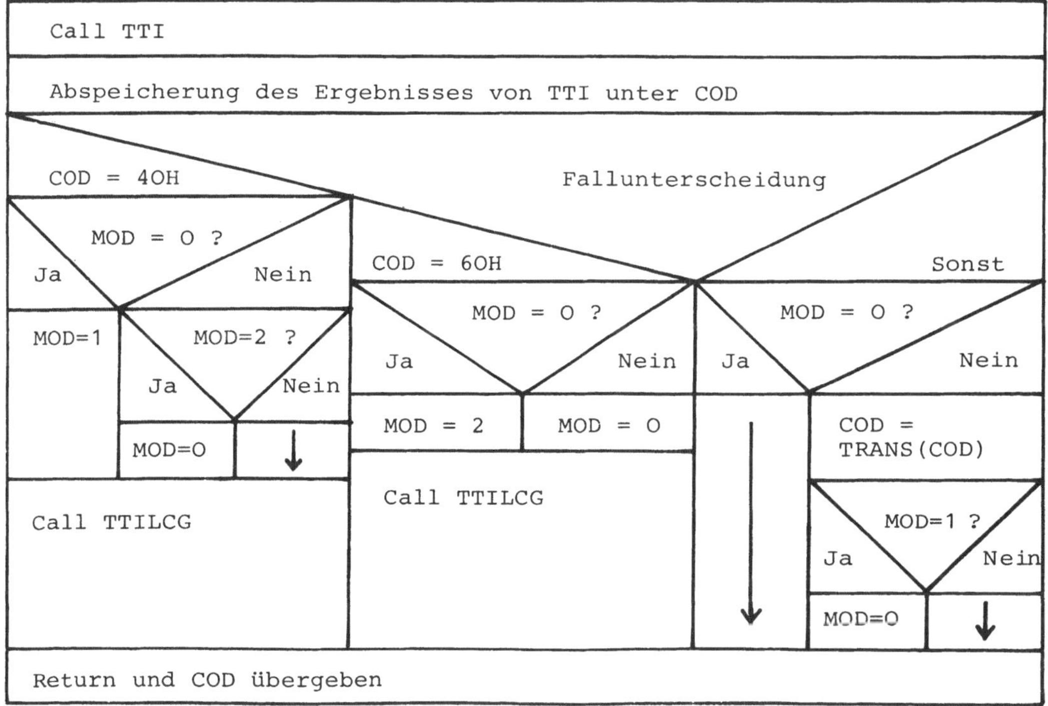

3.2. Ausgabe auf dem Bildschirm

In der neuen Routine für die Ausgabe eines Zeichens auf den Bildschirm werden die Unter-Routinen TTO und TTONC benutzt.

TTOLCG (COD)

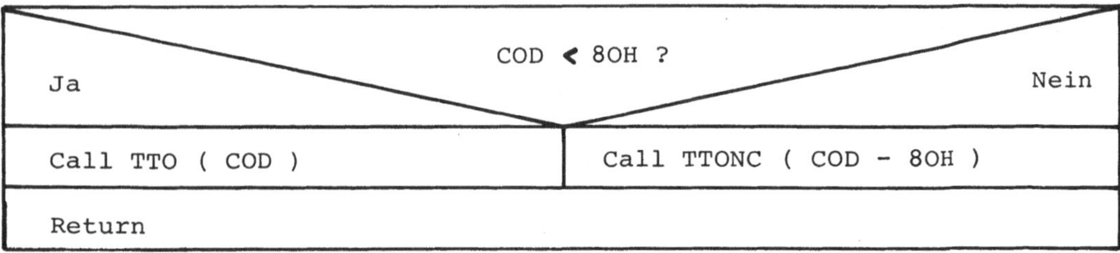

Die neue Routine TTOLCG steuert also die Ausgabe der festen Zeichen und der variablen Zeichen, die wie oben beschrieben codiert sind.

3.3. Einlesen vom Bildschirm

Beim Einlesen vom Bildschirm ist zu beachten, daß die variablen Zeichen im Gegensatz zu den festen Zeichen einen anderen Code haben als ihn die Unter-Routine INDISP liefert.

INDLCG

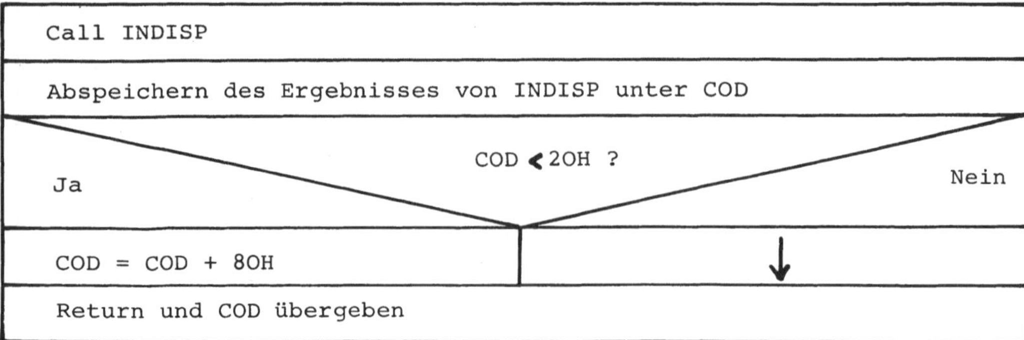

4. EINGLIEDERUNG DER NEUEN UNTER-ROUTINEN IN DIE BESTEHENDE SOFTWARE

Mit den oben beschriebenen neuen Unter-Routinen TTILCG, TTOLCG und INDLCG läßt sich die Verwaltung der festen und der variablen Zeichen gleichermaßen steuern. Die bestehende Software ruft die Routinen TTI, TTO, TTONC und INDISP über eine Verzweigungstabelle auf. Daher genügt es, für die Verwendung der neuen Routinen nur diese Verzweigungstabelle zu ändern, ohne daß man an den vorhandenen Programmen Änderungen vornehmen muß. Bei einem Aufruf dieser Routinen erfolgt ein Sprung zu einer Adresse, die in der Verzweigungstabelle an einer der jeweiligen Routine zugewiesenen Stelle gespeichert ist.

Alte Verzweigungstabelle (ADR steht für die Adresse der jeweiligen Routine):

CALL TTI	CALL TTO	CALL TTONC	CALL INDISP
↓	↓	↓	↓
JUMP ADR(TTI)	JUMP ADR(TTO)	JUMP ADR(TTONC)	JUMP ADR(INDISP)

Neue Verzweigungstabelle:

CALL TTI	CALL TTO	CALL TTONC	CALL INDISP
↓	↓	↓	↓
JUMP ADR(TTILCG)	JUMP ADR(TTOLCG)	JUMP ADR(TTOLCG)	JUMP ADR(INDLCG)

Zu guter Letzt war noch eine Erweiterung des Betriebssystems notwendig. Da nach dem Einschalten des Datensichtgerätes das Betriebssystem automatisch von der eingelegten Floppy-Disk geladen wird, bot es sich an, das Betriebssystem folgendermaßen zu erweitern:

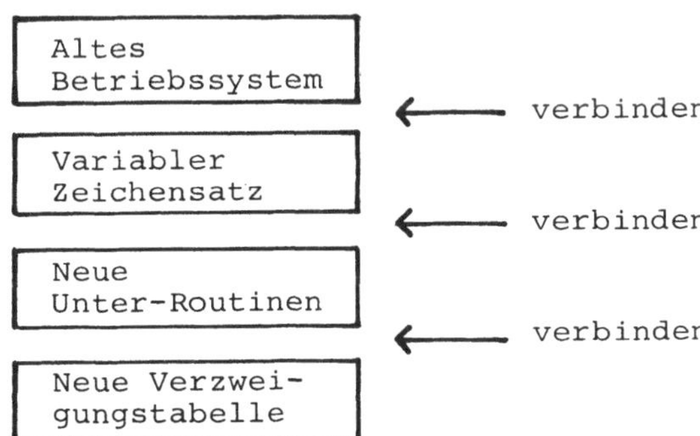

Die neuen Unter-Routinen werden in einen Systembereich geladen, der von den Benutzer-Programmen grundsätzlich nicht belegt wird. Nach dem Einschalten des Gerätes wird nun von der entsprechenden Floppy-Disk das Betriebssystem, der variable Zeichensatz, die neuen Unter-Routinen und die geänderte Verzweigungstabelle automatisch geladen. Damit ist der Benutzer des Datensichtgerätes in der Lage, mit den variablen Zeichen zu arbeiten. Diese werden durch den auf der Floppy-Disk gespeicherten Zeichensatz festgelegt. So können jedem Benutzer private Zeichensätze auf jeweils einer Floppy-Disk zugewiesen werden. Wenn der Zeichensatz und die Belegung der Tastatur einmal festgelegt sind, bleiben dem Benutzer zusätzliche Arbeiten erspart.

5. ANSCHLUSS EINES NADELDRUCKERS MIT LADBAREM ZEICHENGENERATOR

Damit die aufgenommenen Texte auch zu Papier gebracht werden können, wurde ein Nadeldrucker mit ladbarem Zeichensatz über das Datensichtgerät gesteuert. Wenn Texte gedruckt werden sollen, wird der Zeichensatz für den Nadeldrucker wieder von der Floppy-Disk geladen. Sofern die Matrix des Nadeldruckers mit der Matrix für die Bildschirmzeichen übereinstimmt, kann man den Zeichensatz für den Drucker automatisch aus dem Zeichensatz für den Bildschirm erzeugen. Da dieses bei den vorhandenen Geräten nicht der Fall war, mußte ein Programm zur Entwicklung von Zeichensätzen für den Drucker erstellt werden. Die Zeichen werden auf dem Bildschirm auf einer vergrößerten Punktmatrix gestaltet und können dabei probeweise gedruckt werden.

Leider hat der vorhandene Nadeldrucker nur einen Speicher für einen Zeichensatz, d.h. es können nur die Hexadezimalcodes von 00H bis 7FH interpretiert werden, so daß beim Druckvorgang der Zeichensatz, sofern er gewechselt werden soll, neu zum Drucker übertragen werden muß. Dieses ist natürlich mit Zeitverlust verbunden, könnte aber durch eine Konzeptionsänderung des Druckers leicht vermieden werden, indem es z.B. ermöglicht würde, wenigstens zwei Zeichensätze gleichzeitig zu laden, um dann mit Hilfe eines Steuercodes von einem Zeichensatz zum anderen umschalten zu können.

Der Drucker hat gegenüber dem Datensichtgerät den Vorteil, daß jederzeit der Zeichensatz geändert werden kann, ohne daß Auswirkungen auf die bereits gedruckten Zeichen zu befürchten sind. Dadurch sind alle Kombinationen, die die Druckmatrix erlaubt, auch in einem Druckvorgang druckbar. Beim Datensichtgerät wird der ganze Bildschirmbereich durch den geladenen Zeichensatz festgelegt (Bildwiederholungsspeicher), so daß die Anzahl der gleichzeitig darstellbaren Zeichen limitiert ist.

Leider erfüllt der uns zur Verfügung stehende Nadeldrucker noch nicht alle Wünsche hinsichtlich der Schreibqualität, weil die Schreibmatrix (7x9-Halbschrittmatrix) im Gegensatz zu der Zeichenmatrix des Bildschirms (14x9-Matrix) recht klein ausfällt.

6. ANWENDUNGEN

Im Sonderforschungsbereich 7 wird das Aufnahmesystem zur einfachen Erfassung von Texten benutzt, die für den automatischen Umbruch und Lichtsatz bestimmt sind (siehe S. Stiller, W. Kaspar, R. Remke "Ein Programmsystem für den automatischen Umbruch von satztechnisch schwierigen Texten" in diesen Proceedings), weil hier eine große Zeichenvielfalt benötigt wird, die auch abhängig von den zu setzenden Texten ist. Das Nadeldruckerprotokoll dient dann zu einer ersten Textkorrektur.

Um dem Benutzer das Arbeiten mit den variablen Zeichen zu erleichtern, werden die gewünschten Zeichen in ein Formblatt eingetragen (siehe Abb. 1). Die Belegung der Tastatur sollte sinnvollerweise so gewählt werden, daß die feste Kennzeichnung der Tastatur schon auf die variable hinweist bzw. Transliterationssysteme weitgehend berücksichtigt werden z.B.:

eckige Klammer ⟵ runde Klammer
griechisch Alpha ⟵ lateinisch A .

Eine zusätzliche feste Kennzeichnung der Tastatur kommt nur in Ausnahmefällen in Frage. Besser wäre eine automatische Kennzeichnung der Tastatur mit einer LCD-Anzeige, die die augenblickliche Funktion der Taste wiedergibt.

Die gewünschten Zeichen müssen dann am Bildschirm entwickelt und auf der Benutzer-Floppy-Disk abgespeichert werden. Die Belegung der Tastatur wird durch Änderung der Tabelle bei der Unter-Routine TTILCG programmiert. Ein Beispiel für die Verwendung eines variablen griechischen Zeichensatzes wird in der Abb. 1 gegeben.

Weiterhin wurden formelmäßig einfache mathematische Arbeiten (Examensarbeiten) aufgenommen und mit dem Nadeldrucker zu Papier gebracht. Dadurch entfiel das Schreiben mit einer Kugelkopfmaschine, bei dem ein häufiger Wechsel des Kugelkopfes notwendig gewesen wäre.

Beispiel für eine Tastaturbelegung mit zusätzlichen griechischen Zeichen:

! 1	" 2	£ 3	$ 4	% 5	& 6	´ ` 7	(' 8	) ' 9	■ o	= –	ß |	LCG	
CTRL	Q ξ	W ω	E ε	R ρ	T τ	Z ζ	U ϑ	I ι	O ο	P π	Ü	+ ;	LF	CR
SHIFT LOCK	A α	S σ	D δ	F φ	G γ	H η	J	K ϰ	L λ	Ö	Ä	* :	TAB
SHIFT	Y υ	X χ	C ς	V ψ	B β	N ν	M μ	< ,	> .	? /	SHIFT		

Beispiel für die Codierung des variablen Zeichensatzes:

8o +	o1	o2	o3	o4	o5	o6	o7	o8	o9	oA	oB	oC	oD	oE	oF	Hexadezimal
	α	β	ς	δ	ε	φ	γ	η	ι	'	ϰ	λ	μ	ν	ο	

8o +	1o	11	12	13	14	15	16	17	18	19	1A	1B	1C	1D	1E	1F	Hexadezimal
	π	ξ	ρ	σ	τ	ϑ	ψ	ω	χ	ν	ζ	'	`				

Abb. 1

Die folgende Abb. 2 (Photo des Bildschirms) demonstriert die Darstellungsvielfalt des Bildschirms, die durch die Integration des ladbaren Zeichengenerators in die bestehende Software möglich wurde (Auszug aus: H. Werner, R. Schaback "Praktische Mathematik II", Springer Verlag, Berlin 1972, S. 2o3).

Der vorhandene Drucker ist mit einer zufriedenstellenden Ausgabe dieses Beispiels allerdings überfordert, es wäre jedoch ein Drucker denkbar, der dieses leisten könnte.

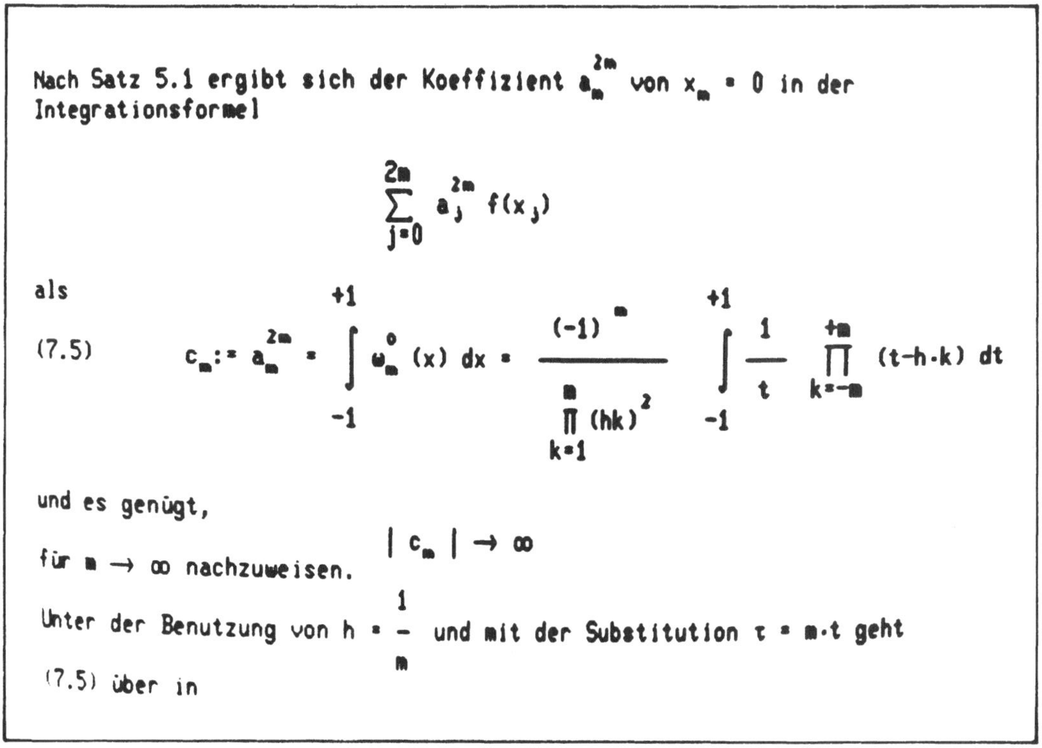

Nach Satz 5.1 ergibt sich der Koeffizient a_m^{2m} von $x_m = 0$ in der Integrationsformel

$$\sum_{j=0}^{2m} a_j^{2m} f(x_j)$$

als

(7.5) $$c_m := a_m^{2m} = \int_{-1}^{+1} \omega_m^0(x)\,dx = \frac{(-1)^m}{\prod_{k=1}^{m}(hk)^2} \int_{-1}^{+1} \frac{1}{t} \prod_{k=-m}^{+m} (t-h\cdot k)\,dt$$

und es genügt,

$$|\,c_m\,| \rightarrow \infty$$

für $m \rightarrow \infty$ nachzuweisen.

Unter der Benutzung von $h = \frac{1}{m}$ und mit der Substitution $\tau = m\cdot t$ geht (7.5) über in

Abb. 2

EIN PROGRAMMSYSTEM FÜR DEN AUTOMATISCHEN UMBRUCH VON SATZTECHNISCH SCHWIERIGEN TEXTEN

S. Stiller, W. Kaspar
Rechenzentrum
Westfälische Wilhelms-Universität
Roxeler Str. 60, D-4400 Münster

R. Remke
Sonderforschungsbereich 7
Westfälische Wilhelms-Universität
Salzstr. 41, D-4400 Münster

ZUSAMMENFASSUNG

In diesem Aufsatz wird ein am Rechenzentrum der Universität Münster in Zusammenarbeit mit dem Sonderforschungsbereich 7 "Mittelalterforschung" entwickeltes Programmsystem vorgestellt, welches einen auf Datenträger aufgenommenen Text in Steuercodes für eine Lichtsatzanlage umwandelt. Das Programm eignet sich insbesondere für wissenschaftliche Texte mit hohen Anforderungen an die Schriftvielfalt und häufigem Wechsel des Layouts. Es wird außerdem über eine Möglichkeit berichtet, mathematische Formeln dem Lichtsatz zugänglich zu machen.

1. EINLEITUNG

Jeder Autor wissenschaftlicher Texte weiß, daß das Veröffentlichen einer wissenschaftlichen Arbeit wegen der Mühe bei der Drucklegung keine reine Freude ist. Dies liegt nicht zuletzt daran, daß der Autor durch wiederholtes Korrekturlesen stark beansprucht wird und die Qualität des Satzes meistens diesem Aufwand in keiner Weise entspricht; denn durch mehrmaliges Übertragen des Textes durch Sekretärin und Setzer entstehen immer wieder Textfehler, was insbesondere bei fremdsprachigen Texten mit nichtlateinischem Alphabet oder mathematischen

Abhandlungen oftmals das Neusetzen ganzer Abschnitte notwendig macht. Abgesehen von der Verzögerung der Drucklegung verteuert dies die Veröffentlichung wesentlich.

Angeregt durch Gespräche zwischen Herrn Professor Dr. Schmid und Professor Dr. Wollasch vom Sonderforschungsbereich 7, Mittelalterforschung, und dem Leiter des Rechenzentrums der Westfälischen Wilhelms-Universität Münster, Herrn Professor Dr. Werner, wurde deshalb vor einigen Jahren am Rechenzentrum eine Arbeitsgruppe gebildet, deren Ziel es war, ein Programmsystem zur Steuerung einer Lichtsatzanlage zu erstellen, das auch komplizierten wissenschaftlichen Texten gewachsen ist.

Bereits 1973 wurde an der Universität Münster mit dem Lichtsatzverfahren gearbeitet. In den folgenden Jahren wurde das Programmsystem immer weiter verfeinert, doch wie bei anderen ähnlich gelagerten Problemen auch, steigt der programmtechnische Aufwand überproportional, wenn man dem Autor alle Freiheiten lassen will und ihm bzw. seiner Sekretärin gleichzeitig ein übersichtliches, komfortables Aufnahmesystem zur Verfügung stellen will, so daß Kompromisse unausweichlich sind. Ein für die Leistungen des Programmsystems typisches Beispiel ist in dem 1978 vom Sonderforschungsbereich 7 publizierten Werk "Karl Schmid (Hrsg), Die Klostergemeinschaft von Fulda im früheren Mittelalter, Münstersche-Mittelalter-Schriften Bd. 8, 1978" zu sehen. Dieses wurde wie alle bisherigen Satzproduktionen mit der Photosatzanlage LINOTRON 505 erstellt; die zukünftigen Produktionen werden mit der Lichtsatzanlage DIGISET 40T2 durchgeführt werden.

Durch die Benutzung der neuen Drucktechnik können die bei uns zur Veröffentlichung anstehenden wissenschaftlichen Arbeiten nun schneller und mit größerer Zuverlässigkeit gesetzt werden. Von großem Vorteil ist es auch, daß Texte, die wegen anderer wissenschaftlicher Auswertungen schon auf Datenträger aufgenommen wurden, man denke etwa an Konkordanzen und Synopsen, nun ohne neuerliche Textübertragung gesetzt werden können.

2. DIE LEISTUNGEN DES PROGRAMMSYSTEMS

Wie wohl jedes Umbruchprogramm gewährleistet auch das von uns entwickelte den automatischen Zeilen- und Seitenumbruch, doch schon beim Zeilenumbruch kommt es für die Verarbeitung wissenschaftlicher Texte darauf an, möglichst vielseitige Gestaltung zuzulassen. So kann der Autor bei uns wählen zwischen Blocksatz, bei dem die Zeilen auf eine angegebene Länge ausgeschlossen werden, und verschiedenen Flattersatzarten. Bei allen Umbrucharten erfolgt eine automatische Silbentrennung; das uns zur Verfügung stehende Programm weist für deutschsprachige Texte eine niedrige Fehlerrate auf.

Auch der Seitenumbruch ist für wissenschaftliche Texte im Gegensatz zum Massensatz nicht trivial: Meistens werden von den Autoren mehrere Anmerkungsarten benutzt, deren Numerierungsmechanismus unterschiedlich ist. So verwaltet unser Programm zur Zeit zwei verschiedene Anmerkungsarten, Anmerkungen mit Ziffern, die normalerweise kapitelweise durchgezählt werden und bei denen für jede Anmerkung jeweils eine neue Zeile begonnen wird, und Anmerkungen mit Buchstaben, deren Zählung, sofern gewünscht, auf jeder Seite neu beginnt, und bei der die Eintragungen fortlaufend gesetzt werden. Das Programm extrahiert diese Anmerkungen aus dem aufgenommenen Fließtext, kennzeichnet sie automatisch und setzt sie beim Umbruch auf die zugehörige Seite. Sind die zu einer Seite gehörigen Anmerkungen zu lang, um auf einer Seite Platz zu finden, und kann andererseits nicht die Zeile mit ihren Anmerkungen auf die nächste Seite gesetzt werden, weil dann die alte Seite zu leer würde, so werden die Anmerkungen automatisch aufgeteilt und im Anmerkungsteil der nächsten Seite weitergeführt. Besonders die Verwaltung von Anmerkungen, deren Kennung auf jeder Seite neu beginnt, verursacht programmtechnisch einen nicht geringen Aufwand, da beim Auftreten der Anmerkung im Fließtext noch nicht feststeht, auf welche Seite sie tatsächlich gesetzt wird; dies kann z.B. davon abhängen, ob in derselben Zeile danach noch eine weitere Anmerkung auftritt. Es muß also eventuell die Kennung noch geändert und bei fortlaufend gesetzten Anmerkungen der Zeilenumbruch dieser Anmerkungszeilen neu durchgeführt werden.

Das Programm übernimmt außerdem die Paginierung und das Setzen der lebenden Kolumnentitel. Zum anspruchsvollen Seitenumbruch gehört ferner das Vermeiden von "Witwenzeilen" (erste Zeile eines neuen Abschnitts am Ende einer Seite oder Spalte)und "Hurenkindern" (letzte Zeile eines Abschnitts am Anfang einer neuen Seite oder Spalte). Erstere können bei uns in den meisten Fällen vermieden werden, letztere nur durch eine nachträgliche Korrektur des Umbruchs. Eine Verbesserung des Programms in dieser Hinsicht ist geplant, doch ist auch dies programmtechnisch sehr aufwendig: Stellt man nämlich fest, daß die nächste Seite mit der letzten Zeile eines Abschnitts zu beginnen droht, so kann die Beseitigung dieses Fehlers Auswirkungen auf den Seitenumbruch der vorhergehenden Seiten sowie auf die Kennzeichnung der Anmerkungen haben; falls nämlich in dieser Restzeile wiederum Anmerkungen vorkommen, muß nicht nur eine Zeile noch auf der schon abgeschlossenen Seite untergebracht werden, sondern auch noch ein ganzer Anmerkungsteil.

Wichtig für das Setzen wissenschaftlicher Texte sind außerdem die Auszeichnungen "Gesperrt", "Kursiv" und "Halbfett", sowie die Kapitälchen. In unserem Programm sind diese Auszeichnungsarten sowie deren Kombinationen vorgesehen. Es gibt keinerlei Einschränkungen hinsichtlich der Verwendung von Auszeichnungen, des Wechselns von Schriftgrößen oder der Änderung von Satzspiegeln. Dem Autor stehen diese Gestaltungsmöglichkeiten an jeder Stelle des Textes zur Verfügung.

3. DAS PROGRAMMSYSTEM AUS DER SICHT DES BENUTZERS

Trotz der vielen Funktionen, die ein solches Programmsystem erfüllen soll, muß es für den Benutzer noch handhabbar bleiben. Es darf also nicht zu viele Steuerzeichen geben und die Wirkung der Steuerzeichen muß für den Aufnehmenden überschaubar bleiben. Dies gilt insbesondere für die Steuerzeichen, die der Autor selbst oder seine nicht für das Programmsystem geschulte Sekretärin in den Text einfügen muß, wie die Steuerzeichen für Anfang und Ende der verschiedenen Anmerkungen und Anfang und Ende der Auszeichnungsarten. Nur mit genau diesen Steuerzeichen wird der Text, der als Fließtext am Datensichtgerät aufgenommen wird, bei uns zunächst versehen, ansonsten aber werden wie bei maschinenschriftlicher Reinschrift Überschriften eingemittet, Absätze eingerückt etc., damit in einem zweiten Arbeitsgang ein mit dem System vertrauter Einrichter die für das Layout nötigen Steuerzeichen einfügen kann. Um diesen Arbeitsgang so komfortabel wie möglich zu machen, wurde in unserem Programmsystem die Verarbeitungsmöglichkeit von Makros eingebaut, so daß bei einem bestimmten Text immer wieder auftretende Kombinationen von Steuerzeichen durch ein einziges selbstgewähltes Steuerzeichen ersetzt werden können. Außerdem helfen Fehlersuchroutinen am Terminal, die u.a. die Steuerzeichen auf formale Richtigkeit prüfen, die Aufnahmefehler zu minimieren. Die Korrektur von Fehlern wird durch die am Terminal zur Verfügung stehenden Edit-Funktionen gegenüber einer Texterfassung an der Schreibmaschine wesentlich erleichtert.

Wichtig für den Aufnehmenden ist auch ein möglichst großer Zeichenvorrat, denn gerade bei wissenschaftlichen Texten kommen häufig nichtlateinische Alphabete oder Sonderzeichen wie mathematische Symbole und diakritische Zeichen vor, so daß selbst mit einem Datensichtgerät mit erweiterten variablen Zeichensatz (siehe Aufsatz von R. Remke, W. Kaspar, S. Stiller "Texterfassung am Datensichtgerät mit variablem Zeichensatz" in diesen Proceedings) nicht alle Probleme aus der Welt geschafft sind. Unser Programmsystem versucht, die Möglichkeiten des Aufnahmeterminals voll zu nutzen. Steht z.B. ein Akzent auf Tastendruck zur Verfügung oder kann ein sonst unbenutztes Zeichen umdefiniert werden, so darf der Aufnehmende dieses natürlich verwenden: andernfalls ist eine Steuerzeichenkombination vorgesehen, bestehend aus einem vom Aufnehmenden zu wählenden Fluchtsymbol wie "§" oder ähnliches und einer Kombination von Buchstaben und Ziffern; das Fluchtsymbol selbst als setzbares Zeichen geht dem Autor nicht verloren, er kann es durch Verdoppelung, in unserem Fall "§§", zurückerhalten.

4. WEITERE ENTWICKLUNG: DAS AUTOMATISCHE SETZEN MATHEMATISCHER FORMELN

Zur Zeit wird das Programm so erweitert, daß es auch mathematische Formeln setzen kann. D. Knuth vom Computer Science Department der Stanford University hat bereits 1978 ein ähnliches Programmsystem entwickelt, um die Veröffentlichung seiner wissenschaftlichen Arbeiten zu beschleunigen, und einige seiner Ideen bezüglich der Festlegung eines Aufnahmesystems und der Untersuchungen zur Struktur von mathematischen Formeln, konnten wir uns zunutzemachen.

Es wurde zunächst ein System festgelegt, wie mathematische Formeln zu linearisieren sind, da eine direkte Übernahme des Formelbildes bei der Weiterverarbeitung Schwierigkeiten macht. Gleichzeitig ergab sich aus der Forderung nach Übersichtlichkeit der aufgenommenen Formeln und möglichst leichter Handhabbarkeit des Systems durch den Aufnehmenden eine Reihe von Anforderungen an das Programm, sowie die benutzten Geräte:

- Noch wichtiger als beim Satz geisteswissenschaftlicher Texte ist eine ausreichende Zahl von durch Tastendruck zur Verfügung stehenden Zeichen, damit die aufgenommenen Formeln nicht durch Verschlüsselung von Sonderzeichen wie Integral, Summenzeichen oder vereinzelt auftretenden griechischen Buchstaben zusätzlich unübersichtlich werden.
- Das Design der Formeln, also das Setzen der Abstände zwischen den einzelnen Formelzeichen, die Festlegung der Größe von Indizes, Klammern oder Wurzelzeichen, sowie das Verkleinern der Schriftgrößen

bei ineinandergeschachtelten Brüchen etc., muß automatisch erfolgen.

So wird die Formel $\int_0^1 \frac{\ell n(1+x)}{x^2+1} dx$

vom Aufnehmenden wie folgt linearisiert:

$\int \downarrow 0 \uparrow 1 \{ \ell n(1+x) \quad \backslash\text{durch} \quad x \uparrow 2 + 1 \} \, dx$.

Das Programm macht diese Linearisierung rückgängig, indem es die Formelebenen wie Zähler, Index, Index eines Zählers einer Obergrenze eines Integrals erkennt, und jede Formelebene für sich auswertet. Es beginnt auf der tiefsten Ebene, die einzelnen Zeichen zu einer satzfertigen Formel zusammenzubauen und diese Formel kann dann auf der nächsthöheren Ebene wie ein Zeichen mit bereits feststehender Höhe und Breite behandelt werden. Dies führt zu einer rekursiven Programmlogik, da beim Beginn des sequentiellen Abarbeitens der Formel noch nicht feststeht, wieviele Formelebenen vorliegen, und auf jeder Ebene alle Satzelemente wieder vorkommen können.

Beim obigen Beispiel würde zunächst das Integralzeichen mit seiner Unter- und Obergrenze zu einer fertigen "Box" verarbeitet. Durch die nachfolgende Klammer, die als Steuerzeichen für den Beginn einer neuen Formelebene steht und nicht gesetzt wird, erkennt das Programm, daß die nun folgenden Zeichen getrennt von den vorherigen ausgewertet werden müssen. Beim Erkennen des Steuerzeichens "\durch" wird das Vorherstehende als Zähler eingeordnet und abgeschlossen und im Anschluß der Nenner ebenfalls zu einer Box verarbeitet. Die abschließende Klammer bedeutet für das Programm, daß der Bruch beendet ist, und nunmehr werden die beiden Boxen zusammen mit einem Bruchstrich zu einem fertigen Zeichen "Bruch" zusammengefaßt; das beinhaltet auch das Einmitten von Zähler oder Nenner. Die fertige Box kann jetzt auf der Ebene des Integrals als ein Zeichen weiterverarbeitet werden. Auch das nachfolgende "dx" steht auf dieser Ebene.

Beim Aneinanderheften der Zeichen, die auf einer Ebene stehen, zu einer fertigen Box, werden die Zwischenräume zwischen den Zeichen automatisch angepaßt. Dazu wurden die auftretenden Zeichen in Gruppen eingeteilt und der Abstand von Vertretern der Gruppen zueinander festgelegt. Die Zuordnung eines Zeichens zu einer Gruppe kann kontextabhängig sein, so ist der Zwischenraum zwischen dem zweistelligen Operator "+" und der darauffolgenden Zahl wie in "3 + 4" ein anderer als beim einstelligen Operator "+" wie in "+4".

Auch an die automatische Gestaltung von Matrizen und Tabellen ist gedacht. Sie könnte z.B. so aussehen, daß der Autor in einem Kopfteil angibt, wieviele Zeilen und Spalten vorkommen und ob die Eintragungen rechts- oder linksbündig oder mittig in die Spalten gesetzt werden sollen, und nachfolgend die Eintragungen selbst. Das genaue Design, die Festlegung der Breite der Spalten etc., wäre dann Aufgabe des Programms.

Trotz des Komforts, den das konzipierte Programmsystem dem Aufnehmenden bieten soll, kann es sein, daß man bei sehr komplizierten Texten durch die Linearisierung an die Grenzen des Zumutbaren stößt, da das Formelbild durch die Linearisierung zerstört wird und die Richtigkeit des aufgenommenen Textes im Grunde erst durch den Satz überprüfbar wird. Es ist jedoch vorstellbar, daß die Linearisierung später ebenfalls automatisiert werden kann.

5. EIN BEISPIEL FÜR DIE VERARBEITUNG EINES GEISTESWISSENSCHAFTLICHEN TEXTES

Im folgenden wird anhand eines Textes aus den Geisteswissenschaften deutlich gemacht, welche Verarbeitungsstadien ein Text von der Erfassung bis zum automatischen Satz durchläuft:
Abb. 1 zeigt das Nadeldruckerprotokoll eines Textes, der schon mit allen Steuerzeichen für die Lichtsatzanlage versehen ist. Abb. 2 gibt den Text mit demselben Drucker in simulierter Form ausgegeben wieder. Schon diesen Ausdruck kann der Autor zur Korrektur des Wortlautes benutzen. Abb. 3 schließlich ist eine auf dem Schnelldrucker simulierte Form des Textes nach dem Umbruch, die dem Autor zur endgültigen Kontrolle von Wortlaut und Umbruch dient. Abb. 4 gibt den gesetzten Text wieder.

```
Forgiis et homines ejusdem loci in eadem villa manentes non possunt ad alium
furnum coquere nisi ad furnum de Forgiis prelibatum et quocienscumque due
quouces £A<quouces> läßt sich sonst in dieser Form nicht nachweisen, S. FEW$A
erunt parate a milititus vel hominibus pretaxatis, furnarius prenominati
furni tenebitur eas recipere. Unuscumque autem illorum sive militum sive
hominum predictorum, qui coquerint ad furnum pretaxatum tenebitur reddere
unum tortel ad natale domini et aliud ad pascha. In cujus rei testimonium
ad petitionem utriusque partis presentem paginam sigilli nostri munimine
dignum duximus roborari.
£ZActum anno ab incarnatione domini M£HoCC£Hovicesimo primo.

£END
£1 £L5 $225 £3 £I001
£U £F 11. $F $U
£2
1203, Dezember (Paris)
£2
Bischof Odo von Paris bestätigt einen Tausch zwischen dem Dekan H(ugo) und
dem Kapitel von Paris auf der einen Seite und dem Prior Wilhelm und dem
Konvent von Longpont auf der anderen. Longpont erhält den Zehnten in
Marolles-en-Hurepoix und gibt dafür den Zehnten in der Parrochie
Viry-Chatillon. Außerdem erhalten die Mönche von Longpont 170 Pfund.
£2
£KLittere super venditione decime de Marroliis$K
£1 £LO £Z
Odo £AOdo von Sully, Bischof von Paris 1196-1208$A divina misericordione
Parisiensis episcopus omnibus ad quos littere iste pervenerint in domino
salutem. Notum fieri volumus, quod H. decanus £AHugo I Clemens 1195-1216$A
et capitulum Parisiensis ecclesie totam decimam, quam ab Hugone milite de
Merroliis £AMarolles-en-Hurepoix (Arpajon)$A apud eamdem villam
comparaverant, Wilhelmi £AWilhelm Prior von L. ca. 1198-1207 danach Abt
von Cluny (107-1215)$A
priori et conventui beate Marie de Longo Ponte perpetuo jure et integro
possidendam pari concesserunt assensu. Ipsi vero prior et monachi
quicquid decime majoris bladi et vini in tota parrochia Viriaci
£AViry-Chatillon$A et quicquid minute decime et quicquid juris apud idem
Viriacum habebant predictis (fol 8 r) decano et capitulo possidenda
perpetuo concesserunt. Sciendum quoque quod pro grangis et censu que in
predicta parrochia Viriaci habebant prior et monachi, centum et
septuaginta libras Parisiensis monete eis memorati decanus et capitulum
donaverunt. In cujus rei testimonium et firmitatem perpetuam presentem
paginam notari fecimus et sigilli nostri munimine roborari. £AGu%erard
gibt zwei Urkunden über diesen Vorgang, nach dem Kartular v. Notre-Dame
in Paris. Die zweite ist von dem Prior Wilhelm von Longpont ausgestellt.
(£NGu%erard$N, I, S. 365, die erste S. 364 <Willelmus, prior Sancti Martini
de Campis ac Longi Pontis...>$A
£1 £Z
Actum anno domini M£HoCC£Hotercio mense decembri.

£END
£1 £L5 $225 £3 £I001
£U £F 12. $F $U
£2
1245, November (Paris)
£2
Bischof Wilhelm von Paris legt fest, daß der Konvent von Longpont nur
einmal im Jahr dem Bischof <procuratio> leisten muß, nämlich wenn dieser
selbst das Kloster besucht.
£2
£KLittere super procuratione episcopi Parisiensis$K
£1 £LO £Z
Guillermus £AWilhelm von Auvergne 1228-1248$A miseratione divina Parisiensis
ecclesie minister licet indignus viris religiosis et amicis in Christo
karissimis priori et conventui Longi Pontis Clugniacensis ordinis
Parisiensis diocesis salutem et sinceram in domino karitatem. Quoniam
```

Abb. 1

```
      <--Edition
      -->Edition


70    sive hominum predictorum, qui coquerint ad furnum pretaxatum tenebitur
71    reddere unum tortel ad natale domini et aliud ad pascha. In cujus rei
72    testimonium ad petitionem utriusque partis presentem paginam sigilli
73    nostri munimine dignum duximus roborari.
75        Actum anno ab incarnatione domini M£HoCC£Hovicesimo primo. £END
76
78    £L5 $Z25
75
76
78
77                        11.
80
80
80    1203, Dezember (Paris)
82
82
82    Bischof Odo von Paris bestätigt einen Tausch zwischen dem Dekan H(ugo)
83    und dem Kapitel von Paris auf der einen Seite und dem Prior Wilhelm
84    und dem Konvent von Longpont auf der anderen. Longpont erhält den Zehnten
85    in Marolles-en-Hurepoix und gibt dafür den Zehnten in der Parrochie
86    Viry-Chatillon. Außerdem erhalten die Mönche von Longpont 170 Pfund.
88
88
88    Littere_super_venditione_decime_de_Marrolis
90
90    £LO
90        Odo
91            *001*Odo von Sully, Bischof von Paris 1196-1208
91    divina misericordione Parisiensis episcopus omnibus ad quos littere
92    iste pervenerint in domino salutem. Notum fieri volumus, quod H. decanus
93            *002*Hugo I Clemens 1195-1216
93    et capitulum Parisiensis ecclesie totam decimam, quam ab Hugone milite
94    de Merroliis
95            *003*Marolles-en-Hurepoix (Arpajon)
95    apud eamdem villam comparaverant, Wilhelmi
96            *004*Wilhelm Prior von L. ca. 1198-1207 danach Abt von Cluny (107-1213)
97    priori et conventui beate Marie de Longo Ponte perpetuo jure et integro
98    possidendam pari concesserunt assensu. Ipsi vero prior et monachi quicquid
100   decime majoris bladi et vini in tota parrochia Viriaci
101           *005*Viry-Chatillon
101   et quicquid minute decime et quicquid juris apud idem Viriacum habebant
102   predictis (fol 8 r) decano et capitulo possidenda perpetuo concesserunt.
103   Sciendum quoque quod pro grangia et censu que in predicta parrochia
104   Viriaci habebant prior et monachi, centum et septuaginta libras Parisiensis
105   monete eis memorati decanus et capitulum donaverunt. In cujus rei testimonium
106   et firmitatem perpetuam presentem paginam notari fecimus et siglli nostri
107   munimine roborari.
107           *006*Gu%erard gibt zwei Urkunden über diesen Vorgang, nach dem
108           *006*Kartular v. Notre-Dame in Paris. Die zweite ist von dem Prior
109           *006*Wilhelm von Longpont ausgestellt. (Gu%erard, I, S.
110           *006*365, die erste S. 364 <Willelmus, prior Sancti Martini de
111           *006*Campis ac Longi Pontis...>
112
112       Actum anno domini M£HoC £Hotercio mense decembri. £END
116
116   £L5 $Z25
```

Abb. 2

11.

1203, Dezember (Paris)

Bischof Odo von Paris bestätigt einen Tausch zwischen dem Dekar H(ugo) und dem Kapitel von Paris cuf der einen Seite und dem Prior Wilhelm und dem Konvent von Longpont auf der anderen. Longpont erhält den Zehnten in Marolles-en-Hurepoix und gibt dafür den Zehnter in der Parrochie Viry-Chatillcn. Außerdem erhalten die Mönche von Longpont 170 Pfund.

Littere super venditione decime de Marrollis

Odo1 divina misericordione Parisiensis episcopus omnibus cc ducs littere iste pervenerint in domino salutem. Notum fieri vclumus, quod H. decanus2 et capitulum Parisiensis ecclesie totam decimam, qucm ab Hugore milite ce Mer-rollis3 apud eamdem villam comparaverant, Wilhelmi4 priori et conventui beate Marie ce Longo Ponte perpetuo jure et integrc possidendam pari concesserunt assensu. Ipsi vero prior et monachi quicquid decime majoris bladi et vini in tota parrochia Viriaci5 et quicquid minute decime et quicquid juris apuc idem Viriacum hcbebant predictis (fol 8 r) decano et capitulo pcssidendc perpetuo concesserunt. Scierdum quoque ducc pro grangia et censu que in precicta parrochia Viriaci hubebant prior et monachi, centum et septuaginta libras Pa-risiensis monete eis memorcti cecanus et capitulum donaverunt. In cujus rei testimonium et firmitatem perpetuam presentem paginam notari fecimus et sigili rostri murimine roborari.6

Actum anno domini MoCCotercio mense decembri.

----

1 Odo vcn Sully, Bischof von Paris 1196-1208
2 Hugo I Clemens 1195-1216
3 Marolles-en-Hurepoix (Arpajon)
4 Wilhelm Prior von L. ca. 1198-1207 danach Abt von Cluny (107-1215)
5 Viry-Chatillon
6 Guérard gibt zwei Urkunden über diesen Vorgang, nach dem Kartular v. Notre-Dame in Paris. Die zweite ist von dem Prior Wilhelm von Longpont ausgestellt. (Guérard, I, S. 365, die erste

Abb. 3

11.

1203, Dezember (Paris)

Bischof Odo von Paris bestätigt einen Tausch zwischen dem Dekan H(ugo) und dem Kapitel von Paris auf der einen Seite und dem Prior Wilhelm und dem Konvent von Longpont auf der anderen. Longpont erhält den Zehnten in Marolles-en-Hurepoix und gibt dafür den Zehnten in der Parrochie Viry-Chatillon. Außerdem erhalten die Mönche von Longpont 170 Pfund.

Littere super venditione decime de Marroliis

Odo[1] divina misericordione Parisiensis episcopus omnibus ad quos littere iste pervenerint in domino salutem. Notum fieri volumus, quod H. decanus[2] et capitulum Parisiensis ecclesie totam decimam, quam ab Hugone milite de Merroliis[3] apud eamdem villam comparaverant, Wilhelmi[4] priori et conventui beate Marie de Longo Ponte perpetuo jure et integro possidendam pari concesserunt assensu. Ipsi vero prior et monachi quicquid decime majoris bladi et vini in tota parrochia Viriaci[5] et quicquid minute decime et quicquid juris apud idem Viriacum habebant predictis (fol 8 r) decano et capitulo possidenda perpetuo concesserunt. Sciendum quoque quod pro grangia et censu que in predicta parrochia Viriaci habebant prior et monachi, centum et septuaginta libras Parisiensis monete eis memorati decanus et capitulum donaverunt. In cujus rei testimonium et firmitatem perpetuam presentem paginam notari fecimus et siglli nostri munimine roborari.[6]

Actum anno domini M°CC°tercio mense decembri.

---

1 Odo von Sully, Bischof von Paris 1196-1208
2 Hugo I Clemens 1195-1216
3 Marolles-en-Hurepoix (Arpajon)
4 Wilhelm Prior von L. ca. 1198-1207 danach Abt von Cluny (107-1215)
5 Viry-Chatillon
6 Guérard gibt zwei Urkunden über diesen Vorgang, nach dem Kartular v. Notre-Dame in Paris. Die zweite ist von dem Prior Wilhelm von Longpont ausgestellt. (GUÉRARD, I, S. 365, die erste S. 364 ‹Willelmus, prior Sancti Martini de Campis ac Longi Pontis...›

Abb. 4

VORSCHLAG FÜR EINE INTEGRIERTE ANWENDUNG VON TEXTVERARBEITUNG UND DATENBANKSYSTEM FÜR ANWALTSKANZLEIEN

Jörg Schultze-Bohl
Datenverwaltungssysteme 1
Technische Hochschule Darmstadt

1. Entwicklungstendenzen in der Textverarbeitung

Textverarbeitungssysteme zeichnen sich heute dadurch aus, daß diese als dezentrale Datenverarbeitungsanlagen Verwaltungstätigkeiten direkt unterstützen. Ähnlich wie eine Büromaschine werden diese Anlagen vollständig vom Benutzer selbst kontrolliert und gesteuert, der nur wenig oder keine DV-spezifischen Kenntnisse besitzt. Im Zuge des drastischen Preisverfalls für "Computer Power" in Form von preiswerten Mikroprozessoren und Halbleiterspeichern ist die Textverarbeitung dabei, sich zu einer "Programmierten Textverarbeitung" (PTV) zu entwickeln. Hierbei werden mehr und mehr Funktionen der "klassischen" Datenverarbeitung den ursprünglich einseitigen Textautomaten hinzugefügt.
Nicht nur die Möglichkeit, Adressen von Dateien zu lesen und in Texte aufbereitet einzufügen, ist inzwischen bei den meisten Systemen üblich, zusätzlich sind komplexe Suchanfragen über einen formatierten Datenbestand möglich, der zum Beispiel Termine oder Kundendaten enthält. Zwar sind diese Funktionen in der Textverarbeitung recht neu und können keineswegs als "Standard" für die Mehrzahl der Systeme gelten, doch ist der Trend der einseitigen lochstreifengesteuerten Automaten zum allgemein verwendbaren Bürocomputer unverkennbar.
Bei dieser stürmischen Entwicklung wird gelegentlich übersehen, daß mitunter sensitive Daten in die Verfügungsgewalt von Benutzern gebracht werden, die die Integrität der Daten nicht garantieren können. Falls die Datenbestände nicht redundant geführt und verwaltet werden, kann ein Datenverlust oder eine ungewollte Änderung eventuell empfindliche Konsequenzen haben. Führt man die sensitiven Daten dagegen redundant, ergibt sich das Problem, der Textverarbeitung jeweils den aktuellen Datenbestand zu übermitteln. Die Systeme, die in der Textverarbeitung zur Anwendung gelangen, besitzen für die Verwaltung von Daten nur die notwendigsten Routinen für den Zugriff und die Pflege des Datenbestandes. Es existieren Kopierfunktionen für Sicherungskopien und auch Reorganisationsprogramme, eine Mitwirkung des Benutzers ist auf jeden Fall erforderlich, die von Fall zu Fall

ein erhebliches Verständnis der DV-spezifischen Vorgänge und Zusammenhänge voraussetzt.
So mag es aus arbeitstechnischen Gründen verlockend erscheinen, die für eine Verwaltungstätigkeit benötigten Daten am Arbeitsplatz verfügbar zu halten, werden diese Daten im Rahmen einer Organisation von mehreren Benutzern, eventuell sogar gleichzeitig, zur Bearbeitung benötigt, dann ist die Datenhaltung auf Anlagen der Textverarbeitung in der sich bisher entwickelnden Form aus den dargelegten Gründen in höchstem Maße unzureichend.
Um einen ohne Benutzermitwirkung vom System geschützten Zugriff zu Datenbeständen im Rahmen einer weitverzweigten Organisation für die Textverarbeitung zu ermöglichen, sind Kopplungen zwischen Universalrechnern (für die Datenverwaltung) und Textverarbeitungssystemen bereits realisiert. Dabei wird die Selektion der Daten von dem Universalrechner übernommen, der Benutzer des Textverarbeitungssystems kann keinen Einfluß darauf nehmen. Für bestimmte Anwendungsgebiete ist dies eine unerwünschte Einschränkung und ein funktionaler Rückschritt. Vorgeschlagen wird die Integration des Datenzugriffs über eine Abfragesprache eines Datenbanksystems und eines Textverarbeitungssystems für den Anwendungsbereich "Anwaltskanzlei". Kennzeichnend für diese Anwendung ist die Notwendigkeit der absolut integren Datenhaltung, die Forderung nach flexiblem Zugriff zu den Daten, sowie die <u>direkte</u> Verwendung dieser Daten bei der Erstellung von Schriftstücken.

2. Konventionelle Zugriffstechniken auf formatierte Daten in der Programmierten Textverarbeitung

Mit der Verbreitung billiger Massenspeicher als Ablösung des Datenträgers Lochstreifen bzw. Magnetkarte wurde die Arbeitsweise und der Aufgabenbereich der ehemaligen Textautomaten entscheidend beeinflußt. Stand bisher neben der reinen Textverarbeitung die Erstellung von Serienbriefen mit manuellen Einsetzungen im Vordergrund, so werden zunehmend Techniken angeboten, mit denen selektiv Daten aus formatierten Dateien in Texte eingesetzt werden können. Diese Dateien waren ursprünglich reine Adressdateien, die aus Sätzen fester Länge bestanden. Heutige Systeme lassen z.B. Datensätze variabler Länge zu, in denen je bis zu 99 Felder definiert und in einen Text übernommen werden können. Zusätzlich lassen sich diese Dateien auch unabhängig von der Textverarbeitung verwenden. Unter Angabe von Sortierkriterien und komplexen Auswahlbedingungen werden Listen erstellt, die für organisatorische oder statistische Anwendungen benutzt werden. Auf Einzelheiten der unterschiedlichen Implementierungen soll hier nicht weiter eingegangen werden.
Für den Zugriff auf formatierte Daten von einem Textverarbeitungssystem lassen sich drei Ansätze unterscheiden:

- Datenverwaltung und Textverarbeitung integriert in einem System aus der Textverarbeitung
- Kombination von Datenverwaltung und Textverarbeitung auf einem (kleinen) Universalrechner
- Kopplung zwischen Universalrechner (für die Datenverwaltung) und Textverarbeitungssystem.

Der erste Ansatz entstand aus einer Aufwärtsentwicklung bestehender Textverarbeitungssysteme unter dem Einfluß preiswerter Technologie, die meist primitive Software für die Datenverwaltung besitzen. Komfortablere und zuverlässigere Systeme zur Datenverwaltung sind auf Universalrechnern etwa ab der "mittleren Datentechnik" ablauffähig. Dies führte zum zweiten Ansatz, bei dem die Textverarbeitung oft nicht auf die speziellen Bedürfnisse (Bedienung, Benutzerführung) abgestimmt werden konnten. Auch an die Hardware werden besondere Anforderungen gestellt, die von den kleinen Universalrechnern nicht immer zufriedenstellend gelöst sind (z.B. Schriftbild, Bildschirmformat, Bildschirmsteuerung, Zeichenvorrat, Funktionstasten).
Für die Kopplung zwischen Universalrechnern und Textverarbeitungssystemen existieren Realisierungen wie im folgenden Beispiel (entnommen SIE 1/79):

Die Kundendaten einer Sparkasse werden zentral geführt. Täglich werden von einem (großen) DV-System die Kunden mit unzulässiger Überziehung ihrer Konten ermittelt. Per Datenfernübertragung werden diese Kundendaten zu Textverarbeitungssystemen in den Zweigstellen übertragen. Hier entscheiden die Leiter der Zweigstellen individuell für jeden Kunden, in welcher Form und Schärfe der jeweilige Kunde auf die Überziehung aufmerksam gemacht wird. Jeder Kunde erhält so ein weitgehend persönliches Anschreiben.

Obwohl die letzte Lösung in Bezug auf die Integrität der Daten die angemessenste ist, fällt sie etwas aus dem hier zu diskutierenden Rahmen, da die Gesamtkonfiguration den üblichen Umfang und Aufwand für ein Textverarbeitungssystem übersteigt, obwohl diese Implementierung mit Standard-Hard- und Software erfolgt (SIE 2/79).
Für die ersten beiden oben vorgestellten Implementierungsansätze formuliert der Benutzer selbst die Auswahlkriterien für die Selektion der benötigten Daten. Diese Auswahl geschieht im einfachsten Fall über einen numerischen Schlüssel, bei komfortablen Systemen wird die Selektion über die Erfüllung komplexer Bedingungen gesteuert. Im Fall der Kopplung mit einem (großen) DV-System übernimmt dagegen die Auswahl der Daten ein besonderes Programm, das vom Benutzer nur in einem vorbestimmten Rahmen in der Art des Zugriffs gesteuert werden kann und soll.
Dagegen ist es für den im Anschluß dargestellten Anwendungsbereich von entscheidender Bedeutung, daß der Benutzer auf der Ebene des Textverarbeitungssystems die Auswahlkriterien für die Selektion selbst formulieren kann, gleichzeitig aber die Integrität der Daten nicht gefährdet.

3. Die Integration von Datenbanksystem und Textverarbeitung

3.1. Kriterien für die Datenverwaltung

Für den hier diskutierten Anwendungsbereich ("Anwaltskanzlei") soll vorausgesetzt werden, daß es wirtschaftlich vertretbar ist, für die Datenverwaltung ein EDV-System einzusetzen. Unter den zu verwaltenden Datenbestand fallen Informationen wie Aktenzeichen, Namen, Adressen, Termine, Zahlungseingänge und Kostenaufstellungen.
Überträgt man wesentliche Teile dieses sensitiven Datenbestandes einem DV-System, so sind in mehrfacher Hinsicht Vorkehrungen für den Schutz dieser Daten notwendig:

- Datensicherung (Recovery) — Sicherung der Daten vor unvorhergesehenen Störfällen des Systems;
- Datenschutz (Privacy) — Schutz gegen unbefugten Zugriff und Manipulation;
- Integrität (Integrity) — Vorkehrungen gegen (beabsichtigte oder versehentliche) Zerstörung der logischen Konsistenz der Datenbank durch falsche Programme und Daten

Je weniger die obigen Vorgaben erfüllt werden, umso mehr verbietet sich der Einsatz eines (beliebigen) DV-Systems von vorn herein.
Die Priorität dieser Schutzmechanismen vor sonstigen Entscheidungskriterien, wie Vermeidung redundanter Datenführung oder Antwortzeiten am Terminal, gilt nicht nur für die erwähnte Anwendung, sondern mehr oder weniger für jeden Bereich der Datenverwaltung in Unternehmen und Organisationen.
Wie diese Funktionen zum Schutz der Daten implementiert sind ist gleichgültig, um die Wirksamkeit zu jedem Zeitpunkt zu gewährleisten, sollten diese <u>ohne</u> Mitwirkung oder Beeinflussung durch den Benutzer automatisch ablaufen.
Als zusätzliche Forderung besteht oft auch schon bei kleinen Organisationen die Möglichkeit für gleichzeitigen Zugriff auf den Datenbestand. Im Hinblick auf die Einsatzforderungen in Textverarbeitungssystemen soll auch den DV-ungeübten Benutzern die Formulierung von Zugriffsbedingungen auf den Datenbestand ermöglicht werden, ohne

die aktuellen physikalischen Speicherungsstrukturen der Daten kennen zu müssen.
Die Summe dieser Forderungen wird von Datenbanksystemen erfüllt, die unter Verwendung unterschiedlicher Datenmodelle entwickelt wurden (z.B. CODASYL-DBMS:(OLL 78), ANSI/SPARC-DBMS:(YOR 77), RELATIONAL-DBMS:(COD 70)).
Gemeinsam ist allen Systemen, daß mit Hilfe dieser Systeme eine der jeweiligen Organisation angepaßte logische Datenstruktur definiert und erzeugt werden kann, auf die der Benutzer unter Wahrung der Integrität der Daten weitgehend ohne Kenntnisse der physikalischen Datenstruktur zugreifen kann.
Aus Gründen der Verfügbarkeit werden die folgenden Erläuterungen und Beispiele an einem Datenbanksystem vom CODASYL-Typ ausgeführt.
Analog zu den zuvor erläuterten drei Implementierungsmöglichkeiten für den Dateizugriff von einem Textverarbeitungssystem ergeben sich ähnliche Alternativen für die Implementierung eines Datenbanksystems (DBMS) anstelle der Dateizugriffprogramme. Die Wirtschaftlichkeit und Notwendigkeit für den Einsatz eines DBMS wächst unter anderem mit der Menge der zu verwaltenden Daten. So ist zusätzlich an das DBMS als Softwarepaket eine charakteristische Hardware-Ausstattung gebunden, wie großer Zentralspeicher, schnelle externe Speichermedien mit hohem Fassungsvermögen und intelligenten Peripheriesteuerungen.
Es mag zunächst abwegig erscheinen, Textverarbeitungssysteme und Datenbanksysteme auf gleicher Benutzer- und Implementierungsebene in Betracht zu ziehen. Gemeinsame Basis für diese Betrachtungen ist die Hardware, die bedingt durch die technologische Entwicklung, sowohl für (zunächst kleine bis mittlere) Universalrechner, als auch für Textverarbeitungssysteme immer ähnlicher wird. Nicht nur, daß identische Speichermedien benutzt werden (Floppy Disk, Hard Disk), auch gleiche Prozessoren (z.B. aus der INTEL 8080-Serie) befinden sich im Einsatz, sowohl für die Datenverwaltung durch ein DBMS (z.B.MICROSEED, ein DBMS vom CODASYL-Typ (INT 78)) als auch für die Textverarbeitung (SIE 3/79). Damit findet, zumindest intern für die Hardware betrachtet, eine Entwicklung der TVS zu (kleinen) Universalrechnern statt, obwohl dem Benutzer weiterhin ein reines Textverarbeitungssystem angeboten wird. Daß dies in dieser Ausschließlichkeit nicht so bleiben wird, deutet sich in der Verfügbarkeit von sogenannten "Rechenbausteinen" als Zusatzpaket an, die zum Beispiel für Fakturierungszwecke arithmetische Funktionen ausführen können, deren Ergebnisse für Texteinsetzungen Verwendung finden. Diese Rechenbausteine basieren

auf BASIC-Programmen, die der Benutzer in Form von Prozeduraufrufen benutzen kann. Dem geübten Benutzer wird auch die Möglichkeit geboten, selbst in BASIC zu programmieren. Die Tatsache, daß dem Benutzer letzlich die Verwendung einer Programmiersprache in dem konzeptionell reinen Textverarbeitungssystem gestattet wird, bestätigt den oben dargelegten Trend zum Universalrechner.
Es bleibt abzuwarten, wie eng die Kopplung zwischen Datenverwaltung und Textverarbeitung praktikabel sein wird, ob innerhalb eines homogenen Systems oder als Kombination von getrennten Systemen unterschiedlicher Zweckprägung mit einer DFÜ-ähnlichen Kommunikation.
Für die letztere Möglichkeit bieten sich außer der bereits dargelgten aufwendigen Lösung auch Systeme der mittleren Datentechnik an (z.B. das DBMS ADABAS auf PDP-11 Systemen von DEC, TOTAL auf Systemen der Serie NOVA von Data General).
Es mag dahingestellt sein, wie und mit welchem Aufwand ein Datenbanksystem in einer auf ein Textverarbeitungssystem abgestimmte Größen- und Leistungsordnung implementiert werden kann, Möglichkeiten ergeben sich jedenfalls zur Zeit (siehe oben) und erst recht in Zukunft.

3.1.1 Das Datenbanksystem

Die Einrichtung und Generierung einer Datenbank in logischer Struktur und physikalischer Darstellung, die auf den jeweiligen Anwendungsbereich abgestimmt ist, kann und soll nicht Gegenstand der Benutzer des Textverarbeitungssystems sein. Vielmehr muß dies vom Hersteller des EDV-Systems, einem unabhängigen Berater oder von einem geschulten Mitarbeiter der Organisation (als Data Base Administrator) durchgeführt werden.
Auch die Pflege und die Organisation der Zugriffsberechtigung auf den Datenbestand fallen in die Zuständigkeit eines Verwalters, der spezifische Kenntnisse sowohl über das System als auch über das Unternehmen bzw. Organisation besitzen muß (genauere Aufgabendefinition siehe BLA 76).
Die Auslegung der Struktur eines DBMS hat entscheidenden Einfluß auf die Nutzbarkeit durch Mitarbeiter in der Textverarbeitung. Dieser wird sich umso eher in dieser Struktur zurechtfinden, je mehr diese dem gewohnten Bild der Datenorganisation angepaßt wurde (siehe hierzu: THO77). Insbesondere bei DBMS vom CODASYL-Typ sind Kenntnisse eines Benutzers, der einen Zugriff formulieren will, über die Beziehungen der abgespeicherten Datenobjekte notwendig, während andere Systeme

selbst den optimalen Zugriffspfad zu den gewünschten Daten bestimmen.

3.1.2 Die Datenmanipulationssprache oder Abfragesprache

Die entscheidende Komponente für einen DBMS-Einsatz in der Textverarbeitung bei der der Benutzer selbständig die Auswahlkriterien bestimmen kann, ist das Vorhandensein einer Datenmanipulationssprache, die auf die speziellen Bedürfnisse abgestimmt ist. Ist diese Sprache überwiegend für Abfragen von Daten bestimmt, so wird sie als Abfragesprache bezeichnet, die im übrigen oft ohne Einbettung in eine Trägersprache direkt interaktiv benutzt werden kann.
Die Anforderungen an eine Abfragesprache für den Anwendungsbereich Textverarbeitung sollen im folgenden diskutiert werden.
Da man sich hierbei nicht auf vorhandene theoretisch untermauerte Kriterien stützen kann (wie auch von (LEH 79) festgestellt), sollen diese hilfsweise an Bedürfnissen aus der Anwendung heraus entwickelt werden.
Um für eine Abfragesprache benutzergerechte Kriterien angeben zu können, soll die Benutzerzielgruppe zunächst genauer definiert werden (siehe auch (OLL 69),(WED 74),(DAL 77),(YOR 77)).
In diesem Fall gilt für die Benutzergruppe, daß diese sowohl Benutzer des Informationssystems als auch der Information selbst sein können, da sie die abgerufenen Daten im Rahmen ihrer Tätigkeit in Schriftstücken verarbeiten. Aus einer Aufstellung nach (YOR 77) sind die Benutzer zugleich:

- Parametrische Benutzer (parametric user) und
- Abfragen formulierende Benutzer (enquiry specifier).

Parametrische Benutzer rufen Selektionsprozeduren auf, die, mit aktuellen Parametern versorgt, die gewünschten Daten liefern. Für die Formulierung der Auswahlprozedur selbst ist eine Qualifikation zur Formulierung eines Auswahlalgorithmus erforderlich. Weiter soll von der Benutzergruppe vorausgesetzt werden, daß es sich um "reguläre Benutzer" handelt (siehe (SHN 78)), die mit dem System durch ständige Benutzung vertraut sind. Somit kann eine Festlegung der Abfragesprache erfolgen: Durch die ständige Übung der Benutzer kann eine <u>formale</u> Sprache (im Gegensatz zu natürlichsprachlichen Ansätzen) zugemutet werden.

3.1.2.1 Auswahlvermögen

Um eine Abfragesprache näher zu spezifizieren, soll das Auswahlvermögen festgelegt werden. Dies kann intuitiv als die Fähigkeit eines algorithmischen Formalismus verstanden werden, aus der Menge von Daten bestimmte herauszuwählen, die sich durch Eigenschaften für ein Auffinden qualifizieren. Wie zuvor erwähnt, sollen hier die Kriterien für Abfragesprachen abgestimmt auf die Eigenschaften von Datenbanksystemen vom Typ der CODASYL-DBMS diskutiert werden, Nachweise für die Mächtigkeit des Auswahlvermögens einer Sprache sind lediglich im Zusammenhang mit der Relationenalgebra bzw. Relationalen DBMS bekannt. So definiert Codd (COD 72) für die Sprache ALPHA die Eigenschaft "relational vollständig". Wie wenig sinnvoll diese an eine Sprache gebundene Aussage ist, zeigt Pirotte in (PIR 78):
Hier wird die relationale Vollständigkeit an der Relationenalgebra definiert, wobei gezeigt werden kann, daß ALPHA im Sinne der Relationenalgebra nicht relational vollständig ist. Weiter wird die Aussagekraft der Eigenschaft "relational vollständig" von Shneiderman (SHN 78) überhaupt angezweifelt, da sich sinnvolle Fragen formulieren lassen, die nicht durch relationale Vollständigkeit abgedeckt sind.
Auch die in (LEH 79) vorgeschlagene Notation der Vollständigkeit läßt sich nur schwer für eine konstruktive Definition benutzen, so daß auf die Definition von Wedekind (WED 74) zurückgegriffen werden soll: In der Abfragesprache können de facto alle Fragen ausgedrückt werden, die semantisch in der Datenbank enthalten sind.
Um die Eigenschaften, die eine Abfragesprache besitzen soll, näher zu qualifizieren, sollen unter Anlehnung an eine Aufstellung von (SHN 78) einige, auf die Belange in der Textverarbeitung ausgerichtete Spracheigenschaften angegeben werden:

- Logische Operationen

  Vergleichsoperationen, wie kleiner, größer, gleich
  Boolsche Verknüpfungen für Prädikate wie UND, ODER, NICHT
- Arithmetische Operationen

  Funktionen, wie Summenbildung, Mittelwertbildung, Minimum, Maximum, einfache Operationen, wie Addition, Subtraktion, Multiplikation
- String- und Ausgabe-Operationen

  Zusammenziehen von Strings, Bilden von

Substrings, Sortieren, Tabellieren

- Strukturbezogene Operationen
  Auswahl nach Ordnungskriterien des DBMS, wie durch SETs, Searchkeys und Einspeicherungsfolgen definiert.

Der letzte Punkt betrifft speziell die DBMS vom CODASYL-Typ. Da die Strukturbeziehungen zwischen Record-Typen, die SETs, eine semantische Aussage darstellen (z.B. "gehört zu "), die in keinem der beteiligten Records als für den Benutzer zugreifbare Information enthalten sein müssen, ist den Records die Zugehörigkeit zu einem Set selbst nicht unbedingt anzusehen.

Eine Sprachlogik, die nur auf die Prädikate der Records ausgerichtet ist, kann die Auswahl über diese "information bearing" Sets nicht leisten. Das Prinzip, mit der Sprache jede semantisch sinnvolle Frage formulieren zu können, wäre verletzt, wenn der Zugriff nach wählbaren Zugriffspfaden nicht ermöglicht würde.

3.1.2.2 Zugriffsform

Datenmanipulationssprachen lassen sich grob in deskriptive und prozedurale Sprachen einteilen (WED 74). Um den Anforderungen aus dem Bereich Textverarbeitung genügen zu können, ist eine prozedurale Sprache nötig, die den Modus "Ein-Tupel-Zugriff" (one-tuple-at-a-time) explizit zuläßt. Der Vorteil der deskriptiven Sprachen, die möglichst auf die Formulierung eines Zugriffspfades verzichten wollen, liegt darin, eine interne Optimierung des Zugriffspfades durchführen zu können (siehe HAE 78). Bei prozeduralen Sprachen ist der Benutzer in einer "navigierenden" Zugriffsform (nach(BAC 73)) für korrekte und optimale Wahl des Pfades verantwortlich. Zwar kann das Datenbanksystem den Zugriffspfad selbst nicht mehr optimierend beeinflussen, doch bezüglich der Speicherverwaltung lassen sich externe Speicherzugriffe einsparen, indem die Clusterbildung von Daten oder ständig wiederkehrende Zugriffsfolgen vom System erkannt und zu optimalen Speicherersetzungsalgorithmen verwendet werden (Eff 79). Der explizide Ein-Tupel- Zugriff ist vor allem nach dem Auftreten von Duplikaten nach einem Auswahlprozeß erforderlich. Hierbei ist es unzulänglich, Duplikate nur durch eine weitergehende Qualifikation von Prädikaten ausblenden zu können, da hierzu eine aufwendige Formulierung der Suchanfrage nötig wäre.

Zugriffsformen innerhalb von Lösungsmengen nach erfolgten Suchfragen können alternativ formuliert sein:

- absolut (Zugriffsoperationen wie GET FIRST, GET LAST)
- relativ (bezogen auf die augenblickliche Position, wie GET NEXT, GET PRIOR)
- absolut/relativ (Mischform, die absolute Positionierungen mit einer Distanz zulassen)

In der Funktion vergleichbare Positionierungen werden in der Textverarbeitung durch numerische Selektion von Datensätzen und Feldern ausgeführt (als absolute Positionierung). Geschieht die Selektion dagegen durch Qualifikation einer komplexen Suchfrage (z.B. als "Sonderselektion" bezeichnet (SIE 3/79)), so werden relative Positionierungsangaben formuliert, da die absolute Position vor dem Suchlauf nicht bekannt ist.
Die Umstellung von einem Textverarbeitungssystem auf die Abfragesprache eines DBMS würde somit lediglich formal eine Umstellung des Benutzers verlangen.

3.2 Einbettung

Die Akzeptanz einer integrierten Anwendung von Datenbankabfragesprache und Textverarbeitung wird entscheidend durch die Einbettung der datenbankspezifischen Aufrufe in die Umgebung des Textverarbeitungssystems bestimmt. Die Vorbereitung der Einsetzung eines Items aus der Datenbank in einen Text geschieht ähnlich wie die Deklaration einer Rechenfunktion (SIE 3/79) in einer Art Prozedur. Diese Prozeduren sind auf einer Prozedurdatei abgelegt. In einer Kommandodatei werden für die Erstellung der Schriftstücke Textphrasenaufrufe und sonstige Kommandos für einen Schreibauftrag gesammelt. Soll eine Einsetzung in eine Textphrase vorgenommen werden, so wird an dieser Stelle entweder der aktuelle Wert eingegeben (z.B. "W. Meier" als Name), oder es erfolgt ein Prozeduraufruf über einen vereinbarten Namen, dem gleichzeitig die notwendigen Parameter (z.B. "4711" als Kundenselektionsnummer) beigefügt werden.

Während beim konventionellen Textverarbeitungssystem der Zugriff auf die Daten gemäß der Prozedur diese Systeme selbst ausführen, so wird beim DBMS-gestützten Textverarbeitungssystem eine Prozedur in einer Abfragesprache das Datenbanksystem aktiviert.
Die Benutzung des Gesamtsystems kann wie gewohnt erfolgen, obwohl der interne Ablauf komplexer geworden ist.
Die Interpretation der Befehle und Prozeduraufrufe auf der Kommandodatei geschieht üblicherweise im Augenblick des eigentlichen Erstellens des Schriftstückes. Aus organisatorischen Gründen geschieht dies häufig wesentlich später als die Erstellung der Kommandodatei zur Formulierung des Schreibauftrages. In diesen Fällen ist zu beachten, daß der Datenbestand inzwischen so verändert sein kann, daß die Erstellung des Schriftstückes nicht im ursprünglichen Sinn erfolgt. Dabei ist es gleichgültig, ob eine konventionelle Zugriffsmethode oder ein Datenbanksystem für die Datenselektion vorliegt.
Es ist daher zu überdenken, ob es nicht sinnvoller ist, den Dateizugriff bereits bei der Einfügung des Prozeduraufrufes in die Kommandodatei auszuführen und die sich ergebende Einsetzung für die endgültige Erstellung des Schriftstückes zu speichern und gleichzeitig dem Benutzer auszugeben.
Im übrigen ist die Ausdrucksform der Abfragesprache selbst unter der Sicht des weichzeichnenden Begriffs der Benutzerfreundlichkeit zu betrachten, wobei auf (STE 1/76, STE 2/76) verwiesen wird.

4. Anwendungsbeispiel

Abschließend soll eine teilweise realisierte Datenbankanwendung die Notwendigkeit und die Möglichkeiten der Kopplung der direkten Selektion von Daten aus einer Datenbank und einem Textverarbeitungssystem demonstrieren.
Ein wesentlicher Teil der anwaltlichen Tätigkeit ist die akribisch genaue Behandlung und Verwahrung von Daten, die in Form von Schriftwechseln, Akten und Terminen in einer Anwaltskanzlei auftreten. Überträgt man wesentliche Teile dieses sensitiven Datenbestandes einem EDV-System, so sind in mehrfacher Hinsicht die bereits erwähnten Vorkehrungen zum Schutz der Daten notwendig (Recovery, Privacy, Integrity). Weiterhin besteht die Forderung nach gleichzeitigen Zugriffsmöglichkeiten für mehrere Benutzer (sofern es sich nicht um eine Ein-Mann-Kanzlei ohne jede Bürokraft handelt).
Ein zweiter wesentlicher Teil anwalticher Tätigkeit ist die Erstellung von Schriftstücken, die einem vorgeschriebenen Formalismus genügen müssen (so ist das Ankreuzen von Alternativen in bestimmten Fällen von Oberlandesgerichten als unzulässig erklärt worden (SIE 4/78)). Es werden Schriftstücke erstellt, die eine Reihe von aktuellen Einsetzungen erfordern. Diese Einsetzungen können Angaben, wie Aktenzeichen verschiedener Art, Namen oder terminliche Daten sein, die innerhalb des Schriftstückes in einem logischen Kontext stehen müssen, d.h. in einem Schreiben in der Sache Meier dürften keine Aktenzeichen der Sache Müller enthalten sein. Üblicherweise werden diese Daten den Akten und Kalendern entnommen.
Ist ein Textverarbeitungssystem vorhanden, so werden diese Daten zusammen mit den Textphrasenselektionsnummern in das System eingegeben und danach die Schriftstücke erstellt. Hier bringt das Textverarbeitungssystem eine gewisse Entlastung, sowohl für den Auftraggeber (Anwalt) als auch für den Ausführenden (Schreibkraft), die Suche und das Übertragen der benötigten Daten bleibt mühselig und fehleranfällig. Bei der Vorlage und Abzeichnung des erstellten Dokumentes muß ebenso wie auf die Verwendung der richtigen Textphrasen auch auf korrekte Einfügungen von Daten geprüft werden. Während über die Korrektheit des Textes meist unverzüglich nach Durchlesen entschieden werden kann, gestaltet sich die Überprüfung der den Akten entnommenen Daten schwieriger.
Eine spürbare Erleichterung der Arbeit würde sich ergeben, wenn die in die Textphrasen einzufügenden Individualdaten ebenfalls von dem EDV-System eingetragen werden könnten. Die Kontrolle der fertigen

Schriftstücke müßte nicht mehr durch Ziehen und Vergleichen mit den Akten stattfinden, sondern das System würde für die korrekte Übernahme der Daten garantieren.
Die Datenhaltung für eine größere Kanzlei ist aus Kapazitätsgründen nicht auf einem Textverarbeitungssystem realisierbar, wenn sich nicht schon aus den erwähnten Gründen der sicheren Datenhaltung die Datenverwaltung in dieser Form von vorn herein verbietet.
Entsprechend dem zuvor behandelten Vorschlag der Implementierung eines Datenbanksystems für die Datenverwaltung soll am Tätigkeitsbeispiel "Mahnung erstellen" das Zusammenwirken von Datenbanksystem und Textverarbeitung dargestellt werden.
Für die Datenobjekte und ihre Verknüpfungen untereinander wird ein Datenbankschema vom CODASYL-Typ entwickelt. Für die Tätigkeit "Mahnung erstellen" ist nur ein Teil des gesamten Schemas von Bedeutung:

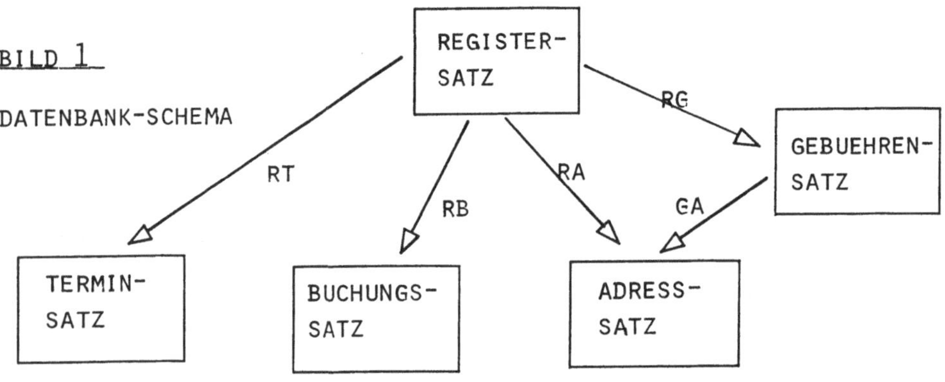

Über den REGISTERSATZ wird das Prozessregister geführt, in dem alle übernommenen Mandantschaften geführt werden. Die zentrale Bedeutung dieser Satzart drückt sich in seiner hierarchischen Position im Schema aus. Im Record-Typ TERMINSATZ sind die Wiedervorlagetermine enthalten, Zahlungen werden im BUCHUNGSSATZ verwaltet und alle Adressen in der Satzart ADRESSATZ geführt. Für jede abzurechnende Mandantschaft wird eine Eintragung im Record-Typ GEBÜHRENSATZ zwecks Kostenaufstellung, Mahnung und Vollstreckung vorgenommen.
Jede Ausprägung eines Record-Typs ist wie ein Datensatz einer Datei in Felder (Items) aufgeteilt. Für das Beispiel "Mahnung erstellen" werden folgende, in den Record-Typen enthaltene Items benötigt:

REGISTERSATZ	(SACHE, REGISTERNUMMER,.....)
TERMINSATZ	(DATUM1,.....)
BUCHUNGSSATZ	(DATUM2, BETRAG1,.....)
GEBUEHRENSATZ	(BETRAG2, DATUM3,.....)
ADRESSATZ	(NAME, STRASSE, ORT,..)

Die in der Datenbank definierten Set-Beziehungen sind als Pfeile in Bild 1 dargestellt, jeweils mit den zugehörigen Set-Namen. Für dieses Beispiel werden die SET-Beziehungen nicht benötigt.
Im Rahmen der Tätigkeit "Mahnung erstellen" ist es zunächst erforderlich, die säumigen Zahler zu ermitteln. Diese qualifizieren sich dadurch, daß sie einen entsprechenden Wiedervorlagetermin mit dem aktuellen Datum besitzen. Hierzu kann eine Abfrageprozedur dienen, die die Registernummern der säumigen Zahler ermittelt:

AUSWAHLSTRUKTUR = TERMINSATZ, REGISTERSATZ

GIB REGISTERSATZNUMMER WENN DATUM = 030581

Die Antwort wird als Liste von Registernummern ausgegeben. Das obige Beispiel ist in seiner Formulierung an eine existierende Abfragesprache angelehnt (SIE 5/79), wie auch die folgenden Beispiele den Formalismus dieser Abfragesprache benutzen. Auch die Beispiele,die sich auf das Textverarbeitungssystem beziehen, haben einen realen Hintergrund (SIE 3/79).
Dieses Textverarbeitungssystem unterscheidet mehrere Dateitypen:

B-Dateien	Datei mit Textphrasen, Rechenprozeduren, Selektionsprozeduren
S-Dateien	Selektionsdatei mit beliebigen, einzusetzenden Daten
T-Dateien	Kommandodatei mit Schreibanweisungen

Die Dateien vom Typ S werden weitgehend durch das Datenbanksystem ersetzt. Die Selektionsprozeduren, die zuvor auf die S-Dateien zugegriffen haben, müssen nun in einer Abfragesprache für Datenbankzugriffe formuliert werden. Für eine Mahnung muß eine Abfrageprozedur die folgenden Items auswählen:

```
        SACHE, REGISTERNUMMER, DATUM2,
        BETRAG1, BETRAG2, DATUM3,
        NAME, STRASSE, ORT
```

Die Gruppierung und Einsetzung in Textphrasen ist völlig willkürlich vom Benutzer wählbar. Für diesen Fall soll der Aufruf der Prozedur MAHN1 erfolgen und unter Übergabe der Registernummer (als Parameter B1) einen Teil der benötigten Daten (B2 bis B7) erhalten:

```
MAHN1   (B1)                    (B2,B3, B4, B5, B6, B7)

        VEREINBARE              B2 = NAME, B3 = STRASSE, B4 = ORT,
                                B5 = BETRAG2, B6 = DATUM,
                                B7 = SACHE
        AUSWAHLSTRUKTUR = REGISTERSATZ, GEBÜHRENSATZ, ADRESSATZ,
        GIB NAME, STRASSE, ORT, BETRAG2, DATUM3, SACHE,
        WENN REGISTERNUMMER = B1
```

Eine zweite Prozedur MAHN2 ermittelt die inzwischen eingegangene Zahlung aus dem Record-Typ BUCHUNGEN, ebenfalls unter Angabe der Registernummer:

```
MAHN2   (B1)                    (B8, B9, B10)

        VEREINBARE              B8 = DATUM2, B9 = BETRAG1
                                B10 = B10 + BETRAG1
        AUSWAHLSTRUKTUR = REGISTERSATZ, BUCHUNGSSATZ
        GIB DATUM2, BETRAG1 WENN REGISTERNUMMER = B1
```

In der Variablen B10 soll die Summe aller Zahlungen kumuliert werden. Die Differenz des noch zu zahlenden Betrages soll durch eine (nicht dargestellte) Rechenprozedur als Variable B11 ermittelt werden.
Die endgültige Position der Einsetzungen in den Text der Mahnungen könnte folgende Gestaltung haben:

An Herrn
--B2--
--B3--
--B4--

Frankfurt/M., 03.05.1981

Betrifft: M A H N U N G

Sehr geehrter Herr --B2--,

in der Sache --B7-- ist seit dem --B6-- die Zahlung von DM --B5-- fällig.

Wir erhielten folgende Teilbeträge:

Datum:	--B8--	Betrag: DM	--B9--
	--B8--	DM	--B9--

Es besteht eine Restforderung in Höhe von DM --B11--.
Wir bitten, diesen Betrag umgehend auf eines unserer Konten mit Angabe des Verwendungszweckes Nr. --B1-- einzuzahlen.

Mit freundlichen Grüßen

5. Schlussfolgerung

Das dargestellte Beispiel basiert trotz seines fiktiven Charakters auf existierender Hard- und Software.Zwar läuft das DBMS für diesen Fall auf einem Großrechner ab, doch ist die Kopplung zwischen diesem Rechnertyp und dem Textverarbeitungssystem als Standardausstattung vorhanden. Daher würde sich eine Implementierung als Funktionsnachweis mit absehbarem Aufwand realisieren lassen, für ein allgemein verwendbares System ist vor allem die Abfragesprache nach den beschriebenen Kriterien zu entwickeln, wie auch das Textverarbeitungssystem in seiner Kommunikationsfähigkeit (von Prozeß zu Prozeß statt von Datei zu Datei) weiterentwickelt werden muß.

6. Literatur

BAC73 Bachman,C.W.: "The Programmer as Navigator", Comm. of ACM, Vol. 16, 1973, No 11

BLA76 Blaser,A.,H.Schmutz : "Data Base Research : A Survey", Data Base Systems,Springer, Berlin, 1976

COD70 Codd, E.F. : "A Relational Model of Data for Large Shared Data Banks", CACM, Vol.13, June 1970

COD72 Codd, E.F. : "Relational Completeness of Data Base Sublanguages", Data Base Systems, Prentice-Hall, Englewood Cliffs NJ, 1972

DAL77 Dale, A.G., E.I.Lowenthal : "End User Interfaces for Data Base Management Systems", The ANSI/SPARC DBMS Model, Jardine ed., North-Holland Publ. Co., Amsterdam, 1977

HAE78 Haerder, T. : "Implementierung von Datenbanksystemen", Hanser, München, 1978

INT78 International Data Base Systems Inc. : SEED - Self Explained Extended DBMS, reference manual, Philadephia, 1978

LEH79 Lehmann, H., A.Blaser : "Query Languages in Data Base Systems", Heidelberg Scientific Center, Heidelberg, July 1979

OLL69 Olle, T.W. : "UL/1: A Non-Procedural Language for Retrieving Information from Data Bases", Information Processing 68, North-Holland Publishing Co., Amsterdam, 1969

OLL78 Olle, T.W. : "The CODASYL Approach to Data Base Management", Wiley, Chichester, 1978

PIR78 Pirotte, A.: "Linguistic Aspects of High-Level Relational Languages", Report R367, MBLE Res. Lab., Brussels, Jan.1978

SHN78 Shneiderman, B.: "Improving the Human Factors Aspect of Database Interactions", ACM Transactions on Database Systems, vol. 3, no. 4, 1978

SIE1/79 Siemens AG, ZN Frankfurt : Data Kontakt, Dezember 1979

SIE2/79 Siemens AG, Bereich Basisinformationssysteme :"DFÜ-Zusatz zum Textsystem 580", Allgemeine Beschreibung, April 1979

SIE3/79 Siemens AG, Bereich Basisinformationssysteme : "Siemens Textsystem 580", Bedienungsanleitung, Vers. 2.2, Sept.1979

SIE4/78 Franz, Wolfgang: "Textverarbeitung im Büro mit dem Siemens-Textsystem 580", Siemens Zeitschrift, Okt. 1978

STE1/76 Stellmacher, I.: "Liste der Forderungen an eine Abfragesprache" Gesellschaft für Mathematik und Datenverarbeitung, St.Augustin, 1976

STE2/76 Stellmacher, I.: "Gestaltung benutzerfreundlicher Abfragesprachen", Angewandte Informatik, Sept.1976

TH077 Thomas, J.C.: "Psychological Issues in Data Base Management", Proceedings 3rd Int. Conf. on Very Large Data Bases, IEEE, New York, 1977

WED74 Wedekind, H.: "Datenbanksysteme I", Bibliographisches Institut, Mannheim, 1974

YOR77 Yormark, B.: "The ANSI/X3/SPARC/SCDBMS Architecture", The ANSI/SPARC DBMS Model, Jardine ed., North-Holland Pub. Co., Amsterdam, 1977